蔭山の
共通テスト
政治・経済

代々木ゼミナール
蔭山克秀

Gakken

はじめに

　大学入学共通テストでどの社会科を選択しようかとお悩みの皆さん、迷っているならぜひ「政治・経済」「現代社会」「倫理」などの公民科目を選んでみましょう。

　なぜなら面白いからです。どういうわけか公民科目は、その面白さを知らない方が多いのですが、間違いなく受験科目の中では、1、2を争うほど面白いです。しかもどの科目も、学んでいるうちに「常識＆論理的な思考力」が身につきます。

　「政治・経済」の良さは、そのテーマの新しさと躍動感、ドライブ感です。イギリスのEU離脱、先鋭化する日韓問題、トランプと習近平の対立、働き方改革、消費税の増税など、激動の世界に深く切り込み、それを理詰めで分析していく「政治・経済」は、最高にクールで面白く、時代を見る目を養ってくれます。

　そしてここで学んだ幅広い知識・常識・論理的な思考力は、現代文や小論文など他科目を支える土台にもなり、今後の人生にも着実に活きてきます。

　とはいっても、「政治・経済」はあくまで受験科目です。皆さんには楽しむだけでなく、共通テストで合格に必要な得点を取ってもらわないといけません。なので、ここからは試験で点を取るために、学習する際に押さえてほしいポイントをお伝えします。

① 暗記に頼らないこと

　歴史系の社会科科目に慣れていると、どうしても用語などを覚えることから入ってしまいがちです。しかし「政治・経済」では、言葉の暗記だけでは、なかなか点は取れません。なぜならこの科目は、「暗記よりも理解」が重要だからです。

　だから本書の活用方法として、最初は文章だけを読み、赤文字の暗記は後回しにすることをおすすめします。文章はきちんとわかりやすく工夫して書いてありますので、まずは「読みもの」として読み、自分の学んでいることの流れや背景、仕組みを理解した後に用語を覚えるよう心がけてください。

② 「背景読み」のクセをつけること

　法律も条約も制度も、いきなり何の脈絡もなくポンと生まれるものではありません。背景には必ず何らかの理由・事情があります。そのような「因果関係（原因と結果の関係）」に目を向けられるようになると、政経の試験での得点力は飛躍的

に向上します。

③ 最小限の暗記を惜しまないこと

いくら政経が理解メインの科目であるとはいえ、最小限の暗記は必要です。憲法の基本的人権や国際収支、国民所得など、理解に必要な最小限の暗記では決して手を抜かず、きちんと覚えてください。

④「必要のない言葉」や「直近すぎる時事問題」までやりすぎないこと

政経受験生の中には、政経に関係のありそうなカタカナ語を全部覚えようとする人がいますが、そういう人に限って「資本装備率」とか「労働生産性」みたいな必要な語を覚えていないことが多いです。用語集にない言葉にアンテナを広げすぎるのはやめましょう。

同じく時事問題も、直近すぎるものは気にしないようにしましょう。試験に出るのは作問時期も考えると「春先〜夏前」くらいまでです。

この本が出る2020年でいえば「新型コロナウイルス問題」がありますが、ここに気を取られすぎないようにしてください。大事件が発生すると、気持ちが「その問題一色」になりがちですが、そのせいで「コロナ前までの正確な政治・経済の情勢」を見失ってはいけません。しかもこのような、完全に終息し切るのに時間がかかる問題は、対策が確定するのにも時間がかかります。

だから本書は、「コロナ前までを正確に切り取る」ことを強く意識して書いています。本書は従来出ていた『蔭山のセンター政治・経済』をベースにした改訂版ですが、改訂の際に意識したことは、不確定なことを憶測で書くよりも、従来版の不明瞭だった点を、より正確に、よりていねいに改良することで、確定している事柄を正確に理解してもらうことです。その方が間違いなく共通テストでの得点力につながるはずだからです。

共通テストでは「思考力・判断力」が問われるようになります。本書はそれを意識して、より正確・ていねいかつ因果関係もわかりやすい書に仕上げました。社会に不安を感じる日々かもしれませんが、本書でしっかり学べば、共通テストに不安を抱く必要はありません。困難を乗り越えて、頑張りましょう。

蔭山　克秀

※本書に掲載しているデータは2020年4月末時点の情報です。
※グラフ・図版などの数値は原則として四捨五入によって繰り上げています。
　そのため、合計とその内訳を合算した結果が一致しない場合があります。

もくじ

はじめに ……………………………………………………………… 2

本書の特長 …………………………………………………………… 5

第1講　政治分野

1　民主政治の思想と原理 …………………………………………… 8

2　人権保障の発展 …………………………………………………… 24

3　日本国憲法／各国の政治制度 ………………………………… 41

4　基本的人権の尊重 ……………………………………………… 54

5　平和主義 ………………………………………………………… 76

6　日本の政治機構 ………………………………………………… 95

7　地方自治 ………………………………………………………… 120

8　政治の諸問題 …………………………………………………… 134

9　国際政治(1) …………………………………………………… 160

10　国際政治(2) …………………………………………………… 177

第2講　経済分野

11　資本主義と社会主義／経済学説 ……………………………… 198

12　経済主体と株式会社 …………………………………………… 211

13　市場機構・独占禁止法 ………………………………………… 223

14　国民所得と経済成長 …………………………………………… 239

15　通貨と金融 ……………………………………………………… 250

16　財政 ……………………………………………………………… 264

17　戦後の日本経済 ………………………………………………… 277

18　日本経済の諸問題 ……………………………………………… 296

19　労働問題 ………………………………………………………… 312

20　社会保障 ………………………………………………………… 329

21　国際経済 ………………………………………………………… 344

22　環境・人口・資源エネルギー問題 …………………………… 376

第3講　時事問題

23　時事問題 ………………………………………………………… 392

付録　日本国憲法条文一覧 ………………………………………… 412

さくいん ……………………………………………………………… 428

本書の特長

　本書は大学入学共通テストの「政治・経済」攻略のために必要な知識を、代ゼミの蔭山先生が理解しやすい言葉で、わかりやすく解説した参考書です。ここでは本書の特長を紹介します。よく理解して、存分に活用してください。

講義ページ

1. 先生と生徒との講義形式なので語り口調でわかりやすい！
2. コンパクトな「板書囲み」でポイントがひとめでわかる！
3. 赤文字で重要語を、黄色マーカーで重要記述を表示。
4. 図表やイラスト豊富で、見やすく親しみやすい！

※赤文字は付属の赤セルシートで隠すことができます。

チェック問題

　各項目の最後に、共通テスト対策として有効な過去問を掲載。理解度のチェックに活用しましょう。

1. 共通テスト対策として有効な問題だけをセレクト！
2. 著者独自の視点で、問題に対してコンパクトに解説。
3. 解答の目安として、難易度と解答時間を表示！

本書の特長 ｜ 005

第1講

政治分野

1 民主政治の思想と原理

1 民主政治と国家・主権

民主政治って何ですか？

民主政治とは、人民の意思に従った政治のことだよ。
そもそも政治とは、**複数の人が集まり、権力や政策を駆使して社会の秩序をともに形成していく作用**のことなんだけど、これがなかなか難しいんだ。

どうしてですか？

人が2人以上集まれば、そこには必ず力関係が生まれるからだよ。つまり、支配する者とされる者とに分かれる。そんな中、もしも支配する側が私利私欲に走ったら、他の者の自由と安全はたちまち危うくなる。そういうことにならないために必要なのが民主政治、つまり人民の意思に従った政治ってわけさ。

どうすれば、いちばん自由と安全にとっていいの？

人民自身が支配すればいい。誰だって人の幸せの踏み台になるより、自分が幸せになりたい。ならば**政治を人任せにしちゃダメ**だ。他者の支配を許さず、自分たち自身で政治に参加し、自分たち自身で社会を支配すれば、そこに

はいちばん自分の自由と安全に近い社会ができるはずだ。

> それを実現するには、何が必要なの？

　秩序を保つための強制力を伴った社会集団、つまり**国家**が必要だな。さらにその国家において、人民自身が支配権（＝**主権**）を握っている状態、つまり**国民主権**も必要だ。ではまずは、その国家とは何か、主権とは何かについて、詳しく見てみよう。

国家の三要素…人民・領域・主権→**イェリネック**が定義

● 領域… **領土**・**領空**・**領海** （＋「**排他的経済水域**」200カイリ）

- 領土・領海の上空（宇宙空間含まず）
- **基線**（干潮時の海岸線）から12カイリ
- 領域外だが、一切の資源を手にできる幅（1カイリ＝1852m）

↓
・その他

- 200カイリより外側（＝**公海**）は、自由に使用可（＝**公海自由**の原則）。
- 地理的に**200カイリが重なる場合は、国同士の話し合い**で決定。
  ▶「中間線」で区切るのが慣例
- 大陸棚（水深200m）は沿岸国の主権下。深海資源は「人類共同の財産」。
- 「**宇宙空間＋南極大陸**」は領有権なし。
  ▶宇宙条約＋南極条約

● **主権**…国家の有する最高・絶対の**支配権**。➡ ●**国家固有の要素**。
↓
▶ **ボーダン**（仏）＝主権論の祖

・主権の3つの意味

最高意思決定権：「天皇は日本国の象徴…この地位は主権の存する日本国民の総意に基く」の主権。
▶憲法第1条など

領域支配権：「**統治権**」ともいう。「日本国の主権は、本州・北海道・九州…に局限せらるべし」の主権。
▶ポツダム宣言など

対外独立性：「自国の主権を維持し他国と対等の関係に立とうとする…」の主権。
▶憲法前文など

こんな具合に、主権にはいろんな意味があるけど、すべてに共通するその本質

は「**支配権**」だ。だから国民主権は、「**国民全体で国家を支配している状態**」といい換えることもできるんだ。

> 支配って、何だか怖そう…

確かに支配はキナ臭い言葉だけど、自分で自分の住む地域を支配すると考えれば、怖いどころかむしろ必要だ。それよりも、この支配権を一部の権力者や外国に握られてしまう方が大変だ。

> どうしてですか？

彼らはしょせん他人、僕ら自身ではない。他人はいかにいい人であっても、僕らの自由と安全を100％守ってくれる保証なんてない。でも国民全体が国家の支配者になれば、自分たちの自由と安全を100％願う。国民主権が必要というのは、そういうことさ。**リンカーン**がゲティスバーグ演説で述べたあの有名な言葉、「**人民の、人民による、人民のための政治**」だって、まさにそのような国民主権に基づく民主政治の大切さについて語ってるんだ。

▲リンカーン

ただし、主権の本質が「支配権」であることに変わりはない。支配権は使い方を間違えると大変なことになる。だからそこには、**誰もが納得できる正当性が必要になってくる**んだ。

つまり「こんな支配なら安心だ」と、みんなが納得できる正当性だ。その正当性の根拠となるルールを**自然法**という。次は、その自然法とは何かについて見てみよう。

2 自然法と自然権

> **自然法とは**
> - 自然法は**法律制定以前に守るべき社会常識**のような、根源的なルールである。
> - 自然法は時・場所に制約されない**普遍的ルール**である。

010 ｜ 第1講 政治分野

自然法と法律って、別のものなんですか？

そうなんだよ。**自然法は法律ではなく、一種の社会常識**なんだ。法律は「今現在」の「１つの国の中」だけに通用するルールだけど、自然法はもっと根源的なルールだ。

つまり自然法とは「今が何時代であろうと」「どこの国であろうと」、**人間である以上は法律よりもまず先に守らなければならない普遍的なルール**を指すんだ。そう考えると、「人を殺すな」「人のものを盗むな」「人の自由を奪うな」などの社会常識は、みんな自然法ということになるね。

自然法かそうでないかを区別するモノサシってあるんですか？

難しく考える必要はない。今挙げた社会常識の例なんて、別に文書で書かれていなくても、誰もが当然守るべきだとわかるでしょ。つまりその事柄が自然法かどうかは、それが人間の「**正しい理性の命令**」に従ってるかどうかで判断すればいいんだ。これが近代自然法の父といわれた**グロティウス**の考え方だ。

そして、みんなが自然法を守ることが基本となった社会では、必然的に１つの根本的な権利が生まれる。それが**自然権**だ。

▲グロティウス

自然権？

自然権とは、自然法で認められた権利のことだ。**人間が生まれながらに持つ当然の権利**といい換えてもいい。つまり、さっきの社会常識を自分の権利に置き換えて、「自分の生命・財産・自由などを守る権利」と考えればいい。

例えば、「人を殺すな」という社会常識をみんながわきまえてる社会の中では、基本的に誰も僕を殺そうとはしない。ということは、僕はその社会にいる限り、「自分の生命を守る権利」を与えられているのと同じになる。これが自然権だ。

このように、自然法の下で自然権が守られている社会が実現すれば、そこは民主政治の土台のできた社会といえるわけだね。

😊 なるほど。

😟 でも残念ながら、もし**世の中が自然法しかない状態**（＝**自然状態**）だったら、**僕らの自然権は十分に守ることはできない**んだ。

😮 え、何で？

😟 **強制力がない**からさ。確かに考えてみれば、自然法は「正しい理性の命令」にすぎず、そこには一切の強制力がない。これでは、もし世の中に自然権の侵害者が現れても、逮捕も裁判もできず、刑罰も加えられない。そんな社会には、安心して暮らせないよね。

だから僕たちは、自然権を十分に守るため、逮捕や刑罰といった強制力のある社会集団をつくる必要がある。そして万人を従えられる強制力は主権に基づくものだから、それは国家以外にあり得ない。しかもそこは民主政治の舞台となるわけだから、当然みんなが納得できる国家にしないといけない。

このように、**自然権を確実に守るために、人民相互の同意に基づいて国家が形成されたとする説を「社会契約説」**というんだ。

それでは次は、その社会契約説について見てみよう。

3 社会契約説 ・・・・・・・・・・・・・・・・

😮 社会契約説って何ですか？

😟 詳しくは今いった通りなんだけど、もう少し簡単にいうと「**自然権を守るために国家ができました**」という説さ。つまり社会契約説は、国家形成の起源に関する説の１つなんだ。

😆 国家形成の起源!?　じゃイザナギ・イザナミの国生みの神話みたいな…

😟 それとはだいぶニュアンスが違うな。それは無から有を創り出す神話でしょ。そうではなくて、社会契約説というのは例えば「日本では現在、○○や△△といった自然権の保護が不十分です。だからそれらを十分守れるよう、

012 ｜ 第1講　政治分野

今の日本をこんな日本に**つくり変えましょう**」みたいな使われ方をする。つまり**無から有ではなく、AをBにつくり変えるというニュアンス**だ。わかったかな？

> なるほど、わかりました。

この説を唱えた代表的な人物は3人、**ホッブズ**と**ロック**と**ルソー**なんだけど、面白いことに彼らはそれぞれ、重視する自然権が違う。だから最終的に完成する国家のイメージも全然違ったものになる。その辺を個性と思って読み取っていけば、かなり学びやすいよ。

社会契約説の見方はこうだ。この順番で考えていく。

- 自然状態において、どの自然権が不足しているか。
- それを補うためには、どんな国家につくり変えるべきか。

❶ ホッブズの社会契約説

さあそれでは、1人ずつ見ていこうか。まずはホッブズから。

ホッブズの社会契約説…『リヴァイアサン』より

自然状態：自由・平等だが**欲望に支配**される。 ➡ ・「**万人の万人に対する闘争**」・「人が人に対して狼」 発生

◉「命がいくつあっても足りない。誰か守って。」

社会契約：人民が**主権者**（1人or合議体）に、**自然権を全面譲渡**。

- 主権者は人民の**生命を守る**ため、**絶対的な強権を持つ**。
  ▶ 結果的に絶対王政の正当化へ
- 自然権を譲渡した以上、**人民側からの主権者変更は不可**。

何だか殺伐とした社会契約だね。このようにホッブズは、自然状態（＝世の中に自然法しかない状態）の人間は欲望に支配されているが、自由・平等であるととらえたわけだが、これはかえって怖い。なぜならそこでは、みんなが自由かつ

平等に欲望を満たそうとすることになるからだ。だから自然状態のまま放置すると、「**万人の万人に対する闘争**」が起こると彼は考えた。

この状態は、いわば戦争状態だ。戦争状態でいちばん大事な自然権は**自己保存**、いい換えれば「生命や、安全」だ。だから彼は、**生命という自然権を確実に守れる国家をつくりたい**と考えた。

▲ホッブズ

で、結果的にイメージされたのが、大ざっぱにいうと「**強い王様に守ってもらう国家**」だ。これは本当は絶対王政を容認することにもなるため、非常に怖い。この怪物じみた強権国家のイメージは、彼の著書『**リヴァイアサン**』の意味、海に棲んでいる伝説上の怪物とも結びつく。

でも、確かに**命がいくつあっても足りない戦争状態なら、人民が強大な王様を頼もしく思い、進んで服従するのも理解できる**。これがホッブズの社会契約だ。

❷ ロックの社会契約説

```
ロックの社会契約説…『市民政府二論（統治二論）』より

自然状態：自由・平等だが不安定。➡ 自然法しかないから。
                              ▶強制力なし
       ⬇
    ◉「誰かに所有権を侵害されるかも。➡自然権を確実に守りたい。」
                                    ▶ but 人任せでは不確実
    ロックの所有権は「生命・自由・財
    産など」の自然権を所有する権利。

社会契約： ・国民の代表者が集まる機関が国家統治（＝間接民主制）。
           ▶議会➡ここに国民は権力を信託
         ・代表者が裏切れば抵抗権（＝革命権）を行使。
```

ロックはホッブズとは違い、自然状態の人間は自由で平等で平和だと考えた。

ただ人間は、誤りを犯しやすい。だから**所有権**（生命・自由・財産などの**自然権を所有**する権利）の侵害が起こったりする。それを確実に守りたければ国家をつくり、そこに**権力を信託**する必要がある。

権力を信託って何ですか？

国民が統治機関に対し、**そこを信頼して犯罪等を取り締まるための強制力を与えるかわりに、その強制力で自分たちを守ってもらう**ことだよ。これが「信頼して託す」の関係だ。

ただし、**本当に自然権を確実に守りたいなら、人任せではダメ**だ。なぜなら他人は、どこかで僕らを裏切る可能性があるからだ。だからロックは、国民が選挙で選んだ代表が集まる機関、つまり**議会を中心とした間接民主制**国家をイメージした。議員なら、僕たち自身が選んだ、いわば僕たちの分身だ。なら王様みたいな他人に任せるより、ずっと自然権を確保しやすくなる。

▲ロック

え、でも王様が他人なら、議員だって他人じゃないの？

お、鋭いね。確かにその通り。実際今の日本は間接民主制だけど、国民が国会議員に裏切られることなんてしょっちゅうある。それは当然ロックも気づいているよ。だから彼は、最後に1つ保険を打ったんだ。

保険って？

抵抗権さ。政府解任権とか**革命権**とも呼ばれるけど、これを国民に与えておくんだ。そうすると、議会が国民を裏切ったときには、僕らはすぐに革命でひっくり返せる。これを繰り返し、統治機構をリセットしていけば、いずれ自然権の確保に近い国家をつくることも可能となるはずだ。これがロックの社会契約だ。

❸ ルソーの社会契約説

次はルソー。この人の思想はかなり理想主義的なので、彼を見る際には実現可能かどうかよりも「何が政治にとっての理想か」という視点から見るとわかりやすい。それを知った上で、ルソーの社会契約を見てみよう。

1　民主政治の思想と原理　　015

ルソーの社会契約説…『社会契約論』より

自然状態：自由・平等・独立＋「**自己愛**と**憐憫**」に基づく平和。
　　→ **but** **私有財産**の発生により**不自然・不平等**に。

◎ 自由・平等のあった**自然状態の頃のような共同体**にしたい。

> 利己的利益を求める**特殊意志**や、その意志の総和（＝**全体意志**）などに基づく国家では、自由・平等は回復しない。

社会契約：
- 私有財産の弊害除去 ➡ **公共の利益**をめざす共同体を。
- 完全な自由・平等 ➡ **全人民の意志**が反映する共同体を。
  ▶選挙での代表選出より**直接民主制**を

◎ **一般意志**に基づく共同体を形成し、そこで自由・平等の回復をめざそう。
　▶一般意志とは「公共の利益をめざす全人民的意志」のこと。
　政府は一般意志に奉仕する単なる「公僕」→意志決定は人民全体で

　ルソーの描く自然状態の人間は、**自由で平等で誰からも束縛されていない**。しかもそこには、「**自己愛**と他者への**憐憫**」に**基づく平和**がある。まさに理想的な状態だ。

 理想的な状態ならそのまんまでもいいんじゃないんですか？

　ところが、そうはいかなくなった。**私有財産**のせいだ。人間社会に私有財産が生まれてからは、不自由と不平等に支配されてしまった。より詳しくはルソーの『**人間不平等起源論**』に書いてあるが、同書によると、**文明こそが人間社会に「私有財産→欲望と対立」をもたらし、そのせいで人々から憐憫が消え、やがて社会が不自由・不平等に**なってしまったんだ。

▲ルソー

何だかイヤな話ですね…

不自由・不平等という「**自然状態からの離反**」を、ルソーはこう嘆いている。「**人間は自由なものとして生まれた。しかし至る所で鉄鎖（てっさ）につながれている**」——そして僕らに、自由と平等が回復した共同体の形成を呼びかける。

どんな共同体ですか？

ルソーのイメージする理想国家は、**公共の利益をめざす全人民的意志に基づいて共同体を形成し、そこで自由と平等の回復をめざす**というものだ。この全人民的意志を「**一般意志**」という。

一般意志？

そう一般意志。これは、個人の利益を求める**特殊意志**や、その意志の集まりである**全体意志**とは別のものだ。ルソーは、みんながこの一般意志を持って国づくりをすれば、失われた自由と平等は回復するはずだと考えたんだ。

なぜそれで自由と平等が回復するの？

まず一般意志で「公共の利益」をめざすことで、私有財産の弊害が除け、平等が回復する。そして「全人民の意志」が反映する政体をつくることで、真の自由が実現すると考えるわけだ。

でも全人民の意志が反映する政治なんて、どうやってつくるの？

全人民の意志は、選挙で選んだ代表者だけでは、とても反映しきれない。だから彼は「**英国人が自由なのは選挙のときだけ**」という有名な言葉で選挙制度を批判し、**全人民が直接政治に参加する直接民主制**を主張したんだ。

全員参加の直接民主制！

そう、中央政府もつくるけど、それはあくまで膨大にふくれ上がった一般意志を集約する機関にすぎない。多分に理想主義的ではあるけど、それを

1　民主政治の思想と原理　　017

堂々と主張するあたりが、ルソーらしいね。

　ではここで、ロックの唱えた間接民主制とルソーの唱えた直接民主制、一体どちらが優れているか見てみよう。

政　体	内　容	長　所	短　所
(a) 間接民主制 （＝代議制）	選挙で選ばれた人民が、代表者として政治参加。	実現が容易。	民意の反映が不十分。
(b) 直接民主制	全人民が政治に参加。	民意の完全反映。	実現が困難。

　どっちがいいかなんて、決められないなあ。

　確かに、どちらも一長一短だね。(b)は人民が自らの手で自分の自由と安全の実現をめざせると考えれば理想的だけど、現実問題として全人民が集まれる場所などない。アメリカ植民地時代の **タウン＝ミーティング** ぐらいの規模なら可能でも、国家レベルではかなり困難と考えた方がいい。

　それと比べて(a)なら簡単に実現できる。でもロックの所で見たように、選挙で選んだ国会議員が100％僕らのために動いているかといわれると、こちらも「うーん」といわざるを得ない。

　結局、どこかで理想と現実の折り合いをつけざるを得ないということになる。ではどういう形が最善か？　それは **間接民主制を直接民主制の要素で部分的に補った形** だ。

　部分的に補う？

　つまり、現実の政体は代議制を基本としつつも、部分部分で **署名** 活動や **住民投票** などの **直接民主制的要素を織り交ぜていく** 形だ。よく考えたら、署名活動や住民投票だって、地味ではあるけど立派な全員参加の政治だ。これらを使って議会の暴走を抑えるのも、現実の政治では必要なことなんだ。

●直接民主制的な要素

名　称	内　容	方　法
国民発案（**イニシアチブ**）	国民からの**立法提案**。	署　名
国民表決（**レファレンダム**）	投票による意思決定。	投　票
国民解職（**リコール**）	国民による**公務員の解職**。	署　名

4 法の支配と権力分立 ・・・・・・・・・・・・・・・・・・・・・・・

　これで、自然権を確保するためには国家が必要だということはわかった。

　では次は、自然法と国家統治の理想的な関係について見てみよう。これから「**法の支配**」と「**法治主義**」という、一見似たような言葉を扱うが、両者の間には区別すべき大きな違いがある。

▶ 法の支配（＝実質的法治主義）・・・・・・・・・・・・・・・・・・・・・

　これはイギリスで発展した考え方で、「**法は国民だけでなく、権力者をも拘束する**」というとらえ方だ。

　この考え方は、かつてイギリスでブラクトンやコークといった裁判官が、時の暴君をいさめる際に用いている。その際に使われた言葉が、かの有名な「**国王といえども神と法の下にある**」だ。

😊　あ、それ聞いたことある。

😟　よく勉強してるね。当然ここでの法は、王様であっても拘束できないといけない。そうでなければ「**法の支配**」じゃなく「**人の支配**」になってしまうからね。

　だからこの法は、**王も含めて人が当然従うべき自然法と、その自然法に基づいて形成されてきたコモン＝ロー（＝英の一般判例法**）だとされている。これこそが「法の支配」、つまり自然法に基づく理想的な統治のあり方といえるんだ。

1　民主政治の思想と原理　｜　019

▶ 法治主義（＝形式的法治主義）

　それに対してこちらは、「**法の形式さえ整っていればOK**」という考え方で、その法が自然法に基づく必要はない。単なる議会制定法に基づく統治だ。

　でもそうすると、「悪法も法なり」ということにもなりかねず、へたをすると人権抑圧法まで正当化しかねないような、悪い意味での**法律万能主義**につながる可能性がある。

　それは怖いなあ…

　実際、戦前の大日本帝国憲法にも「**法律の留保**」という考え方があった。これは「**法律の範囲内において人権保障**します」という考え方だけど、とても危険な考え方だ。

　何でですか？　よさそうに見えますが…

　肯定的にとらえればよさそうに見えるかもしれないけど、否定的にとらえればこの考え方は「もし今日、変な法律が可決されたら、今日からはその法律の範囲内まで人権保障が狭まります」に転じる危険性が常にある。そう考えると、やはり僕たちの自由と安全を守るには、「法の支配」の原則が必要だということになるね。

　最後に、民主政治の仕上げとして、権力分立について触れておこう。

　権力分立って、どういうことですか？

　イギリスの政治家**アクトン**の有名な言葉に「**権力は腐敗する。絶対的権力は絶対的に腐敗する**」というのがある。つまり、1つの機関だけに権力が集中すると、もしそこが間違ったことをしても、誰にも止められなくなるということだ。そうなったら非常に困る。だからそれを避けるために必要となってくるのが、権力分立なんだ。

そして国家権力は、三権に分立させるのがベストだというのが今日の定説だ。この説を今日型に確立させたのが、フランス人の**モンテスキュー**。彼は著書『**法の精神**』の中で、このような三権分立を説いた。

権力分立の考え方そのものはモンテスキューよりも先に唱えた人（ロックなど）もいるが、今日型のものはモンテスキューの三権分立だ。

▲モンテスキュー

三権分立

- **立法権**…法規範（きはん）を制定する権限　➡　**議会**が担当
  ▶法＝国民の自由と安全を守るルール→国民の代表機関が作るべき

- **行政権**…法を具体的に執行（しっこう）する権限　➡　**内閣**が担当
  ▶実際に政治を行うのは各省庁の仕事→省庁のトップは内閣の各大臣

- **司法権**…法に基づき事件を解決する権限　➡　**裁判所**が担当

これら三権は対等の力を持ち、たがいにチェックし合いながらパワーバランスを保ってゆく。これが暴走を防ぐための「**抑制と均衡**（よくせい）（きんこう）（チェック＆バランス）」だ。

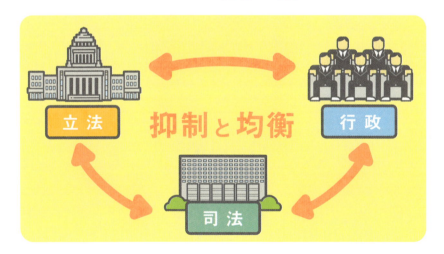

1　民主政治の思想と原理

 沖ノ鳥島を守る!?

　沖ノ鳥島は、日本の最南端の島だ。だがその実態は、満潮時に人1人がギリギリ直立できる謎のカタマリだ。中国は「島じゃなくて岩だ！」と主張してる。

　国連海洋法条約の定義によると、島とは「自然に形成された陸地」で、「満潮時に海面上に露出している部分」があればよいが、「人間の居住か独自の経済活動がなければ排他的経済水域はない」ことになっている。

　そこで日本政府は、まず水没を避けるために、島の周囲をコンクリートで護岸工事した。また、石原東京都知事（当時）は「独自の経済活動」のため、自ら視察におもむいたり、小笠原の漁民に島周辺での漁業を奨励したりした。

　しかし沖ノ鳥島を維持するためには、もっと大きな問題がある。地球温暖化だ。海面上昇すれば、海抜0mの島は水没の危機だ。地球温暖化を食い止めて、沖ノ鳥島を守れ！

チェック問題 | 1　

領土・領海・領空に関する記述として誤っているものを、次の①～④のうちから1つ選べ。

① 領海とは領土に接した海域で、領域国の主権が及ぶ範囲をいう。
② 領海の外側の大陸棚においては、原則として、すべての国が自由に地下資源を採掘することができる。
③ 領空とは、領土・領海の上空で、領域国の主権が及ぶ範囲をいう。
④ 領空を越えた空間（宇宙空間）は、原則として、すべての国が自由に利用することができる。

（センター追試験）

解答 … ②

解説　すべての国が自由に利用できるのは、領海・**大陸棚**・**排他的経済水域**を越えたエリアである「**公海**」（公海自由の原則）。**大陸棚**は、領土の自然な延長上として、海底とその下の資源に関して、沿岸国に排他的権利が認められている。
①領海は沿岸12カイリの幅で、主権のすべてが及ぶ。**排他的経済水域**は沿岸200カイリの幅で、資源を排他的に確保する権利のみ及ぶ。なお200カイリが重複するエリアは、「日中＝中間線で対処」「日韓＝共同規制水域として双方が利用」などさまざまで、トラブルも起こりやすい。さらに北方領土は、日本の領土扱いだがロシアの実効支配が続いており、排他的経済水域もロシアの管理が続いている（だから仕方なく、領土問題とは別の漁業用として、日ロ間で安全操業枠組み協定が結ばれている）。
③④領空には領域国の主権が及ぶが、**宇宙空間**には領有権なし。宇宙条約で「平和利用に限り、利用は自由」と規定されている。

2 人権保障の発展

1 人権獲得の歴史

❶ 自由権

自由権って漠然としてるけど、どういう権利ですか？

自由権とは「**国家権力の介入や干渉から自由になる権利**」のことだ。別名「**国家からの自由**」ともいわれている。また、獲得された時期が18世紀だから「**18世紀的権利**」とも呼ばれているね。

え、「国家から」… じゃ民間同士は関係ないんですか？

いやいや、もちろん関係あるさ。でも大もとを考えてごらんよ。そもそも国家は、主権という絶対的な強制力を持っている。その国家が僕らを自由にしてくれない限り、民間レベルの自由・不自由どころではない。

なるほど。

その国家権力による介入や干渉のうち、最悪のものが絶対王政。なぜならこの体制は、たった1人の暴君が全人民を不幸にできるから。この最悪の「人の支配」を脱しない限り、僕らに自由権はあり得ない。だから**自由権獲得の**

歴史は、市民が絶対王政を倒す歴史、すなわち市民革命の歴史となっていくんだ。

😐 市民革命…

そう、市民革命は**社会主義革命（＝労働者が資本家を倒す革命）の前段階にくる革命**だ。つまりこの革命をきっかけに市民は自由になり、自由になったおかげで資本主義は栄え、そのせいで資本家と労働者の階級対立が起こって社会主義革命へというつながりだ。

ではその市民革命と自由権獲得の歴史、まずはイギリスから見てみよう。

▶ **マグナ＝カルタ（大憲章・1215年）**・・・・・・・・・・・・・・・・・・・・・・・・・・・・・・・・・・

イギリスの自由権獲得の歴史は、**マグナ＝カルタ**から始まった。これは、この後に出てくるさまざまな歴史的権利文書とは少し違った性格の文書だ。

😖 少し違うって、どういうこと？

他の文書は、革命に勝利した市民や市民の代表が高らかに宣言したものだ。でも**マグナ＝カルタは、国王自らが発表した反省文的な文書**なんだよ。

🙂 反省文？

そうなんだ。この頃のイギリス国王はジョン王だけど、まずこの人は無能で残忍な暴君だったといわれている。そして暴君と呼ばれる王は、2つのことをよくやる。すなわち、**気にくわない奴をすぐ牢に投獄し（＝逮捕拘禁権の濫用）、国民から無慈悲に重税を取る（＝課税権の濫用）**。これらに対する不満が、まず国内にうず巻いていた。

🙂 なるほど。

しかもジョン王は、戦争に負けて当時フランスに持っていた領土の大半を失って欠地王と呼ばれ、ローマ教皇に破門されたりと、失政続きだ。これに対し、ついに王に次ぐ身分である貴族や僧侶たちが怒って抗議した。その結果王から発表されたのが、マグナ＝カルタなんだ。

ならそこにどういうことが書かれてたか、推測できないかい？

2 人権保障の発展 | 025

領土を取り戻すとか教皇に許してもらうとか、そういうこと？

いやいや、そっちじゃなくて、**逮捕拘禁権と課税権の濫用はもうやめます**という内容さ。内政的に襟を正すだけなら、外交的にダメな暴君でもできるでしょ。そういうことさ。

なるほど。

とにかくそういうわけでマグナ＝カルタは発表され、その後イギリス国王は代々それを踏襲していくことになる。ただしこれは**貴族や僧侶の言い分が通っただけで、市民が自由権を勝ち取ったわけではない**。だから例えば「マグナ＝カルタで市民の自由権が確立された」みたいな選択肢が出題された場合は×となる。でも、確実な第一歩にはなったんだ。

▶ **権利請願（1628年）**・・

その後、17世紀に入り、またイギリスで自由権の危機が起こった。

何ですか？

暴君・ジェームズ１世（在位1603～25年）の登場だ。彼は**王権神授説**（＝国王の権力は神から授かったものとする説）を根拠に、久々にマグナ＝カルタに従わない暴政を始めたんだ（王権神授説は政治思想家・**フィルマー**などが唱えた）。

ジョン王の息子・ヘンリー３世（在位1216～72年）のときも同じようなことがあり、そのときは大法官（＝最高裁長官）・**ブラクトン**が、「**国王といえども神と法の下にある**」という有名な言葉でいさめた。だから今度も、同じような立場の**コーク**（クック・元裁判官の議員）が、同じ言葉で王をいさめ、何とかその場は収まったんだ。

よかったじゃないですか。

ところがジェームズ１世の息子・チャールズ１世（在位1625～49年）は従わなかった。だから仕方なく、コーク起草の歴史的権利文書・**権利請願**

が発表された。その主な内容は**マグナ＝カルタの再確認**、つまり「国王様、いま一度マグナ＝カルタを思い出してください」というものだった。

それで、うまくいったんですか？

いや、ダメだった。もうこうなると、イギリス人はこの暴君を倒さない限り、自らの自由と安全を守れなくなる。だからここで最初の市民革命・**清教徒革命**が起こったんだ。

革命の結果は、どうなりました？

勝利したよ。革命は成功し、国王チャールズ1世は処刑された。その後もイギリスではいろいろゴタゴタがあったが、それらも**名誉革命**で解決し、ようやくイギリス人は絶対王政という最強の国家権力から自由を勝ち取ることができたんだ。

▶ **権利章典**（**1689年**）・・・

その後イギリスには、ウィリアム3世が新国王として即位した。

この人は、名誉革命に協力してくれたいい人だ。でも強い王権は、また暴政の悲劇につながるかもしれない。そう考えたイギリス議会は、国王に対し**権利章典**を宣言した。

権利章典？

そう、ここでは、**王はマグナ＝カルタの伝統に従うべきとの内容が再々確認された上、王権をがんじがらめに制限した**。そのせいで、このときからイギリス国王は、政治に関する実権を持たない象徴的な存在になったんだ。これがイギリス王室の「**国王は君臨すれども統治せず**」の始まりだ。

現在**イギリスには成文憲法はなく、かわりにコモン＝ローや歴史的権利文書が憲法の役割を果たしている**（＝**不文憲法**）。いかにイギリス人がこの歴史的な過程に誇りを持っているかが、よくわかるね。

2 人権保障の発展 | 027

▶ アメリカ・フランスの自由権獲得

　アメリカ・フランスについては、イギリスほどいくつもの権利文書がつながりをもって発表されたわけではないので、歴史的背景にこだわらず見ていこう。

　アメリカでは**独立戦争（独立革命）**が始まった翌年の1776年に、まず自然権や抵抗権で後の権利文書に多くの影響を与えた**バージニア権利章典**（バージニア州憲法の一部）が発表され、その翌月に**独立宣言**が発表された。詳しくは下のノートを見てもらうけど、そこには**ロックの影響が色濃く反映**されている。

　フランスでは**フランス革命**に勝利した1789年に**人権宣言**が発表された。そこには**ルソーの影響、独立宣言の影響、権力分立**の規定などが含まれている。

● 主な権利文書

> **マグナ＝カルタ（大憲章・1215年）**…ジョン王発表の**反省文**的文書
> ・「いっさいの楯金（＝軍役代納金）もしくは援助金は、**朕の王国の一般評**
> 　**議会によるのでなければ、朕の王国においてはこれを課しない**」
> 　**➡租税法定主義**
> ・「自由人は、その同輩の**合法的裁判によるか、または国法によらなければ、**
> 　逮捕・監禁・差し押さえ・法外放置、もしくは追放を受けまたはその他
> 　の方法によって**侵害されない**」**➡罪刑法定主義**

> **アメリカ独立宣言（1776年）**…ジェファーソン起草。**ロックの影響大**
> ・「我々は自明の真理として、万人は平等に創られ、**創造主から天賦の権利**
> 　**を付与され**、そこに生命・自由・幸福追求の含まれることを信ずる」
> 　**➡自然権思想**
> ・「**これらの権利を確保するために、人類の間に政府が組織されたこと**…を
> 　信ずる」
> ・「いかなる政治の形体といえども、これらの目的を毀損した場合には、**人**
> 　**民はそれを改廃し、…新たな政府を組織する権利**を有する」**➡抵抗権**

> **フランス人権宣言**（1789年）…**ラファイエット**起草
> ・「人は、**自由かつ権利において平等なものとして出生し、かつ生存**する」
> ・「あらゆる**主権の原理は、本質的に国民**に存する」➡国民主権
> ・「権利の保障が確保されず、**権力の分立**が規定されないすべての社会は、
> 　憲法を持つものではない」➡**権力分立**

❷ 参政権

　参政権とは文字通り政治に参加する権利で、別名は「**国家への自由**」。つまり国政に参加することで、自分の手で自分の自由をつかみ取るための権利だ。そう考えると、**参政権はそれ自体が目的ではなく、その後の自由権や国民主権実質化のための手段**ということになる。獲得の時期が19世紀だから「**19世紀的権利**」とも呼ばれている。

> 😀 **参政権はどんなふうに獲得されていったんですか？**

　参政権獲得の流れも、イギリスから始まった。まず市民革命後、市民は自由になり、参政権を得た。ところがここでいう市民とはすべての人々という意味ではなく、お金持ちの市民、つまりブルジョアジーだけだったんだ。

> 😐 **え、何で金持ち市民だけに参政権が？**

　それは**ブルジョアジーが市民革命にいちばん貢献したから**だ。だから市民革命のことを別名「ブルジョア革命」ともいう。彼らからしてみれば、「暴君さえいなければオレたちはもっと豊かになれるのに」という苦々しさは常に抱えていただろうからね。だからこそ革命に最も貢献し、そのごほうびに参政権を獲得し、そのおかげで資本主義は栄えていったんだ。こういうふうに、**金持ちにしか選挙権がない選挙を制限選挙**という。

　でもそうなると、かわいそうなのは労働者だ。彼らは参政権もないまま、資本家の下で重労働を強いられるわけだからね。しかもその後、さらに厳しい事態が待ち受けていた。

2　人権保障の発展 ｜ 029

😫 何ですか？

産業革命だよ。18世紀後半から始まったこの飛躍的な機械の進歩のおかげで、資本主義はさらに栄えた反面、**労働者たちは、自分たちの仕事を機械に奪われ始めた**んだ。

これはヤバい！ 誰かに助けてもらわないと…と思って周りを見てみたら、ここで初めて労働者は、とんでもないことに気づいた。

なんと**政治の世界には、労働者の権利や利益を代弁してくれる国会議員が、ただの1人もいなかった**んだ。つまり労働者たちは、ここで初めて参政権がないことの大変さに気づいたわけだ。このように、**参政権がないというのは、場合によっては命にかかわる重大事**になる。

😃 ほんとだ。僕はもっと軽く考えてました。恥ずかしい…

労働者たちはあわてて、自分たちの仕事がなくなったのは機械のせいだと考え、**ラッダイト運動**（＝機械打ち壊し運動）に出た。でもこんなことしたって根本解決にはならない。機械を壊した労働者が逮捕され、資本家が新しい機械を買えば終わりだ。そこで労働者たちは発想を変えたんだ。どうしたと思う？

> うーん… わかった、参政権を要求した！

その通り。この**労働者による参政権の要求運動を**チャーチスト運動**というんだ。**

この運動は、確実に他国にも波及し、その後1848年には**フランス**で初めて男子普通選挙が、そして1919年には**ドイツ**で初めて男女普通選挙が実現した。

● 覚えておきたい参政権の歴史

初の普通選挙	1848年のフランス ▶ 男子のみ。女子は1945年
初の婦人参政権	1893年のニュージーランド ▶ ただし当時は、英の植民地
憲法が規定する 初の男女普通選挙	1919年、ドイツのワイマール憲法
婦人参政権実現の 遅い主な国	スイス（1971年）
英米の男女普通選挙	英…1928年／米…1920年
日本の男女普通選挙	1945年　▶ 男子だけなら1925年

❸ 社会権

> 社会権って全然わかんないんですけど、何なんですか？

社会権とは、人間らしい生活のために、**国家に積極介入を求める権利**だ。別名は「**国家による自由**」。獲得の時期が20世紀になるから「**20世紀的権利**」とも呼ばれるな。

> え、国家による自由って変だな。だって確か自由権は…

そう、「国家からの自由」だったのにね。鋭い！　そうなんだよ、**僕らはせっかく18世紀、市民革命に勝利して国家権力の介入や干渉から自由になった。なのに20世紀、今度は一転してその国家に積極介入を求めている**。これは一体どういうことだと思う？

😫 さあ…

🔺 これはつまり、多くの人々にとって、自由はそれほどいいものではなかったということだ。

😃 え、そうなんですか？

🔺 そうなんだよ。自由という言葉には、確かに開放的で前向きで可能性に満ちた明るいイメージがある。でも社会に暮らす各人の間には、財力や地位や能力の差がある。そこに完全な自由が実現すると、どうなるか。

たちまち**格差社会の誕生**だ。自由競争は弱肉強食だから、**競争が進めば進むほど貧富の差は拡大し、競争に敗れた企業の倒産件数は増え、失業者の数も増える**。いわゆる**資本主義の矛盾**と呼ばれるものの1つだ。

ところが産業革命後の資本主義世界には、自由競争を守るためのガードマン的な機能（**国防＋治安維持**）しか備えていない**夜警国家**（＝**ラッサール**が批判的に唱えた**小さな政府**の形）が多かった。これでは貧富の差をフォローできない。そこで、**社会権的な発想で国家に助けてもらう必要**が出てきた、というわけだ。

😊 なるほど。

🔺 そこで20世紀、その**社会権を初めて規定した憲法がドイツで誕生**した。それが**ワイマール憲法**だ。同憲法では**生存権**（＝**人間たるに値する生活**の保障）を軸にした社会権を規定し、不平等是正に乗り出した。ではここで質問。不平等の是正って、何をやればいい？

😮 え？　そりゃ貧しい人を助けることじゃないの？

🔺 それだけではダメだ。なぜならいかに公共事業や社会保障で貧しい人を助けても、その一方で資本家が莫大な富を得ていたのでは、不平等は是正できない。だから、**不平等是正には、弱者救済だけでなく、強者の規制も必要**なんだ。

😊 なるほど。

そこでワイマール憲法には、「**公共の福祉**」の考え方も出てきたんだ。「公共の福祉」とは、**人権同士の衝突を調整する原理**で、そうして個々人を守ったところに成り立つ「**国や社会全体の利益**」という考え方だ。

この原理がめざすものは**万人の人権のバランスよい保障**であり、もし人権保障に、そういう意味での社会全体の利益を「個人の利益に優先するもの」という大前提があれば、突出した強者の規制につなげられる。つまり例えば、ビル＝ゲイツみたいな超大金持ちが富を独占したら、大多数が不幸になって公共の福祉に反するから、独占禁止法で制限をかけましょう、みたいな考え方だ。

ただこれは、見方を変えれば「ビル＝ゲイツの自由権の制限」、つまり**基本的人権を制限する根拠**にもなっている。しかし**大勢の人権を守るには、突出した強者の規制はやむを得ない**。

このように、不平等是正に向けて国民生活に積極介入する国家を「**福祉国家**」（＝大きな政府）という。ここに国家は、夜警国家から福祉国家へと変貌を遂げてきたわけだね。

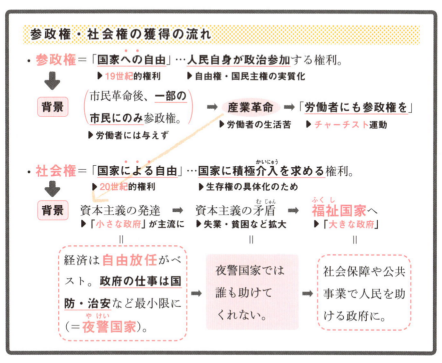

2 人権の国際化

　ここまで見てきた内容で、人権獲得の歴史的な「タテの流れ」は把握できたと思う。では今度は、それが今日どのように世界に広がっていったかという「ヨコへの広がり」について見てみよう。

😀 何かきっかけはあるんですか？

　あるとも。人権意識を世界に広めるきっかけになったのは、第二次世界大戦だ。特に**ナチスによるユダヤ人の大虐殺**（＝**ホロコースト**）は、**人権軽視と戦争拡大の危険な負の連鎖を、世界に強く印象づけた**。

😣 どういうこと？

　つまり、ナチスはユダヤ人を虐殺し、戦争をどんどん拡大させた。そして戦争が拡大することで、ますます人権は軽視されるようになったということさ。これはまずいよね。

　でもこれは逆にいうと、**人権尊重の流れを世界的につくれば、世界から戦争が消え、平和が実現する**ことにもつながる。そう考えたアメリカのF.ローズベルト大統領は、1941年の大統領教書で「**４つの自由**」を発表した。それがこれらだ。

▲F. ローズベルト

４つの自由

❶ 言論と表明の自由　　❷ 信教の自由
❸ 恐怖からの自由　　　❹ 欠乏からの自由

　彼は、世界の人々がこれらを守ることが世界平和につながると考え、戦後の民主主義の指導理念にしようとしたんだ。

　残念ながら、彼は終戦とほぼ同時に亡くなったが、彼の遺志はそのまま国連の舞台に引き継がれた。そしてついに1948年、**世界人権宣言**の採択につながったんだ。

世界人権宣言て何ですか？

世界人権宣言は、「**各国が達成すべき共通の基準**」として、国連総会で採択された宣言だ。これは画期的なことだ。なぜならこれは、ついに**人権初の世界基準ができた**ということだからね。

あ、そうか。それはすごい！

でも残念ながら、**世界人権宣言には拘束力がなかった**。これはまずいね。だって世界では、1948年に**南アフリカ共和国で人種隔離政策**（＝**アパルトヘイト**。**1991年廃止**）が始まったり、人権擁護団体**アムネスティ＝インターナショナル**が「**良心の囚人**（＝人種・宗教・政治・性別などが理由で不当に拘束されている人）」と認定する人々が出始めているのに。

ひどい話ですね…

そこで国連は**世界人権宣言を条約化**する作業を急ピッチで進め、ついに1966年、今度は拘束力のある**国際人権規約**として具体化した。
それではその国際人権規約の内容を見てみよう。

国際人権規約…世界人権宣言の条約化（＝拘束力あり）

● 規約の枠組み

A規約	**経済**的・**社会**的及び**文化**的権利 ▶各国は実施状況を経済社会理事会に報告	**社会権**規約
B規約	**市民**的及び**政治**的権利	**自由権**規約
A規約に関する選択議定書	A規約（＝社会権）を侵害された人が、直接国連の**社会権規約委員会**に通報できる**個人通報制度**。	
B規約に関する第一選択議定書	B規約（＝自由権）を侵害された人が、直接国連の**自由権規約人権委員会**に通報できる**個人通報制度**。	
※B規約に関する**第二**選択議定書＝「**死刑廃止条約**」（p.39で説明）		

●ポイント

- AB両規約とも、第１条は「**民族自決権**の確認」である点。
- 日本は「**祝祭日の給与**」「**公務員の争議権**」の２点の**批准を留保**
  している点。（→「**中等・高等教育の無償化**」への留保は2012年
  撤回）
- 日本は**すべての選択議定書を批准していない**点。

ひゃ～、けっこう細かいなあ。

でもどれも大事な内容だから、間違いなくしっかり覚えといてね。特に日本が批准を留保している2点と、個人通報制度を定めるAB両規約の選択議定書を批准していない点は、試験でもよく問われる。

何で日本は個人通報制度の選択議定書を批准していないの？

どうやら、**司法権独立への侵害**になるから（つまり「本来日本の裁判所が解決すべき案件を国連に委ねる」ことが問題）ということらしいけど、**未批准だと、もし僕が、例えば日本の行政機関（警察や刑務所も含む）から自由権侵害のひどい目に遭わされても、国連に救済申し立てできない**。これはそんなことになる前に、ぜひとも解決してほしいよ。

3 代表的な人権条約

▶ **難民の地位に関する条約**（**難民条約**・1951年採択、54年に発効）

難民とは「**人種・宗教・政治・国籍**などの理由から迫害を受け、海外に逃れ、自国の保護を受けられない人」を指す（※**経済難民**は含まず）。

> ● **内容**：自国民と同一の教育・公的扶助。／**追放・送還の禁止**。
> ● **日本の批准**：1981年公布、82年批准 → **在日外国人の国民年金加入可**に。
> ● **問題**：日本は難民認定が厳しく、受け入れに**消極的**。

公的扶助とは生活保護のことだ。「自国民と同一」とあるため、難民認定さえ受けられれば、その人は国民年金等の社会保障を受けることもできる。ただし日本は、難民の受け入れには消極的な国として批判されることが多い。

さらに、難民は自国に戻ると危険が待っている人々だから、**追放や強制送還は禁止！** この原則を「**ノン＝ルフールマンの原則**」という。あと、貧困のせいで自国で生きていくことが難しい**経済難民**が同条約の救済対象になっていないことも、試験では狙われやすいから、覚えといてね。

なお国連では、**国連難民高等弁務官事務所**（**UNHCR**）が、問題解決にあたっている。

▶ **人種差別撤廃条約**（1965年）

この条約は「**あらゆる形態の人種差別の撤廃をめざす**」条約だ。

日本はこの条約を1995年に批准した。30年もの間が開いた理由は、つい最近まで日本に「**北海道旧土人保護法**」という、アイヌ民族抑圧法があったせいだ。

しかし、条約批准を機に同法は廃止され、1997年には「**アイヌ文化振興法**（日本初の民族保護法。当時はこれがアイヌ新法と呼ばれた）」が、そして2019年にはそのアイヌ文化振興法を廃止して「**アイヌの人々の誇りが尊重される社会を実現するための施策の推進に関する法律**（＝今日はこれが**アイヌ新法**）」が制定されたんだ。

今回できたアイヌ新法では、初めてアイヌを「北海道の先住民族」と明記している。すでに2008年の国会決議でも内閣の見解でも先住民族と認識されていたとはいえ、法律への明記は初めてだ。

ただ残念ながら、「先住権」の明記はない。先住権問題は独立運動などに発展する可能性があるため、国家レベルではほとんど認められていないのが現状だ。実際、国際的な取り決めでも、国連総会で2007年に採択された拘束力のない宣言「先住民族の権利に関する国連宣言」に、かろうじて先住民の土地所有の権利などが出てくる程度だ。

なお、同条約の精神と関連して、日本でも2016年に「ヘイトスピーチ解消法」が成立した。罰則なしの法律だけど、今後は「本邦外出身者に対する差別的言動のない社会」づくりに努力することになった。さらに2019年には、地方レベルで川崎市が、全国で初めて、刑事罰（罰金刑）を盛り込んだヘイトスピーチ禁止条例を可決させている。

▶ 子どもの権利条約（1989年）

この条約は子どもを大人の従属物ではなく、「権利行使の主体」ととらえた条約だ。日本も1994年に批准している。

●**主な内容**

・子ども＝**18歳未満**のすべての者を指す。
・子どもの**意見表明権**の保障。
・子どもの表現、思想・良心、信教の自由の保障。
・親による虐待や搾取からの保護。

ここでの子どもは、主に途上国の子どもと考えた方がわかりやすい。途上国では、子どもが親から単なる労働のための道具扱いされることも多いからね。

▶ 女子差別撤廃条約（1979年）

この条約には「締約国の差別撤廃義務」規定がある。だから日本は1985年に**男女雇用機会均等法**を制定した後、条約を批准した。

▶ 死刑廃止条約（＝B規約の第二選択議定書・1989年）

現在110カ国以上が批准しており、日本・アメリカ・中国などは死刑制度容認の世論が強いため、**批准していない**。

なお日本の最高裁の見解では、「**死刑は憲法第36条で禁止する残虐（ざんぎゃく）刑にあたらず**」とされている。ただ世界的な流れでは、**国連は死刑廃止の立場、EUも死刑廃止が加盟条件の1つと、やはり死刑容認国は少数派**のようだ。

最後に、これらも覚えておいてもらおう。

地域的人権条約、代表的な人権NGOなど

- （欧州人権条約（1950年調印、1953年発効））…**世界初の地域的人権条約**。欧州人権裁判所を設置。
- （米州人権条約（1969年））…２番目の地域的人権条約（中南米含む）。
- （アフリカ人権憲章（1981年採択、1986年発効））…別名「**バンジュール憲章**」
- （**アムネスティ＝インターナショナル**）…「良心の囚人（しゅうじん）」救済をめざして活動する人権NGO。
  - ▶**国際人権救援機構**

チェック問題 | 2

国際的な人権保障を定めた文書についての記述として正しいものを、次の①〜④のうちから1つ選べ。

① 世界人権宣言は、個人の具体的な権利を規定し、国家を法的に拘束する文書である。

② 国際人権規約は、西欧諸国の意向を反映し、社会権の規定を除外した文書である。

③ 子どもの権利条約は、子どもの福祉と発達のための社会・生活条件の改善を主な目的として採択された。

④ 人種差別撤廃条約は、ジェノサイド（集団殺害）の禁止を主な目的として採択された。

（センター本試験）

 … ③

 ③は子どもの権利条約についての正しい記述。他によく出題されるのは、子どもが「**権利行使の主体**」であるという視点と、子どもの「**意見表明権**」の保障だ。

① **世界人権宣言には拘束力がない**ため、これに拘束力を持たせた文書として発表されたのが「国際人権規約」だったよね。

② 国際人権規約は「A規約＝社会権」「B規約＝自由権」だから、もちろん社会権規定の除外なんかしていない。

④ ジェノサイドの禁止を主目的にする条約は、そのものズバリの**ジェノサイド条約**。人種差別撤廃条約は「あらゆる形態の人種差別の撤廃」をめざすための条約。

日本国憲法／各国の政治制度

1 大日本帝国憲法

大日本帝国憲法

- 形式：**欽定憲法**（天皇が制定）
- 性質：**硬性憲法**（改正に**特別な手続き**が必要）

第73条　天皇の勅命 ➡ 帝国議会 ［・総議員の3分の2以上の出席／・出席議員の3分の2以上の賛成］ で改正

- 天皇：
  - **神聖不可侵** ➡ **現人神**であり、不敬は刑法違反。
  - **統治権を総攬**（＝三権すべてを掌握）
  ↓
  - 帝国議会：天皇の**立法権**行使を「**協賛**」（協力し賛同）。
  - 国務大臣：天皇の**行政権**行使を「**輔弼**」（補い助ける）。
  - 裁　判　所：裁判所は「**天皇の名において**」司法権行使。
    ▶天皇の代理人として裁判をする

　＋　強大な**天皇大権**もあり。

- **緊急勅令**：議会閉会中に天皇が出す命令。
- **独立命令**：法律のない領域で天皇が出す命令。
- その他：軍の統帥／宣戦・講和／条約締結等。

→ 帝国議会は関与できず。
▶軍の輔弼➡独走へ

※その他、天皇を補佐する機関…**枢密院**（旧憲法に規定あり）

旧憲法下で設置されていた、天皇の**最高諮問機関**。
「重要な国務の審議＋新旧両憲法の草案審議」等を行った。

● 国民の権利：「**臣民**」（＝天皇の**従者**）の権利。

- 主権者である天皇から**恩恵で与えられた人権**にすぎない。
- 「**法律の留保**」あり。➡人権保障は「**法律の範囲内**」のみ。
- 権利規定は**不十分**な「**自由権**」のみ。➡参政権・社会権の規定なし。

- 規定なし：思想・良心の自由／学問の自由／職業選択の自由
- 規定不十分：言論・集会・結社の自由／人身の自由

● その他：地方自治・違憲立法審査権…規定なし。

大日本帝国憲法って何ですか？

大日本帝国憲法（＝明治憲法・旧憲法）は**皇室典範**と並ぶ、**戦前の最高法規**だ。

　戦前は天皇が唯一の主権者だったから、皇室典範も最高法規扱いだった（※今日は法律と同格）。そして憲法は、もちろん**欽定憲法**（＝君主が制定）。憲法は主権者が作るのが基本と考えれば、当然だね。

　しかし「主権者＝支配者」と考えると、旧憲法下では天皇だけが日本の支配者だったわけだから、多くのことが今日と違ってくる。

どんなことが違うんですか？

例えば**三権は、すべて天皇に集中**する（＝**統治権の総攬**）。だから一応サポート機関としての国会・内閣・裁判所はあったけど、天皇がその気になれば、すべてを自分の思いのままにできた。しかも天皇には「**天皇大権**」というさらに強大な権限も与えられていて、議会はまったく関与できなかった。

それは怖いですね。

しかも**内閣の仕事が「天皇の輔弼」だと、議院内閣制も機能しない**。だって内閣は、議会と協力し合うことが仕事ではなく、天皇を助けることが仕事になるからね。なら、**議会を無視した政策決定を行う内閣（＝超然内閣）が現れた**りしたのも、無理のないことだよ。

なるほど。

しかも天皇1人がご主人様ということは、**国民は全員が「天皇の従者（＝臣民）」**ということになる。主従関係という言葉の意味を考えると、当然そうなる。そして、従者にすぎない僕たち臣民の権利は、「侵すことのできない永久の権利」などではなく、**主人である天皇から恩恵で与えられているものにすぎず、後からできた法律でいくらでも制限できる（＝法律の留保）**弱いものだった。しかもその保障範囲も、最初から不十分なものだった。

なんか怖すぎですね。

そう考えると、主権者が国民かそうでないかというのは、ものすごく大きなことなんだ。そもそも天皇主権では、民主主義（＝人民自身が主権を掌握）にもならない。せいぜい大正デモクラシー期の吉野作造が唱えた「**民本主義**」（天皇主権下で可能な限り「**人民本位**」にしていく）が限界だ。本当に僕たちは、戦後に生まれてよかったね。

3　日本国憲法／各国の政治制度　　　043

2 日本国憲法の成立

ではここからは、大日本帝国憲法が改正され、今日の日本国憲法が生まれる過程を見ていこう。

欽定憲法制定国の君主は、絶対的な強権を持つことが多い。だから大日本帝国憲法もその価値がすり減らない法典（＝**不磨の大典**）とみなされ、事実上臣民側からは、畏れ多くて改正どころか触れることすらできないものとして扱われてきた。

これが改正されるきっかけとなったのは、やはり敗戦だ。

日本国憲法の成立過程

1945年：**ポツダム宣言**受諾（＝事実上、日本の無条件降伏）。
↓
GHQ、憲法改正を示唆 ➡ 「**憲法問題調査委員会**」設置。
　　　　　　　　　　　　▶国務大臣・松本委員長

◀天皇の人間宣言（1946年1月1日）
↓
1946年2月：GHQ、**松本案を拒否**…ほぼ旧憲法のままだから。
↓
GHQ民政局、マッカーサーの指示で**独自案**の作成開始。
↓
・**マッカーサー三原則**（天皇は国家元首／戦争放棄／封建制の廃止）
　　　　　＋
・日本民間の「**憲法研究会**」案（国民主権・象徴天皇制など）
↓
同年2月：**マッカーサー草案**完成。➡ GHQ民政局が、**わずか9日で完成**。
↓
同年3月：同草案を若干修正したものが、**日本政府の改正草案**に。
　　　　　　　　　　　　　　　　　　　▶憲法改正草案要綱
↓
同年4月：**枢密院**で改正草案を審議。
↓

> ↓
> 同年6月：**第90回帝国議会**で審議 ⋯
> ・大日本帝国憲法下での最後の帝国議会。
> ・**初選出の女性議員**も審議に参加。
> ・衆議院と貴族院の審議（**参議院はまだなし**）。
>
> ↓
> 同年11月：新憲法として公布し、翌年5月施行。
> ▶実際は旧憲法唯一の改正

　日本はポツダム宣言受諾後、GHQから憲法改正を示唆され、日本政府は**憲法問題調査委員会**を発足させた。

　これを受け、各政党や民間団体も、さまざまな改正案を考えた。この流れは、<u>大日本帝国憲法制定前に「**私擬憲法（植木枝盛のものが有名）**」と呼ばれる憲法私案が数多く発表された</u>ときと同じような盛り上がり方だった。いろんな案が出されたが、全体的に天皇の権限を縮小させ、国民の権利を大きくしようとするものが多かった。そうこうするうちに、1946年の正月には、天皇の「**人間宣言**」まで発表された。

 おー、流れは完全に民主主義ですね。

　ところが、肝心の政府案（＝**松本案**）は<u>「**国体の護持**」（＝天皇の統治維持）を基本とするもので、その内容は旧憲法とほとんど変わらないもの</u>だったんだ。

　うわっ、全然民主主義じゃな〜い！

　ほんとそうだよ。だからマッカーサーは松本案の受け取りを拒否し、その上で日本政府ではなく**GHQ民政局に、日本の新憲法の草案作成を命じた**んだ。それが「**マッカーサー草案**」だ。

　え？　ということは、それはマッカーサーが作った草案じゃないの？

　マッカーサーは「**マッカーサー三原則**（マッカーサーノート）」を反映させるよう指示しただけだ。で、そのマッカーサー草案が、わずか9日で完成し、日本政府に渡される。

ものすごい早さだなあ…

日本政府はそれを若干修正して政府案とし、枢密院に回した。そしてその後、第90回帝国議会で、ついに新憲法は制定されたんだ（この第90回帝国議会が大日本帝国憲法下での最後の議会となった）。ただし、**手続き上は新憲法の制定ではなく、大日本帝国憲法第73条の改正手続きにのっとった**「**旧憲法唯一の改正**」だから気をつけて。

結局日本国憲法って、GHQ案を丸のみしちゃったんですか？

かなりそれに近いことは確かだ。でもちゃんと、民間の**憲法研究会**案の採用や帝国議会の審議も経ているから、**完全な**「**押しつけ憲法**」**というわけではない**。

3 日本国憲法

日本国憲法

- **形式**：民定憲法（国民が制定）
- **性質**：硬性憲法（改正に**特別な手続き**が必要）

第96条：各議院の総議員の3分の2以上の賛成で国会が発議。 ➡ 国民投票 ▶過半数の賛成 ➡ 天皇が改正を公布。

- **天皇**：象徴（＝国政機能なし）…内閣の**助言と承認**の下、儀礼的な**国事行為**のみを行う。

憲法第6条：内閣総理大臣、最高裁判所長官の任命等。
憲法第7条：衆議院の解散、恩赦の認証、栄典の授与等。

046 | 第1講 政治分野

- **主権者**：国民…**国政上最大限尊重される**。

  ⬇

- 基本的人権は「**侵すことのできない永久の権利**」（憲法第11条）。
- 自由権・参政権・社会権に加え、平等権と請求権も完備。
- ただし「**公共の福祉**」による制限はあり。
- **その他**：地方自治・違憲立法審査権…規定あり。

日本国憲法では、主権者が天皇から国民になった。たったこれだけのことなのに、保障される人権の種類が増え、内容が充実し、憲法改正に国民投票が必要になった。特に基本的人権が「**侵すことのできない永久の権利**」として最大限尊重されることになったのは大きいね。

> 旧憲法の「恩恵」からずいぶん出世しましたね。

でも、ここで1つ気をつけてほしいことがある。それは「**最大限**」を「**無制限**」**と勘違いしない**ことだ。

> どういうことですか？

つまり、<u>他者に迷惑をかけてまで認められる「無制限」の人権なんてない</u>ってこと。そのあたりのことを日本国憲法では「**公共の福祉**」という言葉で表現しているな。この言葉は「2 人権保障の発展」でも出てきたけど、覚えてるかな？

> どういう意味でしたっけ？

人権相互の調整原理。よく使われる意味では「社会全体の利益」だよ。つまり憲法では、僕たちの基本的人権は、「**公共の福祉」に反しない限り「最大限」尊重される**というわけさ。そういう意味では、基本的人権にもある程度の制限がつくことを覚えておこうね。

4 憲法改正の議論

憲法改正論議の変遷

従来：GHQの「押しつけ憲法」を排し、自主憲法制定を。
　　　▶「再軍備＋天皇の明確な元首化」を

- 保守政党の合同による**自由民主党**の結党（1955年）。
　▶自由党＋日本民主党　　▶改憲発議に必要な両院の3分の2をめざせ
- 鳩山一郎首相、内閣内に**憲法調査会**設置（1965年廃止）。
- 安全保障面で、**改憲なしに自衛隊を増強**（＝**解釈改憲**）。

近年：そろそろ**時代に合った最高法規**に作り直そう。

- 衆参両院に**憲法調査会**を設置（2000年）し、**調査・検討**。
- 将来的な発議に備え、**国民投票法**制定（2007年）。
　▶「18歳以上の日本国民」に投票権
- 憲法改正原案は、**憲法審査会**（2007年新設）で審理。

　日本国憲法は、国民が自主的に作ったものとは言い難い。だから制定当初から、改憲をめぐる動きはあった。

　ただしそれらの多くは**復古主義的な改憲論**で、再軍備や天皇主権がちらつく、あまり万人に受け入れられるタイプのものではなかった。でも、近年の改憲論は、だいぶ変わってきたんだ。

> どう変わってきたんですか？

　近年は「**現行憲法の不備を見直し、時代に合った最高法規に修正しましょう**」という改憲論が増えてきた。これならば、従来の改憲論より受け入れられやすい。なぜなら、今の日本国憲法が施行されたのは1947年、つまりもう70

048　｜　第1講　政治分野

年以上も前だからだよ。そんな**大昔に作ったルールを今の時代に無理やりあてはめようとすると、いろんな所にほころびが出てくるはず**だからね。

> どんなほころびですか？

例えば、プライバシーの権利が日本国憲法に明記されてないことなどは、その最たるものだ。今の時代、誰がどう考えても、プライバシー侵害は人権侵害だ。裁判所だって判例としては認めている。でも現実問題として、プライバシーの権利は憲法に載っていない。なら、載せるためには改正も必要だということになるよね。

> 確かに。

つまり**今日の改憲論は、そういう新しい人権の「加憲（かけん）」も含めた幅広いもの**になってきたんだ。もちろん21世紀の今日でも、従来同様**「改憲＝第9条改正、再軍備」とだけとらえて、猛反対する人は多い**。でもその一点張りで「改憲阻止」を訴えたら、必要な人権保障も不十分なままになってしまう。

というわけで、**今日は与野党含めて、議論の中心は「改憲 vs 護憲」から「どこをどう変えるべきか」になりつつある**。不十分だった人権保障が万全に向かうことは、歓迎すべきことだ。今日の自民党政権は、環境権など国民的合意を得やすい分野から、改憲論議を進めていくつもりだと表明している。僕らも自らの自由と安全のために、当事者意識を持ってこの問題に取り組んでいく必要があるね。

5 各国の政治制度

最後に、各国の政治制度についても触れておこう。

国によって形はさまざまだけど、試験でよく問われるのはイギリスとアメリカだ。わかりやすくノートをまとめておいたので、特にこの2つについてはしっかり内容を理解しておこうね。

▶ **イギリス** ···

- **政体：議院内閣制**…内閣は議会に対し連帯責任。
  - ➡ 国王は「**君臨すれども統治せず**（象徴的）」。

  内閣の
  構成 ［・首相：下院第一党の党首を国王が任命。
  ・首相＋閣僚：**全員が国会議員**を兼任。

- **議会**：上院（貴族院的）／下院（国民が選出）
  - ➡ ［・**下院優越**の原則あり（予算先議権＋内閣不信任）。
    ・一部を除き、上院の**世襲貴族議員は廃止**（1999年〜）。
    ※「法律貴族＋さまざまな分野で功績あり」の一代貴族議員は存続。

- **司法**：従来 ［・**議会上院で最高法院（最高裁）**を構成。
    ・最高法院判事は上院議員でもある法律貴族。➡ 上院の
    ・最高法院大法官は閣僚＋上院議長も兼任。　　影響を
    　　　　　　　　　　　　　　　　　　　　　　　受けやすい。

  - ◎2009年、**上院から独立した司法制度**をめざし、**イギリス最高裁判所**設立。
    ▶判事となった法律貴族は上院議員を兼ねない／長官は下院から選出

- **政党：二大政党制**（労働党と保守党）
  - ➡ 野党は次期政権に備え「**影の内閣**」を組織。

- **その他**：違憲立法審査権**なし**。

▶ **アメリカ**

● **政体：大統領制**…任期4年／三選禁止／**間接選挙**

➡強大な権限あり（国家元首、行政府の長、軍の司令官など）。

> **米大統領の…間接選挙** 　各州から**人口比例**で**大統領選挙人**を選び、彼らの投票で大統領を選出。
>
> ・まず州単位で直接選挙➡ここで各州の勝利政党決定。
> ⬇
> ・各州で一票でも多く取った政党が、その州に割り当てられた**選挙人人数枠を独占**（＝**勝者独占方式**）。
> ⬇
> ・選挙人の投票で大統領を選出。

● **議会：**上院（各州2名）／下院（各州人口比例）

（議決面では**両院対等**だが／**各院固有の権限**あり）〔（上院）：高級官僚任命・条約批准・弾劾裁判権／（下院）：予算先議権・大統領弾劾の訴追権〕

● **政党：二大政党制**（共和党と民主党）

● **その他：厳格な三権分立**制…三権の**独立性**が強い。

▶ **モンテスキュー型**　⬇

> **大統領➡議会**
> ・大統領と各省長官は、**国会議員との兼任不可**。
> ・**議会解散権・法案提出権なし**（➡立法に行政は口出し不可）。
> ・例外：〔・**教書**（議会への施策要請書）送付権／・**拒否権**（議会通過法案に署名しない）〕➡これらでの議会への関与は可。
>
> **議会➡大統領**
> ・**不信任決議権なし**➡政策上の失敗などは追及できず。
> ・例外：大統領の「重大な犯罪または軽罪」が発生したとき。
> ➡議会に**弾劾決議権**あり（弾劾成立例はなし）。
>
> **司法：**裁判所に**違憲立法審査権**あり。

6 その他の主要国

❶中国：**民主集中制**（＝権力分立を否定）

➡国家権力は**全国人民代表大会**（＝**全人代**。**中国の国会**）に集中。

▶ただし事実上、すべての事柄に**共産党**の指導が優先

❷フランス：**半大統領制**（大統領と首相がいる）

- 大統領…国家元首。主に外交・防衛などを担当。国民が直接選挙。
- 首相　…主に内政を担当。議会第一党党首を大統領が任命。

❸ロシア：フランスと同形だが、議会に大統領弾劾決議権あり。

❹ドイツ：フランスと同形だが、ドイツでは大統領は象徴的存在で、政治的権限はほとんどなし。**国政の責任者は首相**。

コラム　フランスの**コアビタシオン**（＝**保革共存政権**）

　フランスは、大統領権限が異常に強い。これはかつて、1950年代のアルジェリア戦争時に、リーダー不在の政治が戦局の混乱と財政赤字につながった反省から、元軍人の**ド＝ゴール**が大統領だった時代、憲法を改正して大統領権限を強化したためだ。だから現在、フランス大統領は首相の任免・議会解散・軍の指揮権を持つのに対し、議会側からは大統領を不信任も弾劾もできない。

　これで強いリーダーシップが発揮できる。だが今度は独裁が心配だ。そこで国民は、独裁阻止のためのバランスをとる意味で、大統領と議会第一党が別政党になるよう投票することが増えた。その結果生まれたのが、大統領と首相の政党がバラバラの**コアビタシオン**（＝**保革共存政権**）だ。これで多少なりとも議会の抑制力が期待できる。

　ただコアビタシオンは、大統領からするとやりにくくてしょうがない。だからシラク大統領の時代、大統領任期は7年から議会と同じ5年に短縮された。これは「オレ7年も大統領やる器じゃないッスよ」という謙虚な気持ちではなく、大統領選挙の時期と議会選挙の時期を同時期にすれば、国民がコアビタシオンをねらった投票をしづらくなるからだ。

　日本でも、政策がうまくいかないと、新政権発足から1年もしないうちに支持率が下がったりする。そんなときに選挙すれば対立する政党に票が集まる。どこも一緒なんだね。

チェック問題 | 3

大日本帝国憲法（明治憲法）から日本国憲法への変化についての記述として適当でないものを、次の①〜④のうちから1つ選べ。

① 明治憲法で統治権を総攬するとされた天皇は、日本国憲法では日本国と日本国民統合の象徴とされた。

② 明治憲法では臣民の権利が法律の範囲内で与えられたが、日本国憲法では基本的人権が侵すことのできない永久の権利として保障された。

③ 明治憲法では皇族・華族・勅任議員からなる貴族院が置かれていたが、日本国憲法では公選の参議院が設けられた。

④ 明治憲法で規定されていた地方自治は、日本国憲法ではいっそう拡充され、地方特別法を制定する場合、事前に住民投票を行う制度が導入された。

（センター本試験）

解答 … ④

解説 **明治憲法に地方自治の規定はなかった。** よく考えたら当たり前だよね。だって当時は天皇が「統治権を総攬」してるんだから。つまり、立法・行政・司法権がすべて天皇のものなのに、地方だけ地方の好きにしていいなんてあり得ないってこと。ちなみに当時は、**違憲立法審査権もなかった。** 立法権も司法権も天皇が握ってるんじゃ、審査の意味なんかないもんね。

さらに現行憲法における地方特別法の制定についてだけど、これは例えば「広島平和記念都市建設法」のような法律のことで、後半の記述通り**国会で可決した後、公布前に住民投票で過半数の賛成を得て、初めて法律として制定**される。

4 基本的人権の尊重

1 裁判と判例

　日本国憲法は、僕たちに5つの基本的人権を保障してくれている。すなわち平等権・自由権・請求権・社会権・参政権だ。

　ここでは、これらに関する裁判と判例について見ていこう。まずは平等権から。

❶ 平等権

> 法の下の平等（憲法第14条）／両性の本質的平等（憲法24条）
> 教育機会の均等（憲法第26条）／選挙権の平等（憲法第44条）

尊属殺人重罰規定違憲判決

内容 **尊属**とは「父母と同列以上にある血族」のこと。本件は「**親殺しの裁判**」。「**尊属殺人だけ死刑 or 無期懲役**」の刑法第200条は、命の重さに差をつけており、**法の下の平等**（憲法第14条）を侵害していないか。

> 刑法第199条：「人を殺したる者は、死刑・無期もしくは3年以上の懲役」
>
> 同第200条：「尊属を殺したる者は、死刑もしくは無期懲役」
>
> **判決** 刑法第200条は**違憲**（1973年） ➡ 1995年、国会で削除へ。

　これは具体的には、実父に暴行されて5人の子を産まされた娘が父親を殺害した事件なんだけど、刑法第200条の規定では、どんなにその父親に非があっても、親殺しは無条件に死刑か無期懲役刑。これでは命の重さを平等に扱っているとはいえない。

　だからこの事件の最高裁判決でも、この場合は娘さんどうこうよりも、**そもそも刑法第200条が法の下の平等を侵害している**と判断されて、結局娘さんは執行猶予付きの判決で済んだんだ。

衆議院議員定数不均衡問題

内容 衆議院選挙の際、都市部と地方で「**一票の重みに著しい格差**」があった。

争点 **公職選挙法**の定数規定は、**憲法第14条（法の下の平等）**違反か。

判決 「1976年の判決（格差4.99倍）と1985年の判決（格差4.40倍）は**違憲**。
ただし**選挙自体の無効は避けた**（＝**事情判決**）。

😊 **どんな裁判ですか？**

😰 これはいわゆる「**一票の格差**」の裁判だ。これは、実際に都市部から立候補している当人からすればたまったもんじゃないよ。

😑 **都市部から立候補する人の方が不利なんですか？**

😰 当然だよ。例えば、地方で5万人の有権者に対して1名当選の選挙区と、都市部で50万人に対して1名当選の選挙区とでは、どっちが過酷かなんて考えるまでもない。これは、当選者の数こそ一見平等に見えるけど、実際には10倍の格差がある。明らかに「法の下の平等」の侵害だ。

　でも憲法には、格差何倍を超えたら違憲なんて基準は存在しない。だから裁判

4 基本的人権の尊重 | 055

所は明言こそしていないけど、どうやら**「格差3倍」**をこの当時の合憲・違憲の**判断の目安**としていたみたいだね。つまり、**格差3倍超なら違憲**という基準だ。

😊　なるほど。

😣　この基準に基づいて、**今までに二度違憲判決**が出ている。でも、**選挙のやり直しは実施していない**。やり直しは時間的・金銭的な負担が大きい上、有権者にも二度手間の迷惑をかけるからね。このように、選挙という特殊事情を考慮した例外判決を**「事情判決」**というんだ。

　「一票の格差」については**近年注目すべき判例や法改正があった**けど、詳しくは「8 政治の諸問題」で扱うね。

　次は自由権だ。

❷ 自由権　その①

精神的自由　…　思想・良心の自由（憲法第19条）／信教の自由（憲法第20条）
　　　　　　　　　表現の自由（憲法第21条）／学問の自由（憲法第23条）

三菱樹脂事件

内容　学生運動の過去を理由に、企業から内定を取り消されたのは、**思想・良心の自由**（憲法第19条）**の侵害**か。

判決　第19条は**公法**（国 vs 個人や企業）の性格が強いため、**私人間**（個人 vs 個人や民間同士）には直接適用されず（1973年）。

😄　これは何だか、わかりにくい判決ですね。

😣　事件そのものはわかりやすいけどね。つまりこの学生の立場からすれば、「自分が学生時代信じていた思想を理由にこんな仕打ちを受けるなんて、日本に思想・良心の自由はないのか！」ってことなんだけど、企業の立場からすれば、「誰を採用する・しないは、企業の持つ雇用の自由の範疇だ」ということ

056　｜　第1講　政治分野

になる。つまり、**自由権と自由権が衝突した**わけだ。

> そういう場合は、どうなるんですか？

そもそも第19条の思想・良心の自由は、**公法**の性格が強い。つまりこれは**「国家から不当に侵害されました」という状況を避ける**ためのもの、という考え方だ。ところが本件は私人間。そうなると、基本的人権の重さに差をつけることはできないから、それぞれの自由権の主張は相殺される。あとは裁判官の裁量や公共の福祉とのバランスで考えるしかないね。結局この事件では、学生側の主張は退けられてしまったんだ。

津地鎮祭訴訟

内容 三重県津市が地元神社に対し、地鎮祭の謝礼を公費支出したのは、**信教の自由**（憲法第20条）の一部・**政教分離の原則**に違反するか。

判決 ［地鎮祭の**目的**：**世俗的行事**（宗教行事にあらず）。
　　　　支出の**効果**：特定宗教の援助にあたらず。］ ➡ 合憲（1977年）

これは信教の自由の中でも特に争点になりやすい「**政教分離の原則**」についての裁判だ。

三重県津市で市民体育館を建てた際、地鎮祭を行い、神主に市の公費から謝礼を支払った。これが「行政機関による特定宗教への援助」にあたり、政教分離に反するのではないかという裁判だ。

政教分離は世界共通のルールではないが、日本は**戦前の国家神道政策が戦争拡大につながったとの反省**から、この原則が採られているんだ。詳しくは後述の「靖国神社公式参拝問題」を見てみてよ。

> で、判決はどうなったんですか？

最高裁は政教分離をはかるモノサシとして、「**目的効果**基準」というものを示した。これは「行為の目的に宗教的意義が含まれているか」「支出の効果が特定宗教への援助にあたるか」の2点に注目し、両方アウトなら政教分離に

違反するという判断基準だ。

本件では、地鎮祭の性格（世俗的行事）・謝礼の少なさ（7千円強）から判断して、憲法違反にはあたらないということになったんだ。

でもこれが、靖国神社になると、そうはいかなかった。

愛媛玉ぐし料訴訟

内容 愛媛県知事が**靖国神社**に玉ぐし（※神前に捧げる榊の枝）料を公費支出したのは、「**政教分離の原則**」に違反するか。

判決 社会的儀礼としての支出ではなく、
（目的）：玉ぐしは神事に使う道具（**宗教的意義あり**）。
（効果）：特定宗教への**援助・助長にあたる**。
➡ 相当とされる限度を超えており、**違憲**。

😮❓ 靖国神社ってよく聞きますけど、どういう神社ですか？

😟 後にも述べるけど、「**戦没者を英霊として合祀する神社**」だ。しかもここには、極東軍事裁判でA級戦犯とされた人たちも合祀されている。**本件判決では、靖国神社だからダメとはされていないものの、この公費支出は限度を超えるものである**というのが、最高裁の判断だ。

それではここで「靖国神社公式参拝問題」についても触れておこう。

靖国神社公式参拝問題

戦没者を合祀する靖国神社は、**神道を他宗派の上位に置く戦前の国家神道**政策の中で特別上位（＝別格官幣社）扱いを受け、**戦没者をすべて英霊（つまり神）として祀る合祀の場**として、皇室・陸海軍の保護も受けていた。

その靖国神社が1978年、**独自に「A級戦犯＝昭和殉教者」として合祀**。自民党は分祀を求めたが、靖国側が「第20条違反！」と拒否。今日に至る。

058 ｜ 第1講 政治分野

●靖国神社への公式参拝

- 終戦記念日にあたる8月15日に参拝。
- 玉ぐし料を公費から支出。
- 公職名（例えば「内閣総理大臣〇〇」）を記帳。

➡ 政府見解は、当初違憲だったが、**1985年に合憲と解釈変更**。

- これを受け、**中曽根**首相が**公式参拝**を強行（歴代首相で唯一）。
- 小泉首相をはじめ、**歴代首相や閣僚の私的参拝**も多い。

　靖国神社側は「A級戦犯なんて区分は連合国が勝手に決めたもので、我々日本人がそれに従う必要はない」という考えなんだけど、自民党政権からすれば、連合国からA級戦犯とされている人々が祀られている神社に、首相や閣僚が参拝することは、アジア諸国との外交関係が悪化して困るわけだ。でもその自民党議員の中にも、さまざまな理由で、靖国参拝したがる議員が一定数いる。この辺が問題を複雑にしているんだ。

チャタレー事件

内容 小説『**チャタレー夫人の恋人**』に露骨な性描写あり。
➡ わいせつか、表現の自由（＝**出版**の自由）か。

判決 性的秩序を守ることは「**公共の福祉**」に合致（＝**有罪**・1957年）。

東京都公安条例事件

内容 東京都公安条例で規定する**デモの許可制**は「**集会**の自由」の侵害か。

判決 デモの暴徒化を防ぐ。➡「**公共の福祉**」に合致（＝**合憲**・1960年）。

家永教科書訴訟

内容 高校日本史教科書への、旧文部省の過度な検定。
➡ 教科書検定は「**検閲**（＝表現物の事前審査・規制）」にあたるか。

判決 検定制度自体は**合憲**（ただし文部省側に一部裁量逸脱あり・1993年）。

4　基本的人権の尊重

😀 **バラバラな裁判なのに、なぜひとまとめにされてるんですか？**

😟 一見バラバラに見えるけど、**これらはすべて「表現の自由」（憲法第21条）にかかわる裁判**なんだ。表現の自由は、正しくは「**集会、結社及び言論、出版その他一切の表現の自由**」といい、これら以外にも第2項では「**検閲**の禁止」と「**通信**の秘密の保障」が含まれる。

😣 **ひゃ～、すごく幅広いなぁ。**

😟 だからこんなふうに、一見バラバラなものを「表現の自由」がらみの裁判としてくくったんだ。

　チャタレー事件と東京都公安条例事件は、どちらも「**公共の福祉**」原理で判断されている。だけど、この原理を用いるには慎重さが必要だ。

😮 **どういうことですか？**

😟 チャタレー事件のような場合、わいせつの基準が不明確なままやみくもに規制すれば、表現の自由などあってなきがごとしになるし、公安条例事件のようにデモの許可制が認められると、何か集まりがあるたびに、機動隊から「この集会には届け出が出ていない。すぐに解散せよ」とか言われるんだよ。逆らえば放水車から強烈な水攻撃を受けて制圧されるかもしれない。これでは言いたいことも言えない。そう考えると、「公共の福祉」原理も濫用（らんよう）につながらないよう注意することが求められそうだね。

❸ 自由権　その②

> **経済的自由** … 居住・移転及び職業選択の自由（憲法第22条）
> 　　　　　　　　財産権（憲法第29条）

薬事法・薬局開設距離制限訴訟

内容 **薬事法**の規定「付近に別の薬局がある場所では薬局の開業不可」は、薬局開設希望者の**職業選択の自由**（憲法第22条）を侵害か。

060 ｜ 第1講　政治分野

判決 距離制限規定に**合理性なし**（＝**違憲**・1975年）。

何でこんなルールがあるんですか？

薬局が近くに何軒もあると、激しい安売り競争につながる。そうすると競争力のない薬局がコストを下げるため不良医薬品を販売するかもしれない。そうすると、我々の健康に悪影響をもたらす危険がある。これが距離制限がある理由だ。

それって考えすぎじゃ…

そう。少なくとも、**職業選択の自由を制限するほどの合理性は感じられない**よね。だから最高裁もそう判断して、違憲判決を出したんだ。

森林法・共有林分割制限訴訟

内容 森林法の「他者と共有する山林は、**自己の持ち分が全体の２分の１未満である場合、分割請求が認められない**」という規定は、財産の自由処分を制限しており、**財産権**（憲法第29条）の侵害ではないのか。

判決 共有林分割制限規定に**合理性なし**（＝**違憲**・1987年）。

このルールも、わかるようなわからないような…

だよね。森林の細分化を防止したかった森林法の規定も、やはり僕たちの財産権を制限するほどの合理性は感じられない。結局こちらも、最高裁から違憲判決を受けることになったんだ。

こうして見ると、経済的自由には制限がかけにくいのかな。

いやいや、上記２つの裁判ではたまたま国民の権利が認められたけど、本当は**経済的自由は、他の人権と比べて「公共の福祉」の制約を受けやすい**んだ。何といっても直接国民の利益にからむ権利だから、利益の調整原理としての

4　基本的人権の尊重 | 061

「公共の福祉」による制限が必要なんだ。

実際、財産権を規定した憲法第29条の3項には「**私有財産は、正当な補償の下に、これを公共のために用いることができる**」とある。つまり**正当な補償さえすれば、公権力は僕たちの私有財産を公共のために取り上げることもできる**んだ。怖い現実だけど、覚えておいてね。

❹ 自由権　その③：人身の自由

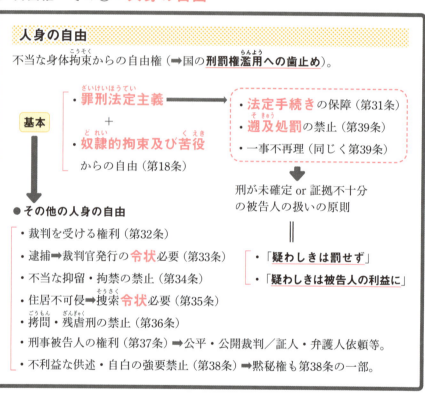

人身の自由とは、正当な理由なく身体を拘束されない自由権だ。国家権力による不当な逮捕や拷問から自分を守る権利と考えればいい。**自由権の本質が「国家からの自由」**だったことを考えれば、**ある意味最も自由権らしい自由権**といえるね。

この権利の基本となるのは、憲法第18条の「**奴隷的拘束及び苦役からの自由**」と、憲法第31条の「**法定手続きの保障**」（＝**デュー＝プロセ**

ス）だ。特に後者は**罪刑法定主義を具体化したもの**で、僕らを冤罪や不当な逮捕から守るためのルールとして重要だ。

> **遡及処罰って何ですか？**

遡及処罰とは、さかのぼって処罰することだ。つまり遡及処罰の禁止とは「**後から作った法律で、法制定前の行為までさかのぼって処罰してはいけない**」という意味だ。これは人身の自由を守る上で非常に大事なルールなんだ。

> **なんかピンとこないなあ…**

例えば、気に食わない日本人がいるとする。もしも遡及処罰が禁止されていない世界なら、そいつの人身の自由を奪いたければ、「日本語を話した者は無期懲役」みたいな法律を作ればいい。するとその世界では、今から日本語を話さないようにしても無駄だ。だって**さかのぼって処罰していいのなら、昨日まで日本語を話していたことまで処罰の対象**になるからね。これじゃ日本人は全員が無期懲役だ。

> **あ、そうか。**

ついでにいうと、「**一事不再理**」も人身の自由には重要なんだよ。これは「**無罪確定後に、同一の事件について再審理するな**」という原則だけど、もしこれがなかったら、僕らはせっかく無罪判決を勝ち取っても、検察官から「納得いかん、もう一丁！」と言われて、半永久的に起訴され続けることになる。これでは人身の自由なんかない。

> **なるほどね。**

というわけで、わかりにくい言葉はこれくらいかな。その他気をつけるべき点としては、逮捕令状や捜索令状を発行するのは司法官憲（＝**裁判官**）であること（第33条・第35条）や、**自己に不利益な唯一の証拠が自白である場合は罪に問われない**こと（第38条）あたりかな。あとは地道に覚えていくしかない。

これでようやく、長い長い自由権は終わりだ。次はとっても短いけど、請求権について見てみよう。

❺ 請求権

請求権は人権保障というよりも、その人権保障を具体化するために必要な権利だ。ここは軽く見るだけになるけど、とても重要なものばかりなので、必ずしっかり頭に入れておこう。

- 憲法第16条：請願権…国や地方に苦情や希望を申し出る権利。
- 憲法第32条：裁判を受ける権利。
- 憲法第17条：**国家賠償請求権**…**公務員の不法行為**で損害が発生すれ
  ▶損害賠償請求権　　　ば、国や地方に損害賠償請求可。
- 憲法第40条：**刑事補償請求権**…**冤罪**（＝無実の罪）による人身拘束。
  　　　　　　　　　　　➡ **無罪確定後に、損害賠償請求**可。

請願権は、戦前は存在しなかった人権だ。ただしこれは単に請願できるだけであって、その後国や地方に救済の義務があるわけではないので気をつけて。

裁判を受ける権利は、人身の自由にも分類される権利だ。

国家賠償請求権は、わかりやすい公務員の不法行為だけでなく、例えば**国会議員が、作るべき法律を作らなかったり削るべき法律を削らなかったりしたことからくる損害も、賠償の対象**になることがある。

刑事補償請求権は、**冤罪への償い**だ。戦後すぐの頃は、戦前までのなごりで、特に自白の強要を中心とした違法捜査で冤罪の憂き目に遭った人が多かった。でも**1970年代あたりから再審請求が通り始めたことで、有罪確定後も裁判をやり直す機会が増え、その頃から冤罪の立証と刑事補償の機会も増えた**んだ。

え、裁判のやり直しは「一事不再理」に反するんじゃ…

あれは「無罪確定者」の再審理禁止だよ。再審は「有罪確定者」の再審理。こっちはOKなんだ。冤罪で苦しむ人を助けることは必要だからね。

❻ 社会権

生存権（憲法第25条）／教育を受ける権利（憲法第26条）／労働基本権（憲法第27・28条）

社会権の中心は、何といっても**生存権**だ。

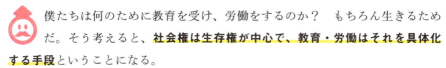
何で中心なんですか？

僕たちは何のために教育を受け、労働をするのか？　もちろん生きるためだ。そう考えると、**社会権は生存権が中心で、教育・労働はそれを具体化する手段**ということになる。

なるほど。

ワイマール憲法では「**人間たるに値する生活の保障**」とされた生存権、日本国憲法では「**健康で文化的な最低限度の生活を営む権利**」と、第25条に記されている。

ではこの生存権にからむ裁判、どうなっているか、見てみよう。

朝日訴訟（1957〜1967年）

内容　月600円の生活保護費で「最低限度の生活」を強要するのは、**生存権**（憲法第25条）の侵害か。

堀木訴訟（1970〜1982年）

内容　年金類の併給を認めないのは**生存権**（憲法第25条）の侵害か。

判決　第25条は、**単に国の政治的指針**（＝**プログラム**）を示したものにすぎず、国民に具体的権利を保障したものではない。

> **2つの裁判で同じ結果になったんですか？**

ほぼその通りだ。**朝日訴訟**は、生活保護を受ける朝日さんが起こした訴訟だ。物価が約20分の1の1950年代とはいっても、月600円で最低限度の生活なんかできるわけがない。**堀木訴訟**は、目が見えなくて子どもがいる堀木さんが障害者年金と児童扶養手当をもらおうとしただけだ。でも**最高裁は、プログラム規定説で、両者の訴えを退けた**んだ。

> **プログラム規定説？　何ですか、それ。**

憲法第25条の生存権は、法律みたいに具体的権利の保障を規定しているわけではなく、**「国としてはこういう指針でやっていくつもりです」という政治の方向性・努力目標**を示したものだという考え方だよ。

結局この考えだと、第25条を具体的に実現する道筋は**立法権の裁量**（つまり「国会が具体的な法律を作る」こと）に**委（ゆだ）ねられる**ことになり、政府に責任追及はできないことになる。

> **ひどいですね。**

実際には、**朝日訴訟を契機に生活保護の受給金額はアップされた**けど、これも裁判で勝ち取ったのではなく、政府が世論に配慮した結果だ。

何にしてもいえることは、判例的には日本の裁判で政府に生存権の責任追及をしても得られるものはないということだ。

② 新しい人権 ・・・・・・・・・・・・・・・・・・・・・

> **新しい人権って何ですか？**

「新しい人権」とは、**憲法に明文（めいぶん）規定のない人権のこと**だ。

日本国憲法は1947年施行だから、すでに70年以上経過している。70年前のルールは古いよね。これだけ年数が経つと、当然昔は想定できなかった人権問題も発生する。そこで新しい人権という考え方が必要となったわけだ。

> **なるほど。**

ただし憲法に載っていないと、裁判がやりにくい。だから新しい人権にからむ裁判の多くでは、**憲法第13条の「個人の尊重・幸福追求権」を根拠にしてることが多い**。

> **幸福追求権？**

「オレはあいつに幸福追求権を侵害された」――この言い方なら、僕らが不快な目に遭ったときには、どんな場合でも裁判上の根拠にできる。つまり第13条は、とっても便利な「**人権の包括的規定**」なんだ。

❶ プライバシーの権利

この権利、昔は「**私事・私生活をみだりに公開されない権利**」だけだったんだけど、近年情報化の進展に伴って**個人情報流出の危険性**が高まったことから、「**自己の個人情報をコントロールする権利**」という意味も付加されている。

> **個人情報のコントロール？**

自分の情報を誰にどのくらい公開するか自分で決めることだ。つまり、**よく知らない人に対して、無防備に携帯の番号やLINEのID、メールアドレスなどを教えるなってこと**。相手の善悪がはっきりするまでは、極力個人情報は出し惜しまないとね。

『宴のあと』事件

内容 三島由紀夫の小説『宴のあと』が、特定の政治家の私生活を題材。

➡ 表現の自由か、プライバシーの侵害か。

判決 **三島由紀夫の敗訴**。

（＝プライバシーの権利は**判例として確立**・1964年）。

4　基本的人権の尊重 | 067

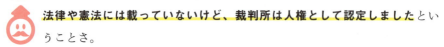

「判例として確立」って、どういう意味ですか？

法律や憲法には載っていないけど、裁判所は人権として認定しましたということさ。

ただしこれは「プライバシーの方が表現の自由より上」という意味ではない。判決によると両者はあくまでも同格。どちらが優先するかは、事件ごとに侵害の度合いを見極めて判断しないとね。

他にもプライバシーの権利については、2002年の『石に泳ぐ魚』事件で、画期的な判決が出た。作家・柳美里の書いた小説が、公的立場にない女性のプライバシーを著しく侵害したとして、出版差し止め請求が最高裁に認定されたんだ。

「プライバシー」という言葉を最高裁が使い、それを根拠に出版差し止めが認められたのは、史上初だ。覚えておいてね。

❷ 環境権

環境権とは「快適で人間らしい環境を求める権利」のこと。裁判の際の根拠は、「憲法第13条（幸福追求権）＋第25条（生存権）」ということになっている。

大阪空港騒音公害訴訟

内容　公共事業の欠陥で、空港周辺の住民が騒音被害。
　　　　⇒騒音への賠償と夜間飛行の差し止め請求は認められるか。

判決　・過去の騒音への賠償は認められた。　　（1981年）
　　　　・夜間飛行の差し止め請求は認められず。
　　　　　　　　▶ 環境権は判例未確立

この裁判は、夜間飛行の差し止め請求が却下されたため、完全な住民側の勝利にはならなかった。そのため環境権は判例未確立、つまりまだ裁判所に認定されていないということになる。「司法による航空行政権の侵害は、三権分立の建前上よくない」ってことなんだ。

❸ 知る権利

知る権利とは「**行政機関の保有する情報を知る権利**」のことだ。つまり対象となるのは、国ならば中央省庁、地方ならば市役所や県庁などの保有情報であって、**個人情報や国会・裁判所の情報は含まない**。

何で行政だけなんですか？

行政機関に勤めてるのは、公務員だ。公務員は憲法第15条に「**全体の奉仕者**」と書かれている。つまり**彼らは、僕たち日本国の主権者に対する公のしもべ、つまり「公僕」**ということだ。

ということは、**国民と公務員の間には、他の機関との間には見られない主従関係がある**ことになる。なら、従者がご主人様に隠し事をするのはよくないでしょ。だから僕らは、公務員の働く行政機関に対してだけ「知る権利」を持つと考えられるんだ。

考えられる？

まだ憲法で保障されていないからね。では、これに関する事件も見てみよう。裁判上の根拠は、**憲法第21条「表現の自由」を受け手の側からとらえたもの（つまり「表現されたものを知る権利」）**だ。

外務省公電漏洩事件

内容 外務省の機密文書を、新聞記者が違法に入手。➡違法行為だが、結果的に**国民の「知る権利」に貢献**しているのではないか。

判決 記者は**有罪**（＝知る権利は判例未確立・1978年）。
➡ただしその後、**情報公開を求める動き**が活性化。

この事件、新聞記者は有罪になったけど、国民の「知る権利」に貢献したともいえる。そこから「**そもそも情報を隠す政府の方に問題があるんじゃないか**」という世論が高まり、結果的に**2001年施行の情報公開法**制定の動きにつながったんだ。

4　基本的人権の尊重　　069

❹ アクセス権

アクセスとは接近のことだ。この権利は、僕たち国民の側からマスメディアに「接近」し、**意見や反論を述べる権利**のことだ。

> マスメディアに接近って、どういうことですか？

つまり、マスメディアに一方的な記事を載せられたら、不愉快だし傷つくよね。なら載せられた本人の側にも反論の権利はあるはずだという考え方さ。この権利も憲法にはないから、裁判の際には**憲法第21条の積極解釈（つまり「表現されたものにアクセスする権利」）として扱われている。**

サンケイ新聞意見広告事件

内容　サンケイ新聞紙面に、**自民党から共産党への批判記事**を掲載。
➡ 共産党の **アクセス権** は認められるか。

判決　産経新聞社の**編集権侵害（＝憲法第21条違反）**につながるため、反論記事掲載要求は認められず（共産党の敗訴＝アクセス権は判例未確立）。

この裁判で共産党が敗訴したことにより、**アクセス権は未確立**のままとなっている。でも、一方的な誹謗・中傷を甘受せよってのは、ちょっと納得できない。早く判例で確立してほしいね。

3 外国人や少数民族の扱い・その他 ・・・・・・・・・・・・

ここでは在日外国人と少数民族の扱い、さらには近年出された違憲判決やその他人権侵害の疑いのある法律を、コンパクトにまとめてみた。非常に重要なので、全部しっかり覚えてね。

外国人・少数民族の扱い

指紋押捺：**外国人登録法**（※同法は2012年廃止）に基づく押捺は

「**特別永住者**のみ廃止（1992年）→ 制度そのものを**全廃**（1999年）」へ。

▶ 在日韓国・朝鮮人など　　　　　▶ すべての外国人対象

---

070 ｜ 第1講　政治分野

➡※ただし**テロ対策**で「**入管法に基づく指紋採取**」開始（2007年）。

参 政 権：国・地方とも一切なし。

➡ただし「**住民投票権**」なら認めている自治体あり。

▶※自治体の裁量次第。**外国人・未成年などOKに**

公務員採用：地方で、**技術職中心**（測量や水質管理）に、**国籍条項の撤廃**進む。

➡一般職の採用も若干あり。**国ではほとんど採用なし**

▶国立大や国立病院の教員・医師・看護師のみ

難　　民：受け入れてはいるが**消極的**。難民認定はかなり厳し目。

▶1991～2000年の間、日本人・緒方貞子氏がUNHCR代表

少数民族：**アイヌ新法**によるアイヌ民族保護のみ。

➡初めて「北海道の先住民族」と明記／**先住権**の明記はなし。

●近年出された違憲判決

郵便法訴訟

内容 郵便局員のミスで配達に遅れが出て損害発生。これは**公務員の不法行為**だから、本来なら**国家賠償請求**（憲法第17条）の対象。

➡ **but** 郵便法で賠償は「**紛失 or 棄損**」のときのみ。不十分では？

判決 郵便法の賠償規定は不十分で**違憲**（憲法第17条違反・2002年）。

在外選挙権訴訟

内容 **在外邦人に衆・参比例区でしか投票を認めない**公職選挙法の規定は、「**選挙権の平等**」を定めた憲法第44条に違反するのでは？

判決 公職選挙法の同規定は**違憲**（憲法第44条違反・2005年）。公職選挙法の改正によって、2007年6月より衆・参選挙区での投票が可能になった。

国籍法婚外子差別訴訟

内容 フィリピン人女性と日本人男性の間に生まれた子が、父から認知（＝法的な親子関係の成立）されたにもかかわらず、**嫡出子（＝婚姻者に生まれた子）でないことを理由に、日本国籍取得を拒否**された。

争点 **国籍法**のこの規定は、**法の下の平等（憲法第14条）違反**か。

判決 父母が婚姻していないことに関し、子どもは何の責任もなし。
➡️国籍法の同規定は**違憲**（2008年）。

砂川市有地神社違憲訴訟

内容 北海道砂川市が、**市の土地を空知太神社に無償で貸与**。
➡️**政教分離**の原則（憲法第20条・信教の自由）違反か。

判決 砂川市の行為は**違憲**（2010年）。

非嫡出子法定差別訴訟

内容 **非嫡出子（＝婚姻届を出していない男女から生まれた子）の法定財産相続分を嫡出子の2分の1**とする民法の規定は不平等ではないか？

判決 運命的な事柄を理由とした差別は不当。**違憲**（2013年）。

国籍法同様、本人の努力でカバーできない
理由に基づく差別は、原則認めない。

夫婦別姓・再婚禁止期間訴訟

内容 「夫婦別姓ダメ＋**女性だけ離婚後6カ月再婚禁止**」の民法規定は違憲？

判決
・夫婦同姓規定には合理性あり ➡️ こちらは合憲。
・**100日超の再婚禁止は過剰な制約** ➡️ こちらは**違憲**（2015年）。
▶️2016年 民法改正。「再婚禁止100日」に短縮

● 近年制定された人権侵害の疑いのある法律

●1999年の超巨大与党（＝自自公連立政権）時の三法

- **国旗・国歌法**…「国旗は日章旗とする／国歌は君が代とする」

  ➡ 日の丸・君が代の強制は**思想・良心の自由**（憲法第19条）を侵害か？

  > 公立中高での「**卒業式での起立・斉唱拒否に対する懲戒処分**」には、
  > 地裁レベルでの違憲判決はあるが、**最高裁では合憲判決**（2011年）。
  > 「第19条の制約になりうるが、制約を許容できる必要性・合法性あり。」
  > ▶ 公務員は職務命令を遂行すべき／式の円滑な進行

- **通信傍受法**…**組織犯罪**がらみの疑いのある通信は、**警察が盗聴可**。

  ➡ 表現の自由（憲法第21条）の中の「**通信の秘密**」を侵害か。

- **改正住民基本台帳法**

  全国民の住民票に11ケタのコード番号をつけ、中央で一元管理。

  住基ネット（＝**住民基本台帳ネットワーク**）として2002年より具体化。

住基ネットの問題点

- **プライバシー**侵害の疑い。
- 「**国民総背番号制**（番号をつけて個人情報管理）」に。
- **利便性が悪く**、住基カード普及率は**5％程度**。
  ▶ 「住所・氏名・性別・生年月日」のみ／役所内閲覧のみ

> ※・自由参加方式だった**横浜市**は、**2007年より強制参加**に。
> ・唯一未接続だった福島県矢祭町も2015年に接続。

> 2013年「**マイナンバー法**」成立。これにより2015年10月より「**マイナンバー制度**」（＝社会保障・税番号制度）導入。全国民に**12ケタの番号**を割り振り、2016年より国や地方保有の「**所得・納税・社会保障**」等の情報を管理することに（→諸外国にも多い**国民ID制度**）。
> ▶ 身分証になる／取扱情報拡大／自宅からのネット接続も可／住基カードは現在の有効期限に達すると無効に

●それ以外の法律

●改正**教育基本法**（2006年）

「**我が国と郷土を愛する態度**を養う」と明記。

➡**愛国心教育**強制は**思想・良心の自由**（憲法第19条）の侵害か。

●**特定秘密保護法**（2013年成立。2014年施行）

特定秘密＝**日本の安全保障**に支障を与える恐れのある情報。

▶防衛／外交／スパイ防止／テロ防止

・漏らした公務員
・不正入手した者 ┃は、懲役10年以下の刑に。

背景 日本版**NSC**（**国家安全保障会議**）の設置（2013年末）。
安全保障の**意思決定や情報収集**のための機関。米にならい設置。

➡米NSCとの**情報共有**には、**機密保持を厳格に**すべき。

問題 秘密内容の判断・期間（一応上限5年）は**大臣裁量で変更可**。

表現の自由（憲法第21条）・**知る権利**を侵害する可能性あり。

●**少年法の改正**…少年の健全な育成のため「**少年保護**」をめざす法律。

本人を推知できる記事や写真の掲載禁止（ただし罰則なし）。

●**従来までの少年法**

凶悪犯罪以外 送　致

警察 ➡ 検察庁 ➡ **家庭裁判所** ➡ 原則「**保護処分**（＝刑罰なし）」

▶審判→**非公開**　　　▶保護観察 or 少年院

凶悪犯罪 刑　法：14歳以上に刑事責任生じる。
少年法：**16歳以上にしか刑事処分下せず**。 ➡ **少年法が優先**

・16歳未満：「凶悪犯罪以外」のケースと同じ。
・16歳以上：家裁から検察庁へ「**逆送**」→地裁➡刑罰もあり

●2000年**改正**：刑事罰適用年齢を「**16歳 → 14歳以上**」に引き下げた。

▶**少年法の厳罰化**

チェック問題 | 4

人権は、自由権、社会権、参政権などに分けることができる。社会権についての記述として正しいものを、次の①〜④のうちから1つ選べ。

① 不当に長く抑留された後の自白は、証拠とすることができない。
② 選挙権が国民固有の権利として保障されている。
③ 健康で文化的な最低限度の生活を営む権利が保障されている。
④ 思想及び良心の自由は、侵害することができない。

（センター本試験）

 … ③

 社会権は憲法「**第25〜第28条**」の4項目で、内容的には「**生存・教育・労働**」の3つである。本問は第25条の生存権。

①これは憲法第38条の「**不利益な供述・自白の強要の禁止**」で、分類上は**自由権（「人身の自由」の一部）**にあたる。なお人身の自由では、憲法第34条で「不当な抑留・拘禁」そのものも禁止している。
②これは参政権。なお選挙権は、憲法第44条「**選挙権の平等**」と第15条「**公務員の選定罷免権**」に規定されている。
④これは憲法第19条で**自由権（「精神的自由」の一部）**。

⑤ 平和主義

1 自衛隊と憲法第9条

まずは憲法上の平和主義から見てもらおう。

前文	「日本国民は…**平和を愛する諸国民の公正と信義に信頼して**、われらの安全と生存を保持しようと決意した」（＝**国際協調主義**）
前文	「われらは、全世界の国民が、ひとしく**恐怖**と**欠乏**から免かれ、**平和のうちに生存する権利**を有することを確認する」（＝**平和的生存権**）
第9条	「…**国権の発動たる戦争**と、**武力による威嚇**又は**武力の行使**は、国際紛争を解決する手段としては、**永久にこれを放棄**する」（第1項）
第9条	「…陸海空軍その他の**戦力は、これを保持しない**。国の**交戦権は、これを認めない**」（第2項）

😀 前文はぼんやりしてるけど、憲法第9条は具体的ですね。

😟 そうだね。憲法第9条第1項の「国権の発動たる戦争」の**「国権」**とは、**国家権力のこと**だから、要は**自国政府から主体的に仕掛けていく侵略戦争は一切認めない**ということだ。

でも侵略戦争はダメって書き方なら、自衛戦争はOKなんじゃ…

確かにそうだ。**憲法第9条では自衛戦争は禁止していない**。でも、第2項を見ると、そこには「**戦力**不保持」と「**交戦権**の否認」がある。一体どうやれば、戦力を使わず交戦権を否認された中で自衛戦争ができる？ そんなの無理に決まってる。

つまり憲法第9条は、二重にも三重にも戦争にストッパーをかける規定になっているんだ。ここまで徹底した平和憲法を持つ国は少ない。

何でここまで平和主義にこだわるんですか？

そりゃもちろん、第二次世界大戦への反省から…と言いたいところだけど、実際は敗戦国として、GHQの意向を受け入れざるを得なかったからという方が正しいかな。

連合国も日本軍には手を焼かされたからね。**戦勝国は、勝者の特権として、敗戦国に軍隊の完全武装解除を要求した**。まあ当然といえば当然のことだね。

じゃ、何で今、日本に自衛隊があるんですか？

それは国際情勢が変わって、**GHQの意向が変化したから**だ。最大の理由は**冷戦**の激化。実は終戦から約5年の間に、北ベトナムや中華人民共和国など、アジアに社会主義の独立国が増えてきていたんだ。

加えて1950年には**朝鮮戦争**が勃発する。まるで社会主義の波が、地理的にどんどん日本に迫ってきてるみたいだ。そこでマッカーサーは1950年、日本政府に指令を出し、ついに自衛隊の前身組織・**警察予備隊**が設置されたんだ。

この間、日本政府は反対しなかったんですか？

反対も何も、当時の日本に統治に関する発言権なんてないようなものだったからね。だって1951年のサンフランシスコ平和条約まで、日本はGHQの占領統治下にあったんだよ。ということは、**その頃の日本の主権はGHQが握っていた**ってことだ。

つまり、**憲法第9条制定も再軍備も、日本に主権がなかった時代にアメリカの**

5 平和主義 | 077

都合に振り回された結果ということになる。だから、当初再軍備には絶対反対だったはずの吉田茂首相が、後に「警察予備隊は戦力なき軍隊」などと言い出したりするんだよ。

そして、その警察予備隊が事あるごとに増強され、ついには**保安隊**を経て今日の**自衛隊**になったというわけだ。

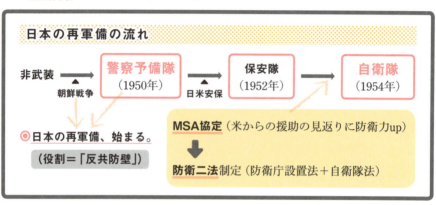

なるほど。

でもそういう政治の事情はともかくとして、現実に自衛隊と憲法第9条が並存してるのは、問題があるように思える。さまざまな立場の人の考えを見てみると、この2つの整合性について、こんなふうに考えているんだ。

● 自衛隊と憲法第9条

学会	**自衛戦争は憲法上OK**だが、憲法第9条には「**戦力不保持**」もある。 ➡ 結局自衛隊は**憲法第9条違反**。　　（公法研究者の約70％）『法律時報』より
政府	自衛隊は自衛のための**必要最小限**の「**実力**」にすぎない。 ➡「実力」は**戦力とは別もの**なので**合憲**。　　（1972年・田中内閣より）
国民	自衛隊は合憲・違憲の判断よりも、**存在の必要性が高まってきている**。 （新聞世論調査の全体的な傾向。詳細は各社バラバラ。）

見事にみんなバラバラですね…

だね。**学者は違憲だと言っているし、政府は合憲だと言っている**。そして**国民は、違憲か合憲かよりも自衛隊が必要だと言っている**。本当は新聞世

論調査の結果も載せたかったんだけど、世論調査は調査対象や質問の仕方である程度方向性を誘導できてしまうから、ここではあえて載せないことにしたよ。

この政府解釈の、必要最小限の「実力」って何ですか？

つまり**自衛隊は「戦力」ではなく「実力」だから、憲法第9条の「戦力不保持」に触れず合憲**ってこと。日本の安全保障という重大事をとんちみたいな考え方で切り抜けようとしてる…ちょっと無理矢理な感じがするけどね。

国民が「存在の必要性」を感じてるのは、なぜですか？

それはもちろん、近年の東アジア情勢が緊張状態にあるからだ。

僕らは今現在、**東アジアが世界で最もホットな場所の1つ**だということを自覚しないとね。だって近年の東アジアときたら、**2005年に北朝鮮が核保有宣言をしただけでなく、2010年には中国による尖閣諸島近辺での領海侵犯や漁船衝突事件、2010年と2012年にはロシアのメドベージェフ首相（2010年当時は大統領）による北方領土の国後島訪問、2012年には韓国の李明博大統領による竹島上陸**と、いずれも一歩間違えると戦争につながりかねない事態が頻発している。

ここまで次々と緊張が高まる事態が生じれば、さすがに平和ボクも覚める。戦争は嫌いでも「ちゃんと国防を考えないとヤバイ」ぐらいの気持ちにはなる。「アメリカに守ってもらえば…」という発想も、素直な安心感にはつながらない。なぜなら日本は昔、そのアメリカとも戦争したんだから。**安全保障を人任せにして自国の平和を確保できるほど、国際社会は甘くはない。**

結局最後に立ち返るのは、政治学の基本中の基本、「**自らの自由と安全は、自らの手でないと確保できない**」ということになるね。国民の多くも、そこに気づき始めたということか。

おー、何かすごく語りましたねぇ。コラムにでも書けばいいのに。

茶化すんじゃないよ。まあとにかく、政府が自衛隊を合法化しようとしているのも、リアルな国防に自衛隊は不可欠だと考えているからだろう。

しかしそうなると、次に困るのは裁判官だ。**果たして裁判官は、自分の地元で憲法第9条がらみの裁判が起こったとき、合憲というべきか違憲というべきか**…。

5　平和主義　｜　079

次は憲法第9条をめぐる裁判を見てみよう。

憲法第9条に関する裁判

❶ **砂川事件**…在日米軍の違憲性に関する裁判。

内容 東京立川市にある砂川の米軍飛行場に、基地拡張反対のデモ隊が柵を壊して進入し、逮捕・起訴された（1957年）。

判決

地　裁：在日米軍は「**違憲**」。➡在日米軍は「戦力」だから。

◀最高裁へ**跳躍上告**

最高裁：在日米軍は「**合憲**」。
- 米軍＝「**我が国の**」戦力ではないから。
- 「**安保条約の是非**」についての判断は、**司法審査の対象外**とする（＝**統治行為論**）。

❷ **恵庭事件**…自衛隊の違憲性に関する裁判。

内容 北海道恵庭町で、自衛隊演習場の騒音に悩む住民が、隊の通信回線を切断し、防衛器物の損壊（自衛隊法第121条）で提訴された（1962年）。

判決 被告人の行為は「**無罪**」（＝**憲法判断は不要**（一審終結））。

❸ **長沼ナイキ基地訴訟**…自衛隊の違憲性に関する裁判。

内容 政府が北海道長沼町にミサイル基地を建設するため、保安林を解除。住民が取り消しを求めた（1969年）。

判決

地　裁：**自衛隊は「違憲」**（自衛隊＝陸海空軍に相当）。

高　裁：憲法判断を**回避**。➡「**統治行為論**」が根拠。

最高裁：二審判決を支持（憲法判断は示さず）。

😊 ❶と❷は、何か変な判決ですね。

😰 そう。❶は「米軍は外国軍隊だから"我が国の"戦力不保持とは関係ないよ」ということだし、❷は「自衛隊法には"通信回線を切るな"とは書いて

ないから無罪」ということだ。両方とも、何だか小学生のヘリクツみたいだね。まあ、裁判官の任命権を内閣が握っていることを考えると、これでもみんな必死で考えた判決なんだろうなってことは想像つくよ。

自衛隊に真正面から違憲判決を出した裁判ってあるの？

1つだけある。それが❸の**長沼ナイキ基地訴訟の第一審**だ。この裁判はすごいよ。なぜなら**裁判官が違憲判決を出す前に、同じ札幌地裁の所長さんが圧力**をかけているんだから。

圧力？

そう。有名な「**平賀書簡問題**」だ。つまり所長が担当裁判官に手紙で、あんまりお上に逆らわない方がいいよ的なアドバイスをしたんだ。でもこれ、所長さんからすれば部下への親心かもしれないけど、やっていることは司法内部での上司から部下への圧力、つまり**司法権の独立**の侵害だ。

で、どうなったんですか？

担当裁判官はそれに屈せず、自衛隊に違憲判決を出した。でもその後はこの人、全然出世できずに辞めていったんだ。

じゃ、やっぱり政府ににらまれたせいで…

その因果関係は不明だ。でも実際にこういうことがあると、ますます判決が委縮することだけは確かだ。

最後に、統治行為論って何ですか？

統治行為論とは「**高度に政治的な問題は、裁判所の司法審査にはなじまない**」とする考え方だ。つまり政治的な問題は「行政権の管轄」なのに、そこに司法が横やりを入れるのはいかがなものかという考え方だよ。**裁判官が憲法判断を回避**する際の根拠として、しばしば使われる。

でもこの考え方は、**三権分立を「三権相互の独立性」からだけ論じていて、「抑制と均衡」の方は黙殺している**。行政権の暴走を抑制できない司法機関では、僕

5　平和主義 ｜ 081

らの自由と安全は守れない。この現状は、まさに国民的不利益につながりかねない問題だね。

2 日米安全保障条約 ・・・・・・・・・・・・・・・・・・・・・・・

日米安全保障条約って何ですか？

日米安全保障条約は、**米軍の日本駐留を認める条約**だ。

本来なら独立した主権国家の中に外国軍隊がいるのはおかしい。なのに、なぜか日本には多数の米軍基地がある。なぜか？──それは日米安保条約があるからだ。

アメリカは独立後の日本にも基地を置き続けるために、**サンフランシスコ平和条約**（＝日本が独立を達成した条約）と同時に、**日米安全保障条約も結んだ**んだ。

米軍は何のために日本にいるんですか？

条約上は「**極東**の平和と安全の維持」のためってことになっている。でも、それもどうなんだろうね。だって**極東がどこかについての定義もあやふや**なんだよ。

どういうこと？

かつて政府は、「**極東＝フィリピン以北、日本及びその周辺で韓国・台湾も含む**」と定義したことがある。でもそれならば、フィリピンより南での作戦行動はやってはいけないことになる。でも実際米軍は、湾岸戦争やイラク戦争、ベトナム戦争などに日本の基地から出動している。これらはすべて、フィリピンより南だよ。

じゃ、結局、何のために米軍は日本にいるの？

冷戦期の敵国・ソ連の近くに基地が欲しかったからだろうね。実際そちらが主目的に思える。なぜなら**1951年締結の安保条約には、なんと米軍によ**

る日本防衛義務が規定されていなかったから。日本に基地を置きながら、それはないでしょ。だから同条約は、当初すごく批判されたんだ。

それで、どうなったんですか？

1960年に改定された。俗にいう「新安保」だ。これで当初批判されてた点は解消された。

よかったじゃないですか。

ところが、それ以外の点でも大々的にリニューアルされたことで、まだいろいろと別の問題が発生したんだ。わかりやすくいうと、**より軍事同盟的な色彩が強くなった**。だからこの新安保、**国会で岸内閣が強行採決で成立**させるはめになったんだ。ちょっとその問題点を整理してみよう。

新安保条約の主な内容
- 防衛能力増強義務（第3条）
- 基地の供与（第6条）
- 共同防衛義務（第5条）
- **事前協議**制度（第6条の補足）

何が問題なんですか？

いろいろあるけど、順番に見ていこうか。
まず最初の頃に問題になったのは、防衛能力増強義務と共同防衛義務だ。まず防衛能力増強義務はすぐわかる。これは軍備前提の表現だから「戦力不保持」に抵触する恐れがあるもんね。

そして共同防衛義務だけど、こちらは本来ならいい規定のはずなんだ。だって、旧安保条約に米軍の日本防衛義務がなかったことへのフォローとして作られた規定と考えられるからね。

じゃあ何が問題なんですか？

「共同防衛」ということは、**一緒にやらなきゃならない**んだ。つまり、**日本の領域とそこにある米軍施設が危なくなったときには、自衛隊も米軍と共**

5　平和主義　｜　083

同して防衛行動しないといけないんだ。

　これはとても危険なんだよ。だって時代は冷戦期だ。ということは、もし米ソが戦争を始めたら、当然日本の米軍基地が使われる。そうするとソ連からの報復攻撃も、当然日本の米軍基地に向かってくる。それを共同防衛するとなると…

日本が米ソ戦に巻き込まれる！

　そう。だからこの2つに対しては、改定当初から激しい反対闘争が起こったんだ。これがいわゆる「**安保闘争**」さ。

　安保闘争は死者まで出し、岸内閣を退陣に追い込んだ。だから政府は、この**1960年を最後に、それ以来安保条約の改定を一度も行っていない**。すべて10年ごとの自動更新で済ませてる。10年ごとにこんな闘争があったんじゃ、たまんないもんね。

なるほど、これらが新安保の問題点ですか。

　ところがだ。だんだんわかってきたんだけど、実は一見問題なさそうに見える「**事前協議制度**」にもかなり問題があったんだ。

　事前協議とは、**米軍が「重要な装備変更／重要な配置変更／在日米軍基地からの作戦行動」のいずれかを実施する際、必ず日本と前もって話し合いをする**というものだ。これはもちろん、前もっての話し合いをすることで、僕たち日本が「そんな危険なことやめてください！」と止めることができる、歯止めのためのシステムだ。

何が問題なの？　全然ピンとこないけど…

　実はこの事前協議、**一度も実施例がない**。装備変更では過去に核持ち込みがあったことがわかっているし、作戦行動ではベトナム戦争・湾岸戦争・イラク戦争などの際、日本の基地を使用している。でもその間、事前協議はただの一度も行われていない。

約束を守らないなんて、ひどい…

084　　第1講　政治分野

それだけじゃない。事前協議をやらないと、ある日突然手遅れになる可能性があるんだ。例えば、ある国とアメリカの紛争で、日本の米軍基地から戦闘機を飛ばしたとする。すると相手国は、日本の米軍基地に向けて報復ミサイルを撃ってくる。すると僕らは、「ああ、事前協議をやっとけばこんなことにはならなかったかも…」と後悔するヒマもなく被弾するかもしれないんだ。

僕らの安全のためにも、事前協議は誠実に履行してもらわなきゃ困るんだよ。

他にも何か問題がありますか？

実は安保条約に関する細かい取り決めをまとめた文書で「**日米地位協定**」という政府間協定があるんだけど、その一部に問題があるんだ。

ちょっとこれを見てもらおう。

・米軍基地内に日本の法律は適用されない。
・米軍人犯罪者は、起訴前に日本で拘禁（こうきん）できない。

これがその地位協定の一部ですか？

そう。この内容は、何となくみんなが知ってるものだ。いわゆる「米軍基地内は日本の中の外国」ってやつだ。

でもこの内容、よく考えたら、幕末に日本が諸外国と結んだ不平等条約と似ている。つまりあのときの言葉でいえば「**米軍に治外法権（ちがい）を認める**」ってことだ。

あ、ほんとだ。

特に米軍人犯罪者を起訴前に拘禁できないなんて、とんでもない話だよ。だって刑事事件は、被疑者の身柄（みがら）を拘束（こうそく）している間に検察官が取調べをして、そこで証拠を固めて起訴するんだから。それが**起訴前に拘禁できないということは、検察が証拠固めができないから、起訴は不可能**になる。

こんなルールがあるから、1995年に沖縄で**少女暴行事件**があったときに反米感情が高まり、そのせいで**沖縄県知事（当時）が基地用の土地賃借（たいしゃく）に関する代理署名**を拒否したり、**普天間飛行場（ふてんま）**の移設問題が出てきたりしたんだ。

こんなルール、対等な国と国との間で作るべきじゃない。

5　平和主義 ｜ 085

日米安保条約で、他にも問題はありますか？

あるとも。例えば「**思いやり予算**」というのがある。これは**条約上の根拠も何もないのに、日本が基地運営費のために年間2000億前後も出している問題**だ。僕らの税金の使い道なんだから、ちゃんと根拠は示してほしいよね。

あと、**普天間飛行場**の移設に関しても問題がある。2006年の日米合意を見る限りは「2014年までに**名護市辺野古**へ移設」することになっているけど、近年**移設反対派の沖縄県知事や名護市長が相次いで当選したため、かなり難航**している。政府は移設に先立って「沖縄の負担軽減策」を発表したものの、この問題はまだまだ流動的だ。

 防衛大学と体重

防衛大学は普通の大学と違い、学生は国家公務員扱いになる。だから授業料は無料で、毎月10万円ほどの給料がもらえ、ボーナスも年2回出る。そのかわり、アルバイトは禁止。マジで公務員だ。

ここはいろんな受験生が受験する。科目構成が似てるから東大受験の練習として受ける人、苦学生で純粋に給料をもらえることを志望理由にした人、私立だとバカ高いのに給料までくれるなんてあり得んと喜んで受ける医学部志望者、そして本当に真剣に国防を考える人、等々…。

僕の高校時代の柔道部の後輩Tは、国防意識の高さから、防大を第一志望にしていた。しかし彼は重量級で、体重は120kg。得意技は寝技で、腹の肉がモチのように相手の顔一面に広がる**上四方固**（脱出不可能）を得意技にしていた。そして、そんな彼には気の毒な話だが、なんと防大には体重規制があった！

数字での単純な割り切りではないが、身長・体重のバランスで個別に上限・下限が決められる。かわいそうに彼は、試験そのものはよくできたが、体重30kgオーバーで不合格となった。

でも彼は浪人して不屈の闘志で再度チャレンジし、翌年見事合格を勝ち取った。浪人中いちばん頑張った学科はもちろん「減量」。僕の所に合格報告にきた彼は、見違えるほど引き締まった顔で、嬉しそうにニコニコ笑っていた。

3 安倍内閣より少し前の安全保障政策

安倍内閣より少し前の安全保障政策

- (冷戦後の安保)…条約改正はないが、**安保の意義の再定義**が必要に。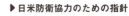
  ▶「対ソ→対北朝鮮」重視へ

- **日米安保共同宣言**（1996年）…「**アジア太平洋**」の平和と安全重視を宣言。
  ▶安保条約の改正ではない
  ➡これに伴い従来の**ガイドライン**も見直しへ。
  ▶日米防衛協力のための指針

- 旧**ガイドライン**：「**日本への攻撃**」に備える。主に**対ソ**用。
  （1978年）▶日本有事
- 新**ガイドライン**：「**日本が巻き込まれる恐れのある事態**」に備える。
  （1997年）主に**対北朝鮮**用。▶周辺事態

※具体化のため**ガイドライン**関連法（**周辺事態法**が中心）が成立（1999年）。
　▶周辺事態発生→スムーズに米軍の後方支援＋民間も協力

- **有事法制**…2003年に武力攻撃事態法などの有事関連3法が成立。2004年には有事関連7法が成立。

有事＝・**武力攻撃**事態（＝日本が攻撃されている）
　　　・**武力攻撃予測**事態（＝日本が攻撃されそう）

◉自衛隊による**私有地の強制収用・隊員の武器使用**などが可能に。
　▶2004年に「**国民保護法**」も制定。国・地方・自衛隊の役割明記

その他の有事立法

- (**テロ対策特別措置法**(2001年〜))…**海上自衛隊**による、**インド洋上**からの米英軍**後方支援のため**（→戦地への上陸はなし）。

(2007年**失効**し、海自は**一時インド洋から撤収**。)➡◉2008年に**新テロ特措法**として復活。
　▶2010年失効

5　平和主義　　087

- (イラク復興支援特別措置法(2003年〜))…陸上＆航空自衛隊を戦闘行為が続く外国領土に初めて派遣し、上陸させる法。

> 同法は2009年7月で期限が切れ、自衛隊は撤収。なお、2008年4月に「航空自衛隊による多国籍軍兵士の輸送＝戦闘行為に直結する後方支援」として、名古屋高裁が違憲判決(確定)。

❶ ガイドライン関連法

　この法律は、冷戦後ソ連が消滅し、安保条約の意義そのものを考え直す過程で誕生した。

　ソ連なき今、何のための安保か——その答えを求めるべく日本周辺を見渡すと、そこには北朝鮮の核開発疑惑や中国・台湾間の緊張などがあった。そこで1996年、日米安保共同宣言が発表され、条約改正はしないまま安保条約の意義だけが再定義された。それによると、これからはソ連をにらむ安保ではなく、アジア太平洋に目を光らせる安保だ。

　そして、意義が変われば防衛方針も変わる。日米両国は対ソ用の防衛方針を示したガイドライン(＝日米防衛協力のための指針)を改定し、新ガイドラインを策定した。これは日米の防衛範囲を「日本有事」から「周辺事態」にまで拡大させた、防衛政策の大きな転換だ。

　そして周辺事態が発生した場合、自衛隊もスムーズに協力できるよう、国内法を整備した。そうして誕生したのがガイドライン関連法だ。

　内容的には当時第9条違反扱いとされていた集団的自衛権行使の疑いがある上、民間の協力も明記されている。協力とはいっても、米軍に港を貸すとか米兵のゴミを捨てておいてあげるといった程度のことだが、協力するというだけでも緊張感は増す。

❷ 有事法制

　2003年には、**北朝鮮の脅威への対処などを念頭に置いた有事法制**が整えられた。「日本への直接的な攻撃（＝**武力攻撃事態**）」が起こったとき、**自衛隊を戦闘可能にする**ことが中心的な内容だ。ただこの法は憲法第９条に触れる可能性があまりにも高いため、野党や与党の一部からの慎重論も多く、実際に有事の際に使えるかどうかは難しい。

❸ テロ対策特別措置法

　これは2001年にアメリカで起こった「**同時多発テロ**」をきっかけとする法律だ。この法律ができたことで、テロの脅威に立ち向かうためには、**自衛隊の戦時派遣もあり**ということになった。ただ、上陸はせず**インド洋上からの後方支援のみ**（米英軍のための「洋上ガソリンスタンド」的な役割）ではあったが、支援は支援。憲法第９条の実態とどんどん離れていくね。

4　安倍内閣から始まった安全保障政策 ・・・・・・・・・・

　次に、**安倍内閣から始まった新しい安全保障政策**についてまとめておこう。

　自民党は2012年末、当時与党だった民主党からほぼ4年ぶりに政権を奪回し、第二次安倍内閣が誕生した。

　その安倍内閣が、**新たな外交・防衛政策の司令塔**として2013年につくった組織が「**国家安全保障会議（日本版NSC）**」であり、そこが示す今後約10年間の方針が「**国家安全保障戦略**」だ。

　それによると、今後日本は「**国際協調主義に基づく積極的平和主義**」の立場から、我が国及びアジア太平洋の平和と安定に「**これまで以上に積極的に寄与**」していくこととなった。

　この考えに基づいて、安倍内閣では2014年、まず武器輸出三原則が「**防衛装備移転三原則**」になり、これまで「禁輸メイン」だった表現が「輸出前提」の表現へと改められた。さらに同年、今度は**集団的自衛権に基づく武力行使が、条件付きではあるが可能**となった。

　これらを受けて2015年には「**ガイドライン（日米防衛協力のための**

5　平和主義　｜　**089**

指針」）も18年ぶりに**見直され**、日米の守備範囲も「周辺事態」から「**重要影響事態**」へと、飛躍的に広げられた。

そしてそれらの集大成として作られたのが「**平和安全法制**」（俗にいう「**安保関連法**」）だ。これは、**安全保障に関する1つの新法と10本の改正法の総称**で、安倍内閣が行った安全保障政策の大転換を、矛盾なく具体化するための法整備と考えてくれればいい。

詳しくはノート部分で見ておいてね。

安倍内閣から始まった安全保障政策

- （**積極的平和主義**）…自国＋アジア太平洋のため、**より積極的に行動**。
  ▶ 国際協調／一国平和主義は捨てる／軍事貢献も視野

- （**集団的自衛権**）…**同盟国が攻撃されたとき、自国は攻撃されてないが相手を攻撃する権利**（＝親しい国への助っ人）。

  従来は**第9条違反扱い**。➡ 2014年より「**条件付きで行使OK**」に。

● **武力行使の新三要件**

① 我が国 or 密接な関係国への**武力行使**発生 → そのせいで我が国の**存立が脅かされ**国民の生命・自由・幸福追求権に**明白な危険** ＝「**存立危機事態**」
  ▶ このときだけ**集団的自衛権に基づく武力行使可**に

② これを排除する**他の適当な手段なし**

③ **必要最小限**の実力行使にとどめる

- （**ガイドライン**の見直し）…2015年、18年ぶりに実施。

（従来）：**周辺事態**用…「日本＋その周辺」でしか自衛隊は活動不可。

（2015年）：**重要影響事態**用へ…日本の平和と安全に重要な影響を及ぼす事態。
➡ **地理的な制約消滅**。自衛隊は**世界中で活動可**に。

- （平和安全法制（2015 年））…「安保関連法案／戦争法案」等と呼ばれた。
  ‖
  - 国際平和支援法…国連決議に基づき活動する外国軍隊に後方支援可。
    ＋（新法）　▶＝国際平和共同対処事態
  - 平和安全法制整備法…◎ 10 本の法律をまとめて改正するための法。
    ▶このとき、自衛隊法や PKO 協力法を改正

5 防衛政策の諸原則

▶ 集団的自衛権行使の禁止

　集団的自衛権とは「親しい国に助っ人しに行くこと」を指す。つまり自国と密接な関係にある国が武力攻撃を受けた場合、自国が攻撃されていなくても、その国を助けるための防衛行動をとることだ。

　まず、従来までの日本政府の見解を整理すると、以下のようになる。

- 日本にも集団的自衛権あり。ただしその行使は第９条違反扱い。
- 憲法上の明記はなし。（→内閣法制局長の国会答弁が根拠）
- 集団的自衛権の行使を禁止する国会決議もなし。

　ところがさっき見たように、2014年に安倍内閣はこの憲法解釈を変更し、「集団的自衛権に基づく武力行使を条件付きで容認」する閣議決定を行ったのだ。

　これは、政府が40年以上守ってきた解釈に対する、歴史的な大転換だ。しかし過去の内閣法制局長官も複数名指摘しているように、ここまで大きな解釈変更をするなら、筋を通すためには憲法改正が必要なはず。大丈夫か？　安倍首相。

▶ 専守防衛

　専守防衛とは、自国が攻撃されたときに専ら守るのみで、こちらから先制攻撃してはいけないという考え方だ。この「個別的自衛権」（＝他国から攻撃されたとき、自国だけで自国を守る権利）に専念する立場を「専守防衛」という。

5　平和主義　｜　091

▶ 非核三原則

核兵器を「持たず・作らず・持ち込ませず」——佐藤栄作内閣時に閣議決定されたこの原則を「非核三原則」という（ただし、この原則は閣議決定されたのち、国会決議でも採択されている）。だが2010年、当時の民主党鳩山内閣の調査により、**日米間に核持ち込みを容認する「密約」が存在した**ことが正式に判明した。これで従来からあった米軍による日本への「核持ち込み疑惑」が証明されたこととなり、国内は騒然となった。

ちなみに**日本政府は**「**憲法上、防衛用核兵器の保持は可**」という立場をとっている。ただし現状では、**非核三原則を優先させ、保有はしていない**。

▶ 武器の輸出

武器の輸出に関しては、「共産圏・国連での禁輸決議国・紛争当事国」への武器輸出はダメ、というのが従来の**武器輸出三原則**だった。しかしこれが、2014年より「**防衛装備移転三原則**」に変更された。今後は「条約違反国への輸出禁止」「同盟国への輸出はOK」「目的外使用や第三国への移転の管理」が武器輸出に関する新たな三原則となり、**一定の条件さえ満たせば武器の輸出が可能**となった。

▶ シビリアン＝コントロール（文民統制）

シビリアン＝コントロール（**文民統制**）とは、自衛隊を統轄する最高責任者は文民、すなわち**職業軍人でない者**という考え方。つまり日本の場合は、**現職自衛官以外が文民**ということになる。

ただ日本には、防衛大臣（＝防衛省の主任大臣）と内閣総理大臣（＝自衛隊法上の最高指揮監督権者）がいるため、どちらが最高責任者かわからない!?——でも両者の力関係をよく見ると、どっちがそうかすぐわかる。

確かに防衛大臣も、自衛隊への命令権を若干持っている（不審船への対処としての警備行動など）が、テロ・クーデター・戦争など、いざ国防の際の命令権は、すべて総理が持っている。つまり**防衛大臣は、自衛隊を行政管理・運営する防衛省の主任大臣ではあるが、「自衛隊を統轄する最高責任者」は内閣総理大臣**ということになる。

092　｜　第1講　政治分野

ちなみに憲法上の文民規定は第66条にあり、「内閣総理大臣その他の国務大臣は、文民でなければならない」と書かれてある。

▶ **GNP 1％枠**
　毎年度の防衛費は、GNPの1％以内に収めるという原則。防衛予算の目安として、1976年の三木内閣時に設定された。
　ただしこれでは毎年のGNPが発表されるまで防衛予算が組めない。それはあまりに不都合だということで、1987年の中曽根内閣のときから**GNP 1％枠は廃止**され、かわりに「**総額明示方式**」になった。
　これ以後は**5年単位の防衛計画（＝中期防衛力整備計画（中期防））に従って、予算が組まれる**ことになった。このせいで、事実上GNPの1％を超えた年も出たが、大体例年1％以内に収まっている。

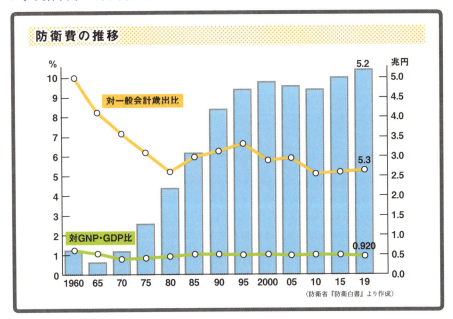

▶ **海外派兵の禁止**
　「派兵」とは、**武力行使を前提**として自衛隊を海外に赴かせることを指す。ということは、**武力行使を伴わない**「**派遣**」**ならOK**というふうに解釈されている。

5　平和主義　　093

チェック問題 | 5

日米安全保障条約は1960年に改定されたが、この改定された条約及びその実施に関する交換公文の内容として正しいものを、次の①〜④のうちから1つ選べ。

① 在日米軍に日本の防衛を任せ、我が国の防衛力は現状のままとどめておく。
② 在日米軍の駐留目的は、日本及びアジア全体の平和と安全の維持である。
③ 在日米軍の配置や装備に重要な変更がある場合、日米間で事前協議を行う。
④ 在日米軍は日本が攻撃を受けても、共同で防衛する義務は持たない。

（センター本試験）

解答 … ③

解説 ③は「第6条実施に関する交換公文」、いわゆる「**事前協議制度**」についての記述だね。そこには「米軍の重要な配置・装備変更時」と「在日米軍基地からの作戦行動時」には、日米は前もって話し合いをと書かれている。でも、残念ながら**その話し合いは、条約には規定されているけど、一度もなされたことがない**。
①④1960年改定の新安保条約には、日米双方の「共同防衛義務」と「軍備増強義務」が規定されている。
②安保条約の意義は、冷戦後の1996年に発表された「**日米安保共同宣言**」で「アジア太平洋の平和と安全の維持」のために定義変更されたが、**条約そのものは1960年を最後に改定されていない**ので、条約上はまだ「極東の平和と安全の維持」のためのまま。

日本の政治機構

1 国会

 国会って何をするところですか？

 憲法第41条によると、「**国会**は『**国権の最高機関**』であって、国の『**唯一の立法機関**』」だ。
　国会は立法権の主体であり、**国会だけが法律を作ることができる機関**であり（＝**国会中心立法の原則**）、その法律制定は他の外部機関を介在させず、**国会の手続きだけで作ることができる**（＝**国会単独立法の原則**）。
　確かに、主権者である国民の代表が集まり、その国民の自由と安全のための規範である**法律を作る**国会は重要で、**日本の統治システムが国会中心主義**になっているのも事実だ。
　ただし「最高」とはいっても、「他の二権より上位」ではなく、あくまで「主権者の代表が集まる大事な機関」ぐらいの意味。また「唯一の」も、「立法＝法律を作る」なら唯一だけど、実際には地方の条例や内閣の政令など、法律より下位の「法規範」を作るのも立法だから、そういう例外はありと覚えておこう。

 国会議員って、どんな人たちなんですか？

一見彼らは、地域の代表か、農協や連合みたいな圧力団体の代表に見える人が多い。でも憲法第43条によると、**国会議員は選挙された「全国民の代表」**だ。だから彼らは、**地元や支援団体の意思に拘束されてはいけない**。まあ実際には、選挙に勝つためには地元や支持者を無視できるわけないけど、建前上はそういうことになっている。

そして彼らには、国民の代表として働くために、3つの特権が与えられている。これが**議員特権**だ。

議員特権？

そう、この3つだ。ちょっと意味を考えてみよう。

議員特権

❶ **不逮捕**…会期中は「逮捕されず＋所属する院の要求あれば釈放」。
　　　　▶例外…「院外での現行犯＋所属院の許諾あり」の場合は逮捕
❷ **免責**…院内発言➡院外で責任問われず。
❸ **歳費給付**…所得保障（一般国家公務員の最高額以上）。

---

❶はなぜ認められるのか。それは仮に行政による不当逮捕があっても、全国民の代表としての活動を続けられるためというのが大きな理由だ。ただしあくまで国会が開かれている**「会期中」**だけであり、**「任期中ずっと」逮捕されないという意味ではない**から気をつけて。

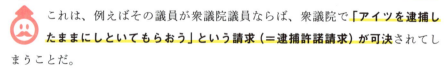
所属院の許諾って何ですか？

これは、例えばその議員が衆議院議員ならば、衆議院で**「アイツを逮捕したままにしといてもらおう」という請求（＝逮捕許諾請求）が可決**されてしまうことだ。

結論からいうと、ほとんどの不逮捕特権は、この許諾でつぶされてしまう。どの政党も選挙は大事だから、国民から「あの党は逮捕された議員を国会に出すような党なのか？」と思われたくないからね。

❷の「責任」って何ですか？

これは**刑事・民事などの、裁判上の責任**だよ。

なぜ免責特権は必要か。それはうっかり吐いた失言・暴言が、「院外」つまり裁判などで処罰や損害賠償の対象になると、議員の発言が萎縮して誰も踏み込んだ発言をしなくなる恐れがあるからだ。議員は国民の利益のためにも、言いたいことは全部言ってくれた方がいいということだね。

❸はたっぷり所得保障してくれるってことですか？

その通り。なぜこれが必要かというと、それは十分な所得保障があるからこそ、常に国会活動を優先させることができるからだ。

次は国会の種類と、本会議運営の原則だ。

国会の種類

- **常　会**：**1月**召集／**予算**審議／会期**150**日間
- **臨時会**：必要に応じて。緊急議事の話し合い。
  ▶ ＋衆任期満了選挙後／参通常選挙後
- **特別会**：衆議院解散総選挙後30日以内 ➡ **内閣総理大臣の指名**。
- **緊急集会**：参議院のみ。**衆議院解散中**の緊急時。

国会本会議運営の原則

- **定足数**：議決に必要な**最小限の出席者数**（＝総議員の**3分の1**）。
- **公　開**：両議院は原則公開。
- **会期不継続**：会期中に審議未了 ➡ 原則廃案。
- **一事不再議**：議決済みの案件 ➡ 同一会期中の再審議不可。
- **表　決**：原則過半数。ただし**例外**あり。

国会で特別多数決を要する案件

議員の**資格争訟**：
- 被選挙権の有無
- 公務員との兼職
- 比例区選出議員の政党移動
  ▶選挙後にできた新党への移動は可

＋

議員の**除名**決定：**院内秩序を乱したとき**の**懲罰**の１つ
▶汚職などの犯罪は対象外

➡ 出席議員３分の２以上の賛成で、議員資格を失う。

➡ 拘束力なしの**辞職勧告決議**まで（辞職を勧めるだけ）。

秘密会の開催要求／法律案の再可決：出席議員３分の２以上の賛成。

憲法改正の発議：「総議員」の３分の２以上の賛成。

> 「**総議員**」という表現は、この憲法改正発議に加え、「**臨時会**の召集（総議員の４分の１以上の要求）＋**定足数**（総議員の３分の１以上の出席）」のみ。

衆議院と参議院の違いって何ですか？

衆参の違いは、他国の上下両院の違いに似てるな。つまり基本的に「**下院（日本では衆議院）＝庶民院／上院（日本では参議院）＝貴族院**」という区分だ。ただし、日本には今日、貴族はいないから、参議院は"**良識の府**"とされている。

良識の府？

つまり、例えば**研究者や文筆家みたいな人たちの中から良識ある人々が集まり、政党的利益にとらわれず、個々の良心や信念に基づいた議論をする場**ということさ。これで**庶民の不十分な点を補完**する。これが本来、参議院に期待された役割だ。

098　｜　第1講　政治分野

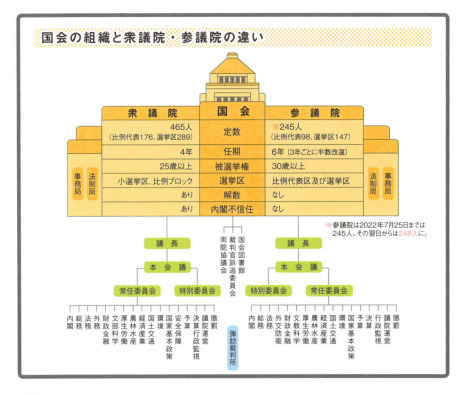

なるほど。

そして、そういう人々は全国的な知名度が高い人が多いから、当選するには地域単位よりも全国単位の選挙の方が有効だ。そこで参議院では、全国区や全国単位の比例代表制が採用された。

ところがそうすると、**実際に当選したのは、政党の強力な支援を受けた者がほとんどとなり**（＝**参議院の政党化**）、**残りは全国規模の圧力団体関係者や知名度のさらに高いタレントたち**、という結果になった。

結局**実際の参議院は"良識の府"からはほど遠い「衆議院のカーボンコピー」との批判もある**。カーボンコピーってのは、契約書類などで1枚目に書くとその下の2～3枚にも複写される、あれさ。実際今のままじゃ、創意工夫の見られない、単なる衆議院の模倣、議決の二度手間にも見えるから、抜本的な改革が必要かもしれないね。

常会では予算審議だけやるんですか？

いや、これはあくまで「次年度予算を決めることをメインテーマとした国会」という意味で、予算しか話し合わないわけではない。でも、予算は大事だよ。予算が決まらないと、4月からの1年間の政治は身動きが取れない。だから、常会の中でも特に予算委員会の審議は、見ていて非常に面白いんだ。

コラム　予算委員会の攻防

　予算委員会の審議は、他の委員会より格段に面白い。
　予算委員会と聞くと、何だか政府と各省庁の官僚が、ソロバン弾きながら予算の取り合いをする場みたいに聞こえるけど、それは常会より前の予算原案を作るときの話。予算委員会では、各党から予算委員に選出された国会議員が集まり、その予算原案をたたき台に内容を審議し、可否の議決を取る。
　予算は4月1日から執行しないと非常にマズイ。各方面に多大なる迷惑がかかる。下手すりゃ内閣の責任問題で、解散総選挙に追い込まれる。だから常に内閣は、審議日程が遅れないようナーバスになる。
　そこで野党はそれを最大限利用し、こんな戦術を展開する。「我々は、まず内閣が、国民的関心事である○○や▲▲（与党議員の汚職やスキャンダル、外交上の不手際など）に答えてくれない限り、予算審議には応じません」
　鬼だ！　人の弱みにつけ込んだ、何て非道な攻めだ！　でもこれに答えないと審議がストップし、予算が成立せず、もっとひどいことになる。こういう非道な攻めを、政界のスラングでは「予算を人質に取る」という。
　だから予算委員になる野党議員はみんな各党エース級のキレ者で、予算委員会では、今日も予算とまったく関係のないゴキゲンな話が展開される。ね、面白いでしょ。

😣 あと、会期不継続の内容が、全体的にわかりにくいです。

😟 **会期不継続**は、**会期中に議決に至らなかった案件は、次の会期に持ち越さないという原則**だ。

🙂 どういうことですか？

😟 例えば法案審議で、衆議院では可決されたが参議院ではそこまでいかないまま6月末になり、通常国会の会期が切れたとするよね。その場合、その法案は「**審議未了のため廃案**」とされて、次の国会でまた、衆参両院で議決を取らなきゃならないんだ。

😮 え、衆参？　衆議院は可決済みじゃないんですか？

😟 廃案になるとリセットされるから、前国会での議決もなかったことにされて、衆議院でもまた最初からやり直しになるんだ。

😣 え〜めんどくさい。何か例外はないんですか？

😟 一応手続きさえすれば「**継続審議**」にすることはできる。でもそれはあくまで「国会閉会中も"委員会審議だけ継続"できる」という意味で、**議決そのものを持ち越せるわけじゃない**。

😆 なんか全然合理的じゃない気がする…

😟 ほんとそう。まるでセーブボタンがないゲームを、電源入れ直すたびに頭からやり直すみたいなもんだ。無駄に疲れる。
　どうやらこれ、王権が強かった頃のイギリスで、国王が議会に振り回されないために作った原則らしいけど、どう考えても不合理なやり方だから、現在日英以外で採用している国は少ない。

😐 そりゃそうですよね。

😟 しかもこんな原則があるせいで、議員数で負けている野党は与党の法案成立を阻止するため、意味のない審議拒否や「**牛歩**戦術」（ゆ〜〜〜〜〜っ

6　日本の政治機構　｜　101

くり歩いて投票に向かい、採決に果てしない時間をかける）で会期切れを狙い、与党は焦って「**強行採決**」（審議を途中で打ち切り、強引に与党だけで採決）に打って出る。正直どちらもカッコ悪いから、そろそろ主要国のほとんどにならって、なくすべきかもしれないね。

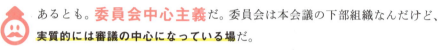
これら以外に大事な原則ってありますか？

あるとも。**委員会中心主義**だ。委員会は本会議の下部組織なんだけど、**実質的には審議の中心になっている場**だ。

つまり、本会議にかけるべきさまざまな案件を**事前に委員会にかけ、そこで具体的内容の検討から与野党間での根回しまで、大事なことはほとんど決めてしま**うんだ。このやり方は**アメリカ**と同じ。イギリスは**本会議**中心主義だからね。

委員会中心主義

委員会 ：・**常任**委員会：予算や各省庁関連の話し合い。
の種類　・**特別**委員会：法案審議など、個別の案件ごとに設置。

・国会議員は少なくとも1つの常任委員会に所属。
・必要に応じ**公聴会**（専門家に意見を聞く場）を開ける。
　（予算や重要な歳入法案では必ず公聴会を開く）
・本会議と違い、原則として**議員以外は傍聴できない**。

本会議中心と委員会中心、どっちの方が優れてるんですか？

それはいちがいには言えない。本会議中心は、議論は白熱するかわりに予期せぬ事態への対処が難しい。委員会中心は、事前準備が十分なため、安定した議会運営ができるかわりに、緊張感のない本会議になりかねない。

テレビの国会中継で居眠り議員や雑談議員を見かけると「うわ、緊張感ないな」と思ってしまうけど、争いよりも和を求める日本人の気質には、委員会中心が合っているのかもね。

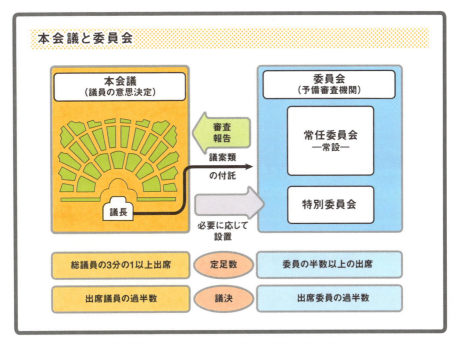

では、唯一の立法機関である国会での立法の過程を見てみよう。

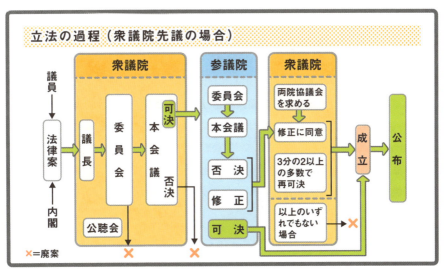

衆議院は参議院に対し、議決の面でいくつかの優越権が与えられている。

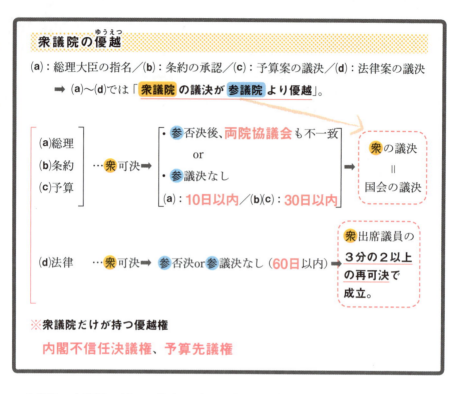

　衆議院は参議院に対し、議決の面でいくつかの優越権が与えられている。なぜなら衆議院の方が、人数が多い分国民の代表機能が高く、また任期の短さや解散のため、参議院よりも選挙という国民の審判にさらされる機会が多いからだ。つまり簡単にいうと、**衆議院の方が参議院より民意を反映しやすいから**だ。

10日とか30日とか60日には、どんな意味があるんですか？

　まず基本の待ち期間は条約と予算の30日と考えてほしい。それと比べて、総理の指名待ちが10日というのは短い。なぜか？　それは、**総理を決めるのは急を要する**からなんだ。

なんで急を要するんですか？

　それは総理が**他大臣の任免権**を持っているからだ。つまり、総理が決まらないことには他の大臣も決められない。だから10日しか待たない。

じゃ法律案で60日も待つのは？

　それは、法律が主権者である僕たち国民の自由と安全を守るための規範であり、その法律を作ることこそが立法府たる国会の最重要任務だからだ。つまり、**大事な仕事だから慎重に時間をかける**んだ。

 大事だから法律案だけ３分の２以上の再可決も求めるのか。

　よくわかったね、そういうことだよ。

最後に、これらも覚えておこう。

その他の国会の仕事

❶ **憲法改正**の発議（憲法**第96条**の改正手続きに基づく）

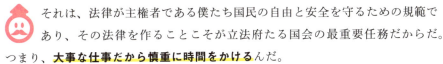

❷ **弾劾裁判所**の設置（非行があった裁判官を解任する制度）

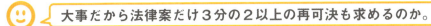

　非行があった裁判官 ▶ 訴追委員（衆参各10名）が訴えを起こす。 ▶ 国会内に弾劾裁判所を設置し、弾劾裁判。
　▶ 職務上の義務違反 or 威信失墜の非行
　▶ 衆参各７名の裁判員。
　過去９回中７名が罷免

❸ **国政調査権**…憲法第62条に基づく、国政全般（立法・行政・司法）への調査権。
　➡ **証人喚問**や記録の提出を要求可。

近年の国会改革の動き…国会審議活性化法（1999年）

・**政府委員**の廃止…大臣の国会答弁補佐の官僚は不要。
・原則週１回の**党首討論**…英の「**クエスチョンタイム**」がモデル。
・**政務次官**の廃止…主に与党議員が就いた、実体の伴わない副大臣的ポストを廃し、正式に**副大臣**と**大臣政務官**を設置。

最後の「近年の国会改革」には、どんな意味があるんですか？

官僚主導の国会運営から政治家主導の国会運営に戻す狙いがあるね。だから実務面で役に立ってない**政務次官**を廃止し、不勉強な大臣を過保護にする**政府委員**を廃止するんだ。

2 内閣

憲法上の地位

「行政権は内閣に属する」（憲法第65条）➡行政権の主体。

⬇

・内閣総理大臣…**国会議員の中から**国会の議決で指名。➡天皇が任命。
・国務大臣…総理が任命。天皇が認証。**過半数は国会議員**。

内閣の仕事

・最高裁長官の指名、その他の裁判官の任命。
・条約の締結、外交処理。
・予算作成、政令制定。
・恩赦の決定、天皇の国事行為への「**助言と承認**」。

➡ 意思決定は**閣議**での**全会一致**制

　かつては**天皇の輔弼機関だった内閣も、今日は行政権の主体**だ。
　構成メンバーは、内閣総理大臣とその他の国務大臣。**総理はかつての「同輩中の首席」**から、他大臣の**任免**権を持った「**内閣の首長**」へと格上げされた。そしてその他の国務大臣は、過半数が国会議員と兼任。彼らが**1府12省庁の長**となる。

ちょっと待って！ 下の表だと、庁の数がもっと多いんですが。

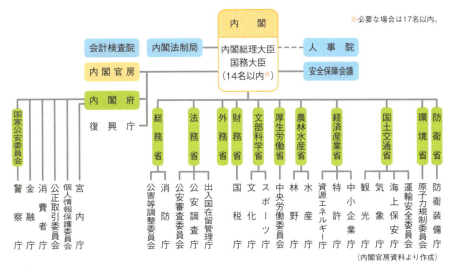

(内閣官房資料より作成)

確かにね。でも「1府12省庁」と呼ぶときは、**主任大臣が存在する大臣省庁の数で数える**んだ。そうすると、省の数が11で、さらに国家公安委員会を警察庁統轄の「庁」と勘定し、これに内閣府を加えて「1府12省庁」となる。つまりここには、**主任大臣がいない宮内庁や消費者庁、金融庁**などは含まない。

ただし内閣法の規定で、大臣数は「原則**14**名以内（最大**17**名まで）」となってるから、その時どきの重要度や必要性に応じて、消費者担当大臣や金融担当大臣、行政改革担当大臣などと数を増やせるんだ。また、2012年に設置された**復興庁**と、2015年に設置された東京オリンピック・パラリンピックの推進本部が設置されている間は、特例として、**国務大臣の数は16人（特別な場合は19人）以内**とされている。

次は内閣の外局・**行政委員会**だ。

行政委員会…「中立・公平」を要する任務を担当。そのため、国会・内閣
　　　　　など、他の国家機関からの独立性が高い。

公正取引委員会：独禁法のチェック
中央労働委員会：労使対立チェック
国家公安委員会：警察行政チェック
人事院：公務員の労働条件チェック

➡️ ・裁判所を通さず独自の審判
　　　　　　　　▶準司法的機能
　　　＋
・国会を通さず独自の規則
　制定　　　　　▶準立法的機能

可能。

◎これで「国会や裁判所から独立した行政機関」として中立・公平を保てる。

😐　**行政委員会とは、また地味な名前ですね～。**

でもすごく大事な機関だよ。ここは業務の性質上、「中立・公平」を保たなくてはならない。そのためには、いかなる圧力をもシャットアウトできるほどの完全な独立性を保つ必要がある。どうすればいいと思う?

😮　**どうするんですか?**

準司法的機能と準立法的機能を備えるのさ。**前者があれば、裁判所に頼らなくても自分たちだけで独自の審判（＝裁判もどき）ができ、また後者があれば、国会を通さなくても自分たちだけで独自の規則（＝法律もどき）が制定できる。** これで裁判所や国会など、他の国家機関に頼ることなく、自分たちの組織だけで完結してトラブルに対処できる。これが行政委員会だ。
　次は議院内閣制だ。

😮　**議院内閣制って、言葉だけ何となく知ってるけど、何ですか?**

議院内閣制とは、**内閣の存立を国会の信任に依拠する制度**だ。簡単にいうと、「**国会から信頼された内閣だけが、内閣たりえる**」という制度だ。18世紀、イギリスの**ウォルポール**内閣から始まった。

何でこんな制度があるんですか？

そもそも**国会と内閣は、仕事に連続性がある**。国会は法律を作り、内閣はその法律に基づき実際の政治を執行する。ということは、**両者の間には、独立性より協力関係を求められることも多い**ことになる。

そこでその協力関係を維持するために、両者は**連帯責任**制度を採っているんだ。憲法第66条にも「**内閣は国会に対して連帯して責任を負う**」とある。

連帯責任って、どうやって取るんですか。

まず1つは、**両者の構成メンバーを混ぜる**ことだ。例えば、日本では、国務大臣の過半数は国会議員と兼任だけど、この形にしておけば、内閣は国会を裏切れなくなり、責任ある行政が期待できる。

そしてもう1つ必要となってくるのが、「**不信任決議と解散**」だ。

不信任決議と解散？

つまり、**衆議院が持つ内閣不信任決議権と、内閣が持つ衆議院解散権をぶつけ合い、両者の関係をリセット**する機能だ。

仮に両者の関係が悪化し、もうこれ以上国会と内閣が協力できなくなったときには、無理して仲良しのフリするのではなく、不信任決議と解散でいったん関係を解消するんだ。

そうすると、解散総選挙になる。**選挙でリセットすれば、また新しい国会議員と内閣が選出されるから、フレッシュな協力関係を再構築できる**というわけさ。

最後に、内閣総辞職のパターンも覚えておいてね。

内閣総辞職（3パターン）

- 憲法第69条：衆議院が**内閣不信任決議を可決**した場合。
  ➡10日以内に衆議院を解散しないと、総辞職。

- **不信任決議への対抗**としての解散＝「**69条**解散」
  ▶内閣側に主導権なし。…過去4例しかない
- 天皇の**国事行為**としての解散＝「**7条**解散」
  ▶「内閣の助言と承認」が必要。
    ⇒内閣側に主導権あり。…通常の解散はこちら

● 憲法第70条：内閣が**衆議院を解散**した場合。
　⇒解散総選挙後の**特別会**召集時に総辞職。
● 憲法第70条：**内閣総理大臣が欠けた**場合。⇒自動的に総辞職。
　（辞任や死亡）

3 裁判所

憲法上の地位

「司法権は**最高裁判所及び下級裁判所**に属する」（憲法第76条）。

- 最高裁判所：15名の裁判官。**最終裁判を扱う終審**裁判所。
  ▶40歳以上で識見が高く法律の素養のある者。ただし10名は司法経験者から選出
- 高等裁判所：全国主要都市に8ヵ所。通常、第二審を扱う。
  ▶内乱罪（革命目的の暴動）では第一審／簡易裁判所からの民事事件では第三審
- 地方裁判所：全国50ヵ所。通常、第一審を扱う。
- 家庭裁判所：地方裁判所に併置。少年事件と家庭内事件を扱う。
- 簡易裁判所：全国438ヵ所。**少額軽微な事件のみを扱う**。
  ▶民事：訴額140万円以下／刑事：罰金刑以下

※禁止事項（憲法第76条）

- **特別裁判所**の設置…戦前の ・行政裁判所 ・皇室裁判所 ・軍法会議 等はダメ。
  ＋
- 行政機関の終審裁判…行政機関に確定判決の出る最終裁判権は認めず。
  ➡ただし**前審扱いの行政審判**程度ならOK。
  ▶行政委員会の審判＝地裁判決と同じ効力

　かつては天皇の司法権代行機関にすぎなかった裁判所も、今日は司法権の主体だ。すなわち、憲法の定める最高裁判所と、裁判所法の定める下級裁判所が、事件解決の権利を握っている。

　ということは、これら以外の裁判所の設置は認められないことになる。だから、戦前存在していた**特別裁判所**（＝特別の身分の人や特定の種類の事件のみ扱う裁判所）の設置は、認められていない。また、行政委員会の審判程度なら例外的に認めるが、原則的に**行政機関が最高裁のような確定判決の出る終審裁判を行うことは認めていない**。

裁判にはどんな種類がありますか？

トラブルの種類に応じて、民事裁判・刑事裁判・行政裁判の3種類が存在する。

裁判の種類
❶ 民事裁判…**私人間の利害対立**。刑罰なし。➡「原告 vs 被告」
❷ 刑事裁判…**刑法違反**。刑罰あり。➡「**検察官** vs 被告人」
❸ 行政裁判…違法な行政行為。➡「原告（住民）vs 被告（国・地方）」

❶の「私人間」って前にも出てきましたよね？

うん、「4 基本的人権の尊重」でやった三菱樹脂事件で出てきたね。私人間は、「個人対個人」とか「個人対企業」、「企業対企業」などの**民間同士**と

いう意味だ。つまり民事裁判とは、ご近所トラブルや企業の契約トラブルなどの利害対立を調整する裁判だから、**具体的には損害賠償請求や、行為の差し止め請求など**になる。

これらは犯罪がからむわけではないから、刑罰はない。当然だよね。庭の境界線をめぐってお隣さんと裁判して、いきなり刑務所にぶち込まれたんじゃ、シャレにならない。

じゃ❷はどんな裁判ですか？

刑事裁判は、刑法という国家の定めた禁止事項を破った人を裁く裁判だ。つまり窃盗・詐欺・殺人など犯罪行為を裁くわけだから、当然死刑や懲役刑や罰金刑みたいな刑罰はある。

そして刑事裁判で大事なことは、誰が原告（＝訴える側）になるかということだ。誰だと思う？

え、そんなの当然、被害者側の人たちでしょ？

違う。よく誤解されるんだけど、刑事裁判の原告になるのは、犯罪被害に遭った人ではない。刑事事件は**国の定めた禁止事項を破る犯罪行為**だから、原告には国の司法の代表者、つまり**検察官**がなるんだ。

そして人身の自由が保障されている被告人（＝訴えられた側）には、憲法第37条で**弁護人を依頼する権利**が認められる。これが刑事裁判だ。

なるほど、勉強になるなぁ。

ついでに❸の行政裁判にも触れておくよ。これは簡単で、国や地方を相手どった裁判全般を指す。ただし今日は、行政裁判も地裁や簡裁から始める。昔みたいに「行政裁判所（＝特別裁判所だからダメ）」があるわけではないから、混乱しないように。

次は裁判の形態だ。今日の日本では、**慎重かつ公平な裁判の実現のため、三審制**が採られている。流れは次ページの図の通りなので、必ず覚えておこう。

112　｜　第1講　政治分野

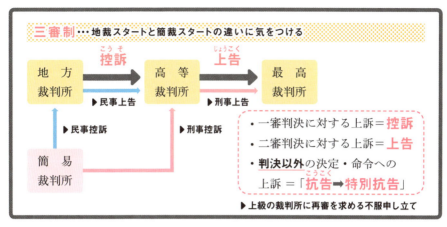

「判決以外の決定や命令」とは、例えば人権侵害の内容を含む出版物の刊行を予定している出版社への、出版差し止め命令のような処分のこと。これでイメージできるでしょ。

ただし、三審制で**有罪判決が確定した後、ごくまれに「無罪の可能性」が発見**されることがある。そのときには「**再審制度**」といって、**裁判をやり直す**ことも可能なんだ。

次は、**司法権の独立**だ。

裁判は、憲法と法律に基づき事件を解決することで、僕たちの自由と安全を守ってくれる、重要な手段だ。だからこそ内外からのさまざまな圧力や干渉を排除し、公正に裁いてもらう必要がある。そのため、裁判所には司法権の独立が保障されているんだ。

1 政治分野

司法権の独立

裁判所がいかなる干渉も受けず、公正・独立性を確保する原則。

⬇

- 対外的独立：**他の国家機関**の干渉を排除。　➡ **大津事件**
  　　　　　　　▶立法・行政など
  ＋
- 対内的独立：**司法内部**における干渉を排除。　➡ **平賀書簡問題**
  　　　　　　　▶上級裁・上司など

⬇

※これらを保つための憲法上の規定

- 裁判官の独立：「裁判官は**良心**に従い**独立**して職権を行い、**憲法・法律**にのみ**拘束される**」（憲法第76条）。

- 身分保障：
  - 所得保障…相当額を保障。在任中**減額なし**。
  - 定 年 制…最高裁・簡易裁は70歳。他は65歳。
  - 罷免は(a)**心身の故障**／(b)**公の弾劾**／(c)**国民審査**のみ。

┄┄┄┄┄┄┄┄┄┄┄┄┄┄┄┄┄┄┄┄┄┄┄┄┄┄┄┄┄┄┄┄
最高裁判事のみ、10年毎の衆議院選挙と同時に審査。「罷免を可とする者」
（＝×印をつけられた者）が過半数に達すれば、その裁判官は罷免される
（※過去に罷免例なし）。
┄┄┄┄┄┄┄┄┄┄┄┄┄┄┄┄┄┄┄┄┄┄┄┄┄┄┄┄┄┄┄┄

　大津事件とは、明治期に来日中のロシア皇太子が警官に刀で斬りつけられた事件で、このときは政府からの「犯人を死刑にせよ」との圧力を、当時の大審院長（＝最高裁長官）・**児島惟謙**がはねのけ、無期懲役刑にした。

　ただこれ、内閣という外部の国家機関からの圧力ははねのけて、司法の対外的独立は守ったけど、児島本人が下級裁に「お前らも政府の言いなりになるなよ」的な圧力をかけたとされるため、**内部の独立性には若干問題があった**とされる事件なんだ。

　平賀書簡問題は、「5 平和主義」に出てきた自衛隊の**長沼ナイキ基地訴訟**での話。このときは、上司からの圧力をはねのけたまではよかったが、その後の昇進に響いた可能性がある（因果関係は不明）という話だったよね。

114　│　第1講　政治分野

こうして見ると、裁判官は内外からの圧力を受けやすいというのがよくわかる。そこで憲法では、前述のように裁判官の独立を明文で保障した上、所得保障や罷免の要件まで明記しているんだ。

 所得保障や罷免要件が裁判官の独立につながるんですか？

もちろんだよ。なぜなら所得保障が十分なら、「お金で判決を曲げる」ような事態も減らせるし、罷免要件が前ページの(a)(b)(c)の３つに限定されれば、誰かから「お前、言う通りの判決出さないとクビにするぞ」などと圧力をかけられても効かなくなる。

次は違憲立法審査権だ。

違憲立法審査権…（一切の**法律・命令・規則・処分**が憲法に違反しないかを審査する裁判所の権限（憲法第81条）。）

◉ **全裁判所にあり** ➡ ※ただし日本では、**具体的事件のついで**でのみ行使可。
▶最高裁が最終決定　　（裁判所の仕事＝事件解決だから）

・日米：（何らかの／事件発生）➡ 裁 判 開 始 ➡（違憲判決が出たら、**その事件**でのみ法律は無効。）
　　　　　　　　　　　▶必要に応じ違憲審査　　▶法の削除は国会の仕事

・独など：法成立 ➡ ただちに**憲法裁判所**で審査。➡（違憲判断が出れば／法律は即無効。）
　　　　　　　　　▶特別裁判所の一種。日本では禁止

違憲立法審査権は、**法律や政令など一切の法規範が、最高法規である憲法に違反しないかを審査する裁判所の権限**だ。

この権限は、最高裁から簡裁に至るまで、すべての裁判所が持っている。ただし１つだけ制限があるんだ。

😊 **何ですか？**

😰 それは、この権限が**具体的事件を解決するための裁判のついで**以外には使えないということだ。こういうのを「**付随的違憲審査制**」という。

😐 **どういうことですか？**

😰 つまりこれは、裁判所業務の優先順位が何なのかってことだよ。それはもちろん「トラブルの解決」であって「法律が憲法違反かどうかを審査すること」ではない。だから**まず事件解決にあたり、その途中で必要があったときだけ違憲審査するという形しか取れない**んだ。

😊 **不便ですね。なら法制定時に、まず違憲審査しちゃえばいいのに。**

😰 確かにドイツなどのように、それをやる国もある（＝抽象的違憲審査制）。そういう国では事件解決が滞（とどこお）らないよう、通常裁判所とは別に憲法裁判所をつくっている。でも**日本では憲法第76条に「特別裁判所は禁止」とあるからつくれない**。とてももどかしいね。

さらに付け加えると、**違憲判決を出した法律を裁判所が削除することもできない**。なぜなら法の削除は立法作業の延長上にあるから、これは国会の仕事になるんだ。

最後に主な司法制度改革についてまとめておいたから、しっかり確認しておいてね。

司法制度改革

・**裁判員制度**…**重大な刑事事件の一審**のみ、裁判員の参加を義務づける。裁判員
　▶2009年〜　　　は裁判官とともに「**事実認定**（＝**評決**）＋**量刑決定**（＝**判決**）」。
　　↓　　　　　　　　　　　　　　▶有罪 or 無罪　　　▶懲役何年か

・20歳以上の国民…**国会議員・自治体首長・自衛官・司法関係者**等は選ばれず。
　　　　　　　　　▶※辞退可能者…**70歳以上／地方議員／学生／事情あり**

116　｜　**第1講　政治分野**

- アメリカやイギリスが採用している**陪審制**（陪審員は**評決のみ**／裁判官は**判決のみ**）とは別。

- 「裁判官**3**名／裁判員**6**名」の合議体 → **有罪評決には過半数**の賛成が必要。
  ▶ ただし**双方各1名は賛成**必要

- **裁判員が関与しない**重大刑事事件もあり（→報復の恐れがある場合など）。

                    ＋
※裁判員制度導入に合わせて整備された制度

- **公判前整理手続き**…裁判前に**弁護士と検察官**が、それぞれの持つ証拠を示し合う。
  ▶ **審理期間短く／裁判員にわかりやすい裁判に（2005年〜）**

- **被害者参加制度**…**被害者本人や遺族が、法廷で意見を述べる。**
  ▶ **裁判員へのわかりやすさなど念頭（2008年〜）**

その他の改革

- **公訴時効の廃止**…**人を死亡**させた罪のうち、**法定刑の上限が死刑**の犯罪（殺人、強盗殺人など）は**時効廃止**に（時効になってない全事件に適用。2010年〜）。

- **検察審査会**…有権者から選ばれた審査員が、検察官の下す**不起訴処分**の妥当性をチェック。

  ◉ 2009年改正より**起訴相当**が2回出れば**強制起訴**されることに。
  ▶ **この場合は裁判所指定の指定弁護士が検察官にかわり起訴人に**

- **計画審理**（2003年）
  …民事訴訟迅速化のため、訴訟の早い段階から尋問や判決時期などを当事者間で話し合い、計画的に決めておく。

- **知的財産高等裁判所**（知財高裁）
  …著作権や特許権に関する訴訟を専門に扱う。
  ▶ **東京高裁内のみに2005年設置**

- **法科大学院**（＝**ロースクール** 2004年〜）
  …修了者に司法試験受験資格を与える。

- **日本司法支援センター**（＝**法テラス** 2006年）
  …全国どこにいても法律相談ができる社会をめざしてスタート。

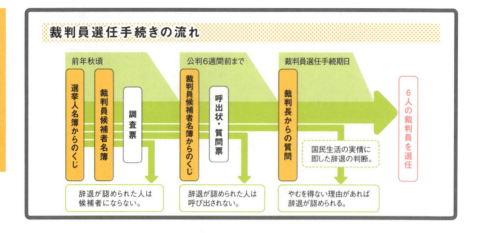

コラム　弁護士になった友人

　僕の友人が地元愛媛県で弁護士をしている。ただ彼は、ロースクール世代より前の「旧試世代」だから、超難関時代の司法試験合格者だ。その苦労は凄まじく、法曹界の名門・M大法学部時代から猛勉強した彼も、合格には何と9浪を費やした（以前「10浪」と書いたら「9浪じゃボケ！」とキレられた）。

　その彼と、先日20年ぶりに会った。地元の駅前で待ち合わせしてワクワクしながら待っていたが、いつまで経っても彼らしき人は来ない。駅前にいるのは僕と、やはり待ち合わせ中らしき初老の男だけだ。でもその初老の男が、その後僕に信じられない言葉を吐いた。「お前、ひょっとしてカゲヤマか？」

　おお神よ！　筆舌に尽くし難き9浪の苦労は、彼をここまで変貌させたのか！　衝撃のあまり、僕は思わずスマホで写真を撮った。

　辛いことがあると、僕は今でもこの写真を見る。

チェック問題 | 6

日本の裁判所についての記述として正しいものを、次の①～④のうちから1つ選べ。

① 行政事件を専門に扱う裁判所として、行政裁判所が設置されている。
② 最高裁判所の長たる裁判官の指名は、国会の両議院の同意を経た上で内閣が行う。
③ 職務上の義務に違反した裁判官に対しては、行政機関により懲戒処分が行われる。
④ 最高裁判所は、訴訟に関する手続きについて規則を定めることができる。

（センター本試験）

解答 … ④

解説 「規則」とは法律より下位にあたる法規範の1つで、「公的な組織の運営ルール」という意味合いで用いられることが多い。衆議院規則や参議院規則、人事院規則、最高裁判所規則など、三権すべてに渡り、それぞれ独自の規則がある。

①行政裁判所は、戦前は存在したが、今日は憲法第76条で**特別裁判所の設置が禁じられている**ため、存在しない。

②最高裁裁判官の指名に、国会の同意は必要ない。**国会同意人事は、日銀総裁や行政委員会の人事**など。

③憲法第78条に「**裁判官の懲戒処分は、行政機関がこれを行うことはできない**」とあるからダメ。

7 地方自治

1 地方公共団体の仕組み

まずは地方自治に関する有名な言葉を2つ、見てみよう。

> **地方自治とは?**
> ・「地方自治は**民主主義の学校**である」(ブライス・英)
> ・「自治と自由＝**小学校と学問の関係**と同じ」(トクヴィル・仏)

これらはどういう意味ですか?

地方自治を通じて、民主主義とはどういうものかを学びましょうという意味だよ。いきなり地球規模の問題や国家レベルの問題を考えることは、誰にとっても難しい。でも「うちの市は自転車置場が少ない」とか「ゴミの集積所が遠い」みたいな身近な問題なら、誰もが真剣に考えられる。

そういう身近なテーマを通じて「民主主義とはどういうものか」を学ぶことが、最終的には地球や国家みたいな大きなテーマを考える素養になる。これらの言葉は、そのような**民主主義の初歩を教える教育機能が、地方自治にはある**ということを、僕たちに教えてくれているんだよ。

😊 **なるほど。地方自治って大事なんですね。**

😟 うん。でもそんな大事な地方自治も、**戦前は憲法上の規定すらなかった。** なぜなら戦前は、天皇1人に権力が集中する典型的な「**中央集権**」、対して地方自治は「**地方分権**」。**完全に対義語**だもんね。

😐 **あ、本当だ。**

😟 だから昔は地方自治とはいわず「地方行政」だったし、**法的な規定も大日本帝国憲法にではなく、市制・町村制・府県制**などの法律にのみ書かれていた。

　しかも各地の府県知事も地元選出ではなく、**内務省**（地方行政を統轄していた昔の中央省庁）から派遣されてきた官僚が知事に任命されていた（いわゆる「**官選知事**」）。中央から派遣されてきた知事なんて、どう考えても国から地方へのメッセンジャーだ。住民から選挙もされていない人が、自分の故郷でもない地域の利益を真剣に考えてくれるとは思えない。

😣 **ほんと、そうですよね。**

😟 でも今日は国民主権になり、知事は住民が直接選挙で選ぶようになった。しかも地方自治は「**地方自治の本旨**に基づくものとする」という言葉で、ちゃんと憲法にも規定されている。

地方自治の本旨…地方自治の本来あるべき姿（憲法第92条）

- **団体自治**…地方公共団体は、ある程度国から独立し、独自の統治権限を持つべき。
- **住民自治**…地方公共団体は、住民の意思を尊重すべき。

　　➡**直接請求権**の行使。

　団体自治とは、国とは違った独自の統治権限（**条例の制定**など）で「**地方公共団体が、自らの地域を治めるべき**」という意味だ。

7　地方自治 ｜　**121**

対して**住民自治**は、「**そこに暮らす住民が、自らの地域を治めるべき**」とい
う意味だ。つまり地域住民の意思が尊重された政治ということになるが、その実
現に効果的なのが**直接民主制**的手段だ。

> 直接民主制的手段？

そう直接民主制。つまり**政治に「全員参加の要素」を取り入れろ**ってこと。
そもそも地方は、国よりも全然小さな行政単位だ。なら国では実現が難し
い直接民主制も、部分的に取り入れることぐらいはできるはず。そういう地方の
利点を活かしてこそ、住民自治はよりよい形で実現できると思わないかい？　実
際すでに**地方には、直接民主制の要素が、いくつか法的に整備されている**しね。

> え、何ですか？

それが**直接請求権**だ。直接請求権は**憲法ではなく地方自治法
上の権利**だけど、これにより地方公共団体の住民には、いわゆる**イニ
シアチブ（住民発案）・レファレンダム（住民投票）・リコール（解職請求権）にあ
たる直接民主制的手段が保障されているんだ**。それがこれらだ。

▶ **地方自治法に見られる直接請求権**

請求の種類	必要署名数	請求先	請求後の動き
条例の制定・改廃	有権者の**50分の1**以上	首長	**20日以内に議会**招集
事務の監査	有権者の**50分の1**以上	監査委員	監査の実施・公表
議会の解散議員・首長の解職	有権者の**3分の1**以上	選挙管理委員会	**住民投票**を実施
役員（副知事・副市町村長など）の解職	有権者の**3分の1**以上	首長	議会に付し、「**3分の2以上出席＋その4分の3以上賛成**」で解職

ただし近年の地方自治法改正により、**リコール請求の際の署名数は大都市だけ
違ってくる**。2パターンあるから、どちらも覚えておこう。

大都市でのリコール請求に必要な署名数

（有権者40万人超〜80万人以内）：40万人 × $\frac{1}{3}$ + **（残りの有権者数）× $\frac{1}{6}$**

（有権者80万人超）：40万人 × $\frac{1}{3}$ + **40万人 × $\frac{1}{6}$** +（残りの有権者数）× $\frac{1}{8}$

> **なるほど、署名を集めるパターンの直接民主制か。**

リコール成立時には住民投票もあるけどね。いずれにしても、古代ギリシアの都市国家（ポリス）みたいに、競技場にすべての自由市民が集まる形の直接民主制ではなく、署名などの地味な方だ。

> **で、署名さえ集まれば、住民の請求が通る仕組みなんですね？**

違う違う、早合点しないで。それじゃ民主主義的にマズイでしょ。

> **え、どういうことですか？**

民主主義は、多数決が原則だ。だとしたら、例えば有権者の50分の1の署名が集まったとしても、それを根拠に条例を作るのはダメだね。なぜなら極端ないい方をすれば、残りの50分の49の有権者が反対しているかもしれないから。それでは少数決だ。

> **あ、そうか。**

だから直接請求権では、監査請求（＝公金支出や財産管理のチェック）を除いて、**署名を集めた後に、議会の議決や住民投票など過半数の決をとる場が設けられる**んだ（※監査だけは、住民による政治的な「意思決定」ではなく「調査依頼」だから、一定数の署名だけで実施してくれる）。

では次は、地方公共団体の組織だ。

7 地方自治 | **123**

地方自治の組織

- **議　会** …
  ▶議事機関
  - 条例・予算の議決。
  - **100条調査権**の行使（≒地方版の国政調査権。地方自治法第100条に基づく）。
  - 首長の**不信任決議**（議員の「3分の2以上の出席＋4分の3以上の同意」が必要）。

- **首　長** …
  ▶執行機関
  - 議会の**解散**（ただし**不信任決議への対抗**でのみ可）。
  - 条例・予算等への**拒否権**（ただしその後議会で**3分の2以上の再可決**があれば拒否権無効に）。

　地方公共団体の政治組織は、議会と首長からなっている。**議会がいろんな事柄を議決する議事機関だから立法府に相当し、首長がそれを執行する執行機関だから行政府に相当する。**司法機関は憲法第76条の縛りがあるから、地方独自のものはない（※地方裁判所は「国」が全国各地につくったもの）。

😃 両者の関係は対等なんですか？

　地方議会と首長の関係は「**対等・平等**」なものだけど、**権限面では首長の方がやや強い**のが実情だ。だって**議会による首長の不信任決議は相当大変だけど、首長には対抗手段としての議会解散権がある。**しかも首長には、アメリカ大統領ばりの**拒否権**まである。これらを見ると、確かに権限面ではやや首長の方が強いように感じられる。

😣 なぜ首長の方が強いんですか？

　それは**首長が、住民から首長選挙で直接選ばれた「地域のリーダー」だから**だ。ボスを決める投票で勝った人がボスとして強い権限を持つのは、よく考えたら当たり前のことだよ。そう考えると、地方の首長に求められているものは、**強力なリーダーシップ**といえそうだね。

次は、地方公共団体の仕事だ。

従来の地方公共団体の仕事

- **固有事務**
  ▶本来業務
  - 公共事務…学校・病院・公園・ゴミ処理など。
  - 行政事務…警察・消防など。
- **委任事務**
  ▶国→地方
  - 団体委任事務…地方公共団体そのものに委任。
  - **機関委任事務**…**首長**や**各委員会**に委任。

※ 地方の**行政委員会** … **監査・選挙管理・教育委員会**など。
▶職権的に首長から独立

これらは、かつての地方の仕事だ。大別すると、元々の本来業務であった**固有事務**と、いろんな事情で国から地方に委任してきた**委任事務**とからなっていた。

その委任事務のうち、国から首長や各委員会（＝選挙管理委員会や教育委員会などの、地方の行政委員会）に委任してくるものを**機関委任事務**といったんだけど、これが大きな問題を抱えていた。

😄 大きな問題？

😟 **首長が国の下部機関のようになってしまう**ことだ。これはイヤだよね。だって地域のリーダーが、国からの押しつけ仕事ばっかりやらされるんだよ。地域住民として、そんな姿見たくないね。

😖 何で引き受けるんですか？　断っちゃえばいいのに…

😟 断りたくてもできない事情があるんだよ。実は**ほとんどの地方公共団体は、お金が足りていない**んだ。

😮 え、どういうことですか？

正確には、地方税収だけでは予算が足りないってこと。後でも見るけど、地方が自分で稼いでいる地方税収なんて、全歳入の4割程度しかない。ということは、必要な予算に6割も足りてないことになる。だから**予算の半分以上を国からの依存財源である地方交付税交付金や国庫支出金に頼らざるを得なくなり、そのせいで押しつけ仕事も断れなくなる**、という寸法さ。

> そんなことになってたのか…

では機関委任事務をなくそうと思ったら、何が必要になると思う？

> うーん… わかった！ 国からお金をもらわなきゃいいんだ。

その通り。お金の面で国に依存さえしなければ、押しつけ仕事も強く断ることができる。それができてこそ、初めて本当の団体自治が実現するといっていいだろう。

ただ、1990年代から実施された改革は、こんな形になったんだ。これには問題点があるよ。何でもいいから気づいたことを言ってごらん。

中央集権化を防ぐための対策

・**地方分権推進法**（1995〜2000年）… ・国庫支出金の縮小
・機関委任事務の**統廃合** 等をめざす。

↓

・**地方分権一括法**（2000年〜）…固有事務・委任事務の区分は**廃止**に。

▶国からの強制なし。

2000年
4月より
・**自治事務** …地方が**自主的**に担う
・**法定受託事務**…法に基づき「国➡地方」
に再編。

▶国の関与に不服➡「**国地方係争処理委員会**（総務省）」で審査

> あれ、お金の改革はめざしただけですか？

よく気づいたね、その通り。実は1995年に制定された**地方分権推進法**（※5年間の時限立法）の時点では、財源面での改革も話し合われてたんだけど、実際に改革がなされた2000年からの**地方分権一括法**では、**機関委任事務の廃止は実現したものの、肝心の財源面での改革がなされなかった。**これでは、**法律上は押しつけ仕事がなくなっても、実際の実務面で有形無形の強制がなくなるとは思えない。**

 なるほど。

 だからその後、遅まきながら「**三位一体改革**」（→p.131）が実施され、それでようやく財源面での改革にも着手されるんだ。

　まあでも、少なくとも**何の根拠もなく無理やり押しつけられる仕事は建前上なくなった**わけだから、機関委任事務の廃止にももちろん意味はあった。不十分だけど、まずは第一歩ってとこだね。

　では、次は地方財政だ。

地方財政の歳入

歳入（2019年度）	地方税 44.3%	地方交付税交付金 18.3%	国庫支出金 17.0%	地方債 10.4%	その他 10.0%

（『日本国勢図会2019/20』）

- **地 方 税** … 地方の**自主財源**＋**一般財源**。
  ▶自分で調達　▶自由に使える
- （**地方交付税交付金**） … **地方間の格差是正**のために、国がくれるお金。東京都のみもらっていない。▶唯一の不交付団体
- **国庫支出金** … 国が**使い道を指定**して、地方にくれるお金。俗に「**補助金**」と呼ばれる。
- **地 方 債** … 地方の借金（現在、残高は**145兆円程度**）。発行は2006年より「許可制→**協議制**」へ。

7　地方自治　127

難しい言葉がいっぱい出てきたけど、覚えるだけだからしっかりね。**自主財源**や**一般財源**なんて言葉は地味で覚える気がしないかもしれないけど、頻出の上、国の行財政改革でもよく使われる言葉だから、この機会に覚えてね。

国税にはいろいろあるけど、地方税もそうなんですか？

その通り。確かに国税にも所得税やら法人税やらあるよね。地方税にも同じようにいろいろある。代表的な３つが「**住民税・固定資産税・事業税**」だ。他にもいくつかあるけど、「**地方税は主にこの３つ。残りは国税**」ぐらいの覚え方が実戦的だ。

さらに、地方税の幅についても触れておこう。このグラフ、一見すると地方税の幅がとても広く見える。でも、これじゃ全然足りないんだよ。

え、何でですか？

なぜなら、**本当に望み通りの団体自治や住民自治を実現したければ、「地方税が100％、地方交付税や国庫支出金などの依存財源は０％」が理想**だからだ。つまり、国からお金を恵んでもらっていたのでは、いつまで経っても押しつけ仕事はなくならないってことだ。

あ、そうか。

ところが現実には、**地方の自主財源である地方税の幅は、わずか30〜40％しかない。これでは国から恵んでもらうお金と借金だけで半分以上になるから、地方の自主性なんて発揮できるはずがない。**こういう地方の現状を「**三割自治**」というんだ。

何か打開策はないんですか？

三位一体改革（→p.131）**に基づく税制改革が2007年から実施されたおかげで、自主財源である地方税はだいぶ増えた。**それでもこの44.3％というのが現実だ。まだまだ道のりは遠いね。

128 ｜ 第１講 政治分野

2 地方分権改革・その他

● **大規模自治体**の増加… | 合併等の メリット | 地方：権限の強化につながる。
国：地方交付税の配分先を減らせる。

特例市 ➡ **中核市** ➡ **政令指定都市**
▶20万人以上　▶30万人以上　▶人口50万人以上。行政区あり

※特例市制度は2015年に廃止。これに伴い、
中核市の人口要件が「20万人以上」に変更。

これまで事実上は人口100万人前後で認定。2005年の静岡市からは70万人程度で認定。なお政令指定都市数は近年の市町村合併を受け、**さいたま市・静岡市・堺市・新潟市・浜松市・岡山市・相模原市・熊本市**を加え、2020年現在、**20都市**。

・**市町村合併**…**市町村合併特例法**（1995年施行）より本格化。
➡「市町村数3000以上→1000以下」をめざす。

・**道州制**特区推進法…**都府県の合併**案。

● **住民投票**のあり方

法的根拠のある住民投票 ➡ **実際に多い住民投票**

・地方特別法の制定時（憲法第95条）
・市町村合併の是非（地方自治法）
・リコールの成立時（地方自治法）

米軍基地・産廃処理場・原発・公共事業等の是非。
▶**これらは根拠法なし**

◎これらはまず「**住民投票条例の制定要求**」から準備していく。
▶有権者の50分の1以上の署名から➡ ※ただし**拘束力なし**。

● **第三セクター**…**国・地方・民間**共同出資の事業体。
▶第一セクター　▶第二セクター

バブル期のリゾート開発で増加したが、失敗。

7　地方自治　｜　129

- 近年の不況…**大都市**中心に「**財政再生団体**」転落の危機。
  ▶ **破産した自治体**

- **ふるさと納税**…他の市町村（出身地や応援したい所）へ寄付
  （2008年～）　➡ **現住所での住民税+所得税を減税。**

- **政務調査費**問題…**100条調査権行使のため**、地方議員に支給。
  （2012年より「**政務活動費**」）➡ 自治体ごとに扱いが異なり、**一部自治体で**
  の乱脈ぶりが問題に。

　近年の国と地方の間に、従来のような露骨な上下・主従関係はなくなってきた。そのいちばんの原因は、バブル後の不況だ。長期の不況は国の財政を圧迫し、とてもじゃないが地方交付税や国庫支出金をバンバン気前よくふるまえる状況ではなくなってきた。そういう意味では、近年は「地方切り捨て」に近い形になりつつあるともいえる。

　でもこれは、地方にとってはチャンスだ。なぜならお金の面での縛りが減り、大規模自治体で権限が強化されれば、今まで発揮できなかった自主性を、バンバン発揮することができる。

　そういう流れがあるからこそ、近年は今まで以上にリーダーシップを発揮する知事が増え、また住民たちも、住民投票のような**草の根民主主義**を実践する機会が増えている。

●近年実施されている地方分権改革

- **三位一体改革**…2007年より実施。

  ❶ 国庫支出金を減らす。
  ❷ 地方交付税を減らす。 ➡ 地方が国に依存していた「**依存財源**」。
  　　　　　　　　　　　▶これらを減らせば押しつけ仕事も減る

  ＋

  ❸ （**税源の一部**を 地方に移譲。） ➡ 2007年より「**所得税減税＋住民税増税**」開始。
  　　　　　　　　　　　　▶つまり国税の減税分だけ、地方税を増税させてくれる

  ⬇

  ◎特に❸が実現すれば、**国民の税負担額の総額は変わらないまま地方の取り分だけ増やせる。**➡ 地方の自主性回復に。

- **国家戦略特区**…2014年より創設。

  「**世界でいちばんビジネスしやすい環境**」をつくるため、医療・農業・雇用・教育など**特定分野のみで行われる、地域限定での規制緩和。**

  ➡ 特に医療や農業で見られる「**岩盤規制**」（なかなか改革が進まない規制）を切り崩すことをめざしている。

7　地方自治　｜　131

● 住民投票条例を制定した主な自治体

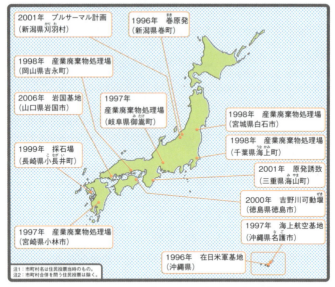

▶ プルサーマル計画…原発の使用済みウランやプルトニウムを再使用する、「核燃料サイクル」の一環。

コラム　政務活動費問題

　2014年、兵庫県議のN議員が行った釈明会見は、衝撃的だった。

　「せ政務調査費、政務活動費の報告…　もう一生懸命ほんとに…　高齢者問題は、我が県のみ…ウゥ…我が県のみなら…ウアアア…我が県のみならず、西宮…日本中の問題じゃないですか！」

　もはや伝説となった、この「号泣会見」に僕は釘付けになった。N議員は、地方議員に支給される研究費である**政務活動費**（2012年までは政務調査費）」を使って、何と年間195回も温泉街へ"日帰り出張"していたそうだ。でも、実はこれは氷山の一角で、政務活動費の使途については、日本中で問題になっている。

　全国の市民オンブズマンの調べによると、その使途は海外研修費・ガソリン代・飲食費・交通費・携帯電話代・ゴルフコンペの景品代・切手を大量購入しての換金などなどさまざまで、そのため返還を求める住民訴訟も後を絶たない。

　この流れ、僕も賛成だ。そもそも僕らの納める地方税が、こんな形で使われてると思ったら、こっちが号泣したくなるわ…。

チェック問題 | 7

日本の地方公共団体における住民投票についての記述として最も適当なものを、次の①〜④のうちから1つ選べ。

① 地方公共団体によっては、条例による住民投票の投票権が18歳未満の者にも認められている。

② 市町村合併は地方公共団体の存立基盤にかかわる問題であるために、それへの賛否を住民投票の対象とすることは禁止されている。

③ 原子力発電所の設置への賛否について住民投票を行うには、条例ではなく特別の法律を制定することが必要とされる。

④ 地域の重要課題に関する政策への賛否を問う住民投票は、主に団体自治を保障する観点から正当化される。

（センター本試験・改）

解答 … ①

 住民投票権は選挙権とは別個のものなので、**自治体独自に設定できる**。だから18歳未満どころか小学校高学年から住民投票権を認めている自治体や、あるいは選挙権では実現していない**「外国人の住民投票権」を認めている自治体**もある。

②市町村合併の是非を問う住民投票は、地方自治法で規定されている。
③原発・米軍基地・産廃処理場などの是非を問う場合は、地方特別法ではなく、まず**住民投票条例**を作り、それに基づく住民投票を行う。
④住民投票（レファレンダム）など直接民主制的な直接請求権は、地域住民の意思を尊重する「**住民自治**」の具体化。

8 政治の諸問題

1 行政機能の拡大

😊 行政機能の拡大って何ですか？

😟 「大きな政府」で行政権の果たす役割が大きくふくらむことと、それにより政治家よりも官僚の方に力が集まってしまうことだよ。

😦 ちょっとよくわかりません。

😟 ちゃんとわかるように説明するね。
まずここでいう政治家とは国会議員のことで、官僚は、各中央省庁にひと握りだけ存在する、超難関の国家公務員Ⅰ種試験に合格した「キャリア官僚」と呼ばれるエリート公務員だと思ってほしい。
　国会議員は僕らが選挙で選んだ「国民の代表」、対して官僚は難しい試験に合格はしているが、国民の代表でも何でもない「単なる一部の公務員」だ。さあ、後者が力を持つと、何が問題だと思う？

😆 わかった、国民を軽視した政治になる。

そう、そうなる可能性があるよね。つまりいかに優秀でも、選挙で選出されていない彼らは、国民の代表でもなければその意識もない。そんな彼らが変に力を持つと、「国民の自由と安全なんか、オレには関係ないね」ということにもなりかねない。

今日の日本は、そんな官僚たちに力が集まりすぎ、その分国会の力が弱まっている。これが行政権の拡大、というか、ここまできたら「**行政権の肥大化**」といった方がいいかもね。

何でそんなことになっちゃったんですか？

20世紀初頭、「資本主義の矛盾の拡大→世界恐慌」って流れがあったでしょ。あの頃から多くの国では、国家のあり方が「**夜警国家**」から「**福祉国家**」へと変わっていった。

夜警国家は、行政機能をほとんど持たない、議会中心の国家（＝立法国家）だった。でも福祉国家は、社会の不平等是正のために、各省庁の役割が急速に拡大した国家（＝行政国家）だ。20世紀には多くの国が福祉国家化し、その結果、社会保障や公共事業を担当する省庁を備えた国が増えたんだ。

しかしそのせいで、今日では国会よりも各省庁の役人、つまり官僚の方が力を持ち始めてしまったと、こういうわけさ。

官僚って、中央省庁の公務員だけを指す言葉なんですか？

いや、元々官僚制とは「**巨大化した組織の管理・運営システム**」のことだ。だから大きな組織なら、**民間企業にだって官僚制は発達**する。ただ「政治・経済」では基本的に「官僚制≒公務員のシステム」として扱っている。

ちなみに官僚制には、こんな特徴があるとされている。

官僚制（ビューロクラシー）の特徴…マックス＝ウェーバーの分析

- 職務の専門化…高級技術官僚（**テクノクラート**）による支配。
- 明確な職務権限…**なわばり主義**（セクショナリズム）の発達。
- 階層制（**ヒエラルキー**）…**ピラミッド型の上下の序列**。
- 合理性の追求…文書主義、法律万能主義。

8　政治の諸問題　│　135

●官僚制の弊害

・融通がきかず、かえって非効率的に。＝「**官僚主義**」or「**お役所仕事**」

・なわばり主義➡省庁間は**ヨコのつながりに乏しい**。

＝「**タテ割り行政**」

これが肥大化して国会議員を押しのけるほどの力を持つと、社会的に無視できないほどの弊害が出てくる。どんな弊害が現れるのか、見てみよう。

❶ 行政権の肥大化による弊害

▶ 委任立法の増加

委任立法とは、**細かい部分を官僚に作ってもらった法律**だ。立法作業は国会の仕事なのに、なぜ官僚が介入するのか。それは社会が複雑化しすぎて、議員の能力では大枠までしか対応できないことが増えてしまったからだ。

▶ 内閣提出法案の増加

細部から大枠まで、**すべて官僚が作った法律案が内閣提出法案**だ。つまり社会が複雑化しすぎたせいで、もはや議員だけでは、今どんな法律が求められているかすらわからなくなってしまうわけだね。

今日、**1年間に成立する法律の70～80％ぐらいが、内閣提出法案**だ。

▶ 許認可の増加

許認可とは法律外の「**規制**」のことで、**各省庁独自の権限**となる。

民間企業は各省庁から必要な許認可をもらわないと、経済活動すら満足にできない。国会議員が立法作業のかなりの部分を官僚任せにしてしまうと、この許認可のような**行政裁量**の余地も大きくなる。

▶ 天下り

官僚は許認可や行政指導で、民間企業の活動を規制する。そうすると官民の間

で、許認可を求めた癒着が生まれやすくなる。その癒着の大きな問題が「天下り」だ。

官僚は役所を退職後、大手民間企業や政府系の特殊法人などに、役員待遇で再就職することが多い。この**官僚の再就職が天下り**だ。

2008年、内閣府の下に「**官民人材交流センター**」（新人材バンク）が作られ、以後**公務員の再就職支援や求職情報の提供は、公的にはここだけが行う形に一元化**された。また違反の有無を監視するため、「**再就職等監視委員会**」も設置された。さらには2014年から「**内閣人事局**」が新設され**官僚の幹部人事を一元的に統括**することにはなった。しかし、これで**天下りが完全になくなったわけではない**。

ここまでの弊害を、放っておいていいはずがない。だから今日、これらをなくすための「行政の民主化」の動きが進行中だ。

❷ 行政の民主化

行政の民主化って何ですか？

不透明な官僚政治を透明化し、国民のための行政を取り戻していく過程が、行政の民主化だ。

しっかり読んで、すべての内容を頭に入れておこう。

行政の民主化に向けての取り組み

- **オンブズマン制度**…行政機関を監視し、改善勧告などを行う「行政監察官」。地方にはあるが、**国はなし**。
  ▶（スウェーデンより）

- **行政手続法**… 許認可や行政指導に**統一ルールを定める**。
  （1993年）　　　　　　　　　　▶審査基準・理由など明示

- **情報公開法**… **地方の条例化より遅れた**が、1999年公布、2001年施行。
  ⬇
  - **国の行政機関の情報**が対象。▶国会・裁判所は含まず
  - 政府の「**説明責任**」（アカウンタビリティー）を明記。

8　政治の諸問題　｜　137

- **不開示**あり（個人・外交・犯罪捜査・裁判中の情報など）。
- 外国人でも請求可。
- 国民の「**知る権利**」は**明記されず**。

❸ 行政改革

😊 「行政改革」って何ですか？

行政の民主化では、不透明な官僚政治を透明化することの必要性を見てきたが行政権が肥大化したときに必要なことは、もう１つある。

😮 何ですか？

スリム化の問題だよ。福祉国家は「大きな政府」なんだから、当然政府が必要とするお金も事務手続きも増えてくる。

　そこで**1980年代あたりから、政府も財政削減を念頭に置いた行政のスリム化や効率化に、本格的に取り組み始めた**。ここまで含めた取り組みが**行政改革**だ。官僚の抵抗も激しいため、なかなか思ったような効果はあげられてないけど、現段階で次のような行政改革が実現している。

行政改革の歩み

1980s：**第二次臨時行政調査会**（＝**第二臨調**）の答申に基づき、**三公社の民営化**が実現。

- 1985年：電電公社 ➡ NTTに民営化（＋1990sに分割）。
- 1985年：専売公社 ➡ JTに民営化（分割はなし）。
- 1987年：国　　鉄 ➡ JRに「分割＋民営化」。

1994年：村山内閣が**行政改革委員会**を設置。ただし**官僚も参加**したため、実効性に乏しかった。

1996年：橋本内閣が**行政改革会議**（こちらは**官僚を排除**）を設置。**中央省庁の再編**が検討される。

- 2001年、「**1府22省庁 ➡ 1府12省庁**」へと削減。
- 同時に**独立行政法人**（公的部門に市場原理を導入）もスタート。「**行政事務の効率化＋財政削減**」をめざす。

※ 2004年には**国立大学も法人化**され、経営に市場原理が導入された。今後経営不振の**国立大学**には、補助金の削減などがなされる。

▶ **1980s：三公社の民営化**‥‥‥‥‥‥‥‥‥‥‥‥‥‥‥‥‥‥

> 😊 **公社って何ですか？**

😟 公社とは、独立採算制をとる公共企業体だ。ちなみに、**公社・公庫・事業団などと名がつく公共企業体をまとめて「特殊法人」という。**他でも使う言葉だから、覚えておいてね。

1980年代の中曽根内閣の時代に、**電電公社はNTTに、専売公社はJTに、**そして**国鉄はJR**にという具合に、三公社は民営化されていった。

▶ **2001年：中央省庁の再編**‥‥‥‥‥‥‥‥‥‥‥‥‥‥‥‥‥

そしていよいよ本題だ。官僚たちの砦・中央省庁も、ついに2001年より「**1府22省庁 → 1府12省庁**」へと削減された。

8 政治の諸問題 ｜ 139

省庁再編図（1府12省庁体制）

内　閣

内　閣　府

- 総理府＋経企庁＋沖縄開発庁の統合。
- 長は首相（＝**他省庁より上位**）／実務は内閣官房長官。

〈下部機関〉

（民主党時代）
- 国家戦略室…予算や外交の基本方針決定。
- 行政刷新会議…**事業仕分け**による予算配分検討。

↓

（自民党政権）：「**重要政策に関する会議**」を5つ設置。

- **経済財政諮問会議**…経済財政・予算編成の方針を定める場。毎年「**骨太の方針**」発表。財政運営の方向性を示す。

- **男女共同参画会議**…**男女共同参画社会基本法**（男も女も、あらゆる分野で活躍できる社会づくりをめざす法）具体化のための政策提言。

- 中央防災会議／● 国家戦略特区諮問会議

- 総合科学技術・イノベーション会議

> 再編でかわった省庁
> 名前だけかわった省庁

（再編前）
国家公安委員会／総務庁／自治省／郵政省／沖縄開発庁／経済企画庁／総理府／法務省／外務省／大蔵省／通商産業省／北海道開発庁／国土庁／建設省／運輸省／農林水産省／科学技術庁／文部省／労働省／厚生省／防衛庁／環境庁

（再編後）
国家公安委員会／総務省／法務省／外務省／**財務省**／**経済産業省**／**国土交通省**／農林水産省／**文部科学省**／**厚生労働省**／防衛省／環境省

内閣府の外局扱いのまま（主任大臣は首相）。

2007年より郵政省の現業部分が民営化され、**日本郵政株式会社**に。

「省に格上げ＝**内閣府から独立**」を意味する。

※2012年より内閣の下に**復興庁**を設置（2031年まで）。

省と庁の違い
- 省：独立して行政事務を担当。**責任者は各省大臣**。
- 庁：内閣府の外局（≒一部）として行政事務を担当。事務責任者は各庁長官。**最高責任者は内閣総理大臣**。

> 何のために中央省庁を再編するんですか？

財政削減と官僚の権限縮小のためだよ。省庁数が減れば、いずれ事業や部署も縮小し、「仕事減→予算カット」につなげやすいからね。政府の腹づもりとしては、最終的には各省庁の仕事を**「企画・立案のみ」に限定**し、実際の行政執行は**独立行政法人**（＝英の**エージェンシー**の日本版）に委ねる形にしたいんだ。

> 独立行政法人って…？

公的部門の一部に市場原理を導入したものだよ。つまりわかりやすくいうと、**役に立たなければ統廃合される可能性のある公的機関**だ。

> ひえ〜、怖い！

この流れで2004年より、**国立大学も法人化**された。これも独立行政法人の一形態で、不採算だと補助金が打ち切られるなどの措置がとられるんだ。

今はもう、公務員だけが聖域である時代は終わった。だからこそ省庁再編を「リストラなき単なる肥大化」に終わらせてはいけないね。官僚からは相当強い抵抗があったけど、何とかここまで枠組みを整えたんだから。

最後に、日本の公務員制度についても、最低限覚えておこう。

日本の公務員制度

全体の奉仕者（憲法第15条）→「**公僕**（こうぼく）」として**全国民に奉仕する義務**あり。
▶戦前は「天皇の官吏（かんり）」　　▶ストはだめ／正確な事務処理能力が必要

◉採用は**成績主義**（＝**資格任用制**）➡コネ採用（＝**猟官制**（りょうかん））はダメ。
　　　　　▶メリット＝システム　　　▶スポイルズ＝システム

8 政治の諸問題　141

その他の行政改革・規制改革

- **市場化テスト**（＝**官民競争入札**制度。**公共サービス改革法**（2006年）より）
  官業（＝公共サービス）の一部を**民間との競争入札**にし、最も優れた条件提示者がサービスを担う。

- **パブリック=コメント**…行政上の意思決定に、**広く国民から意見を求めて反映させてゆく**制度（1999年～）。

- **行政改革推進法**…小泉改革の総仕上げとして、2006年制定。

> 総人件費改革：全国家公務員対象に「**人数削減 ＆ 給与見直し**」。
> 政策金融改革：8つの**政策金融機関中、5つを新設機関に一元化。**
> 　　　　　　　　▶「～金融公庫」など ▶＝日本政策金融公庫（2008年～）
> 　➡※その他「民営化＆独立行政法人化」されたものもあり。
> 特別会計改革：31あった特別会計を3分の1に削減する。

- **独立行政法人整理合理化計画**（2007年）
  独立行政法人は「**天下り／ムダ金遣い／官製談合**」の温床に。
  ➡16法人を削減して85法人に整理することに。

- **道路公団の民営化**（2005年）
  道路四公団（日本道路公団／首都高速道路公団／阪神高速道路公団／本州四国連絡橋公団）を民営化。

- **郵政民営化**…郵政三事業（郵便・郵便貯金・簡易生命保険）の民営化。

  | 形態 | 2007年、**郵便局を4分社化。**（→**日本郵政株式会社**の子会社に）
  ▶政府がつくる持株会社
  ‖

ゆうちょ銀行	**かんぽ生命保険**	**郵便事業会社**	**窓口ネットワーク会社**
▶郵便貯金	▶簡易生命保険	▶郵便	▶窓口サービス

| 問題 | ・**民業圧迫**（特に宅配業者や銀行業務とバッティング）の可能性。
・**ユニバーサルサービス**（**全国一律のサービス**）**消滅**の不安。

② 選挙制度

選挙の原則と憲法上の規定

● 四大原則：**普通**選挙・**平等**選挙・**直接**選挙・**秘密**選挙
● 憲法上の規定：**公務員の選定・罷免権**（憲法第15条）

　　　➡「**成年者による普通選挙**」を保障。

😕 **秘密選挙って、なんだか民主主義にそぐわない響きですね。**

😰 誤解しちゃダメだよ。これは「一部の人が国民に内緒で権力者を決める」という意味ではなく、無記名の投票で「**誰が誰に投票したかをわからなくする**」という意味だ。投票者がわかると立候補者から「よくもオレに投票しなかったな！」などと言われて、民主的な投票にならなくなる。当然の配慮だね。

😊 **公務員の選定権って、どういうことですか？**

😰 ここでいう「公務員」とは、主に特別職の公務員である国会議員や地方議員のことだ。そして、憲法上保障しているのは「成年者による普通選挙」。2016年から**選挙権が18歳以上**になったのは、**公職選挙法の改正**のおかげ。混同しやすいから、気をつけて。

　次は選挙権の推移について見てみよう。

選挙権の拡大

● 1889〜1925年：25歳以上の男子＋**一定納税額以上**（＝**制限選挙**）
● 1925〜1945年：25歳以上の男子（納税規定なし＝**普通選挙**）
● 1945年〜：20歳以上の男女（納税規定なし＋性別規定なし＝**完全普通選挙**）
● 2016年〜：**18歳以上の男女**
※被選挙権は「戦前：30歳以上の男子➡戦後：**25歳以上の男女**」へ。

　　　　　　　　　　　　　　▶ 参議院議員と知事のみ30歳以上

8　政治の諸問題　｜　143

> 昔の選挙権は、納税額が決め手だったんですか？

そうだよ。1925年に普通選挙法が制定されるまでは、納税額の多い人だけに参政権が与えられていたんだ。こういうのを **制限選挙** という。納税額が多いということは所得が多いということだから、要は金持ちだけに参政権があったってことだね。

> でも、それが1925年になくなったと。

そう、そこからが普通選挙の始まりだ。ここからわかる通り、**普通選挙・制限選挙の境目は、「納税額の制限があるか否か」で決まる**。だから妙な話だけど、女子に選挙権がない1925年でも、分類上は普通選挙と呼ぶんだ。覚えといてね。

それから被選挙権については、現在は**「参議院議員＋知事」以外はすべて25歳以上の男女**だ。少ない方を覚えておいて消去法で解くのは、受験の鉄則だからしっかりね。

次は選挙区の種類だ。例を挙げて、まとめておこう。

小選挙区制：1区**1名**のみ当選

(例)
- ❶ A氏（自民）…80,000票 ➡ 当選
- ❷ B氏（民主）…79,000票
- ❸ C氏（公明）…35,000票 ➡ 落選　計12万票
- ❹ D氏（共産）… 6,000票　（死票）▶当選者の得票より多くなることも

⬇

・人気政党以外の当選が困難。➡ **大政党が安定的に議席確保**。
　▶自民党や民主党　　　　　　▶**二大政党制**につながりやすい

・死票（＝落選者への票）が多い。➡ **民意が十分に反映せず**。

● その他

区割が小さいため、運動費用は安く済むが、選挙区数が多すぎ、どさくさ紛れに**ゲリマンダー**(区割の不正なねじ曲げ)発生の危険あり。

▶区割作業に影響力を持つ議員がいると、自党有利な選挙区にされかねない

大選挙区制：1区**2名以上**当選　▶中選挙区も同じ

(例)：3名当選のケース

- ❶ A氏（自民）…80,000票 ┐
- ❷ B氏（民主）…79,000票 ├ **当選**
- ❸ C氏（公明）…35,000票 ┘
- ❹ D氏（共産）… 6,000票 ➡ 落選 ➡ 死票が少ない。

・**小政党にもチャンス**。➡ただし**大政党の安定多数は困難**。
　▶多党制を促進　　　　　▶政局が不安定に

・死票が少ない。➡**民意を十分に反映**する。

・$\begin{pmatrix}中選挙区\\との違い\end{pmatrix}$…大選挙区の方が選挙区の大きさ ＋ 当選者数が大きい。
　　　　▶昔の参議院全国区（日本列島全体が1選挙区。100名当選）が典型

比例代表制：**ドント式**(整数割配分)に基づき、**議席を比例配分**

(例)：定員7名の比例代表選挙(丸数字は順位)。

政党名	自　民	民　主	公　明	共　産
得票数	80,000	79,000	35,000	6,000
÷1	❶80,000	❷79,000	❺35,000	6,000
÷2	❸40,000	❹39,500	17,500	3,000
÷3	❻26,666	❼26,333	11,666	2,000

▶ドント式はこのように得票数を整数で順に割って、商の大きい順に議席を割り振る

●**選挙結果**：自民3議席／民主3議席／公明1議席／共産0議席

　　　　（※個人ではなく、**政党あての議席配分**となる。）

- 非常に公平。小政党にもチャンス。➡ただし政局不安定に。
- **立候補者名簿**があり、名簿順位上位者から当選。

- 衆議院：拘束名簿式…名簿順位あり。政党名のみで投票。
- 参議院：**非拘束名簿式**… 名簿順位なし。**政党名 or 個人名**で投票。

※参議院比例代表では、2019年より「**特定枠**」が導入された。

枠内に記載された候補者に**優先順位**がつけられ、ドント式で割り振られた議席は、**まずその人たちに優先的に与えられる**（つまり**枠内だけ拘束名簿式**の形に）。

では次に、日本の国政選挙の変遷について見てみよう。

衆議院議員選挙：1994年に公職選挙法改正

昔　**中選挙区制**　…各都道府県を分割。各区から2〜6名選出。

今　**小選挙区比例代表並立制**　…
- 小選挙区：全国289ブロックから289名選出。
- 比例代表：全国11ブロックから176名選出。
※小選挙区と比例代表の**重複立候補**も可。

※**重複立候補**

比例名簿に同一順位者がいない場合：小選挙区で落選しても、ドント式の議席配分次第で、比例代表での復活当選可。

| 比例名簿に**同一順位**が２名以上いる場合 | **惜敗率**次第で、比例代表での復活当選可。小選挙区で落選しても、ドント式の結果＋ |

惜敗率計算： $\dfrac{\text{自分の票数}}{\text{最多得票者の票数}} \times 100\,(\%)$ ➡ 100％に近い人から復活当選

参議院議員選挙：1983年に公職選挙法改正

昔（全国区と地方区）
- 全国区：日本列島が１つの選挙区。100名選出。
- 地方区：各都道府県から１～４名選出。

↓

今（比例代表と選挙区）
- 比例代表：全国１ブロックから100名選出。
- 選挙区：各都道府県から２～10名選出（計148名）。
  ▶ ただし2022年の選挙までは比例代表98名／選挙区147名の計245名
※選挙区と比例代表の**重複立候補**は不可。

次はいよいよ選挙に関する総則、**公職選挙法**だ。

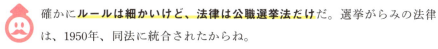

確かに**ルールは細かいけど、法律は公職選挙法だけ**だ。選挙がらみの法律は、1950年、同法に統合されたからね。

この法律には衆議院選挙・参議院選挙・地方選挙など、選挙に関するありとあらゆるルールが記載されている。当然だけど、そんなもの全部覚える必要はない。あくまで必要な内容だけにしぼって勉強しよう。

公職選挙法（1950年）

❶ 選挙運動への規制

制限 ポスター・ビラの枚数、選挙費用など。

禁止
- 事前運動… ・公示日（衆参立候補の受付日）
　　　　　　　・告示日（衆参以外の立候補の受付日） より前はダメ。
　　　　　　　　　　　　　　　　　　　　▶ 投票当日もダメ
- 戸別訪問… 日本では禁止。ただし**欧米ではOK**。
- 立会演説会 地域の全候補者が一同に会し、順番に演説するやり方は**廃止**。単なる**個人演説会**は、**法定費用内なら自由**。
- 金品提供等

❷ **連座制**… 選挙違反への罰則。

⬇

内容 関係者の選挙違反で刑確定。 ➡ **候補者の当選も無効**に。

❸ 選挙**公営化**…国や地方が**平等な運動機会を保障**。
　　　　　　　➡ポスター掲示場所の提供・政見放送など。

　最後に、選挙に関する最近の動向についても押さえておこう。
　解説が少なくてごめんね。選挙の所は事実の把握が重要で、解説はなくてもわかる箇所が多いんだ。

選挙に関する近年の動向

- **一票の格差**問題…2009年あたりから格差に厳しい判決が増えた。

> - 違憲 … ❶著しい不平等あり／❷是正のための合理的期間を経過。
> - 違憲状態 … ❷だけまだ。（→「合理的期間のうちに是正」が求められる）

➡ 従来は「**衆：3倍超／参：6倍超**」がこれらの目安だった。

▶過去の判例より判断…最高裁が明言したわけではない

最高裁判決	是　　正

2011年

- 参：**5.00倍**は違憲状態 ➡ 2012年「**4増4減**」
  - ▶2012年判決　　　　　　　　　▶都市で4増／地方で4減

- 衆：**2.30倍**は違憲状態 ➡ 2013年「**0増5減**」
  - ▶2011年判決　　　　　　　　　▶地方のみ5減（衆議院定数5削減）

- **一人別枠方式**（まず各県に1議席配分）は違憲状態 ➡ 2013年**廃止**

but

- 参：**4.77倍**は違憲状態 ➡ 2015年「**10増10減**」＋合区の新設
  - ▶2014年判決　　　　　　　※合区…人口の少ない県 → **合体選挙区**に

- 衆：**2.13倍**は違憲状態 ➡ 2016年「**小**で0増6減／**比**で0増4減」
  - ▶2015年判決　　　　　　　▶合わせて0増10減→ **衆**は465名に

※「**参 3.08倍**（2016年選挙）／ **衆 1.98倍**（2017年選挙）」は「**合憲**」の最高裁判決（2017〜18年）。

- **定住外国人**の参政権…現状では**一切認められていない**。

最高裁の見解
- 国政：国家意思の形成に直接かかわるから✕。
- **地方**：**居住地域の意思決定のみだから〇**。
  - ▶ただし認める法律が制定されていないからなし

- **在外邦人**の参政権…**衆参比例代表のみ投票可**に（1998年〜）。

> ただしこの選挙権の制限に対し、2005年**最高裁で違憲**判決。
> → 2007年の選挙より、**在外邦人の選挙区投票もOK**に。

8　政治の諸問題　｜　**149**

- **マニフェスト**…政党発表の「**政権公約**」。➡**政権選択選挙**（「誰に入れるか」ではなく「どの党に入れるか」）になりやすい。

- 投票率の低下…近年は「**衆**：50～60%／**参**：50%」程度。

対策	1998年より**投票時間延長**　　＋　　**不在者投票**の要件緩和。

  ▶「18：00→20：00まで」に　　▶「レジャーによる不在」も可に。
  　　　　　　　　　　　　　　2003年より始まった期日前投票も同じ

  不在者投票と**期日前投票**の違い
  　不在者：所定の投票所以外での事前投票。手続きがやや面倒。
  　期日前：所定の投票所での事前投票。手続き簡単。

- **電子投票法**…地方選挙の一部で、**投票所設置の端末で投票可**に。
  ▶2002年　　　　　　　　　　　　　　▶「自宅からのネット投票」ではない

- **インターネット選挙運動**…「**ネット投票**」ではなくHP・ブログ・ツイッター・メールでの「**選挙運動**」（→ 2013年の参院選より）。

従来	ホームページ（HP）の開設はOK。

  ただし選挙期間中のHP更新＋HP上からの投票依頼」はダメ。

  ↓

2013年～	・「期間中の**HP更新**＋HP上からの**投票依頼**や有権者との**直接対話**」も可に（→「政党＋候補者＋支援者」が可）。 ・**メールを使った投票依頼**も可に（→「政党＋候補者」のみ）。 　　　　　　　　　　　　　　　▶有権者は不可

長所	・**双方向対話**…候補者と有権者が**ともに政策や公約**を作れる。 ・**若年層**の選挙への取り込み（→ 投票率upへ）。 ・**情報伝達手段**として有効…街頭演説の日程など。

問題	・**誹謗中傷**や**ネガティブキャンペーン**横行の恐れ。 ・**なりすまし**によるニセ情報や悪意のある他者情報の改ざん。 ・**高齢者**が対応できない。

3 政党と圧力団体

まずは政党の定義について見てみよう。

> **政党の定義**
>
> ●政党とは**共通の主義・主張**を持つ者が集まった社会集団である。
> ●政党とは**政権の獲得**を目的として結成された社会集団である。

え、政党って政権獲得をめざすものなんですか?

そうだよ。なぜなら自分たちの主義・主張を実現したければ、国会で過半数の議席を獲得して、その主義・主張を盛り込んだ法律案を可決して具体化する必要があるからね。

別に単独政権でなくてもいい。他党と手を組んでの連立政権でもかまわない。とにかくどんな形でもいいから、国会で与党の一員になることが、有権者の支持に応えることにつながるんだ。

では次に、政党の歴史について見てみよう。

歴史的にいちばん最初に発展した政党は、**名望家政党**だ。これは市民革命後、まだ一部の金持ち市民にしか参政権がなかった頃のスタイルで、彼らの利益だけを実現するために作られた。

ところがその後、産業革命を経て労働者も参政権を手に入れた。そこで金持ち市民と労働者、この両者の利益を実現するために、新たに**大衆政党**と呼ばれる政党が誕生してきたんだ。

よかったじゃないですか。これですべての人を網羅できる。

いやいや、そうはいかないよ。なぜなら20世紀以降の現代社会には、労働者や資本家以外の人もたくさんいるからだ。

そうなると従来の大衆政党では対応できない。**だから現代は多党化の傾向が顕著になっている**。幅広く国民みんなの利益を調整しようとする**国民政党**も

8 政治の諸問題 | 151

あれば、特定階級の利益実現だけをめざす**階級政党**もある。つまり人々のニーズに合わせた多種多様な政党が、実に数多く存在しているんだよ。

😊 < **なるほど、確かにそうですね。**

😟 それと同時に近年では、**政府に圧力をかけることで自分たちの利益を実現させる圧力団体**と呼ばれる社会集団も増えてきた。

政党と圧力団体の歴史

制限選挙下
めいぼうか
名望家政党
▶金持ち市民用

→

普選実現時
たいしゅう
大衆政党
▶労働者も含む

→ 現代：
- **国民**政党（→全国民を調整）
- **階級**政党（→特定階級のみ）
- **圧力団体**（→政党外の団体）

農協（農民団体）・連合（労働組合団体）・日本経団連（財界団体）等。
政党に圧力（集票や献金の協力）をかけることで、自団体の利益だけを実現
（→**政権獲得はめざさず**）。
　▶長所：選挙で反映しにくい「地域の民意」以外の民意も反映／短所：金権政治を助長
※圧力団体の専属代理人を**ロビイスト**という。

😊 < **圧力団体って何ですか？**

😟 圧力団体とは**農協**や**日本経団連**（大企業の社長の集まり）などの、ごく普通の社会集団だ。

😖 < **政党とは違うんですか？**

😟 政党とは違う。なぜなら**圧力団体は、政権獲得をめざさない**から。何でめざさないかというと、そもそもめざす必要がないからだ。

😊 < **え、何でですか…？**

😟 圧力団体の特徴は、「**メンバーの数が多い or 豊富な資金がある**」のどちらかの特徴を持っている。なら別に政権なんか取る必要はない。**別のやり方**

152 ｜ **第1講　政治分野**

で**与党に揺さぶり**をかけた方が、てっとり早く自己の利益を実現できる。

> 与党に揺さぶり？

選挙の票や政治献金を圧力手段にするってことさ。つまり政権与党に対し、ふだんから集票や献金で恩を売っておけば、必要なときに「言うこときかないと投票しない＋お金あげない」と言えば、圧力として機能するわけだ。

実際に日本の政権与党である自民党は、**農協や日本経団連などの巨大な圧力団体に支えられて、その集票や集金に依存している**んだよ。

> なるほど！

でもそれでは、政治が腐敗してしまう。特に**金権政治**の拡大は大問題だ。だから1994年、自民党が一時的に政権を離れた隙（すき）に、非自民の**細川連立内閣が金権政治の打破をめざす大改革に着手した**んだ。

政治改革関連四法（1994年・細川内閣）

❶ 公職選挙法改正…衆議院で小選挙区比例代表並立制導入。
❷ 衆議院議員選挙区画定（かくてい）審議会設置法
　➡衆議院で「格差2倍以内」の区割づくりをめざす。
❸ **政治資金規正法**

　・政治家は1人ずつ**資金管理団体**をつくり、**政治献金**（けんきん）**を管理・公表**する。
　・政治献金は**必ず資金管理団体あて**に行う（「直接個人あて」は✗）。
　・**企業から**資金管理団体あての献金は禁止（「政党あて」なら〇）。

❹ **政党助成法**…献金を得る手段が制限された政治家の活動資金を、
　　税金（**政党交付金**を政党に交付）でサポート。

　[理由] 金権政治は困るが、**議員には全国民の代表として働く責務**があるため、**ある程度の活動資金はどうしても必要**になるから。

8　政治の諸問題　　153

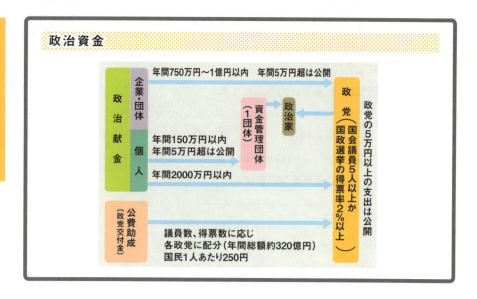

●日本の政党政治に見られる特色

▶議員政党

　日本の政党は一般大衆の党員が少なく、国や地方の議員中心に構成されている。「わたしゃ自民党員でね」なんて人に、街で会うことはめったにない。つまり**日本の政党は、大衆基盤が弱い**ということになる。

▶利益誘導政治

　日本の国会議員は「全国民の代表」であるにもかかわらず、**地元や支持母体の利益ばかり優先**させがちだ。そうしないと選挙に当選できないからだ。理想論より現実の選挙。何だか悲しいね。

▶族議員

　自民党議員を中心に、**特定省庁とつながりの深い議員**がたくさんいる。これが族議員だ。彼らが「**政官財の癒着**」の温床になっているのは間違いない。こうなると、権力分立もへったくれもないね。

▶ **党議拘束**
　政党が決めた法案への可否に所属議員は従う必要があり、造反者は厳しい処分（除名、離党勧告も含む）の対象となる。

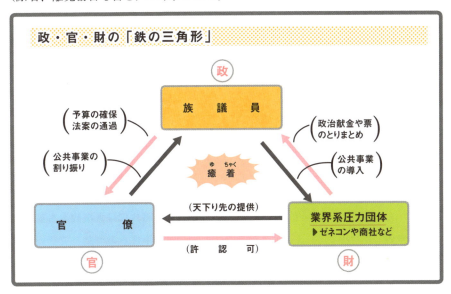

4 戦後の日本政党史

　戦後の政党政治は、良くも悪くも**自民党と社会党を中心に**機能していた。つまり「アメリカからの押しつけに近い戦後の憲法を排して、自主憲法を制定（つまり**日本国憲法を改正**）したい」**自由民主党**と、「せっかく平和憲法になった戦後の憲法を守るぞ」と考える**日本社会党**が誕生した1955年以降が、戦後政治の中心的な枠組みとなっていたんだ。この**自民・社会の二大政党制に近い形**を「**55年体制**」と呼ぶ。

> 近い形ということは、真の二大政党制じゃなかった？

　なかったね。なぜなら議席数でいえば、自民1に対して社会は半分ぐらいしかなかったからだ（＝「**1と2分の1政党制**」）。これでは改憲は阻止できても、政権交代など実現できるはずがない。

つまり一見二大政党っぽいだけで、**実質は自民党の一党支配**というのが、**55年体制の本質**だったんだ。

この時代にはどんな特徴があったんですか？

この時代は、ずっと自民党が与党で、社会党が野党No.1だった。こうなると、当然**政治は安定**してくる。なぜなら変化がないから。**1960〜70年代にかけて、民社党・公明党・新自由クラブ・社会民主連合**などの新政党が増えた（＝**多党化**の進行）ことで、**票が分散し、一時的に不安定になりはした**けど、長い目で見れば、あまり変化のない時代だった。

そんな安定、なんかイヤだな…

確かに。この場合の安定とは「自民党の政策がずっと続く」ということだからね。そうなると政治も腐敗してくる。**この時代には金権政治も拡大し、**田中角栄の**ロッキード事件**などという大きな汚職事件もあった。こういう流れで**1980年代には、国民の政治不信**も高まっていったんだ。

そこで政権交代とはいかなかったんですか？

ダメだった。なぜなら自民党は農協や経団連といった強い圧力団体を抱えている。そうすると、参院選では多少油断しても、最も大事な衆院選では強固な組織票にモノを言わせ、確実に勝ちにくる。

　いくら反対票を投じても自民が選挙で勝ってしまうのでは、国民は失望する。特に1980年代末、今度は竹下内閣で**リクルート事件**という大きな汚職があったにもかかわらず、衆院選で自民党が勝ったのは、大いなる無力感につながったね。この頃から、みんな次第に選挙に対する関心を失い、**投票率は低下**していった。

55年体制（1955～93年）

改憲をめざす自民党 vs 護憲を掲げる社会党

- 社会党左派と右派（※当時分裂中）が再合一。 → **日本社会党**誕生。
  - ▶両院の3分の1 get

  vs

- **保守合同**…
  - 日本民主党（改憲・再軍備）
  - ＋
  - 自由党（親米・経済再建）
  → **自由民主党**誕生。

◎ **自民党と社会党による二大政党制**＝「**55年体制**」始まる。
  - ▶実質は「1と2分の1政党制」≒自民の一党支配

長：**政局の安定**。➡ ※ただし1960～70s、**一時的に不安定化**。
  - ▶政権交代がないから
  - ▶多党化が進行したせい

短：腐敗進行…**ロッキード**事件（田中内閣）や**リクルート**事件（竹下内閣）。
  - ➡**政治不信**が高まり、次第に**投票率が低下**（1980s）。

じゃ政治は、その後も停滞し続けたんですか？

いや、そうはならなかった。何とこの流れに、国民ではなく国会議員が終止符を打ったんだ。つまり自民党の腐敗政治に、党内の若手議員が反乱を起こしたんだよ。

えー！　何と自民党内から反乱が…

この流れの中心にいたのが、当時の自民党期待の若手・小沢一郎だ。1993年、小沢は若手議員を大量に引き連れて自民党を離党し、新生党を結成したんだ。そこから新党ブームが起こり、自民・社会の枠組みでは収まりきらない政党の流れが生まれてきた。これで自民党は衆議院で過半数を割り込み、**宮沢内閣の不信任が可決された**。その後の選挙でも自民は敗れ、ついにこの年、**非自民の細川連立政権が誕生した**。これが55年体制の終焉だ。

これでついに政治は劇的に生まれ変わりますね。

ところが、そうはならなかった。細川内閣は「非自民」という共通項以外、政策も理念もバラバラだった。だから結局、安保や外交など主要な政策は自民と何ら変わらず、細川・羽田と続くうちに、どんどん人気をなくしていった。

でも自民党の政権にかける執念はすごいね。そんな中、誰もが驚く大連立をやってのけたんだ。何と**連立を離脱したばかりの旧敵・社会党と連立した**んだ。こうして1994年には村山連立内閣が誕生し、**ついに自民は念願の政権与党に復帰した**んだ。

ただし自民党は、小泉内閣後は支持率が低迷し、2009年に**民主党に政権の座を明け渡した**。しかし支持率が非常に低迷した民主党政権にかわり、2012年末の衆院選で自民党は圧勝し、安倍総理を首班として結局、またもや**自民党は与党の座に返り咲いた**んだ。

その後、安倍内閣は長期政権を築き、安倍首相の在任期間は2019年8月に大叔父・佐藤栄作を抜いて戦後最長に。そして**2019年11月20日には桂太郎の2886日を抜いて、歴代最長の首相**となったんだ。

 若者ゼロの投票所

2014年の衆院選、僕が行った投票所でびっくりしたことがある。

若者が1人もいない！ 来ているのは30代から老人ばかりで、20代の有権者はただの1人もいなかった。

あまりの衝撃にその日のことはツイッターにも書いたが、投票所である小学校に高齢者ばかりが集う光景は、とてもシュールで物悲しかった。

2016年から、選挙権の年齢が引き下げられ、**18歳から投票できる**ようになった。だが、その後の選挙でも10代や20代を見かけることは（ゼロではなかったが）ほとんどなかった。

有権者になったら、投票に行こう。「投票しても変わらない」じゃない。「投票しないと、自分が望む世の中に変わるはずがない」んだから。若者が投票に行かないと、「若者が望む世の中に変えていこう！」と頑張っている候補者は誰も当選できないぞ。

チェック問題 | 8

日本の国家公務員や地方公務員の制度と組織に関する記述として正しいものを、次の①〜④のうちから1つ選べ。

① 住民は必要な数の署名により、副知事や副市町村長の解雇を直接請求することができる。

② 一般職の公務員は、労働組合を結成して国や地方公共団体と労働条件を交渉することができない。

③ 公務員は、大日本帝国憲法(明治憲法)において全体の奉仕者であると定められていた。

④ 公務員制度の改革を推進するため、新たに内閣人事局を設置するかわりに人事院が廃止された。

(センター本試験)

解答 … ①

解説 ①はリコールの1つだが、この場合のリコールは、「議会の解散請求、議員・首長の解職請求」のときのように**選挙管理委員会に請求するのではなく首長**に請求し、その後は住民投票ではなく「**議会を開いて3分の2以上出席＋出席議員の4分の3以上の賛成**」があれば成立する。詳しくはp.122。
②公務員は、警察官や自衛官など**治安維持系の公務員のみ労働三権すべてなしで、その他の公務員は「争議権のみなし**」だから、組合の結成(＝団結権)、国や地方との交渉(＝団体交渉権)はあり。公務員の労働三権についてはp.319で詳しく見ていく。
③旧憲法での公務員は「**天皇の官吏**(＝天皇に仕える役人)」だった。今日の公務員が、憲法第15条で「**全体の奉仕者**」と定められている。
④官僚の天下りを規制する**内閣人事局**は2014年に設立されたが、それと同時に公務員の労働条件をチェックする人事院がなくなったりはしていない。

9 国際政治(1)

1 国際社会の成立と国際連盟

ここでいう国際社会とは、欧州で始まった「**独立した主権国家同士のおつき合い**」という意味だ。その成立は1600年代、つまり17世紀の話になる。

きっかけとなったのは**三十年戦争**（1618〜48年）だ。ドイツで始まったこの戦争は、いつの間にか全欧規模の領土争いとなり、その結果**ウェストファリア条約**を経て、ヨーロッパに約300もの主権国家が誕生した。

さて、そうすると必要なものが2つ出てくる。

まず1つ目は主権国家間のルール、**国際法**だ。多くの国が誕生した以上、当然そこで守るルールは必要になる。その必要性をいち早く訴えたのが、オランダの政治学者・**グロティウス**だ。彼は著書『**戦争と平和の法**』で、**国家間で当然守るべき自然法**としての国際法の重要性を訴えた。だから彼は「**近代自然法の父**」だけではなく「**国際法の父**」**とも呼ばれている**んだ。

▲グロティウス

 国際法って、どんなものですか？

160　｜　第1講　政治分野

大きく分けて2つある。条約と国際慣習法だ。
　条約は国家間における成文の合意だ。協定とか議定書とか規約と呼ばれるものも、呼び方は違えど、すべて条約だ。
　国際慣習法は不文法、つまり国家間における暗黙の合意だ。文書になってない頼りなく見えるけど、公海自由の原則や外交官特権など、想像以上にみんな暗黙の掟に従っている。

　国際社会に必要な2つ目は何ですか？

　2つ目は、平和維持のためのシステム作りだ。
　独立国が増えた以上、ルールだけでなく、**戦争を抑止するための国家間の協力体制**を構築しておく必要もある。
　そこでまず構築されたのが、**勢力均衡方式**だ。これは**仲のいい国同士で軍事同盟を形成し、敵対する軍事同盟とにらみ合う**やり方だ。この両者が同等の力のバランスを保てば、共倒れや果てしない消耗戦を避けたい意識が働き、結果的に戦争はなくなるはずという考え方だね。
　だが、このやり方は危うい。敵の軍事同盟とのパワーバランスが崩れたら、即戦争の危険がある。しかもパワーバランスを保とうにも、敵方がどの程度の軍事力を持っているかなどわからない（敵との情報交換などあり得ないから）。**結局おたがい疑心暗鬼のまま際限ない軍拡競争を続け、最終的には第一次世界大戦で大爆発してしまったんだ。**
　結局このやり方では、かえって大戦争につながるだけだった。だから第一次世界大戦後は、まったく違った平和維持方法が採用された。
　それが今日のやり方・**集団安全保障方式**だ。このやり方だと、敵対する国も含めて、**すべての国が1つの国際平和組織に参加し、平和の敵には集団制裁**を加える。つまり**国連型のシステム**だ。

国際社会で必要となるもの

- **国際法**…成文法＝条約／不文法＝国際慣習法
  ＋　　➡**グロティウス**が『**戦争と平和の法**』で指摘。
- 平和維持システム…戦争防止のための枠組み作り。

●**勢力均衡方式**：**軍事同盟**同士のにらみ合い（➡第一次世界大戦で破綻）。

●**集団安全保障方式**：平和の敵に**集団制裁**（国連型）。

　さあそれでは、国際連盟について見てみよう。

　国際連盟は、世界初の集団安全保障方式として、第一次世界大戦後の1920年に発足した。古くは18世紀の哲学者**カント**が、著書『**永遠平和のために**』でその必要性を説いている。でも直接的なきっかけは、米大統領**ウィルソン**の提唱した「**平和原則14カ条**」だ。

　彼はこの中で、世界平和確立の基盤として、**民族自決の**

▲ウィルソン

考え方などとともに**国際平和機関設立の必要性を訴えた**。これを具体化させたものが、ジュネーブに本部を置く国際連盟というわけだ。

これで世界はひと安心ですね。よかった。

ところが、そううまくはいかなかった。国際連盟には欠点が多すぎて、うまく機能しなかったんだ。まずはこちらを見てみよう。

国際連盟の組織

- 本　　部：ジュネーブ／原加盟国・42カ国
- 常任理事国：英・仏・伊・日（＋非常任理事国も4カ国）
- 自治機関：**国際労働機関（ILO）、常設国際司法裁判所**

●国際連盟の欠点

大国の不参加／全会一致制／**経済制裁のみ**

- 米の不参加…ウィルソン（民主）案は**上院（共和が与党）で否決**。
（共和党は伝統的な**モンロー主義**（欧州との相互不干渉）を発展させた**孤立外交**を主張。）
- ソ連の排除…1939年、フィンランド侵攻により除名。
- 日独伊脱退…国際連盟決議を不服としたため。

　国際連盟は、加盟国数だけでいえば、集団安保に十分な規模だ。でも、そこに**多くの主要国の姿はなく、全会一致のせいで何も決められず、武力制裁なし**の姿勢を示したのでは、戦争は止められない。結局国際連盟では、第二次世界大戦は止められなかったんだ。

2 国際連合

第二次世界大戦後には、国際連盟の失敗を教訓に、より完全な集団安全保障をめざす組織がつくられた。これが今日の国際連合だ。

国際連合の成立過程

大西洋憲章
▶ 国際連合 の構想
➡
ダンバートン＝オークス会議
▶国連憲章草案
➡
ヤルタ会談
▶五大国一致 の原則
➡
サンフランシスコ会議
▶国連憲章採択

国際連合
‖

- **本部**：ニューヨーク／・原加盟国：51ヵ国 ※2020年現在は**193ヵ国**。
- 原加盟国は**連合国**のみ（→日独伊などの**枢軸国**は後から加盟）。
  ▶第二次大戦で連合国と対立した国々
- 独立国のうち**バチカン・コソボ・クック諸島**などは未加盟。
  台湾は中国の一部扱い（＝「**一つの中国**」論）。
  ▶1971年に中国の国連代表権が承認されたとき脱退
- 永世中立国スイスは2002年加盟。
- 北朝鮮は1991年、韓国と南北同時加盟。
- **国連総会に投票権なしで参加**する国や組織＝「**オブザーバー**」
  ▶パレスチナ国／EU／NGOなど

> 加盟国の数がすごいですね。

そうだね。今日独立国家として承認されている国のほとんどは、国際連合（以下「国連」）に加盟している。さすがに190以上の国が参加すれば、集団安全保障としては十分だ。

164 ｜ 第1講 政治分野

さあそれでは、国連の組織について見てみよう。

▶ 国際連合の組織

安全保障理事会（＝安保理）…紛争処理の中心機関

- 常任理事国：米・英・仏・中・ロ＝「五大国」➡ 拒否権あり。
- 非常任理事国：10カ国（地域ごと）。2年ごとに選出。

議決
- 手続き事項（非重要）… **9理事国以上**の賛成で可決。➡ 拒否権なし。
- **実質事項**（重　要）…**五大国すべてを含む9理事国以上**（＝「**五大国一致の原則**」）。
  ➡ ◉拒否権行使で議決不可に。

事務局 … 事務担当

事務総長は**五大国以外**
からの選出が慣例。
- ▶2020年4月末現在は
  グテーレス（ポルトガル）

信託統治理事会

未開発地域の独立。
- ▶パラオ独立を最後に
  1994年より活動停止

経済社会理事会

専門機関と連携。

総会 … 国連の**最高機関**

本部ニューヨーク。加盟国193カ国。

「**1国1票**」の投票権（＝主権平等）。

議決方法
- 重要事項：加盟国の3分の2以上の賛成。
- 一般事項：加盟国の過半数の賛成。

※**総会により設置**された主な下部機関

UNCTAD／UNHCR／UNICEF／
IAEAなど。（→専門機関とは別）

代表的な専門機関…（国連の下部機関ではなく、経済社会理事
　　　　　　　　　 会を通して国連と協力する国際機関。）

ILO（国際労働機関）／**WHO**（世界保健機関）／
IMF（国際通貨基金）
IBRD（国際復興開発銀行）など。

国際司法裁判所

- オランダのハーグにあり。任期9年の15名の判事で構成。
- 裁判対象は**国家のみ**。➡個人のために**国際刑事裁判所**設置（2002年）。
- **当事国の同意**がないと裁判できない。

9　国際政治(1) | 165

特に大事な機関って、どこですか？

何といっても**安全保障理事会**（＝**安保理**）だ。形の上では全加盟国が参加する総会が最高機関とされてはいるけど、国連はそもそも集団安保のためにつくった組織。ならば安全保障に主要な責任を担う安保理が、国連の最重要機関として扱われるのは当然だ。

なるほど。

ただしこの安保理、**常任理事の五大国だけに拒否権を与えるなど、大国優遇**の感は否めない。でも冷戦が終わった**今日の国際社会では、小国発のテロや民族紛争対策の重要性が高まってきている**のが現実だ。しかも五大国の中に、経済的に明らかに国連を支えている日独の姿がない。こんな昔ながらの大国優遇スタイルを続けていたのでは、さまざまなトラブルに対し、現実的な対処ができない恐れがある。

確かに。

そこで今日は、**日独や途上国を含めた常任理事国案を軸とした安保理改革**が議論されている。まあ現実には、憲法第9条があって軍事貢献が難しい日本が常任理事国になるべきかどうかは議論の余地が相当あるけど、少なくともいまだに「**旧敵国条項**」なんて時代錯誤な規定で日独伊をくくっている国連憲章が、21世紀にぴったりフィットしているとも思えない。検討する価値は十分ありそうだね。

次は、国連の問題点だ。

国際連合の問題点

❶ 冷戦期の安保理マヒ…米ソ中心に、**拒否権の行使240回以上**。
❷ 総会の決定事項に**拘束力なし**。…各国の主権の方を尊重。
❸ 財政難…米中心に**分担金の滞納国**が多い。
　　　　　▶ 2年以上の滞納で投票権を失う→ただし「制裁なし」が現状

❹ 予算規模が小さい…年約93億ドル（2019年）。
▶東京都の約8分の1

> なんかボロボロですね…

でしょ？ 国連の問題点は、ひと言でいって、あまり役に立ってないことだ。カネはないわ、加盟国は言うこときかないわ、挙句の果てはこの冷戦期の拒否権の行使回数ときたら…。

> 240回以上って、すごいですね！

すごいなんてレベルじゃない。この回数じゃ、もう完全に安保理は機能不全だ。対立関係にある米ソが常任理事にいたせいで、ばかげた意地の張り合いに国際社会が振り回されてた格好だよ。世界平和を維持するための最重要機関が機能不全だなんて、たちの悪い冗談以外の何ものでもない。

この問題を解決するために1950年、国連総会で「**平和のための結集決議**」が採択された。これは機能マヒに陥った**安保理の機能を国連総会が代行できるようにするシステム**だ。

現にこれまでこのシステムに基づいて、**10数回の緊急特別総会が開会されている**。すっきりしないシステムだけど、このおかげで国連は、冷戦期でも何とか最小限の機能を維持することができたんだ。

3 国連平和維持活動（PKO）

次は**国連平和維持活動（PKO）**について見てみよう。PKOって聞いて何をイメージする？

> 国連軍みたいな感じ？

うーん、確かに迷彩服を着てライフルを抱えてるイメージがあるけど、実は**PKOで派遣されるPKF（平和維持軍）は軍隊ではなく「中立・非軍事」を原則とする警察活動を行う組織**なんだ。

9　国際政治(1)　　167

えーそうなんですか？　全然知らなかった。

それどころか、**正規の国連軍なんてものは、今まで一度も組織例がない**んだ。正確には、「国連軍をつくりましょう」ということは、国連憲章には書いてある。でも実際には、冷戦期米ソの対立があったせいで、結局国連憲章に基づく正規の国連軍はつくられなかったんだ。

でもおかしいな。確かにテレビで国連軍って聞いたことあるのに…

それは**マスコミが俗に「国連軍」と呼んでいる多国籍軍**などさ。多国籍軍は、安保理制裁決議などに基づき、各国が各々の裁量・責任で派遣してきた軍の寄せ集め。対して正規の国連軍は、国連憲章第43条に書かれている特別協定に従って、すべての加盟国が、安保理に利用させることを約束する兵力。でもこれは、今見たように組織例がないから、仕方なく**紛争が起こったら多国籍軍が組織され、終わったら事後処理としてPKOに基づいたPKFが派遣されることが多い**んだ。

PKOについては、ざっとこれくらいの内容を頭に入れてもらおう。

国連平和維持活動（PKO）

憲章上の規定　なし…・第6章：平和的解決　・第7章：強制的措置　の中間＝「**6章半**活動」。
▶憲章外活動

PKOの組織

- **平和維持軍（PKF）**…中立的な**警察**活動。**軽武装**組織。

  ┆軍という呼称、武装組織である点から、憲法第9条に触れる疑いがあり、**日本は当初参加を凍結**していた。しかし、2001年の**米同時多発テロ**を受け、同年PKO協力法を改正して**参加凍結を解除**。┆

- 停戦監視団…国連加盟国の**非武装軍人**で構成。
- 選挙監視団…民主的選挙の監視。**民間からも参加**。

※これらの活動への参加要員は、**加盟国が自発的に提供**する。

特に注意すべき点はどこですか?

PKOが国連憲章に載ってない活動（＝**6章半活動**）であることと、当初見合わせていた**自衛隊の平和維持軍（PKF）への参加が、米同時多発テロを機にできるようになった**ことかな。あと、**PKOが冷戦後急増**したことも知っておこう。理由は簡単、米ソが協力して動けるようになったからだ。

他にも何かありますか?

そうだ、日本のPKO初参加の話もしとかないと。

そもそものきっかけは、1991年にあった**湾岸戦争**だ。この頃の日本は憲法第9条に縛られていたため、自衛隊を派遣しないかわりに多額のお金を拠出して済ませようとした。

ところがその姿勢を当時のブッシュ米大統領（父）に批判された。「アメリカの若者が戦地で血を流しているときに、お前ら日本人は安全圏でぬくぬくと金だけ出してるつもりか！」ってね。

それで日本は**「今必要な真の国際貢献＝人的貢献」**という外圧に負け、結局戦争終了後、**ペルシャ湾**の機雷除去作業に海上自衛隊を派遣したんだ。これが**自衛隊初の海外派遣**さ。

でも日本には、自衛隊派遣の根拠となる法がなかった。だから政府は法整備を進め、ついに**1992年PKO協力法**が成立し、**自衛隊の合法的な海外派遣が可能**となったんだ。

PKO協力法に基づく実際の派遣ってあるんですか?

1992年の**カンボジアPKO**を皮切りに、**モザンビーク・ルワンダ難民救援・シリアのゴラン高原・東ティモール**など、アジア・アフリカ方面を中心に、各所に派遣されている。

ただし日本の自衛隊派遣には、次ページで示すような「**PKO参加五原則**」がある。これに抵触しない範囲で、今後も自衛隊がPKOに参加する機会は増えていくだろうね。そして、同法で対処できない派遣（例えば「停戦合意なし」での派遣）が必要になったときには、その都度「〜特別措置法」みたいな法を作って

派遣し続けることになると思われるよ。

さらに同法は2001年に改正され、自衛隊は**平和維持軍(PKF)本体業務への参加が可能**となり、2015年の改正では「**駆け付け警護**」(近くで活動するNGOなどを保護)と「宿営地の**共同防護**」(他国部隊との共同宿営地を他国と連携して守る)が可能となった。

● 主なPKO活動

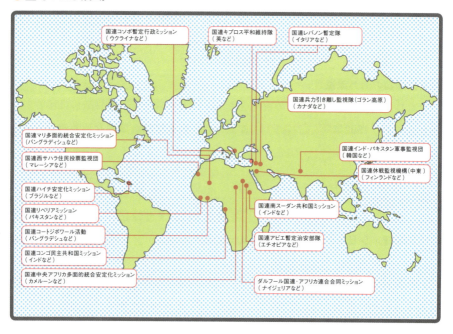

4 冷戦

冷戦の流れ

● きっかけ

- **ヤルタ会談**…戦後処理をめぐる**米英ソ首脳会談**。
  （1945年2月）　▶ローズベルト・チャーチル・スターリン

  ➡ この直後から米ソ対立始まる。

- 「**鉄のカーテン**」演説…ソ連による欧州分断の現状を演説。
  ▶1946年・チャーチル　　➡冷戦対立の表面化。

- ベルリン封鎖…ソ連がベルリンを交通封鎖。　➡ **対立が決定的となる。**
  （1948年）　▶後に東独が「ベルリンの壁」をつくる

● その後の対立

- 政治：トルーマン＝ドクトリン vs コミンフォルム
  ▶対ソ封じ込め政策　　　▶東側共産党の結束
- 経済：マーシャル＝プラン vs コメコン
  ▶米→西欧への援助　　　▶ソ→東欧への援助
- 軍事：北大西洋条約機構 vs ワルシャワ条約機構
  　　　ナトー　　　　　　　ワット
  ▶西側軍事同盟・NATO　▶東側軍事同盟・WTO

➡ ● **ことごとく対立。**
　but 実際の米ソ戦はなし。
　▶小国の「**代理戦争**」のみ

　冷戦とは、**アメリカ中心の資本主義陣営（＝西側諸国）と、ソ連中心の社会主義陣営（＝東側諸国）の、にらみ合い**だ。

　この構図は終戦前後から始まり、1989年まで続いた。つまり僕たちは、戦後政治の相当長い期間を、この冷戦とともに過ごしてきたということだ。上の図からもわかる通り、実際の米ソ戦こそなかったものの、さまざまな分野での対立に加え、小国の戦争に両陣営が肩入れする「**代理戦争**」が頻発し、まったく予断を許さない状況が続いたんだ。

 どこかで緊張が緩むことはなかったんですか？

2回あったな。1回目は1950年代のいわゆる「雪解け」の時期、2回目はp.174にある「デタント」の時期だ。まずは「雪解け」から見ていこう。

　実はこの少し前の1949年に、ソ連も核兵器を保有したんだけど、さすがに核対立にまで発展したら、これはもう世界滅亡の危機、世界中から非難されたんだ。この頃から激しい対立はいったんお休みムードとなり、ジュネーブ会議などで、東西の対話が始まったんだ。

▲フルシチョフ

　特に大きかったのは、ソ連共産党第一書記・**フルシチョフ**（のちに首相を兼務）が提唱した「**平和共存**」路線だ。この路線転換に米大統領**ケネディ**も応じ、東西の緊張緩和は、さらに進むかに見えたんだ。

雪解け（＝緊張緩和）の動き

- ジュネーブ会議　… 極東和平（朝鮮戦争・インドシナ戦争処理）に向け、東
　（1954年）　　　　　西初の本格顔合わせ。（米・英・仏・中・ソなど）
- ジュネーブ四巨頭会談 … ドイツ統一問題や軍縮をテーマに会談。
　（1955年）　　　　　　（米・英・仏・ソ）
- **平和共存**路線　　　… **フルシチョフ**が提唱。➡ケネディも呼応。
　（1956年）　　　　　　▶ソ連・スターリンを批判

よかったじゃないですか。

　ところがその後、事件が起こる。1962年の**キューバ危機**だ。この危機で、**米ソは核戦争一歩手前まで行ってしまった**んだ。

　幸いその危機は対話によって回避され、その後米ソ首脳間に**ホットライン**と呼ばれる直通電話が引かれた。まずはひと安心だ。でも、この対話ムードの両首脳の時代であってもこういう危機があるんだから、本当に冷戦期は、根っこの部分にある両陣営の不信感を拭いきれなかった時期だということがわかるよね。

その後は、どうなったんですか？

その後、というかその前後から、世界には今までと少々違った流れが現れてきた。いわゆる**多極化**の進行だ。

 多極化？　何ですか、それ。

多極化とは、米ソ二極優位が崩壊して、**アメリカの言うことをきかない西側諸国**や、**ソ連の言うことをきかない東側諸国**が現れてきたことを指す。しかも**途上国まで独自路線をとり始めた**もんだから、世界の勢力図は非常に混沌としてきたんだ。

多極化…米ソ二極優位の崩壊

●西側の動き
- **仏の独自路線**…中国を承認（西側唯一）。／**NATO軍からの脱退**。／**独自の核開発**。
- 日本、ECの経済的台頭（＝米の経済的優位の後退）。

●東側の動き
- **中ソ対立**…毛沢東 vs フルシチョフ ➡ 1969年、**国境紛争にまで発展**。
- **プラハの春**（1968年）…チェコスロバキアで民主化の動き（ソ連軍が鎮圧）。

●途上国の動き

非同盟主義…**東西いずれの陣営にもつかない**独自路線。
　　▶ ネルー（印）・周恩来（中）・チトー（ユーゴ）など

- **平和五原則**（1954年）…ネルーと周恩来が発表。領土保全・主権尊重・内政不干渉・平和的共存など。

- **アジア・アフリカ**会議（1955年）…インドネシアにて。結束固める。
　▶ **バンドン**会議ともいう

- 「**アフリカの年**」（1960年）…アフリカ**17カ国が独立・国連加盟**。
　＋　　　　　　　▶ これを受け、非常任理事国数も増加へ
- **非同盟諸国首脳会議**（1961年〜）…ユーゴのベオグラードにて。**チトー**大統領が主導。

こんなふうに、要所要所で米ソの言うことをきかない国々が増えてきた。しかも長期の対立で米ソはどちらも財政難だ。もうこうなると、いがみ合ってるのがバカバカしくなる。だからその後の**1970年代は、SALTなどの核軍縮を中心とする米ソ共存体制の時代**になるんだ。**この時期がp.172に出てきた２つ目の緊張緩和、**「デタント」だ。これも覚えておいてね。

> これで冷戦は終わったんですか？

いやいや、なかなかそう簡単にはいかないよ。この後**1980年代になると、世界は「新冷戦」と呼ばれる新たな緊張局面を迎える**ことになるんだ。

> 新冷戦？　何ですか、それ。

だから新たな緊張だよ。具体的には1979年、ソ連がアフガニスタンにできた親ソ政権支援のために軍隊を派遣（＝**アフガニスタン侵攻**）したり、レーガン米大統領が**戦略防衛構想**（＝**SDI構想**）を打ち出して近代兵器の拡充に巨額の予算を投じたあたりから始まる。

> えー大変だ！　またあの先鋭的な対立が始まったんですか？

ところが、この対立は長くは続かなかった。1985年、ソ連の新しいリーダーが、ソ連の大改革をやってのけたからだ。それが**ゴルバチョフ**の**ペレストロイカ**（＝改革）だ。この改革は**グラスノスチ**（＝情報公開）と併せて行われ、同時に西側に対しては「**新思考外交**」と呼ばれる融和外交を展開した。信じられるかい？

現在の北朝鮮をはるかに凌ぐ統制社会だったソ連が、この改革でみるみるうちに自由な発言が認められ、腐敗が摘発される社会になっていったんだ。

> ウソみたい…

そして、親分が変われば子分も変わる。ソ連改革の余波は他の東欧諸国にも波及し、**1989年には「東欧革命」と呼ばれる東欧諸国の劇的な政権交代ラッシュを見る**ことになるんだ。

そして同年11月に、市民の手により冷戦の象徴ともいえる**ベルリンの壁**が壊され、12月には**マルタ会談**で、ブッシュ(父)・ゴルバチョフ両首脳によって**冷戦終結が宣言された**んだ。

その後、**1991年にソ連邦は解体を宣言**し、従来よりも緩やかな結合体である**独立国家共同体**(**CIS**)へと移行した。そこには**バルト三国**(エストニア・ラトビア・リトアニア)を除く旧ソ連の共和国が参加している。こうして冷戦は終わったんだ。

😊 冷戦後の今日、冷戦期と比べて変わったことはありますか？

😟 まず、**旧東欧諸国は、すべて資本主義に移行**した。今日は**ワルシャワ条約機構**も解体し、彼らの多くは2004年に**NATO**(**北大西洋条約機構**)と**EU**にも加盟している。

それから、**民族紛争**と**テロ**が増えたね。これはやはり、ソ連という強大な国の締めつけがなくなったせいで、昔のケンカが復活したり、大国を恐れぬ行動が増えてきた結果だとされている。冷戦が終わったからといって、世界はそう単純に平和になるわけじゃない。なかなか難しいもんだね。

コラム　リアルタイムの「冷戦終結」

冷戦終結は1980年代末。この頃僕は大学生で、当時の国際情勢の激変はすごかった。——ソ連で西側の映画が上映されたぞ、ゴルバチョフがグラスノスチで軍事機密を公開したぞ、東ドイツのホーネッカー議長が逮捕されたぞ、ルーマニアのチャウシェスク大統領が射殺されたぞ——こういう衝撃的なニュースが、連日報道される。僕も政経学部の学生としてこの激動に並々ならぬ興味があったから、海外事情を扱った雑誌を夢中になって読んでいた。

そして1989年、11月にはベルリンの壁が崩壊し、12月には地中海マルタ島で、ブッシュ(父)とゴルバチョフが冷戦終結を宣言した。

この頃日本はバブルの絶頂期で、この宣言の3週間後ぐらいに日経平均株価が3万8915円の史上最高値を記録した。「ベルリンの壁の破片」も、東西ドイツ政府公認の鑑定書付きで、なぜか渋谷の雑貨店に7万円ちょいで売られていた。みんな「なぜここに!?」って顔で通り過ぎていたなあ。

9　国際政治(1)

チェック問題 | 9

国際連合の主要機関である安全保障理事会（安保理）についての記述として誤っているものを、次の①～④のうちから1つ選べ。

① 安保理の常任理事国は、手続き事項以外の事項について、拒否権を持っている。
② 安保理は、国際社会の平和と安全の維持または回復に必要な軍事的措置を決定する場合には、あらかじめ総会の承認を得なければならない。
③ 国連加盟国は、安保理の決定を、国連憲章に従い受諾しかつ履行しなければならない。
④ 安保理は、侵略行為の中止を求める自らの決定を実施するために、国連加盟国がいかなる非軍事的措置をとるべきかを決定することができる。

（センター本試験）

 … ②

 安保理は紛争処理の中心機関として主要な責任を担っているため、安保理のとる強制措置に、総会の承認は必要ない。
①安保理の決定には、非重要事項である**手続き事項**と重要事項である**実質事項**があるが、**実質事項の議決では、5つの常任理事国の全会一致の賛成が必要**となる。つまり、1国でも**拒否権**を行使すればパーになっちゃうんだ。
③安保理の決定には加盟国への拘束力があるため、○。
④安保理の強制措置は、非軍事的措置（経済制裁など）も軍事的措置も含むため、○。

10 国際政治(2)

1 軍縮

　軍縮はよく出題されるテーマだ。最新の時事的内容まで入って大変だけど、しっかり覚えよう。

　まずは主要な軍縮機関から見ていこう。

さまざまな軍縮機関の設立

背景 | **パグウォッシュ会議**（1957年〜） …核兵器と戦争廃絶をめざす科学者の会議。
▶ **ラッセル・アインシュタイン宣言**を受けてスタート

◉ これら国際世論の高まりを受け、**さまざまな軍縮機関**が整備。

- (a) 国連軍縮委員会（UNDC）…国連設置の軍縮機関。**全加盟国**の交渉の場。
- (b) **ジュネーブ軍縮会議（CD）** …**主要65カ国**の政府間交渉の場。国連の下部機関ではないが、**主要な軍縮討議はほとんどここで行う**。超頻出！

▶ (a)は冷戦期、米ソ対立で機能マヒ多発 ➡ そこで(b)がつくられ、現在も重視

今日、軍縮関係のテーマの大部分は、まず(b)のCDで討議され、そのまま条約成立につながるケースも多い。

でもCDは**コンセンサス**方式（＝全会一致制）のため、重要な条約なのに少数国の反対で可決できないこともある。そういうときには、討議の場を国連総会に移し、そこで重要事項の議決（加盟国の3分の2以上の賛成）の形で可決・成立なんてこともある。

次は核軍縮だ。これらは非常に重要な上、頻出だから、しっかり覚えてね。

核軍縮

● **部分的核実験禁止条約**（PTBT・1963年）

- きっかけ：第五福竜丸事件（1954年）／キューバ危機（1962年）
- 内容：「**大気圏内・宇宙空間・水中**」での核実験禁止。
- 問題：地下実験はOK。／保有国の**仏・中が不参加**。

● **核拡散防止条約**（NPT・1968年）

- 条約加盟の非保有国が新たに核を保有することを禁止。
- 加盟非保有国には、**IAEA（国際原子力機関）の査察受け入れ義務**あり。
- 1995年の**NPT再検討会議**で、条約の**無条件かつ無期限延長**決定。
  仏・中も1992年参加。

● **包括的核実験禁止条約**（CTBT・1996年採択）

- 内容：
  - あらゆる核爆発実験の禁止。
  - 「保有国＋開発能力のある国」（44ヵ国）の批准が必要。
- 問題：
  - ・米・中・印・パ・北朝鮮など未批准。➡ 発効のメド立たず。
  - ・**未臨界核実験**（爆発を伴わないシミュレーション実験）はOK。

その他、核軍縮から派生して覚えておくべき内容と、核軍縮とは別の軍縮もあるので、それらも覚えておこう。

非核地帯条約

「**この地域での核使用に反対する**」という趣旨の条約。

中南米・南太平洋・東南アジア・アフリカなどにあるが、残念ながら**核保有国が参加しない限り、それらの国の拘束はできない**。

核以外の軍縮

● **対人地雷全面禁止条約**（＝オタワ条約）（1999年発効）

内容	対人地雷の破壊義務（※日本の**自衛隊も2003年廃棄完了**）。
	➡「**地雷禁止国際キャンペーン**」（NGO）の努力で採択。
	（同NGOは1997年**ノーベル平和賞**を受賞）
問題	地雷大国の**米・中・印・ロなどが不参加**（→ 実効性低い）。

● **クラスター爆弾禁止条約**（＝オスロ条約）（2010年発効）

内容	・保有するクラスター爆弾を廃棄（原則8年以内に）。
	・被害者支援などの義務を負う。
問題	大量保有の**米・中・ロなどが不参加**。

対人地雷全面禁止条約では、成立にむけてのNGO「**地雷禁止国際キャンペーン**」の努力（同NGOがカナダ政府と協力し、各国政府に働きかける「**オタワ＝プロセス**」というやり方）が評価され、1997年**同キャンペーンとそのコーディネーターのジョディ＝ウィリアムズにノーベル平和賞**が贈られた。

クラスター爆弾とは、**親爆弾から無数の子爆弾が散布される非常に殺傷力の高い爆弾**で、しかも周辺に散らばった子爆弾が不発のまま地雷化しやすく、相当にタチの悪い兵器だ。この禁止条約もようやく成立し、2010年に発効した。

ただどちらも、**大量保有している米・中・ロなどが参加していない**。残念ながら条約は、不参加の国を拘束できないから、これでは実効性に乏しい。残念だね。

10　国際政治(2)　｜　179

さあ次は、米ソ（米ロ）二国間のさまざまな軍縮条約を見てみよう。

米ソ（米ロ）の二国間軍縮

● **戦略兵器制限交渉（SALT）**
↓

- 内容　核弾頭運搬手段（＝ミサイル本体部分）数の**上限設定**。
  ▶核弾頭そのものの削減や上限設定ではない！
- SALT Ⅰ　1972年、米ソ両国とも調印＋批准。
- SALT Ⅱ　1979年米ソ調印。but **米が未批准**（→85年失効）
  ▶ソ連のアフガニスタン侵攻のせい

● **中距離核戦力（INF）全廃条約**（1987年調印、1988年発効）
↓

- 内容　中距離ミサイルのみだが、米ソ軍縮史上**初の全廃**条約。
  （ただし**2019年失効**）
- 問題　核弾頭を取り外しただけ（＝廃棄には至らず）。

● **戦略兵器削減条約（START）**
↓

- 内容　核弾頭数の**削減**。
- START Ⅰ　一定数の削減。1991年調印＋1994年批准。
- START Ⅱ　さらなる削減。**1993年調印＋米は1996年、ロシアは2000年批准**。

※ただし**同時多発テロ**（2001年）後の米の軍拡路線が、START Ⅱの内容に抵触したため、**START Ⅱは結局未発効**に終わった。
　▶2002年**モスクワ条約**という別条約で代用

● **2010年：新START**…オバマ・メドベージェフ間で調印。
↓
　　　　　モスクワ条約よりもさらに核軍縮を。

- 背景
  ・STARTⅠが2009年末に失効。
  ・「**核なき世界**」演説で、オバマがノーベル平和賞受賞（2009年）。

▲オバマ

2 戦後日本の外交 ‥‥‥‥‥‥‥‥‥‥‥

戦後日本の外交

❶ 国連中心主義
❷ 自由主義諸国との協調 ＝ **外交三原則**
❸ アジアの一員としての立場を堅持

● **日ソ共同宣言**（1956年）

・戦争状態の終了。国交回復。
・日本の**国連加盟を支持**。
・抑留中の**旧日本兵の送還**。
・賠償請求権を含む、**すべての請求権の相互放棄**。
・**歯舞諸島・色丹島の引き渡し**（**平和条約**締結後に）。

● **日韓基本条約**（1965年）

・国交の回復。
・旧条約の**無効**（日韓併合条約など）。
・「**朝鮮半島にある唯一の合法政府**」であることの確認。

　　　　　　＋

「日韓請求権協定」を同時に締結。

> （第1条）：韓国への「**経済協力金**」支出。
> 　　　　　　▶**有償・無償合わせて計5億ドル**
>
> （第2条）：両国政府と国民・法人の**すべての請求権問題が、完全かつ最終的に解決**されたことを確認。
>
> （第3条）：協定に関する紛争があれば「**仲裁委員会**」を設置して裁定。

● **日中共同声明**（1972年）

・国交正常化の宣言。
・「**中国が唯一の合法政府**」の承認。
・「台湾が中国の領土の一部」の理解・尊重。（→「**一つの中国**」論）
・中国政府は**友好**のため、日本への**戦後賠償請求の放棄**を宣言。
・平和条約に向けての交渉。（→1978年の「**日中平和友好条約**」へ）

10 国際政治(2) ｜ **181**

3 主な民族紛争

▶旧ユーゴスラビア問題

ボスニア＝ヘルツェゴビナ紛争

チトー大統領死後、最大派の❶から大統領が出たが、❷と❸と❹が反発。1991年に相次いで独立したが、ボスニアは出遅れた。

❶はボスニアの独立を阻止しようとして92年より紛争。

※ボスニアの住民
- セルビア人➡当然❶とつながりが深い。
- クロアチア人➡セルビア人と以前から対立。
- ムスリム➡イスラーム教徒。中心勢力。

<u>セルビア人</u>・クロアチア人・ムスリムが、ボスニア内部で激しい内戦。

 どうやら彼らが騒ぎを大きくしているらしい

- **NATO軍が国連に協力**し、ボスニア内部の**セルビア人勢力を空爆**。

　　　　＋

- 国連による**新ユーゴへの経済制裁**（ボスニア内のセルビア人を支持したから）。

　　▶新ユーゴ（ユーゴスラビア連邦共和国）：セルビア＋モンテネグロ

⬇

1995年、一応**和平合意**（ただし、まだ不安定）。➡ ※2006年にモンテネグロ独立。

コソボ紛争

コソボ自治州内のアルバニア系住民が、少数派住民のセルビア人を迫害しているとして、新ユーゴの<u>ミロシェビッチ大統領</u>が軍事制圧。

- 米主導のNATO軍、**国連安保理を通さず新ユーゴへの空爆**を実行。
  ⬇
- 1999年和平成立。➡ （翌年、国連設置の<u>旧ユーゴ戦争犯罪法廷</u>に、ミロシェビッチ大統領が起訴される（出廷拒否）。）
  ⬇
- 2000年、大統領選でミロシェビッチ氏敗北。➡2008年に<u>コソボ独立宣言</u>。
  ▶大統領は2001年逮捕→2006年死亡　　　▶国連・EUには未加盟（2020年4月末現在）

▶ 東ティモール問題

インドネシアからの**分離独立**を求める戦い。

> 旧ポルトガル領ティモール島東部（※地理的にはインドネシア）で、ポルトガル政変を機に1970年代より独立運動が始まるが、反独立派とインドネシア政府軍に制圧され、76年インドネシア領に併合される。

- （1999年、東ティモール独立の是非を問う住民投票実施（国連主導の下）。）→ 賛成多数により**独立決定**。
  but ▶ 反独立派の抵抗激化

- 同年10月、**国連多国籍軍派遣**…（国家機構が整い、抵抗が鎮まるまではPKOの全面的な統治下に。）
  ▶ 日本もPKO参加

- 2002年5月、**東ティモール独立**。191番目の国連加盟国に。
  ▶ 首都ディリ

▶ チェチェン紛争

ロシア連邦内のチェチェン自治共和国の、独立をめぐる軍事対立。

背景

- チェチェン：
  - 鉄道や幹線道路の通る、交通の要衝。
  - **産油国＋パイプラインの経由地**。
  - ロシア文化圏外（イスラーム教国）。

- 1994年、エリツィン政権時代に始まった紛争（第一次チェチェン紛争）は、1996年に停戦。

- 2000年、プーチン政権により首都制圧（第二次チェチェン紛争）。
  → **but** チェチェン軍によるテロ活動がたびたび起こる。

10 国際政治(2) | 183

▶ ウクライナ問題

ロシアにつくか欧州につくか。

- 「ロシア→欧州」の**天然ガスパイプライン**の中継地。
- 東部（親ロシア。ロシア系住民多い）／西部（親欧州。チェルノブイリ原発あり）

2005年 **ユシチェンコ大統領**誕生。「**天然ガスの市場開放**」宣言。
　　　　　▶親欧派　　　　　　　　▶≒安く売る

（安売りしたくないロシア／との間にトラブル）⇒（ロシアから／の支援停止）⇒（ウクライナ／財政悪化）

（ロシアの支援回復のため／親ロ派の**ヤヌコビッチ大統領**が誕生。）⇒（ロシアとの関係は回復するも／今度は**欧州と協力困難**に。）

2014年、反政府派が大統領府を占拠し、**ヤヌコビッチ政権崩壊**。
　　　　　　　　　　　　　　　　　▶＝ウクライナ騒乱

➡ but 親ロ派救済のため、**ロシアが軍事介入**。

この機に、**クリミア**自治共和国　⇒　圧倒的多数で**ロシアへの編入**
（ウクライナ東部）が**住民投票**。　　を希望。

プーチンは承認。⇒ but 欧米は「**外国領土を自国編入**する気か」と非難。
　　　　　　　　　　　　　　　　　▶ウクライナの主権侵害だ！

- 欧米は**ロシアへの制裁**に動いた（**経済制裁**発動（2014年3月））。
- ウクライナもロシアに抗議し、**CIS脱退**表明（2014年3月）。
- このときから**サミットもロシアを除外**。「G8→**G7サミット**」に。

▶ パレスチナ紛争

ユダヤ人 vs アラブ人の、**パレスチナ地域への居住権**をめぐっての争い。

> 長い迫害の歴史の中で祖国（＝パレスチナ。現在のイスラエル）を追われたユダヤ人は、シオニズム（建国）運動を経て20世紀、ようやく祖国に戻ってくる。
> ➡ but そこには周辺のアラブ人（＝現パレスチナ難民）が居住していた。

- イギリス、アメリカの後押しで、有利な国連決議を得たユダヤ人は、アラブ人を追い出して、1948年に**イスラエル建国**を宣言。

> その翌日より、アラブ諸国と**中東戦争**勃発。パレスチナに住んでいたアラブ人は難民化し、**PLO**（**パレスチナ解放機構**）を組織してイスラエルと戦った。

⬇

- 1993年：アメリカの仲介で**パレスチナ暫定自治協定**（**オスロ合意**）を締結。現在は**イスラエル内に２カ所パレスチナ人居住区**をつくっている。
  - ▶「ガザ地区＋ヨルダン川西岸」＝**パレスチナ自治政府**（ただし**不安定**）

▶ 印パ紛争

もとは単一国家だったインドとパキスタンによる、国境地域**カシミール地方**の**領有権**をめぐる争い。

> 戦後、インドから追放されたイスラーム教徒により、パキスタン建国。国境のカシミール地方は、**人口の80％がイスラーム教徒**で構成。

- 国連は住民投票実施を勧告。➡ but インド側が拒否。

⬇

- 1998年、両国による**核実験競争**にまで発展。

10　国際政治(2)　　185

▶ 北アイルランド紛争

北アイルランドの帰属をめぐる、カトリック系 vs プロテスタント系住民の争い。

- **多数派**：プロテスタント系…イギリスへの帰属を主張。
- **少数派**：カトリック系…アイルランドへの帰属を主張。

カトリック系武装組織 **IRA（アイルランド共和軍）** のテロ激化。
➡一度和平合意が成立したが、IRAの武装解除をめぐり、2005年まで混乱が続く。

　　　　　　　　▶イギリスのEU離脱により、テロ再燃が危惧される

▶ 中台問題

　第二次世界大戦後、中国で勃発した国共内戦（国民党 vs 共産党）に敗れた蔣介石が、国民党一派とともに台湾に亡命し、中華民国（国民党政府）を樹立。以後、共産党支配の中華人民共和国と対立。

- **台湾**：中台関係は、特殊な**国と国との関係**。➡「**二つの中国**」論
- **中国**：台湾は中国の一部。**一国二制度**で統一を。➡「**一つの中国**」論

　社会主義と資本主義の並存。返還後の香港・マカオに50年間適用。統一後は「特別行政区」となり、**外交・国防以外は原則的に自治**。

現状：民進党の**蔡英文**（親日派＋対中国強硬派）が総統（2020年4月末現在）。

▶ **アフガン情勢／同時多発テロ関連**

・**タリバン**…<ruby>狂信的イスラーム主義<rt>きょうしん</rt></ruby>に基づき、アフガニスタンを統治。
　　　　　▶イスラーム超原理主義　　　▶1996〜2001年
　　＋
・**ビンラディン**…国際テロ組織「**アルカイダ**」の長（主に反米テロ活動を主導）。タリバンに資金提供。➡ 見返りに<ruby>潜伏<rt>せんぷく</rt></ruby>させてもらう。

米で**同時多発テロ**発生！…（米はビンラディン引渡しを要求。）➡ **but** タリバンは拒否。
　▶2001年

・NATO軍、米への協力決定。
　　　　＋　　　　　　　　➡ ◉**アフガニスタン攻撃**。
・**日本**の後方支援も決定。　　（2001年12月にタリバン政権<ruby>崩壊<rt>ほうかい</rt></ruby>）
　▶テロ特措法に基づく→※現在は**失効**

10　国際政治(2)　　187

▶ イラン核合意とアメリカの離脱

※イラン革命（1979年）後、両国は**国交断絶中**。

（前提）：イラン革命後、イランの実権は宗教指導者**ハメネイ**師が握り続ける。

➡イランの全政策は**ハメネイ師の意向に従ったもの**と考えられる。

2002年：イランにウラン濃縮施設発見（ここから**核疑惑**）。

2005年：**アフマディネジャド**、大統領に就任。◎**核開発を宣言**。
　　　　▶**対米・対イスラエル強硬派**

2006〜10年：国連安保理、**対イラン制裁決議**。**but** イランは濃縮ウラン製造。

2012年：米とEU、対イラン**経済制裁**を強化。

➡これを受け、イランは**IAEAの核査察**に合意（ただし**非協力的**）。

2013年：**ロウハニ**大統領（穏健派）誕生。

➡オバマ大統領の米と次第に関係修復。

2015年：**イラン核合意**…イランが核開発施設を「**縮小**」＆ **IAEAの査察**受け入れ。
　　　　▶**米・英・仏・独・ロ・中**　➡欧米などは**経済制裁を緩和**。

（※なぜ制裁国は、核開発「禁止」ではなく「**縮小**」で許したのか？）

（E　U）：イランの**石油が必要**。

（ロシア）：イランはシリアと仲がよく、

ロシアはシリアの同盟国。

（中　国）：「**一帯一路**」にイランも含めたい。

➡　厳しい
制裁は
したくない

but 米大統領がトランプになると、米は態度を硬化。トランプは「敵性国家を許さない」と発言し、2018年、**米のみ核合意を離脱**。

2019年5月：米は**イランからの原油全面禁輸** ➡ イランは**核合意一部停止**で対抗。
　　　　▶**低濃縮ウラン貯蔵量を増やす**

2019年8月：米、国連安保理で各国に「**有志連合**」への参加を呼びかけ。
　　　　▶**各国は反発 or 消極的（日本も）**

対イラン包囲網の**共同軍事行動**。イランの脅威から各国の石油航路を守るため、**ホルムス海峡**で平和維持活動や軍事介入を共同で行おう。

▶ アラブの春／シリア内戦／イスラーム国

アラブの春…2011年からアラブ諸国で起こった、連鎖的な民主化革命。
‖

チュニジア：**ジャスミン革命**で政権崩壊。
エジプト：**ムバラク**政権（30年独裁）崩壊。　→　ツイッターやFacebookなどの SNSが有効に使われ、民主化の波が広がった。
リビア：**カダフィ**政権（42年独裁）も崩壊。

↓

この流れで**シリア**でも2011年より**「政府軍 vs 反政府派」**が衝突。
　　　　　　　　　　　　　▶ シリア内戦

英米はシリアのアサド大統領が、**化学兵器（サリン系神経ガス）**を使用したと断定。安保理制裁決議を求めるも**否決**。
➡ **but** その後、ロシアの働きかけでシリアは**化学兵器禁止条約**に参加し、**化学兵器禁止機関**の**査察**も受け入れた。
　▶（OPCW）→ 2013年ノーベル平和賞受賞

※内戦の混乱に乗じ「イスラーム国」を名乗るイスラム過激派組織が台頭。
‖

元々は**アルカイダ系の武装集団**。2014年「**イスラーム国**（イラクとレバントのイスラーム国（**ISIL**））建国を宣言（国家として承認されていない）。**イラク〜シリアにまたがる広範囲を制圧**。略奪・殺害・奴隷制(どれい)などを導入し、**アラブを含めたほぼ全世界からテロ組織とみなされ**、米英中心の空爆(くうばく)を受けている。油田を制圧し、資金は豊富。世界から公募で集めた戦闘員の残虐性、**日本人人質の殺害**などが問題に。

（※イスラーム国の指導者**バグダディ**は、2019年、米軍の急襲を受け**死亡**）

▶ ミャンマー情勢

1948年：英から独立（**アウン＝サン**が主導）するも、1962年**ネウィン**将
軍がクーデター。仏教を軸とする**特殊な社会主義の鎖国国家**となる。

⬇

1988年：ネウィン退陣と民主化を求める運動激化。➡ 軍は総選挙を約束。

⬇

1990年：**アウン＝サン＝スーチー**がリーダーの「国民民主同盟（NLD）」
が選挙圧勝。➡ **but** 軍は認めず、**スーチーは自宅軟禁状態**に。

▶結局軍政は継続。欧米は経済制裁

⬇

1991年：スーチーに**ノーベル平和賞**。（その後「軟禁→解放」の繰り返し）

⬇

2012年：**スーチー、政界復帰**。2016年には国家顧問兼外相に。

⬇

2019年：スーチー、**国際司法裁判所に出廷**。ミャンマー軍による少数民族
ロヒンギャへのジェノサイド（集団虐殺）をめぐる裁判。

⬇

2020年：国際司法裁判所、ミャンマーに**ロヒンギャ迫害停止を求め
る仮処分**命令。

▶ 中国がらみの領土問題

※中国は自治区などの**自決権・独立は認めない**。

●**チベット**問題

- **1949年**：「解放」と称して**中国がチベット侵略・占領**。
- **1959年**：**ダライ＝ラマ14世**をインド亡命に追い込む。

➡ 不満から or 独立を求めて暴動頻発

- ダライ＝ラマは「**武力での独立より平和と自治**」を訴え続け、1989年**ノーベル平和賞**。

➡ **but** 中国政府の弾圧厳しく、独立や平和な自治は困難。

●**ウイグル**問題…**新疆ウイグル自治区**でも、同様の問題。

- **シルクロード**の要衝
  - ▶つまり東西文明の交通路
- 中国の核実験場
- 天然資源（石油等）が採れる

➡ 漢民族の侵略と**それへの抵抗の動き**。
- ▶この抵抗を中国政府は**テロ**と呼び弾圧
- ◎**2009年の大暴動**へ（＝**ウイグル騒乱**）

●**南シナ海紛争**…天然資源の豊富な海域での、中国の領有権トラブル。

- **西沙諸島**：2014年より中国が**石油採掘**を開始。➡ **ベトナムが抗議**し中国撤退。
  - ▶＝パレセル諸島
- **南沙諸島**：2013年頃から中国が**人工島**を次々と造成。➡ **フィリピン**とトラブル。
  - ▶＝スプラトリー諸島
  - ▶ハーグ常設仲裁裁判所に提訴

判決 中国は**南シナ海全域の領有権**を主張するも「**歴史的・法的根拠なし**」と**敗訴**。

（→人工島造成も領土にならず）

※ただしここは「**判決に拘束力はあり**／それを**執行する機関なし**」
▶つまり「**事実上拘束力なし**」と同じ

⬇

2020年4月、中国政府は西沙諸島と南沙諸島に新たな行政区を設置すると発表。
- ▶「**西沙区**」 ▶「**南沙区**」

10 国際政治(2) | **191**

4 日本の領土について

▶北方領土問題
▶歯舞群島、色丹島、国後島、択捉島の四島。

政府見解：**日本固有の領土**を、**ロシアが不法占拠**中。

- **日露和親条約**（1855年）では「**択捉―ウルップ島間**」が国境。
- 樺太・千島交換条約（1875年）で樺太はロシア・千島は日本領。
- ポーツマス条約（1905年）では、樺太の南半分も日本領に。

⇒ 四島は戦前**すべて日本領**だった。

1951年：**サンフランシスコ平和条約**で、日本は**千島列島を放棄**。
1956年：**日ソ共同宣言**…**平和条約**締結後、**歯舞・色丹の二島返還**で合意。
1997年：**クラスノヤルスク合意**…「**2000年までに平和条約めざす**」合意（橋本（首相）・エリツィン（大統領）会談）。
2000年：**プーチン**大統領就任。➡ **エリツィン時代の交渉は白紙**に。
2010年：**メドベージェフ**、ロシア大統領初の**国後島**訪問。
▶2012年、首相時に2度目の国後島訪問

日本とソ連・ロシアの国境変遷

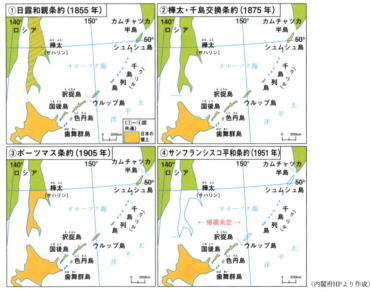

（内閣府HPより作成）

▶ 竹島問題

政府見解：**日本固有の領土**を、**韓国が不法占拠**中。

- **1905年**：日本、竹島を**島根県**に編入。
- **1952年**：韓国、**一方的に新たな国境線**を引き、竹島を取り込む。
  （＝**李承晩（イスンマン）ライン**）
- **1954年**：日本から**国際司法裁判所**への**付託（ふたく）**を提案。➡韓国側は**拒否**。
  （※付託＝処置を任せること）
- **その後**：韓国側が妥協…「**経済発展優先**のため、まず**国交正常化を**」。
  ‖
  朴正煕（パクチョンヒ）の開発独裁…戒厳令（かいげんれい）で世論を抑えた。
- **1965年**：**日韓基本条約**…
  - ・竹島問題は先送り。
  - ・李承晩ラインは廃止。
  - ・**日**：経済協力。**韓**：賠償請求しない。
- **2004年**：**韓**「**竹島記念切手**」発行。
- **2005年**：**日** 島根県が「**竹島の日**」条例。
- **2012年**：**李明博（イミョンバク）**大統領、竹島に上陸（→韓国大統領として初）。
- **2013年**：**朴槿恵（パククネ）**大統領誕生…**従軍慰安婦（じゅうぐんいあんふ）**問題や竹島などをめぐり、**非常に激しい反日**路線を採るも、2017年**弾劾（だんがい）**可決で失脚。➡ **文在寅（ムンジェイン）**大統領に（この人も反日）。

▶ 尖閣（せんかく）諸島問題

政府見解：東シナ海に**領土問題は存在しない**。

- **1895年**：日本、尖閣諸島を**沖縄県**（現・**石垣市**）に編入。
- **1968年**：（周辺海域に石油資源の可能性。）➡**1971年**：（中国が領有権を主張。）➡**1992年**：（**中国領と明記**。（国内法で））
- **2003年**：日本主張の**排他的（はいたてき）経済水域（EEZ）境界線上のガス田**（東シナ海）近くに、**中国が無断で掘削（くっさく）施設**をつくる。
- **2010年**：**中国漁船衝突事件**発生（海上保安庁の巡視艇（じゅんしてい）に対して）。
- **2012年**：野田首相、**尖閣諸島国有化**宣言。➡中国は猛反発し、**領海侵犯増**。

10 国際政治(2)　　193

チェック問題 | 10

核兵器の実験や保持などを制限または禁止する条約についての記述として誤っているものを、次の①〜④のうちから1つ選べ。

① 中距離核戦力（INF）全廃条約は、アメリカとソ連の間で核兵器の削減が合意された初めての条約である。

② 包括的核実験禁止条約（CTBT）は、あらゆる場所での核爆発を伴う核実験の禁止をめざして採択された。

③ 非核地帯を設定する条約は、ラテンアメリカ、南太平洋、東南アジアなどの各地域で採択された。

④ 核拡散防止条約（NPT）は、アメリカ、中国、ロシアの3カ国以外の核保有を禁止する条約である。

（センター本試験）

解答 … ④

解説 核拡散防止条約（NPT）は、**安保理の常任理事国である米・英・仏・中・ロの五大国以外の核保有を禁止**する条約。他の国は核を持ってないかどうか、**IAEA（国際原子力機関）の査察を受け入れる義務**がある。何とも理不尽なまでの大国優遇だね。

他にもNPTでは、「仏・中が当初不参加だったが1992年に参加」「**1995年のNPT再検討会議で条約の無条件・無期限延長が決定**」なども大事だから、覚えておこう。

①INF全廃条約は、米ソ軍縮史上初の全廃条約。
②CTBTは**「爆発を伴うあらゆる核実験」の禁止**条約。だから、爆発を伴わない<ruby>未臨界核実験<rt>みりんかい</rt></ruby>は容認。さらに同条約は、国連総会で**採択はされているけど発効はしていない**ので、その点を気をつけよう。
③非核地帯条約には、南米のトラテロルコ条約、南太平洋のラロトンガ条約、東南アジアの東南アジア非核地帯条約などがあるが、核保有国が参加していないものもあり、実効性はあまり期待できない。

memo

第2講 経済分野

11 資本主義と社会主義／経済学説

1 資本主義経済

 資本主義って何となくはわかるんですけど、何なんですか？

 資本主義とは、「自由」を原則とする経済体制だ。
経済活動における「自由」とは、**市場での自由競争**を指す。つまり、**他社より少しでも「いいモノを安く」売ることができれば、その企業は競争に勝利し、利潤を最大化できる**。そういう自由な競争環境の中でたがいに技術・能力・努力などを発揮し合い、各人が自分の幸せをめざしていくのが、資本主義なんだ。

 いいですね。**努力すれば報われる**って感じで。

 いやいや、いい面ばかりじゃないよ。これは逆にいうと、**競争力のない企業は生き残れない**ってことなんだから。
　自由は平等と違い、けっして万人に優しくない。そもそも競争とは勝ち負けを競うものだから、みんなが同じスタートラインから一斉によーいどんで自由競争を始めたら、そこには必ず勝ち組と負け組が生まれる。**社会には格差が生まれ、多くの人は結果の不平等に苦しむ**ことになる。受験勉強しかり、営利活動しかりさ。

資本主義の本質は弱肉強食、「力なき者は去れ」の世界だ。純粋な資本主義で幸せになれるのは、勝ち組に属している人だけだ。

 うわ～厳しいですね。じゃ資本主義国に平等はないんですか？

社会保障や公共事業で弱者を救済するやり方はある。でも、それらはあくまで世界恐慌を境に生まれてきた、「**修正資本主義**」と呼ばれる新しい考え方だ。本来の**ピュアな資本主義には競争原理のみが存在し、弱者救済なんて考えは存在しない**んだ。

ではここで、産業革命の国イギリスを例に、資本主義の歴史を簡単に見てみよう。

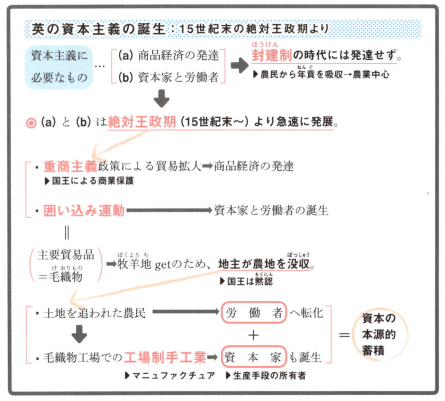

資本主義は、市場での自由競争を基本とする。それが成立するには (a) と (b) が必要だ。つまり、自由に商品が売買できる環境と、その商品生産を支える資本家と労働者だね。

この **(a)** **(b)** は、意外なことに、15世紀末まではあまり発展していなかった。

😊 なぜですか？ (a)や(b)なんて大昔からあるんじゃないんですか？

😟 いや、実はこの **(a)** と **(b)** 、**封建制**の時代にはほとんど栄えていなかったんだ。封建制とは、**主君が家臣に土地を与えて、そこに農民を縛りつけて年貢を吸い取る**システムのことだけど、あれ、欧州にもあったんだ。そして封建制だと、経済は必然的に農業メインになるから、**(a)** も **(b)** も栄えようがなかったんだよ。

😄 じゃ、何がきっかけで栄えたんですか？

😟 **絶対王政**さ。この政体は、強固な王権維持のため、**強い常備軍と優秀な官僚制を必要とし、多額の維持費がかかる**。その額は年貢をチマチマ徴収したくらいでは全然足りない。そこで王様は、**もっと効率的なやり方で金を稼ぐ**ことにしたんだ。

😮 どんなやり方ですか？

😟 **一部の特権的な商人団だけを保護して貿易で利益を上げさせ、そこからガッポリ税を徴収**するやり方さ。こういう、王様が貿易を保護するやり方を**重商主義**という。ちなみに、このとき保護されていた商人団が**東インド会社**だ。

😊 それ、聞いたことあります。

😟 名前は有名だものね。東インド会社は**世界初の株式会社**として知られているけど、その正体は、重商主義下で王から貿易の特別許可を受けていた会社（＝特許会社）だったのさ。

　これで効率的に金を稼げると同時に、まず商品経済の環境（つまり **(a)** ）が整った。そしてさらに、この流れの中で、資本家と労働者（つまり **(b)** ）も生まれてくるんだ。

😮 どういうことですか？

この当時、イギリスの主要な貿易品目は毛織物だった。ところがイギリスは国土が狭く、牧羊地が足りない。そこで何と、**農民から農地を没収し、そこを柵で囲って羊を飼う**という暴挙が横行したんだ。このやり方を「**囲い込み運動**」という。

これで農地を失った農民が**労働者**に転化し、一方で毛織物工場を所有する**資本家**も誕生した（つまり **(b)** も整った）。このように、**資本主義が成立する前提となる資本家と労働者が生まれてくる過程**を「**資本の本源的（原始的）蓄積**」というんだ。

> **なるほど。ここから資本主義はどんどん発展するんですね？**

いや、まだ不十分だ。なぜならこの時期は、まだ機械化の進展していない**工場制手工業（マニュファクチュア）**の時代だからだ。

資本主義がさらに発展するには、機械化はどうしても必要だ。そしてその時期は、もうそう遠くないところにまで迫ってきている。

> **なぜそういえるんですか？**

この後**産業革命**（18C半ば~）があるからだよ。このイギリスで始まった機械や動力の飛躍的な進歩は、**マニュファクチュアを工場制機械工業に発展させた**。つまりついにイギリスの生産様式は、手作業から機械化に発展するんだ。

これで商品経済は栄え、資本家と労働者が誕生し、工場は機械化された。しかも時代が市民革命後だから、王による圧政の時代も終わっている。いよいよイギリスは、**自由放任（レッセ＝フェール）**の時代へと入っていくんだ。

> **今度こそ資本主義がどんどん発展するわけですね。**

そうなんだけど、実はこの後、その資本主義の発展が、世の中全体をおかしな方向へと導き始めるんだ。

まず自由競争の勝利者は、機械化による生産力の向上で市場占有率をどんどん高めて独占企業にまで昇りつめ、利潤を最大化していった。しかし次第に市場の不足を感じるようになる。そうすると、彼らはどういう行動に出ると思う？

11 資本主義と社会主義／経済学説 | **201**

わかりません。

政府に多額の献金などをして、植民地獲得の流れを助長し始めたんだ。なぜなら植民地が増えれば、市場は拡大するからね。このような、**新市場拡大のための植民地獲得競争の風潮を**「**帝国主義**」**という**。これは戦争を誘発する、非常によくない流れだ。

 ほんとだ。戦争が増えるのは、うれしくないなあ。

一方、資本主義の敗者の方はどうかというと、こちらもよくない。彼らは競争社会で敗れたわけだから、企業が倒産したり吸収合併されたりして、**失業や貧困にあえぐことになる。しかも自由放任経済だと、それらをフォローするシステム（社会保障や公共事業）も存在しない。景気の変動も調整されない**。これら諸々の問題を「**資本主義の矛盾**」というんだ。

そして、1つの不況をきっかけにその矛盾が大爆発したのが、1929年の**世界恐慌**だ。もうここまでくると、自由放任も限界だ。ここから、資本主義は新たな道を模索し始めることになる。

 新たな道？

それが1933年からの**ニューディール政策**（米・**フランクリン＝ローズベルト**大統領主導）だ。これは**ケインズ経済学**（→p.208）的な発想で、**自由放任を捨て、不況対策に政府が積極介入し、公共事業や社会保障で不平等を是正**するというものだ。自由を基調とする資本主義に社会主義的な平等概念を織り込んでいくから、「**混合経済**」とか「**修正資本主義**」とも呼ばれる。

▲ F. ローズベルト

なるほど、そうやって今の資本主義になったんですね。

でも、このやり方には大きな問題がある。ただでさえ税収が少ない不況時に政府が動き回ろうと思えば、当然お金が足りなくなる。だからこの**ケインズ型の政策は国債**（＝政府の借金証書）**発行を前提としており、景気の回復が**

うまくいかないと、とてつもない**財政赤字**（つまり政府の借金地獄）につながってしまうんだ。

> そうか、それが今の日本か…

だから**現代の経済学は**「**反ケインズ**」が**主流**で、米や英などは1980年代から、公共事業や社会保障に頼らない「小さな政府」を軸にした政策を展開している。こういうあり方を「**新自由主義**」というんだ。

> ケインズと反ケインズは、どっちが正しいんですか？

効果のほどはケースバイケースだから、どちらが正しいとはいえない。いえることは、資本主義のあり方としては、反ケインズの新自由主義の方が本流に近いということぐらいだ。

2 社会主義経済

> 社会主義について教えてください。

社会主義とは「**平等**」を原則とする経済体制だ。

自由は確かにすばらしい。でも自由な経済活動は、貧富の差、すなわち不平等を生む。そうなると、この自由競争の犠牲者たちは、平等で民主的な社会を求める。これが社会主義が必要とされる状況だ。そう考えると、社会主義にも当然必要性があるということがわかるよね。

> てっきり上から押しつけられる怖いものだと思ってました。

それは冷戦期の敵対関係と、現実の社会主義国から受ける印象のせいだろうね。でも理論だけでいうと、**自由と平等のどちらが優れているのかを決められないように、資本主義と社会主義の優劣なんて決めようがない**んだ。

確かに現実の社会主義国は、非民主的な国家になりやすい。なぜそうなるかを知るためにも、社会主義の特徴を見てみよう。

11 資本主義と社会主義／経済学説

> **社会主義（＝マルクス主義）経済**…「**平等**」を本質とする経済体制
>
> 特徴：生産手段の**公有**、**計画経済**、**共産党**の一党支配。
> ▶私有財産の否定　▶自由経済の否定　▶労働者（＝多数者）の利益実現（＝平等）
>
> ⬇　　　　　⬇　　　　　⬇
>
> 問題：労働意欲の低下／品不足（計画が未熟）／批判政党なし（＝非民主的）

平等な社会をめざす以上、貧富の差は解消しないといけない。だから社会主義国では**私有財産制が否定**され、衣服や食料は政府からの配給が原則になる。

また自由競争をなくし景気変動を抑えるため、商品生産はすべて政府の**計画経済**でまかなう。

さらには、最大多数者である労働者を幸せにすることが平等原理にかなうという考えから、労働者の利益を実現する政党・**共産党による一党支配**で、政治・経済を集中管理する。

これらが平等原理を具体化するための、社会主義国のあり方だ。

▲マルクス

😐　資本主義とすごく違いますね。それでうまくいくんですか？

🥺　いや、なかなかうまくいかない。資本主義同様、社会主義にも問題は多い。例えば個々の労働量の差を無視した平等な分配はかえって悪平等となり、「働き損」を嫌う人々の**労働意欲を低下**させる。また未熟な計画経済は**慢性的なモノ不足**を引き起こし、国民生活を苦しめる。

さらに、これがいちばんの問題だが、健全な批判政党がないと誰も共産党の暴走を止められず、その結果**非常に非民主的な政体**になることが多いんだ。

結局これらの原因によって、東欧の社会主義は崩壊した。

😊　じゃあ、今はもう、社会主義国はなくなったんですか？

🥺　いや、確かに東欧圏では崩壊したが、アジアの社会主義国はとても元気だ。特に**中国とベトナムの発展**には、目を見張るものがあるよ。この２つの国は、どちらも**社会主義に資本主義の要素を取り入れる**ことで、**近年めざましく発展**した。

アジアに見られる資本主義の一部導入

● 中国：「**4つの現代化（近代化）」発表** …**農業・工業・国防・科学技術**の現代化めざす。
➡ 具体化めざし **改革・開放**政策開始（1978年〜）。

●中国の改革・開放政策

・**経済特区**…沿岸部に**外国資本導入のモデル地区**を建設。

・**生産責任制**…(ノルマ以上の農産物は **自由に処分**してOK。) ➡「**万元戸**」出現へ。
▶**生産請負**制　　　　　　　　　　　　　　　　　　　▶**大金持ち**

・(**社会主義 市場経済**) …1993年より。改正憲法にも盛り込まれた路線。
➡生産手段：公有のまま／経営：民間に

➡

・公有制＋「**私有財産・株式会社・外国資本**」等も同時に**発展**させる。
・平等が原則だが「**一部の地域や人々が先に豊かになる**」ことも**奨励**。
・社会主義は堅持するが、**経済面での政府の役割・介入**は、**最小限**に。
　　　　　　　▶経済的にはほぼ市場経済 → 富裕層増加のきっかけに

● **ベトナム**：1986年より「**ドイモイ**（＝**刷新**）」政策開始。
➡外国からの投資の保護／個人営業の奨励　など。

:) **特に中国の発展は、近年めざましいみたいですね。**

その通り。21世紀、特に**2008年の北京オリンピック前後からの中国の経済発展は、高度成長期の日本をも凌ぐほどのすさまじい右肩上がりの発展**だ。その礎となったのが、鄧小平時代に始まった「**改革・開放**政策」と、江沢民時代に始まった「**社会主義市場経済**」だ。

　社会主義の中央集権的なやり方で、共産党が強大なリーダーシップを発揮しながら、市場経済のうまみも取り入れていく。実にうまいやり方だよ。このやり方で、2007年にはアメリカを抜いて**日本の貿易相手国として総額1位**になり、さらに**2010年には、ついに日本のGDP（国内総生産）を追い抜い**

2　経済分野

11　資本主義と社会主義／経済学説　｜　205

て世界2位になった。

さらに中国は、2012年**習近平**体制になってから、経済・軍事の両面から、大々的にテコ入れを始めた。その目玉となるのが「**一帯一路**」構想だ。一帯一路とは、「**中国—欧州**」間の貿易ルート上にある60カ国を、陸路（一帯）と海路（一路）の両方からつないでいく「**現代版シルクロード**」構想だ。

その実現に向けての資金は、2016年に中国主導で設立された「**アジアインフラ投資銀行（AIIB）**」が支えることになりそうだ。どうやら中国は、この一帯一路で、**TPP**（※後述）に**対抗する巨大経済エリア**を形成しようとしているようだ。

ただ心配なのは、中国は現在、内外のトラブルを数多く抱えていることだ。南シナ海でベトナムやフィリピンともめ、尖閣諸島で日本ともめ、貿易戦争でアメリカともめている上、国内少数民族**ウイグル人の弾圧**問題もある。果たして今後、うまく発展していけるのか!?

アジアインフラ投資銀行（AIIB）…**習近平**の呼びかけで設立（2016年）

本部 ：北京

資本金 ：約30%を中国が出資

目的 ：途上国の**インフラ**（社会資本）整備資金の貸付。
▶現存する日米主導のADB（アジア開発銀行）では増大し続けるアジアのインフラ需要をまかないきれず

参加国 ：100以上の国や地域（EUほぼ全域含む）➡ ※**日米は不参加**。

その他 ：**BRICS銀行**も設立し、同銀行との役割補完めざす（2015年）。
▶ブラジル・ロシア・インド・中国・南アフリカの5カ国が参加

背景 **一帯一路**…「中国—欧州」を結ぶ新たな経済圏構想。

▶習近平の目玉政策。**現代版シルクロード**構想

- 一帯（＝陸路）
- 一路（＝海路）
→ つまり貿易ルート上にある60カ国を陸路と海路で結び、緩やかな経済協力

目的
- **TPPに対抗**する経済エリアをつくりたい。
- 国際金融分野の主導権を握りたい。

3 経済学説

ここでは、代表的な経済学説を覚えておいてもらおう。

代表的な経済学説

●産業革命期

古典派経済学：基本的に「**小さな政府**」をめざす。

▲アダム＝スミス

‖

- **自由放任**主義
  ▶アダム＝スミス
  … (各人が**利己心**に基づき経済活動。) → (神が**見えざる手**で調節。) → (経済は調和的に発展。)

- **比較生産費説**…各国で、**自国の中で比較的生産効率のいい財**に**特化**し、**貿易で交換**。
  ▶リカード
  ▶**比較優位**を持つ財
  ▶国際分業理論

	車1台	小麦1t	生産量
A国	10人	12人	車1台＋小麦1t
B国	9人	8人	車1台＋小麦1t

→ (車も小麦もB国の方が生産効率はいいが、分業でさらに効率up。)

↓

- A国は**自国内では車の生産の方が得意**。➡車だけ**専門的に作る**。
  （＝車が**比較優位**を持つ財）   ‖ **特化**
- B国は**自国内では小麦の生産の方が得意**。➡小麦だけ**専門的に作る**。

	車1台	小麦1t	生産量
A国	22人	—	**車のみ2.2台** ＝22÷10
B国	—	17人	**小麦のみ2.125 t** ＝17÷8

➡ (特化後に財交換をする方が両国にとって得。)

- **保護貿易**理論…19世紀、後進国だったドイツには、自由放任経済よりも、
  ▶独・リスト   **政府による保護貿易が必要**。

●世界恐慌期

[近代経済学]：「**大きな政府**」で不況に対処。

- **有効需要**の原理…**有効需要**＝実際の**財の購入につながる需要**。
  ▶ケインズ　　　　　　　　　　　▶≒お金を使う国民

⬇

◉不況で不足すれば**政府が創出してやる**。→ **完全雇用**が実現し、
　　　　　　　　　　▶公共事業や社会保障で　　不況脱出へ。

●現代の経済学

[新自由主義]：再び「**小さな政府**」へ回帰（＝反ケインズ主義）。
　‖
- **供給重視**の経済学…不況には**企業（＝商品供給側）への条件改善**で対処。
　　　　　　　　　　　　　　　▶「**減税**＋**規制緩和**」で企業活性化

- **マネタリズム**…政府の仕事は**通貨量の調節（＝金融政策）**のみ。
　▶フリードマン　　　　　　　　▶極端に「小さな政府」

　共通テストで出る可能性が高いものだけ載せたので、これらは全部頭に入れておこう。特によく出るのは、何といっても<u>ケインズ</u>。資本主義の歴史でも見た通り、彼のこの理論が<u>ニューディール政策の基礎となり、その後20世紀の代表的な経済学説</u>となった。

　でも**現代は、「反ケインズ」が主流**。日本もバブル後しばらくは公共事業バンバンのケインズ型だったけど、小泉政権の時代あたりから反ケインズの匂いが濃くなった。<u>「痛みを伴う改革」</u>なんて、もろ反ケインズの「小さな政府」だもんね。

▲ケインズ

　ただ、2011年の震災復興や2020年の新型コロナ騒動から、日本はまた「大きな政府」が不可避となった。今後の財政赤字は、一体どこまでふくらむことになるか…。

中国経済と富裕層

中国は、鄧小平の「改革・開放」政策から、社会主義へのこだわりを捨てた。正しくは「不平等なくみんな豊かになるためなら、計画でも市場でもいい」(鄧小平)という柔軟な姿勢にシフトしたのだ。

その結果始まったのが「社会主義市場経済」。これは社会主義が原則だが「資本主義的な例外も大幅に認めてゆく」というもので、その結果中国は、平等・公有が原則ではあるが、私有財産や株式会社が認められ、政府の介入は最小限とされることとなった。

そこからの中国の躍進ぶりはすごい。北京オリンピックの景気浮揚効果やバブル気味の投機ブームもあり、気づいてみれば2010年には、GDPで日本を抜き世界2位の経済大国にまで躍進したのだ。

その結果生まれてきたのが"富裕層"。何だ富裕層って？ 社会主義国に、そんな階級いるわけないぞ。社会主義国は貨幣経済が立ち遅れているから、新宿の家電量販店で"爆買い"なんかしないぞ。

かつて中国は、日本で売るための商品を安価に作ってもらう"生産の国"だった。それがいつの間にか、富裕層が爆買いしてくれる"消費の国""大きな市場"へと変貌した。日本企業の多くは、日中関係が悪くなった後も、中国から撤退どころかむしろ事業拡大している。身近な14億人の市場は無視できないということだ。

チェック問題 | 11

次の①〜④は、アダム＝スミスの『国富論』とリストの『経済学の国民的体系』、マルクスの『資本論』、ケインズの『雇用・利子及び貨幣の一般理論』からの抜粋である（一部書き改め、省略したところがある）。『国富論』に該当するものを、次の①〜④のうちから１つ選べ。

① 主権者が注意を払うべき義務は３つしかない。防衛の義務、司法制度を確立する義務、公共事業を行い公共機関を設立し維持する義務である。

② 我々の生活している社会経済の顕著（けんちょ）な欠陥は、完全雇用を提供することができないことと、富及び所得の恣意（しい）にして不公平な分配である。

③ 文化の点で大いに進んだ２国民の間では、両者にとって自由競争は、この両者がほぼ同じ工業的発達の状態にあるときにしか有益に作用しない。

④ 剰余（じょうよ）価値率は、資本による労働力の、あるいは、資本家による労働者の、搾取（さくしゅ）度の正確な表現である。

（センター本試験）

解答 … ①

解説 具体的な文言にはなじみのないものも多いけど、**全体的に「小さな政府」を指向**しているから、①は**自由放任**主義を唱えたアダム＝スミスの本だとわかる。
②「完全雇用」という言葉から、**ケインズ**とわかる。
③自由競争の有益性に疑問を投げかけているから、これはどうやら保護貿易理論を唱えた**リスト**の考え。
④「剰余価値」「搾取」などの表現から、**マルクス**の社会主義の考え方とわかる。

12 経済主体と株式会社

1 経済主体と企業の分類

 経済主体って何ですか？

経済主体とは、経済活動を支える3つの中心的存在のことだ。
その3つとは、**企業・家計・政府**のこと。そしてこの三者の間で人・モノ・カネ・サービスなどが循環し、実際の経済社会は機能している。この三者の関係を**経済循環**と呼ぶんだ。

●経済循環の仕組み

この中で特に注目すべきは、企業の活動だ。何といっても資本主義は、市場での自由競争が大原則。ならばその競争原理の中で財・サービスを生産・流通し、利潤の最大化をめざす企業こそが、中心的役割を担っているといえるからだ。

そしてその企業の活動は、**資本循環**で説明することができる。

資本循環…企業による資本の活用手順

貨幣資本：
- **自己資本**（＝自分の金）…**内部留保**（＝利潤の積立金）など。
  ＋
- **他人資本**（＝借りた金）…**銀行借入**・社債での借入など。

……▶活用

生産資本： 労働力・原材料・機械・工場など。

……▶活用

商品資本： 商品（財・サービスなど）

……▶販売

再び**貨幣資本**：投下資本の回収分＋**利潤**

（加算）

◉ 利潤は**自己資本を増大**させ、次回生産を拡大させる。＝「**拡大再生産**」

😊 あ、「拡大再生産」って聞いたことあります。

😓 中学で習う言葉だもんね。ただ中学校の公民では言葉しか出てこないけど、本来はこのように、資本循環の流れの中で説明する言葉なんだ。

その資本循環だって、そんなに難しいものではない。要はこの図は「<mark>企業はまずお金を使って工場や機械や労働力を手に入れ、それを使って商品を作り、それを売って利益を得る</mark>」っていっているだけだから。

😊 なるほど、そういわれると全然難しくないですね。

😓 「政治・経済」なんて、世の中の当たり前の出来事をもっともらしい言葉で表現しているだけなんだよ。だから変に身構えず、楽に考えていこうね。

😕 次は何を勉強するんですか？

経済循環・資本循環ときたんだから、ついでに「**景気循環**（**変動**）」についても見ておこう。

資本主義社会で自由な経済活動を行っていると、「**好況→後退→不況→回復**」の4局面が、下図のように周期的に現れるんだ。

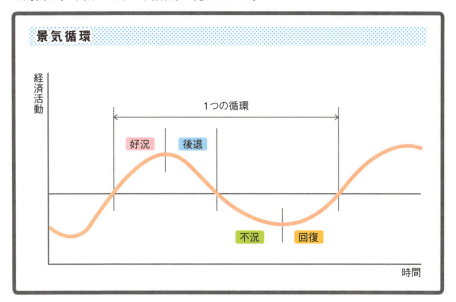

ただし、その周期の長さは、原因によって全然違ってくる。それらを原因別に見た景気循環の波をまとめると、以下のようになる。

▶ 景気循環の種類

名称	周期	原因となる要素
キチンの波 ▶短期波動	約40ヵ月	企業の**在庫投資**の増減。
ジュグラーの波 ▶中期波動	8〜10年	企業の**設備投資**の増減。最も**基本的**な循環（＝**主循環**）。
クズネッツの波 ▶中長期波動	15〜25年	**住宅の耐用年数**からくる建設投資の増減。
コンドラチェフの波 ▶長期波動	約50年	**技術革新**（生産や流通のあり方を根底から変革）からくる増減。

いろんな波があるんですね。

　景気循環とは、この40カ月とか50年とかの長さの中で「好況→後退→不況→回復」がひと回りするんですよと考えるものなんだ。覚えておいてね。

次は、企業の分類について見てみよう。

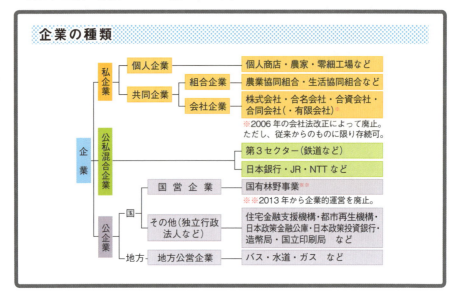

まずは会社企業設立の際の出資者について学んでおこう。

　出資者？　会社設立のためのお金を出した人ですか？

　実は出資者には2種類の人がいるんだけど、**設立する会社の種類により、「その種の会社をつくるときには、こういう出資者を準備しなさい」という、いろんな義務づけ**があるんだよ。

まずはその2種類の出資者を見てもらおうか。

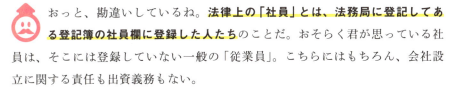

> 会社設立の際の出資者
>
> ❶ **無限責任**社員…会社の債務に対し、**全財産をあげて弁済義務**あり。
> ▶「会社の借金＝自分の借金」になる社員
>
> ❷ **有限責任**社員…会社の債務に対し、**出資額の限度内で責任**あり。
> ▶自分の出資金が戻ってこないだけの責任

😀 社員？　会社設立資金って社員が出資するものなんですか？

😟 おっと、勘違いしているね。**法律上の「社員」とは、法務局に登記してある登記簿の社員欄に登録した人たち**のことだ。おそらく君が思っている社員は、そこには登録していない一般の「従業員」。こちらにはもちろん、会社設立に関する責任も出資義務もない。

🙂 なんだ、そうだったんですか。

😟 では改めて説明しよう。まず❶の**無限責任社員**は、主に小規模な会社を設立する際に求められる社員だ。小さな会社との取引は、相手からすると不安でしょうがない。だから信頼されるためにも、「大丈夫。**もしウチの会社が倒産したときには、私が会社の債務（＝借金）を全部肩代わりしますよ**」という社員が必要になる。それが❶だ。まあわかりやすくいうと、**会社の信用を補うための保証人みたいな社員**だね。

　そして❷の**有限責任社員**は、ある程度以上の規模の会社で、初めて置くことを認められる社員だ。こちらは最初に資本金などのハードルをクリアしてあるから、ある程度の信用力がある。だから社員は「**会社が倒産したときには、自分の出資金がパーになる覚悟はできております**」程度の責任は負うが、❶みたいに会社の債務の肩代わりまではしない（※もちろん「会社の借金は誰も返しません」という意味ではなく、あくまで社員「個人」への責任追及はないという意味。当然、法的整理などの場で「法人」責任は追及される）。

🙂 なるほど、これが社員というか出資者の役割なんですか。

そう。そしてこれら❶や❷の出資によって構成されるのが会社企業なんだけど、**その分類が2006年の会社法施行より、大きく変わった**。それをしっかり頭に入れていこう。

```
会社企業の分類…2006年施行の「会社法」より大幅変更

（従来の会社分類）                    （2006年～）

合名会社：2名以上の❶が出資    →   今後も従来通り合名や合資でも設立可。
合資会社：❶＋❷（各1名以上）       ▶1名以上の❶で設立可能に
                                  （→株式会社への移行も可）

有限会社：❷のみ（資本金300万円以上） →  今後の新設は
株式会社：❷のみ（資本金1千万円以上）    すべて株式会社として。
   ＋

合同会社：❷のみ。株主も❶もいないため、対等な❷同士の合意だけで
（2006年新設） 自由かつ迅速に意思決定や利益配分可。

・従来の有限会社は「そのまま or 株式会社に移行」ともに可能。
・最低資本金制度は廃止（＝1円からの起業も可能に）。
```

株式会社がずいぶん設立しやすくなったんですね。

そうなんだよ。従来は資本金1000万円以上という高いハードルがあったんだけど、今は1円からでも起業できるようになった。

なぜそうなったんですか？

それは**株式会社が、最も利潤追求に向いた会社企業だから**だ。みんなが利潤追求しやすくなれば経済は活性化し、日本経済にも活気がよみがえる。この法改正には、そういう狙いがあるんだ。

では、なぜ株式会社は利潤追求しやすいのか。次はそこも含めて、株式会社について見てみよう。

2 株式会社

　株式会社は、資本主義に最も適した会社企業だ。なぜなら**株式会社は、他の会社企業よりも利潤追求がしやすい**からだ。

なぜですか？

　それは**株式を発行して、外部から資金調達できる**からだ。株式会社を設立すると、株式を発行する権利ができる。そして**発行した株式を一般の投資家（＝株主）に売ると、その代金が自社の資本金に加算される**。ということは、うまく株式を売却できれば、**社員の出資をはるかに超える資金を、市場から調達できる**ということだ。

　どんな商売でも、元手が大きければ大きいほど、利潤獲得のチャンスは広がる。だから株式会社は、利潤追求しやすい会社企業だといえるんだ。

　ちなみに、**2009年より上場企業の株券電子化**が実現しているから、今は証券取引所で扱われる**優良企業（＝上場企業）の株券は、すべて紙の株券ではなくなっているよ**（※未上場企業は紙でも電子化でも選択可）。

株主って、どんな人たちですか？

　別に特別な人たちじゃないよ。ほんとに普通の一般人である個人株主もいれば、企業など法人株主もある。

　でもいったん株主になったら、会社との関係は面白いものになるね。

どういうことですか？

　株主は、いろんな思惑があって株式を買うんだけど、結果的にはみんな、会社にお金を出してくれる出資者という形になる。そして、資本主義では当然、お金を出した人が商品の持ち主になるね。例えば「私は100円出してペンを買いました。だから私が、このペンの所有者です」となるでしょ。

　ということは、例えば100万円分の株式を買った株主は「**私はこの会社のために、100万円を出資しています。だから私が、この会社の100万円分の所有者です**」ということになるわけだ。

12　経済主体と株式会社　　217

> あ、なるほど。

つまり、株式会社においては、**不特定多数の株主たちが会社の**「所有者」になるんだ。それに対して、一見、すべての権限を持っているように見える社長や専務などの取締役は、単なる会社の「経営者」。このように**株式会社では、所有者と経営者が別になるのが基本形**なんだ。

> なるほど、勉強になりました。

では次は、その株主の思惑について見てみよう。当然株主たちは、何らかのメリットを求めて株式を買うが、そのメリットとは次のようなものだ。

株主のメリット

❶ 配当金がもらえる…株主の出資に対する、会社からのお礼。
　　　　▶年1～2回。株式額面金額の1～2％程度が普通

❷ 株 価 差 益…購入時より高い値段で売れれば、差額が利益に。
　　　　▶キャピタルゲイン→※会社の業績悪化時には、当然キャピタルロス（株価差損）もあり

❸ 経営参加…出資者の権利として、株主総会への参加権あり。
　　　　▶最高議決機関。「1株＝1票」制

---

❶は一見金額が少なそうに思うかもしれないけど、10万株・100万株と所有する大株主にとっては魅力的だ。これを目当てに株式を買う人も多い。

❷は最も多い株式購入の動機だ。企業の業績がアップすれば、株価もアップする。急成長企業の株価は、配当金とは比べものにならないくらい跳ね上がるから、その跳ね上がったときに購入時より高く売れれば、大もうけできる。みんなそれを求めて、証券市場に群がるんだ。

そして❸だ。実は株主は、出資者の当然の権利として、株主総会を通じて会社の経営に口をはさむことができるんだ。

株式会社の中心機関

(a) 株主総会… 株式会社の**最高議決機関**。「**1株＝1票**」の議決権。

会社の基本方針や役員〈(b) や (c)〉を決定する。

(b) 取締役… 会社の**具体的な経営内容を決定**する。

- ・代表取締役：社長や専務など。取締役会で選任。
- ・取締役：それ以外の経営陣。株主総会で選任。

(c) 監査役… **会計や業務を監督**する。

😀 株主総会が圧倒的に強いですね。

😟 当然だ。何といっても資本主義では「お金を出した人が偉い」んだから。でも近年は、その**株主総会に株主が全然出席せず、経営者が実権を握る**ことがよくあるんだ。何でだと思う？

😮 何でですか？

😟 それはその方が、会社や株主の利益になるという判断からだ。

よく考えたら、株主は確かに大事な大事なスポンサーだけど、会社の経営に詳しいわけではない。単なる素人だ。それに対して、社長や専務などの経営者は、自己の高い能力で会社の上層部にまで上ってきた、いわば経営のプロだ。

ならば当然、素人が余計な茶々を入れるよりも、プロに任せておいた方が、結果的に会社の業績はアップし、株価も上がって配当金も増えることになる。それがわかってきたから、**近年は株主総会がガラガラで、会社運営を取締役たちに任せてしまう形が主流になってきた**んだ。

😊 そうだったんですか。

😟 **会社の「所有者」である株主は経営に口をはさまず、プロである取締役たち「経営者」にすべてを委ねる。**この考え方を「**所有（or 資本）と経営の分離**」というんだ。

---

12 経済主体と株式会社 | **219**

最後に、近年話題になることが非常に多い、企業倫理に関する用語も見ておいてね。特に補足説明はしないけど、どの言葉も年々出題頻度が高まっているから、必ず覚えておくように。

企業倫理に関する用語

- **（コンプライアンス）** …「**法令遵守**」。企業や組織が、違法活動により失墜（しっつい）した信用の回復を図る際などにこの言葉が使われる。

- **（コーポレート＝ガバナンス）** …「**企業統治**」のあり方のこと。「会社は誰のものか」という視点から、主に経営陣の暴走や違法行為を内部統制し、防止するための機能や仕組み。

- **モラルハザード** …企業倫理の欠如からくる問題。例えば保険制度や公的機関による救済をあてにして、慎重さを欠いた経営を行うことなど。

- **（アカウンタビリティー）** …企業や公的機関が果たすべき「**説明責任**」。

- **メ セ ナ** …企業が行う<u>文化・芸術</u>支援活動。

- **フィランソロピー** …企業が行う<u>慈善</u>（じぜん）活動。

株式・その他の重要用語

- **(株式持ち合い)**…乗っ取り防止のために、**同族企業間でたがいの発行株式を大量に持ち合う**（→過半数の買占めを防ぐための**安定株主工作**）。

- **証券取引所**…厳しい**上場基準を満たす優良企業の株式のみ**を売買する場。東京証券取引所（＝東証）だけでなく、名古屋・福岡・札幌などにもあり。

  ※**JASDAQ**など、東証への上場基準を下回る**ベンチャー企業用の市場**もあり。
  　▶ベンチャー企業に投資してくれる大口投資家＝「**エンジェル**」

- **東証株価指数**…過去のある時点（1968年1月4日）における株価総額を
  ▶TOPIX　　100として考えたときの、東証一部の株価指数。
  　　　　　▶**長期的な日本経済の成長度合いを測るための指標**

- **日経平均株価**…東証一部上場企業中、**主要225銘柄の平均株価**。

- **格付け会社**…企業や各国債券の安全度を**ランク付け（AAA〜C）して発表**する会社。米のムーディーズ社が有名。

- **M ＆ A**…**企業の合併・買収**のこと。株式の過半数買取（TOBなどを活用）や、事業部門の資産買取で実施。

- **株式公開買付**…株主に向けた新聞広告などで、一定期間に大量の株を取
  ▶TOB　　　得する方法（→**友好的な企業買収**で多用）。

- **インサイダー取引**…企業の内部情報に基づく、株の不正売買。

- **デイ＝トレーダー**…1日、あるいは短期間で頻繁に売買する個人投資家。ネットの普及によって増加。

- **優先株**…普通株より優先的に配当のある株式（**株主総会議決権なし**）。
  　　　　　▶※銀行への「**公的資金**注入＝政府が銀行発行の優先株購入」

- **株主代表訴訟**…取締役が会社に損害を与えた場合、**株主が会社にかわって損害賠償を請求**する訴訟。

- **社外取締役**…取締役会の監督機能強化のため、外部から迎える。

- **社外監査役**…監査役は取締役をチェックする機関で、設置は義務。さらに大企業は「**最低1名の社外監査役**」も義務。

チェック問題 | 12

会社法は2005年に制定された法律である。この法律の内容についての記述として正しいものを、次の①〜④のうちから1つ選べ。

① 有限責任社員を出資者として合名会社を設立できる。
② 1000万円以上の資本金がないと株式会社を設立できない。
③ 合資会社という新しい種類の会社を設立できる。
④ 有限会社を新たに設立できない。

(センター本試験)

 … ④

解説 2005年に制定され、2006年から施行された会社法からは、株式会社設立の規定が緩和された反面、有限会社の新設はできなくなった。ただしこれは、**既存の有限会社をなくすという意味ではない**ので気をつけて。というわけで、「今日、有限会社はなくなった」などの選択肢であれば×。

①合名会社は2005年に制定された会社法から「1名以上の無限責任社員」の出資で設立（従来は「2名以上」）。

②同法より、最低資本金制度は廃止された。つまり今日は、**1円からでも起業可能になった**ってことだ。

③2005年に制定された会社法で**新たに設立が認められた**のは合資会社ではなく、合同会社。合同会社は、利益配分などを社員の合意で自由に決められる会社。

13 市場機構・独占禁止法

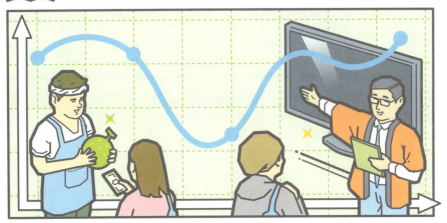

1 需要曲線と供給曲線

　ここでは、市場における商品の売り手と買い手の関係を、**需要・供給曲線**というグラフを通して見ていこう。

😐　グラフかぁ、何かイヤだな…

😟　こらこら、やる前から何言ってんの。なぜかグラフと聞くと、やたら身構える人が多いねえ。でも、そんなに身構えるほどのグラフじゃないよ。このグラフが示すものは、僕らの日常の経済活動そのものだ。

😮　そうなんですか？

😟　そうだよ。市場なんて抽象的な言葉を使うから不安に感じるんだろうけど、**売り手と買い手が出会う場なら、すべて市場**だ。なら、青果店もコンビニもスーパーもネットショップも、みんな市場ってことになる。そう考えると難しくないでしょ。

🙂　確かに。

13　市場機構・独占禁止法　　223

だから、**わからなくなったら、具体的な商品と価格をイメージすればいいよ。**するとそこには、ごく当たり前の売り手と買い手の関係が示されていることに気づくはずだ。とにかく気楽に取り組むこと。君らがふだん習っている数学の方が、よっぽど高度だよ。

ではまずは、基本用語と考え方から見てみよう。

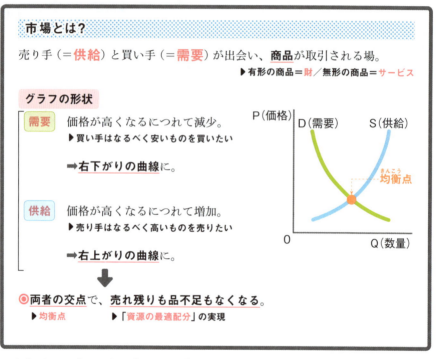

まあグラフがこんなにきれいな形になることは、現実の社会ではめったにないね。こんな感じで曲線が見事な調和を保てるのは、いわゆる「**完全競争市場**」においてだけだ。

完全競争市場というのは、次の❶〜❹がすべて実現した市場のことだ。

❶ 売り手・買い手とも、**多数存在**する市場。
❷ その市場への**参入・離脱は自由**。
❸ 商品についての**完全な情報**が行きわたっている。
❹ 扱われる商品は、**すべて同質**。

> こんなの無理じゃないですか！

そうなんだよ。簡単に実現するのは❶ぐらい。❸と❹はほぼ不可能。❷だってけっこうキツイ。**世の中には、市場への参入規制って多い**んだよ。例えば日本では、未成年者はタバコを買えないよね。あれだって「タバコ市場における未成年者への参入規制」と考えれば、世の中規制だらけだ。

結局、完全競争市場というのは「**絵に描いた餅**」にすぎないんだ。でもここではそれが存在するという前提で見ていこう。それがルールだ。

それでは実際に、市場における財のやり取りを見てみることにしよう。この市場で売買されている財はパソコン。だいたい10万円ぐらいがちょうどいい価格だ。ただし曲線は、見やすくするため直線で示すことにする。実際の入試でも、直線表記の方が多いしね。

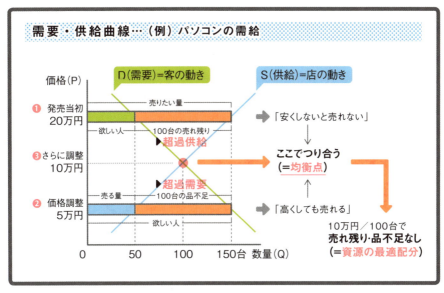

需要・供給曲線…（例）パソコンの需給

発売当初、店側がパソコンの価格を20万円に設定したとする。パソコン1台10万円が普通だとすると20万円はかなり高い。だから「20万円でも欲しい」というお客さんは、グラフで見ても少ない。その数は、価格20万円を示すライン（❶）と買い手を示す需要曲線との交点までの幅、つまりわずか50人しかいない。

13　市場機構・独占禁止法　　225

ところが店側にとっては、高いものをより多く売ることが利潤の最大化につながるから、すごく大量に仕入れている。その量は、20万円ライン（❶）と供給曲線の交点までの幅、つまり150台だ。

そうすると、ここには「150台－50台」で100台の売れ残り（＝**超過供給**）が生じていることになる。そして、売れ残ったものは安くしないと売れないから、価格はだんだんと下げられ、販売意欲も減退する。

一方、1台5万円のライン（❷）まで価格が下げられると、これとまったく逆の現象（＝**超過需要**）が起きる。すると購買意欲が増大して、価格が上がる。

そして、1台10万円のライン（❸）になったとき、需要と供給がつり合い、売れ残りも品不足もなくなるというわけだ（＝**資源の最適配分**）。要は**価格の上下が販売意欲・購買意欲に直結し、結果的に数量バランスまで調整している**ことがわかればいい。価格にはこのように、需給の数量バランスを調整する機能もある。これを「**価格の自動調節作用**」というんだ。

2 需給曲線のシフト

次は需給曲線が、右や左にシフトする場合について考えてみよう。

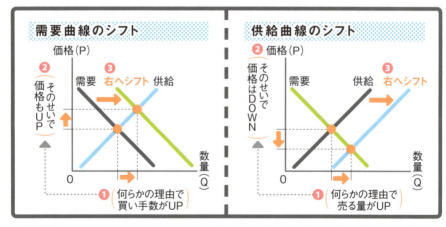

需要曲線が右へシフトするときは、**何らかの理由でその商品の買い手の数が増えたとき**だ。

> ### 需要曲線が右へシフトする理由
> - 国民の**可処分所得**（＝使える金）が増えたとき。
> - **代替財**（＝ライバル商品）が値上がりしたとき。
> - **補完財**（＝セットで売れる商品）が値下がりしたとき。
> - 国民の**嗜好の変化**（＝その商品が流行したとき）。

　例えばこの商品をパンと考えると、買い手の数が増える理由としてまず考えられるのは、僕らの**使える金（＝可処分所得）が増えたとき**だ。昇給でも減税でもいい。とにかく使える金さえ増えれば、買い手の数は増える。

　次に考えられるのは、パンにとっての**ライバル商品、いい換えればパンと置き換えがきく商品（＝代替財）が高くなったとき**だ。パンと主食の座を争うライバル商品といえばお米。米が高くなれば、仕方なくパンを買う人も増える。

　さらにはパンと**セットで売れる商品（＝補完財）が安くなったとき**。バターやジャムが安くなればそれらの買い手は増え、必然的にパンの買い手も増える。

　そして最後に考えられるのは、**パン食が流行したとき（＝嗜好の変化）**だ。流行りものは、値段に関係なく買い手の数が増える。

　ちなみにこの需要曲線、左へシフト（＝買い手の数が減る）するのはどういうときか。それは全部、**「右へシフト」の逆の理由があったとき**だ。つまり「使える金が減ったから・代替財が安くなったから・補完財が高くなったから・嗜好が逆に変化したから」となる。

　今度は供給曲線の右へのシフトだ。こちらは、**何らかの理由でその商品の生産量が増えたとき**に起きる。

> ### 供給曲線が右へシフトする理由
> - 企業の可処分所得が増えたとき。
> - 原材料費が安くなったとき。
> - **大量生産が可能**になったとき。

13　市場機構・独占禁止法　｜　227

同じ例で考えてみよう。一体どんな理由で企業はパンの生産量を増やすんだろう。

まずサッと浮かぶのは、小麦の豊作などで**原材料費が安くなったとき**だ。これならば、今までと同じ費用で、より多くのパンを生産できる。

それから新しい生産技術の開発や農作物の豊作など、**大量生産が可能になったとき**だ。このときにも単純に考えて、売る量は増える。

あとはやはり法人税の減税とか政府からの補助金支給など、**企業にとっての可処分所得が増加したとき**だ。このときも、より多くのお金を生産費に回せるため、生産量の増加につながる。

そして左へシフトするのは「右へのシフト」の逆の場合だ。これは需要曲線のときと同じ考え方だから、大丈夫でしょ。

3 価格弾力性

 価格弾力性って何ですか？

 価格弾力性とは、価格の変化に対する、需給の変化の割合のことだ。簡単にいえば、**傾きの違うグラフは何を意味しているか**ということだ。

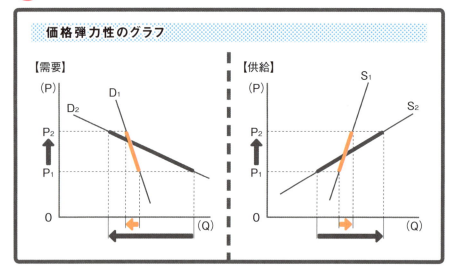

- **傾きの急なD₁**：これはグラフから、**価格がP₁からP₂に急激に上がっても、買い手の数はそれほど減少していない**ことがわかる。これは多少高くなっても、ないと生活できない商品。つまり「**生活必需品**」だ。
- **傾きの緩いD₂**：今度のグラフは**価格が上がったときに、買い手の数も敏感に減少している**のがわかる。これは、高い金を出してまで無理に買う必要のない「**ぜいたく品**」だ。
- **傾きの急なS₁**：このグラフからは、せっかく価格がP₁からP₂に上がって**高く売るチャンスになったのに、売る量をそんなに増やしていない**ことがわかる。これは、増やしたくても急には増えないもの、つまり「**農産物**」だ。
- **傾きの緩いS₂**：最後のグラフからは、高く売れるチャンスのときに、売る量を急激に増やしていることがわかる。これは、チャンスのときには速やかに大量生産できるもの、つまり「**工業製品**」だ。

ちなみに、D₁やS₁などの傾きの急なグラフは「弾力性が**小さい**」、D₂やS₂などの傾きの緩いグラフは「弾力性が**大きい**」と表現する。

4 市場の失敗（＝市場の限界）

 市場の失敗とは何ですか？

市場の失敗とは、いろんな意味で市場に何らかの問題が発生し、グラフが正常に機能しなくなることだ。というか、そもそも**政府が規制・介入しない自由な市場には、元々最初から限界がある**という方が正しいかな。だから「**市場の限界**」ともいうんだよ。

市場の失敗とは、次の4つのケースを指す。

市場の失敗

❶ 価格機構が正常に作用しなくなるケース。
❷ 市場内部の活動が、外部の第三者に影響を及ぼすケース。
❸ 市場自体が成立しないケース。
❹ 市場に「情報の非対称性」があるケース。

❶は「**買い手が減っても価格が下がない独占・寡占市場**」を指している。ちなみに言葉の意味は、以下の通り。

独占と寡占

・**独　　占**…携帯電話普及前のNTTの電話事業のような形。他にライバル
　▶1社支配　　社が存在しない。

・**寡　　占**…ビール大手4社（キリン・アサヒ・サッポロ・サントリー）
　▶少数社支配　のような形。4社が手を組めば、他にライバル社はほぼない。

　両者の共通点は、競争相手となるライバル企業の少なさだ。特に独占市場には、競争相手が1社もない。
　ライバル社がなければ、安売り競争なんてする必要はない。どんなに高くても、必要な人はその商品を買うほかないからだ。

でも寡占市場では競争はあるんですよね。

いや、そうでもない。なぜなら**寡占企業群がガッチリ手を組んで、まったく同じ高めの価格設定（＝管理価格）にすれば、ほぼ独占と同じ形を作れる**からだ。それなら安売り競争も不要になる。このように、買い手が減っても価格が下がらないことを、「**価格の下方硬直性**」という。

でも、寡占企業が手を組むのって反則なんじゃ…

お、よく知ってるね。その通り。他企業と価格や生産量で協定を結ぶのは**カルテル**。後でも見るけど、これは独占禁止法違反だ。
　ただし、寡占企業は協定を結ばず、暗黙の了解でこれをやる。これならルール上はセーフだ。詳しくはp.234で見てもらうが、とにかくこの違法にならないやり方で、寡占市場からは価格競争が排除されていくんだ。

そうなると、企業間競争はまったくなくなるんですか？

いや、寡占企業群だって、やはり利潤は最大化したいから、ちゃんと競争はする。ただしそれは安売り競争ではない。

何なんですか？

広告・宣伝やデザインチェンジ、おまけ合戦などの、いわゆる**非価格競争**が**中心**だ。ビール市場なんか、まさにこの通りのことやってるでしょ。彼らは利益はガッチリ確保しながらも、安売り以外の競争をすることで、ちゃんと業界No.1を狙う。これが寡占市場の競争だ。

❷は「商品の**売り手や買い手が、それ以外の人に迷惑をかける**ケース」を指している。これを**外部不経済**という。

難しい言葉だなぁ。わかりやすく教えてください。

例えば、うちの隣にマッチ工場があるとする。この工場がある理由は、世の中にマッチを欲しがる「需要者」がいるから、企業が「供給」するだけの話だ。ここには正常な市場の関係がある。

ところがこの**工場から出る煙のせいで、マッチなんてまったく使わない僕が公害の被害を受ける**ならば、これは市場外の第三者に迷惑をかけていることになる。これが外部不経済だ。

この後、**企業が僕の病院代を負担し、その費用の一部をマッチ代の値上げで買い手から回収すれば、この問題は解決**する（＝**外部不経済の内部化**）が、残念ながら市場にそこまでの機能はない。これは、政府の介入でもない限り実現は無理だ。

ちなみに、「近所に大学が移設してきたおかげで、商店街の売り上げが伸びる」みたいな事例は「**外部経済**」（＝第三者に利益）といい、**これも市場外に影響がもれているということで、市場の失敗になる**。気をつけて。

❸は「**買い手はいるが売り手がいない商品**」、すなわち**公共財**を指す。

公共財とは道路や公園などの公共性の高い財だ。そこには確かにかなりの需要がある。でも作っても利益回収が難しく、みんなにただで利用されてしまう（公共財をただで利用する人を「**フリーライダー**」という）。だから公共財は、**需要はあるけど私企業は供給してくれない**。まさに買い手はいるけど売り手がい

ない状態だ。こうなったらもう、政府の公共事業を待つほかない。

❹の「**情報の非対称性**」は、**売り手と買い手の情報量の違いが、市場にもたらす問題**のことだ。その代表的な例が「**逆選択**」と呼ばれるもので、例えば「いい宝石が欲しい」と思って宝石店に行っても、本当にいい宝石はプロである店側にしかわからないため、客は仕方なく無難に、**本来の選好**とは逆に「**安物を買ってしまう**」みたいな形だ。

⬤ コラム　経済学部と数学

　経済学部は、数学が必修になる。少なくとも早稲田の政経学部経済学科では、１年時に必修だった。当然だ。だって２年以降で学ぶ理論経済学など、とにかく微分積分、グラフの変形の嵐だから。これは文系にとって、かなりキツい。つまり数学ができないと、試験中みんながグラフを変形してるときに、１人だけ自分の名前を美しい立体に仕上げたりするはめになる。

　早稲田には、僕も含めて数学受験でない社会科受験組の政経学部生が山といて、みんな非常に苦しんでいた。みんな僕を筆頭に「経済学部で数学なんて、聞いてないよ！」と寝言を吐いては絶望していた。

　でもそんな僕らには、救いの神がいた。我らが１年28組の星・S君だ。S君の口癖は「オレはセンターで９割３分も取ったのに、なぜここにいるんだ!?」で、実に４年間言い続けた。僕らはそんなS君を「数学の神」とあがめ、僕らに数学を教えさせた。試験前には口々に「さすがS君、天才！」とほめちぎり、彼を定期的に襲う「再受験発作」が出たらすかさず酒を浴びるほど飲ませて忘れさせ、何とかみんな無事卒業することができた。ありがとうS君。

232　｜　第２講　経済分野

5 独占禁止法

 独占禁止法について教えてください。

 独占禁止法は、**独占・寡占の弊害を取り除き、健全な自由競争を確保するための法律**で、戦後のGHQによる**財閥解体**の総仕上げとして、1947年に制定された。

 なぜGHQは財閥解体を指示したんですか？

 それは**財閥が、結果的に日本の軍国主義のスポンサーのような形になっている**と判断したからだ。

　財閥のような独占的大企業がさらなる発展をめざすなら、商品の売り場所（＝市場）や原材料の供給源が、今以上に必要になる。ならばいちばんてっとり早いのは、**植民地の拡大**だ。植民地さえ増えれば、市場も原材料も簡単に手に入るからね。

　だから彼らは、**その実現を期待して政府に多額の献金をし、そして政府は、その金を使って軍国主義を助長させた**。植民地を得るには、軍事力を背景とする必要があるからだ。ということは、結果的に財閥は、日本の軍国主義を支えるスポンサーになっていたということになる。この事実は、GHQも看過できない。

　そこで戦後、GHQの経済民主化指令に基づいて**財閥解体**が実行され、最後に**独占禁止法**が制定されたわけだ。

　当初制定された独占禁止法には、「**カルテルと持株会社は禁止。トラストは制限**」というものだった。その運用をチェックするのは「独禁法の番人」こと、**公正取引委員会**だ。

　ではまずは、カルテル・トラスト・コンツェルンの説明から見てみよう。

13　市場機構・独占禁止法　　233

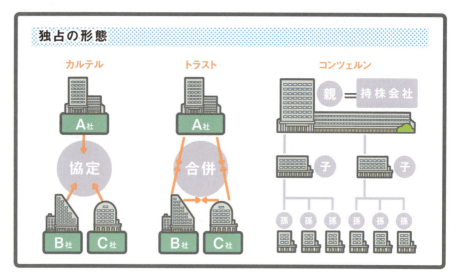

　カルテルとは「同業者間で、価格や生産量についての**協定**を結ぶこと」だ。**協定とは要するに裏取引のこと**で、例えばビール4社間で「今日から大ビン1本500円に統一しましょう」などと話し合いをして決めることを指す。

　もちろんこれは独占禁止法違反になるので、実際のビール4社は、**最有力企業（プライス＝リーダー）が値段を上げれば、残りの3社が黙ってそれについていくような形**をとっている。こうして決められるのが、寡占市場で出てきた**管理価格**だ。

　トラストとは同一業種の企業**合併**を指す。これは完全な禁止ではなく、制限規定になっている。ちなみに、異業種込みでの企業合併なら**コングロマリット（複合企業）**と呼ぶ。

　コンツェルンは昔の財閥の形で、**親会社にあたる財閥本社が、子会社株の過半数を所有して経営支配**する。だから昔の財閥本社のことを、別名「**持株会社**」という（※乗っ取り防止のために、**同系列の企業間でたがいの株式の大半を交換し合う「株式持ち合い」**とは別）。

　こんなものを容認したら、間違いなく市場は財閥の独り勝ちになってしまう。だから独占禁止法では、**持株会社の設立は「禁止」という形でスタート**することになったんだ。

何だか制限の多い法律ですね。

ところがこの独禁法、**1953年に緩和**されることになる。理由はこの2年前、日本が国際的に独立したからだ。

独立した以上、今後は貿易でも独り立ちしていかないといけない。ところが当時の日本は、まだ戦後復興が完了していなかった。こんな状態で外国と自由競争をやったって、勝てるわけがない。

だからこの時期、独禁法を緩和した。今後は中小企業の連鎖倒産などを防ぐため、**倒産のピンチを迎えたときには例外的にカルテル**を結んだり、**商品を定価販売**することを認めたりしたんだ。これで不況時でも、高値販売で利益確保することが可能になった。僕たち買い手から見るとありがたくないけど、少なくともこれで倒産は防げる。

独占禁止法

（戦後の**財閥解体**の過程で誕生（1947年））→（チェック機関）：**公正取引委員会**
▶独禁法の番人

- 内　容：カルテルや持株会社は禁止、トラストは制限。
- 独禁法の緩和：不況で**企業体力が低下**したとき緩和される。

（体力の弱った企業の助け方）…
- **弱小企業をていねいに保護**する。→（1953年の独禁法緩和。）
- **強い企業だけを保護**し、そこに日本経済全体を引っ張らせる。→（1997年の独禁法緩和。）

- 1953年緩和：敗戦で弱体化した日本企業を守るため。
　　=
- （**例外カルテル**容認（現在は廃止））…「**不況時**＋**生産技術のup時**」のみ。
　　　　　　　　　　　　　　▶倒産のピンチ　▶「生産過剰→値崩れ」のピンチ
　＋
- （**再販売価格維持**制度）…商品の**定価販売**OKに（→今は本やCD以外ダメ）。
　　　　　　　　　　　▶値崩れ防止

> ●1997年緩和：バブル後の競争力回復のため。
>   　　　　　‖
> ◎**持株会社の解禁** … ※ただし**資産規模に上限を設定**。
>   ▶財閥復活に近い　　　▶「全面禁止→弊害禁止」へ

　独禁法は1953年の緩和後、**今度は強化**される。理由は2つ。石油危機とアメリカからの圧力だ。

　1973年の石油危機後、日本では石油関連のあらゆる物価が高騰した。
　だから**この時期、どさくさ紛れに便乗値上げも横行**した。これを取り締まるため独禁法は改正され、以後は**違法なカルテルに対し、課徴金（罰金みたいなもの）が課せられる**ことになったんだ。

　そしてその課徴金は、90年代初頭に20倍に跳ね上がった。アメリカからクレームがついたためだ。

　1989年の**日米構造協議**の場で、アメリカに「日本には自由競争の阻害要因が多すぎる、何とかしろ！」って言われてしまった。

　そこで**独禁法が改正され、罰金強化**に至ったわけだ。それに加えて**定価販売の容認にもクレームがついたため、こちらも原則廃止**となった。今は本やCDなどの著作物ぐらいしか定価販売は認められていない。これらの知的財産は大量生産できないし、安売り競争で質の低下を招いても困るから、例外的に容認された。

　そして近年、独禁法は再び緩和された。バブル後の競争力回復のための緩和だ。
　今度の緩和は、なんと**持株会社の解禁**！　つまり**昔の財閥と同じ形をつくることが、1997年から認められることになった**んだ。

　これは何を意味するか？――それは「今のこのどん底状態の不景気、脱出するにはもはや財閥並みの体力のある企業に、日本経済をグイグイ引っ張ってもらうしかない」という思いだ。

　でもそんな緩和をしたら、大きな企業ばかりが有利に…

　そうなんだよ。このやり方は同時に、**中小企業の切り捨てをも意味する**。小さな企業では復活した財閥もどきとやり合っても、まったく勝ち目はな

いからね。

　でも今はそんなこと言ってる場合じゃない。今やるべきは、小の虫を殺してでも、景気を回復することだ。政府のそんな思いが、大の虫に反則スレスレの強力エンジンを認める結果になったんだ。

でも昔みたいな財閥支配が復活したら、戦争になるんじゃ…

　それはなくても、やはり無制限に認めるのは怖い。今回の改正は**「持株会社の全面禁止」を「弊害禁止」に直しただけ**だ。つまり、旧財閥クラスの持株会社は弊害が大きすぎるからダメで、それより小規模ならOKってこと。さあ、果たしてうまくいくかどうか…。

チェック問題 | 13

寡占市場が持つ特徴についての記述として適当でないものを、次の①〜④のうちから１つ選べ。

① 管理価格とは、市場メカニズムによらずに、価格支配力を持つプライス＝リーダーが人為的に決定する価格のことである。
② 価格の下方硬直性とは、生産技術の向上などで生産コストが低下しても、価格が下方に変化しにくくなることである。
③ 非価格競争とは、デザイン、広告・宣伝といった手段を用いて、価格以外の競争が行われることである。
④ カルテルとは、資本の集中・集積が進み、同一産業内で企業合併が起こることである。

（センター本試験）

 … ④

 同一産業内で起こる企業合併は「**トラスト**」。これが異業種込みでの合併なら「**コングロマリット**」になるが、いずれにしても他企業との協定にあたるカルテルではない。
①例えば日本のビール市場では、**去年の売り上げNo.1だった企業が、今年のプライス＝リーダー（価格先導者）**となって価格を決めていくという慣習がある。
②独占や寡占状態になると、市場が競争的でなくなり売り手側が主導権を握るから、価格ダウンにつながるさまざまな要因とは無関係に、価格は下がりにくくなる。
③寡占市場では、企業は安売り競争以外の手段（広告・宣伝・デザインなど）で業界No.1をめざす。これを「**非価格競争**」という。

14 国民所得と経済成長

1 国民所得と国富(こくふ)

 国民所得って何ですか？

 1つの国で1年間に生み出された新しい商品の売上金の合計——簡単にいうと、これが国民所得だ。

　面倒なことにこの国民所得、けっこう種類が多い。加えて紛らわしいことに、似た指標として国富なんてものもある。まずはその辺のゴチャゴチャを、1つずつ解決していくことにしよう。

国民所得と国富

- **国民所得**：1国で1年間に**生み出された付加価値**（＝新たに生み出された財・サービス）の**販売合計額**。
  　▶年ごとに違った金額。→その年だけのお金の「流れ」（フロー）

- **国　富**：ある1時点で1国が保有する「**有形資産**（＝形のある財産。**実物資産**ともいう）＋**対外純資産**（外国とのお金の貸し借りの差額）」。

14　国民所得と経済成長　　239

- 有形資産＝土地・工場機械など。→その年までの財産の「**蓄積**」（**ストック**）。
- 国富には、**国内金融資産（＝国内のお金）は含まない**。
  ※両者の関係：**国富を使って国民所得を生み出す**。
    ▶国富は生産活動の元手

　まずはこれで、国富と国民所得の関係はわかったと思う。要するに、国富は生産活動の元手という意味合いが強いから、**国富が小さいと国民所得も小さくなりやすく、国富が大きいと国民所得も大きくなりやすい**ということだ。

2 国民所得の計算

では次は、国民所得だ。これらは大きく分けて4種類ある。

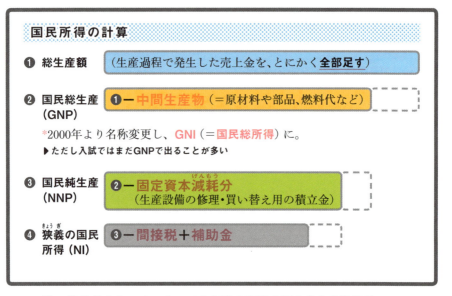

　この❶～❹が表すものは、すべて**1年間の商品の売上金の合計額**だ。
　ではなぜ4つの式があるのかというと、**それぞれ計算の細かさが違う**からだ。つまり❶は非常にアバウトな計算で、❷はそれよりも正確な計算、❸はそれをより純粋な所得のみで見た計算で、❹は見る角度を少し変えた計算だけど、**土台はすべて「1年間の売上金の合計」、本質部分は同じ**なんだ。

だからあんまり身構えて取り組まないように。

国民所得と聞くだけでブルーになる受験生が多いけど、ただの売上の計算なんだから、気楽にやっていこう。

▶❶総生産額の計算

これははっきりいって、**不正確な計算方法**だ。これを使うと、仕入れその他の途中過程で発生した売上金だけでなく、**最終的な販売価格も含めて、動いたお金を全部足す**ことになる。次のような具合に。

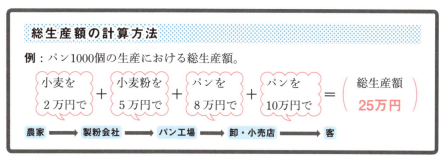

これは足しすぎだ。だって店には10万円分のパンしか並んでないのに、国民所得上は25万円なんて、どう考えても足しすぎでしょ。パンを作るための原材料となった小麦や小麦粉を「**中間生産物**」というんだけど、**この計算では、中間生産物価格もパンの最終販売価格も、すべて足してしまっている**。

確かに総生産額でいうところの"売上金の合計"とは「**世の中にあるレシートや領収書を全部足す**」ようなイメージだけど、これをやると必ず**二重計算**になるんだ。

> 😐 二重計算？　どういうこと？

金額ではなく現物の商品で考えてみるとわかりやすいよ。そうすると、まず中間生産物は「パン1000個分の原材料」で、最終販売価格は「完成したパン1000個」ってことになる。これを全部足すと…

> 🙂 合計するとパン2000個…　そうか、だから二重計算か！

14　国民所得と経済成長　　241

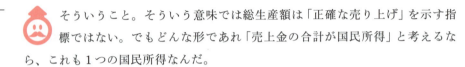そういうこと。そういう意味では総生産額は「正確な売り上げ」を示す指標ではない。でもどんな形であれ「売上金の合計が国民所得」と考えるなら、これも1つの国民所得なんだ。

▶ ❷国民総生産（GNP）の計算…※国民総所得（GNI）でもほぼ同じ
これは❶に見られた二重計算の不正確さを除いた国民所得だ。

中間生産物の金額を全部引くってことですか？

そう。**ここでは途中でかかった原材料代や燃料代（＝中間生産物）は、全部引いてしまう**。つまり小麦は小麦粉の原材料、小麦粉はパンの原材料…と考えて引いていくから、最後に残るのは「最終的な販売価格のみ」ってことになる。これがGNPだ。つまりこの例においては、「パン1000個＝10万円」が、GNPに相当する部分だね。
　ちなみに、このGNPを国内の活動だけで見るとGDP（国内総生産）になる。両者の関係はこうだ。

GNPとGDPの違い

GNPとGDPはほぼ同じ指標で、計算方法もほぼ同じ。

- GNP（国民）…日本国民が「(a)**外国から受け取った所得**」も含む。
- GDP（国内）…日本国内から「(b)**外国に支払った所得**」も含む。

　　　▶ ※(a)−(b)のことを「海外からの純所得」という

両者の関係：GDP ＝ GNP − (a) + (b) ＝ GNP −((a)−(b))
　　　　　　　＝ **GNP −「海外からの純所得」**

　GNPは2000年より「国民総所得（GNI）」という名称に変更された。これは、**実際の計算内容が「生産（Product）」ではなく「所得（Income）」であることに合わせての名称変更**だが、入試問題ではいまだにGNPで出されることが多い。

うわ～、めんどくさいなぁ。

でもこのGNPやGDPの関係式は、とてもよく出題される。だからめんどくさがらずに、しっかり頭に入れておこう。

▶ ❸ **国民純生産**（**NNP**）**の計算**

これは❷の**GNP**から、**固定資本減耗分**（けんもう）（生産設備の修理・買い替え用の積立金）を差し引いた国民所得だ。

なんか難しそう…

言葉になじみがないだけで、考え方は簡単だよ。

まず、経済学では、**機械の寿命は10年**と考えるから、今工場で使っている機械も、約10年で使えなくなることになる。ならば最初から10年後の買い替え用に毎年こつこつ積み立てておいた方が、後であわてずに済むよね。これが固定資本減耗分だ。

つまり、**将来的な必要経費をあらかじめ引いて計算した方が、残った部分はより純粋な所得のみ**の計算になる。これがNNPの考え方だ。

▶ ❹ **狭義の国民所得**（**NI**）**の計算**

ここまで見てきた❶〜❸はすべて**市場価格表示**、つまり「**売り値**」で計算した国民所得だ。

ところが❹は違う。NIだけは**要素費用表示**、つまり「**生産費**」で計算した国民所得だ。だから**生産費に関係ないものは引き、あるものは足す**ことになる。

そうすると**間接税**（消費税など）は引くことになる。なぜなら**消費税は「売り値」を上げる税。生産費の段階には関係なかった税**だ。だから引くんだ。

そして**補助金**は、足す。補助金は政府が生産者に、「**これを生産費の足しにしろ**」とくれるお金だ。ならば生産費には関係大あり。だから足すんだ。

次は**三面等価の原則**（さんめんとうか）について見てみよう。

三面等価の原則

※国民所得（NI）＝400兆円　を例に説明すると…

生産国民所得（誰が生産したか）
| 第一次産業 | 第二次産業 | 第三次産業 |

↓

「生産国民所得」は400兆円の国民所得を、「**一体誰が生産したか**」という角度からとらえたもので、各産業別に集計する。つまりこの表で説明すると「**第一次産業**（農林水産業）、**第二次産業**（工業）、**第三次産業**（サービス業）でそれぞれ生み出した金額の総計が400兆円」ということだ。

分配国民所得（誰に分配されたか）
| 雇用者所得（賃金） | 財産所得（利子・配当・地代） | 企業所得（利潤） |

↓

「分配国民所得」は生産された国民所得が「**誰に分配されたか**」という角度からとらえたもので、個人や企業、政府の所得を集計する。つまり、「**労働者への賃金**、銀行・株主・地主への**利子・配当・地代**、企業への**利潤**として分配された総額が、400兆円**」ということだ。

支出国民所得（どう使われたか）
| 最終消費支出 政府＋民間の消費 | 国内総資本形成 政府＋民間の投資 | 経常海外余剰 外国とのやり取り分 |

↓

「支出国民所得」は、分配された国民所得が「**どのように使われたか**」という角度からとらえたもので、消費・投資などの支出を集計する。つまり「**消費、投資、外国とのやり取り**に支出した総額が400兆円」ということだ。

　非常に当たり前の結論をいおう。400兆円の国民所得は、どの角度から計算しても400兆円だ。つまり「**生産国民所得＝分配国民所得＝支出国民所得**」になる。この考え方が「**三面等価の原則**」だ。

ここまで見てきた通り、国民所得はあらゆる角度から、その国の正確な経済状況を把握しようと努めている。

しかし国民所得では、どうしても計算から漏れてしまう要素がある。

国民所得計算から漏れてしまうものの例

・ボランティア活動…無償奉仕（＝価格なし）。

・**家　事　労　働**…市場取引（＝お金を出しての売買）の対象外。

・中　　古　　品…新たに生み出された商品（付加価値）ではない。

・地　価　上　昇　分…ストックの価値変動（地価upは「**国富の増大**」）。

・年金などの社会保障…生産されたわけではない。

※**公害による損失分**は、国民生活にとってマイナスの要素なのに計算合計額からは引かれず、逆にGNPやGDPをプラスに。

😃　みんな大事なことばっかりですね。

そう、これらはすべて**国民生活の「真の豊かさ」に直結する要素**ばかりだ。でも**国民所得計算では、市場で取引されなかった要素は一切反映されない**から、これらは含まれていない。

それどころか、**公害をたれ流している企業が商品を販売したり、公害被害を受けた人が病院代を払うと、市場で「売上金が増える」ことになるから、GNPやGDPをプラスにしてしまう**んだ。

このように、GNPやGDPでは国民の「真の豊かさ」は測れない。だからそれを測るためのモノサシとして「**国民純福祉（NNW）**」という指標が、現在試作されているんだ。

14　国民所得と経済成長　　245

国民純福祉（NNW）… 国民の「真の豊かさ」を測る指標

- GNPが含む「**真の豊かさのマイナス要因**」➡GNPから**引く**。
  ▶公害被害者の病院代など…（a）
- GNPが含まない「**真の豊かさのプラス要因**」➡GNPに**足す**。
  ▶家事労働やボランティア分…（b）

⬇

計算：NNW＝GNP−（a）＋（b）

（本来金額で示せないものも、**無理やり金額換算して足し引き**）

GNE（**国民総支出**）…GNPを支出面から見たもの

GNE＝（政府＋民間）消費＋**（政府＋民間）投資**＋固定資本減耗＋**経常海外余剰**
　　　　　　　　　　　▶＝純投資　　　　　　　　　　　　▶輸出−輸入＋
　　　　　　　　　　　　　　　　　　　　　　　　　　　　　海外からの純所得

　この答えは当然**GNPと同額**（つまり「**GNE＝GNP**」）だから、GNPを求める問題の応用として出る可能性がある。長くて面倒な式だが、余裕があれば覚えておこう。

3 経済成長率

経済成長率って何ですか？

経済成長率とは、**GNPやGDPの1年間の増加率**のことだよ。
増加率なら計算は簡単だね。以下の式で表す。

経済成長率の計算式

計算：$\dfrac{\text{本年のGDP} - \text{前年のGDP}}{\text{前年のGDP}} \times 100 \,(\%)$

⬇

- **名目**成長率：<u>物価変動分</u>を**考慮**に入れない名目GDPから求める。
  - ▶取引価格の値をそのまま計算

- **実質**成長率：<u>物価変動分</u>を**考慮**に入れる実質GDPから求める。
  - ▶取引価格から物価の上昇・下落分を取り除いた値で計算

通常は物価変動分を考慮に入れた実質経済成長率で算出する。名目と実質の考え方は、こうだ。

名目と実質の考え方　机の上に、稼いできた500万円の札束が積まれている。この札束、見た目は500万円（＝名目GDPは500万円）だが…

- 去年より物価が2倍に up ➡ この500万円の**実質的価値は250万円**。
  - ▶実質GDPは250万円

- 去年より物価が2分の1に down➡ この500万円の**実質的価値は1000万円**。
  - ▶実質GDPは1000万円

　※つまり「物価up➡名目＞実質 ／ 物価down➡名目＜実質」となる。

経済成長率の考え方も同じだ。確かに、いくら見た目の金額（＝名目GDP）が去年と比べて増えていても、物価がそれ以上のペースで上がっていたら、実質的には豊かになったとはいえないからね。

😊 考え方はわかったけど、どうやって求めるんですか？

😟 「名目→実質」を求める際には、例えばGDPの場合には**GDPデフレーター**（一般物価指数）というものを使うんだ。GNPならGNPデフレーターね。

😮 デフレーターって何ですか？

😟 デフレーターというのは「<u>基準年を100としたとき</u>の<u>物価上昇率</u>」のことなんだ。言葉の響きはデフレ（＝物価下落）っぽいのに物価上昇率なんてゴチャゴチャしそうだけど、混同せずに覚えてね。

😊 で、それをどう使うんですか？

14　国民所得と経済成長　｜　247

次のように使って計算すれば、実質値は求められるよ。

「名目➡実質」の求め方　GDPデフレーター（**一般物価指数**）を活用。
▶ある年を基準年とし、そこを100としたときの**物価上昇率**

例：基準年と比べて物価が
- 5％ up ➡GDPデフレーターは105。
- 3％ down➡GDPデフレーターは97。

$$実質GDP = \frac{名目GDP}{GDPデフレーター} \times 100（％）$$

実質経済成長率
$$\frac{本年の実質GDP － 前年の実質GDP}{前年の実質GDP} \times 100（％）$$

ちなみに実質経済成長率の計算結果が10％以上ならば「**高度成長**」、3〜5％程度なら「**低成長** or **安定成長**」、マイナスの値ならば「**マイナス成長**」と呼ぶのが、だいたいの目安だ。これも覚えといてね。

戦後の経済成長率の推移
（内閣府『年次別実質成長率』などより作成）

チェック問題 | 14

所得を把握するための諸指標に関する記述として誤っているものを、次の①～④のうちから1つ選べ。

① 分配面からみた国民所得（NI）の要素には、雇用者報酬が含まれる。

② 支出面からみた国民所得の要素には、民間投資と政府投資が含まれる。

③ 国民総所得（GNI）は、国民純生産（NNP）から、固定資本減耗を差し引いたものである。

④ 国民総所得は、国民総生産（GNP）を分配面からとらえたものであり、両者は等価である。

（センター本試験）

 … ③

 内閣府のホームページに「GNPと同様の概念としてGNIを導入」とあり、「GNP＝NNP＋固定資本減耗」である以上、固定資本減耗を「差し引いて」はいけない。

①分配国民所得は「雇用者所得＋財産所得＋企業所得」だから、雇用者所得のいい換えである雇用者報酬は含まれる。

②支出国民所得の「国内総資本形成」は「民間投資＋政府投資＋固定資本減耗」から成っている。

④①で見た通り分配国民所得は「すべての所得の総計」であり、しかも三面等価の原則で考えると、両者は等価である。

15 通貨と金融

1 通貨制度と銀行の役割

😮❓ お金について、今さら何を学べばいいの？

😟 こらこら、そんなことを言うもんじゃないよ。お金は経済社会を成立させるのに不可欠な潤滑油だし、君だって大好きなはずだ。ならば、その機能や役割、問題点やその解消法について、学ぶことはたくさんある。

🙂 わかりました。じゃ、何から学べばいいんですか？

😟 まずは、貨幣の持つ4つの機能から見てもらおう。

貨幣の4つの機能
(a) **価値尺度**…商品価値を**価格**という**単位**で表す。
(b) **価値貯蔵手段**…貨幣の蓄え＝**価値の蓄え**。
(c) **支払手段**…契約や法律に基づく**支払義務**（＝**債務**）**を清算する**手段。
(d) **交換手段**…**商品交換（流通）の仲立ち**。

(c)と(d)が、何だか紛らわしいなあ…

確かにそうだね。具体例を挙げておくと、(c)は支払いの義務がある場合の出費だから「借金を返す・税金を払う・家賃を振り込む」などの機能。それに対して(d)は義務的でない出費、つまり普通の買い物などのことだから「500円を渡して目薬を受け取った」のような場合の機能だ。

なるほど、よくわかりました。

このように、お金には重要な役割がいくつもある。ところがそのお金、もらっても素直に喜べなかったり、かえって困惑したりする場合がある。どういうときかわかるかな？

え〜、全然わかんないなぁ…

それは、外国の通貨をそのままもらったときだよ。例えば君も、お年玉袋に1万円札が入ってると嬉しいでしょ。でもそこに、ほぼ同じ金額だけど、タイの通貨で3000バーツが入っていたら、どう思う？

…ほんとだ。何か困る。

でしょ。それは、その国の通貨価値が全然ピンとこないからだよ。通貨なんて「素材価値 = 額面価値」になるわけじゃないから、**他国の人から見れば紙切れ同然**だもんね。

そのことは、世界貿易が拡大し始めた産業革命期にも大きな問題になった。そこで当時、最大の輸出国であったイギリスが、あるシステムをつくろうと各国に呼びかけたんだ。それが**金本位制**だ。

金本位制？

通貨と金を交換できるシステムだよ。金ならば世界共通の価値が認められているから、このシステムさえつくっておけば、外国の通貨をもらっても安心だ。なぜならそれを銀行に持っていけば、一定量の金と交換してもらえるから。この制度を各国が導入することで、19世紀、世界貿易は急速に拡大していくんだ。

15　通貨と金融　251

😊 なるほど、うまいやり方ですね。

😟 ところがこのシステムには問題があった。確かに**通貨価値は安定するけど、常に通貨の発行量が金の保有量に縛られてしまい、全然融通がきかない**んだ。

😐 どういうことですか？

😟 つまり金本位制下での通貨は、必ず金と交換できないといけないから、**金の保有量が少ないと、通貨の発行量を増やせず、不況への柔軟対応などができなくなる**んだ。これでは不況時に公共事業や社会保障を十分に行えず、非常にまずいね。

結局このシステムは崩壊し、**管理通貨制度**へと移行していくんだ。

通貨制度の移り変わり

金本位制 …通貨価値を**金との交換で保証**。
　　　　　▶ 金と交換可の通貨＝兌換紙幣

- **特徴**　その国の通貨量は**金の保有量と比例**。▶ 確実な交換保証のため
- **長所**　通貨価値の安定、**貿易の促進**。
- **短所**　金不足だと通貨も増やせない。➡ **不況への対応困難**。
　　　　　▶ 世界恐慌後に金本位制が崩壊

管理通貨制度 …各国の中央銀行が、**独自の判断で通貨を発行**。
　　　　　　　▶ 金と交換不可の通貨＝不換紙幣（現在の通貨）

- **長所**　通貨量が調節しやすい。➡ **不況への柔軟な対応可**。
- **短所**　発行量が増えすぎると、**インフレーション**が発生。

😊 管理通貨制度だと、お金は自由に発行できるんですね。

そう。この制度では各国中央銀行独自の判断で、柔軟にお金を発行できる。これで各国は金の保有量に縛られることなく、柔軟に不況対応ができるようになる。ところがそうなると、今度は別の問題が発生するんだ。

別の問題って、何ですか？

通貨が増えすぎると、物価高が発生するんだ。すなわち**インフレーション**の問題だ。次はこの問題について見てみようね。

2 インフレ・デフレ

インフレ・デフレって何ですか？

インフレとは**インフレーション**、つまり**物価の継続的な上昇**のことで、デフレとは**デフレーション**、つまり**物価の継続的な下落**のことだ。

「ノートが1000円に値上がりした。ノートがインフレだ」みたいに使うの？

いや、インフレとは正確には「**経済全体の物価水準の上昇**」のことだから、そういう**個別財の上昇だけをもってインフレとはいわない**。これはデフレも同じだ。

でもまあ実際には「今はノートが1000円になるほどインフレが進んだ」みたいな使い方をするから、テストで答えるとき以外は、あんまり区別しなくていいよ。

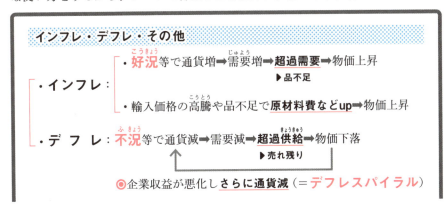

※**スタグフレーション**…「**不況＋インフレ**」の同時進行。
　　　　　　　　　　＝
- **石油危機**などで、**不況と品不足**が重なる。
- 不況なのに**寡占市場で管理価格が形成される**　など。

　好況時にインフレ、不況時にデフレ？　なんか意外ですね。

　言いたいことはわかるよ。つまり物価高というマイナスイメージと好況、物価安というプラスイメージと不況が、なんかチグハグな感じがするってことでしょ。

　そうそう、そうなんですよ。

　でも実際そうなんだ。好況時には世の中全体の金回りがよくなるから、全体的に需要が伸び、そのせいで全体的な品不足からインフレが発生する。対して不況時には、全体的な金回りの悪さから総需要が停滞し、その結果デフレになる。

　そう考えると、例えばデフレの物価安なんて全然嬉しくないんだよ。だって、仮に1本130円の缶ジュースが100円になったとしたら、その原因は「**僕らが130円の缶ジュースすら買えないほどお金に困ってる**」ってことだもんね。だから売れ残り、そのせいで値崩れが起こる。

　何かやりきれない気分だなぁ。いい手だてはないんですか？

　好不況の原因は別にあるとしても、少なくともインフレ・デフレは通貨量の過不足が原因になることが多い。ならばやはり、通貨量を調節するのが、いちばん有効な手だてだね。ただし**スタグフレーション**だけは特殊な事例だから、不況原因とインフレ原因を片方ずつ順番に解決するしかない。

　インフレ・デフレの解消で主要な役割を果たすのは、「**通貨の番人**」こと**日本銀行**だ。

254　│　第2講　経済分野

日本銀行…日本の中央銀行

▶1882年、日本銀行条例に基づき設立。資本金1億円（うち政府が55％出資）の認可法人

- **三大機能**：唯一の **発券銀行**、**銀行の銀行**、**政府の銀行**。
- **目的と理念**：**日本銀行法** に規定（➡**1997年全面改正**）。

```
        ‖
従来： ( 国の政策に則し          ・物価の安定。
       た通貨の供給。 )  ➡ 改正後： [
                                  ・信用秩序の維持。▶金融システムの安定
```

```
( 最高意思 )  : 政  策 … [・総裁・副総裁＋「民間の経済専門家の審議委員」。
( 決定機関 )    委員会     ・1997年改正で「金融政策の決定権」明記。
```

😧❓ **日本銀行がどうやれば、通貨量を調節できるんですか？**

日本銀行（以下「日銀」）には、「**発券銀行**」としての側面と「**銀行の銀行**」としての側面がある。ということは、**日銀が通貨発行量を調節しつつ、市中銀行への貸付も調節していけば、市中の** **マネーストック** **も安定し、景気・物価の安定につながる** わけだ。まずは通貨の流れを見てみよう。

通貨の流れ

日本銀行 ➡ **市中銀行** ⟹ **企業など**

▶発券銀行・銀行の銀行　▶民間の銀行　　　企業の資金調達の内訳 ⬇

- **自己資本**（＝自分の金）の調達
  - (a)内部留保＋減価償却費➡**自己金融**（蓄積資金の活用）
  - (b)株式発行➡株式の販売代金（**直接金融** の形で調達）
- **他人資本**（＝借りた金）の調達
  - (c)社債発行➡社債で借りた金（**直接金融** の形で調達）
  - (d)銀行借入➡銀行で借りた金（**間接金融** の形で調達）

> 日本は長らく証券市場が未発達のため、**(b)(c)より(d)がかなり多い。**

▶※直接金融…出資者の資金が、受け手に直接渡る形／
　間接金融…直接渡る形ではなく、銀行などを介する形

---

15 通貨と金融 | **255**

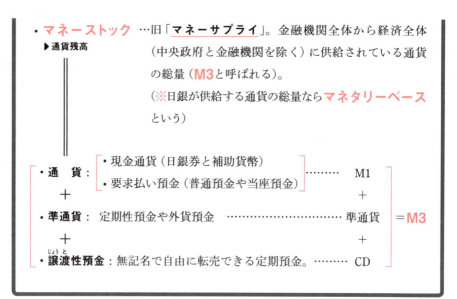

日銀による景気・物価安定政策を、**金融政策**という。それでは、その金融政策について見てみよう。

3 金融政策

日本銀行による通貨量の調節を、金融政策という。その考え方はいたってシンプルだ。

金融政策の考え方

- 好況時…**通貨を減らす**（＝**金融引締**）。➡インフレ抑制へ
- 不況時…**通貨を増やす**（＝**金融緩和**）。➡デフレ解消へ

 どうすればこれらを実現できるの？

その方法は3つあったんだけど、まずはこれを見てもらおうか。

日本銀行の金融政策

従来はこの3つ。

❶ **公定歩合操作** …「日銀→銀行」間の**貸出利子率**の上下。
❷ **公開市場操作** …「日銀→銀行」間の**有価証券の売買**。
❸ **支払準備率操作**…「銀行→日銀」への**強制預金率**の上下。

▶窓口規制（日銀が銀行に貸出枠を直接指導）は、1991年廃止

※ただし❶と❸は近年行われておらず、❷を軸にしたこのやり方が主流。

まず**コールレート**を何％に誘導するかを、日銀**政策委員会**が決定。
※銀行間の短期貸借市場がコール市場／そこでの金利がコールレート

無担保コール翌日物金利 → これが2006年より**公定歩合にかわり新しい政策金利**に。
▶公定歩合は「**基準割引率及び基準貸付利率**」に

その誘導目標を実現するため❷**を実施**し、市中の資金量を調節。

 よくわかんないけど、やり方が変わったってこと？

 そうなんだ。実は先に結論をいっておくと、**かつては❶が金融政策の中心だったけど、今はそれが❷になった**んだ。詳しくは今から説明するから、よく読んでね。

❶ 公定歩合操作

　公定歩合は、かつて日本の**政策金利**（日銀が政策判断に基づいて定める金利）だったが、今日は違う。名前も2006年から「**基準割引率及び基準貸付利率**」に変更されている。

　公定歩合とは、**日銀が市中銀行にお金を貸すときの利子率**だ。かつてはこれを上げ下げさえすれば、世の中の通貨量をかなりスムーズに調節できていた。

15　通貨と金融　｜　257

でも1990年代の「**金融の自由化**」あたりから、**公定歩合が銀行の貸出利子と連動しなくなってきた**。だから❶は今日、金融政策としては行われておらず、現在は**❷を中心とする金融政策が主流**となったんだ。

❷ 公開市場操作

公開市場操作とは、**有価証券の売買**を通じて、世の中の通貨量を調節する金融政策だ。

有価証券とは、国債や手形など、現金に換えることのできる証券類を指す。これを日銀が、民間の銀行と売買する。

好況時には、日銀は手持ちの有価証券を**銀行に売る（＝売りオペレーション。売りオペ）。売れば銀行から代金が入る形で、通貨を吸収**できる。また不況時には有価証券を**銀行から買う（＝買いオペレーション。買いオペ）。買えば日銀が銀行に代金を支払う形で、通貨放出**ができる。

ちなみに今日の金融政策は、日銀の最高機関である**政策委員会**が、**今日の政策金利である「無担保コール翌日物金利」を何％に誘導するかを決め、その金利に到達するよう売りオペや買いオペを行う**ことで世の中の資金量を調節する、というやり方をとる。

❸ 支払準備率（預金準備率）操作

民間の銀行は、国民から預かった預金の一部を、日銀に再預金する義務がある（＝**支払準備金**）。なぜなら、全額企業に貸したりしたら、預金者が下ろしたいとき下ろせなくなるからね。

そして、その再預金の率を上下するのが、**支払準備率**（＝**預金準備率**）**操作**だ。

好況時には、これを上げる。すると日銀に再預金する額が増えるので、銀行が企業に貸す分が減る。不況時はこの逆だ。

ただし支払準備率操作は、**1991年を最後にやってない**。

❹ 窓口規制

窓口規制は、今はなくなった金融政策だ。やり方はいたって簡単。**日銀が**

銀行に「**いくら以上貸すな**」とか、**直接注文をつける**んだ。
ただしこれは、行政指導色が濃すぎるため、**1991年**に**廃止**された。

こんなやり方が、日本銀行の金融政策だ。見てわかったと思うけど、全然複雑なやり方ではない。もしもど忘れしたとしても、試験会場で「どうすれば通貨が増えるか／減るか」と考えれば、その場でわかるものばかりだ。だから気楽に覚えておこう。

最後に、**信用創造**について見ておこう。これは、銀行が最初に預かった金額が、貸付を繰り返すことによって、預かった預金額以上にふくれ上がる現象だ。

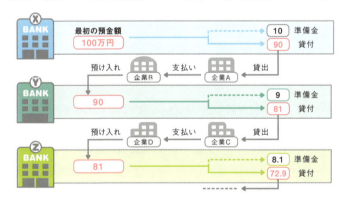

信用創造…銀行の貸付操作の連続で、預金通貨がどんどんふくらむ現象

例 最初の預金（＝本源的預金）が100万円で支払準備率を10％とすると…

● 最初の100万円から「**90万＋81万＋72.9万…**」の貸付が発生。
▶下ろせる預金（＝預金通貨）がどんどん膨張！

$$\left(\begin{array}{c}\text{信用創造}\\\text{総　額}\end{array}\right) = \frac{\text{本源的預金}}{\text{支払準備率}} - \text{本源的預金}$$

$$= \frac{100万}{0.1} - 100万 = \mathbf{900万（円）}$$

15　通貨と金融　259

4 金融の自由化と日本版ビッグバン

❶ 金融の自由化

 金融の自由化って、何ですか？

 <u>金融取引のさまざまな規制を緩和</u>することだよ。
　戦後の日本は、焼け野原からスタートした。ここから高度成長を達成するには、<u>企業への資金の安定供給の実現</u>が不可欠だった。
　だから旧大蔵省は、1つの方針を作った。何だと思う？

うーん、わかりません…

 <u>「銀行を絶対につぶさない」という方針</u>だ。銀行さえ倒産しなければ、企業は常に安定的に資金を得ることができ、日本経済の成長は止まらない。
　そのために旧大蔵省は、<u>銀行間の競争を徹底的に排除した</u>。この旧大蔵省による銀行保護行政のことを「**護送船団方式**」という。

金融の自由化…金融取引を制約するさまざまな規制の緩和

（従来の金融規制）…
- 金利規制：どの銀行も同じ預金・貸出金利。
- 業務規制：**金融４業種間での相互参入は不可。**
　▶銀行・証券・信託・保険間の「**垣根**」

↓

（大蔵省主導の金融行政で競争を排除）＝「**護送船団方式**」（銀行の倒産防止行政）
　▶ 1980〜90年代にどちらも自由化

　どの銀行も同じ金利なら、人々はわざわざ大銀行を選ぶメリットがないから、家の近所にある銀行の利用者も増える。そうすると小規模の銀行でもお客さんを確保でき、倒産しにくくなる。
　また金融４業種の間に「**垣根**」を設定すれば、大銀行による多角経営ができないため、客の独占につながらず、やはり小規模銀行でも倒産しにくくなる。しかしこの方針は、欧米諸国の実情と合わない。

結局アメリカから「日本の金融市場は不健全だ」との批判を受け、1980〜90年代に、**金利の自由化**と**業務の自由化**が、ともに実現したんだ。

❷ 日本版ビッグバン

バブル崩壊後の日本の金融市場は、みじめ以外の何ものでもなかった。

護送船団方式で保護されることに慣れきった日本の銀行には、まったく体力がない。不況ゆえの公定歩合の低さのせいで、預金金利も信じられないほど低い。株に投資したくても、株価はボロボロ。取引手数料も高い。その上、旧大蔵省が設定したわけのわからない規制が山ほどある。どこをとっても日本の金融市場には魅力がなかった。

このままでは世界に取り残されてしまう──そう考えた橋本龍太郎内閣は、**イギリスの金融市場を再生させたビッグバンをまねて、1998年より「日本版ビッグバン」**を実行した。

つまり**日本の金融ルールも国際標準に合わせ、規制も緩和し、何とか昔の経済大国に復活させよう**という試みだ。

日本版ビッグバン…金融市場の「国際標準」への歩み寄り

 ▶グローバル＝スタンダード

◎ 2001年までに東京をニューヨーク・ロンドン並みの国際的市場に。

日本版ビッグバンの三原則

- **フリー**…市場原理が働く**自由**な市場づくり。➡規制緩和。
  - 持株会社の解禁➡**金融持株会社**の設立も可。
    ▶金融異業種の子会社化
  - **外為法**の改正…為替取引（＝両替）、**外貨預金の自由化**。
    ▶外国為替及び外国貿易法
- **フェア**…**健全**で信頼できる市場づくり。
  - 情報開示（ディスクロージャー）の徹底。
  - 弱い金融機関の淘汰 … ・チェック：**金融監督庁** ・処理：**金融再生委員会** ➡ **金融庁**に統合。
- **グローバル**…**国際的**な市場づくり。

 **インフレ貨幣コレクション**

　僕は世界のインフレ貨幣をコレクションしている。
　僕の自慢の逸品は、旧ドイツの「1兆マルク銀貨」だ。これは第一次世界大戦の敗戦と賠償金で紙幣が増刷されまくり、為替レートが何と「1ドル＝4兆2千億マルク」になった頃のものだ。
　でも、数字だけならもっと上もある。第二次世界大戦後のハンガリー紙幣「100京ペンゴ」だ。京だよ京！　これが僕のコレクションでは最高額だ。でも実は、さらに高額の紙幣があり、僕がネットオークションで密かに狙っているのが、同じくハンガリーの世界最高額紙幣「10垓ペンゴ」だ。ひえ〜10垓って、ゼロ21個だよ21個！　化学のオ○ジマ先生に言ったら、「もはやモルの世界ですね」って言われたよ。超見てえ！
　バカな趣味だと思いつつも、やめられない。この前も東京・中野にある「まんだらけ」に行ったら、なぜか「100兆ジンバブエドル」が2千円で売られてたので、嬉々として買ってしまった。もはや病気です。

チェック問題 15

金融政策に関する記述として最も適当なものを、次の①〜④のうちから1つ選べ。

① 物価の安定は中央銀行の政策目標に含まれない。
② 銀行の自己資本比率に対する国際的な規制は存在しない。
③ 金利の自由化が進み、中央銀行の貸付利率の操作は政策としての効果を失っている。
④ 市場のグローバル化の影響を小さくするため、金融ビッグバンと呼ばれる金融規制の強化が行われている。

（センター本試験）

解答 … ③

解説 従来までの護送船団方式が崩れ、金利が完全に自由化されたのが1994年。これにより**各銀行の貸出金利を公定歩合に連動させることもできなくなった**ため、日銀の金利政策は昔のような政策効果を期待できなくなってしまった。

① もちろん含まれる。
② **国際決済銀行（BIS）** が作る規制によると、**自己資本比率8％未満の銀行は、国際業務をやってはいけない**ことになっている。これを「**BIS規制**」という。国際決済銀行については、「17 戦後の日本経済」で詳しく説明するよ。
④ 金融ビッグバンは、金融規制の「強化」ではなく「緩和」。

15 通貨と金融　｜　263

16 財政

1 財政の機能と財政政策

 財政って金融とは別なんですか？

 金融は銀行や日銀を通じた資金の動きのことだけど、財政は**国や地方の経済活動**のことだよ。

金融政策は、通貨量の調節や景気・物価の安定をめざす。対して**財政政策では「国民生活の安定」を重視**する。ということは、当然両者の役割には、重なる部分とそうでない部分が出てくるはずだ。

まずはその辺を確認するためにも、財政の機能を見てみよう。

財政の機能

❶ **資源配分調整**…私企業が供給しない**公共財の供給**。
　　　　　　　　　　　　　　　　　　　　▶「**市場の失敗**」の補完
❷ **所得の再分配**…所得格差の縮小。

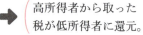

❸ 経済の安定化…政府による景気調節（＝**財政政策**）。

❶と❷は、金融になかった機能ですね。

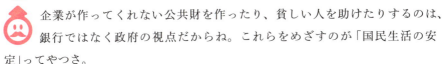 企業が作ってくれない公共財を作ったり、貧しい人を助けたりするのは、銀行ではなく政府の視点だからね。これらをめざすのが「国民生活の安定」ってやつさ。

でも❸だけは、同じ「国民生活の安定」でも、**やり方は金融政策と似ている**。なぜなら景気調節なら、最終的にめざすのがインフレ・デフレ対策になるからね。

ただ当たり前だけど、日銀には日銀の、政府には政府のやり方がある。今度はその政府のやり方について見てみよう。

財政政策

- **フィスカル＝ポリシー**（補整的財政政策）
  ➡ 政府による「**意図的**」な景気調節。

  | 好況時 | インフレ懸念 ➡「**増税＋財政支出削減**」で通貨を減らし解消。 |
  | 不況時 | デフレ懸念 ➡「**減税＋財政支出拡大**」で通貨を増やし解消。 |

  ※これらと金融政策の併用＝**ポリシー＝ミックス**

- **ビルト＝イン＝スタビライザー**（財政の**自動安定化装置**）
  ➡「**累進課税＋社会保障**」を活用する、**自動的**な景気調節。

  | 不況 | 国民の所得 down ➡ 累進課税制度で**自動的な減税**効果。 |
  | | 失業・生活保護 増 ➡ 社会保障制度で**自動的な財政支出拡大**。 |

  ▶好況時にはこの逆の状況・逆の機能が自動的に現れる

 フィスカル＝ポリシーは金融政策と似てますね。

 そうだね。景気の過熱・冷え込みに通貨量の調節で対処する考え方は、確かに金融政策と似ている。

でも、やり方が政府ならではのものになっているところが面白いね。だって

16 財政 | 265

増減税なんて政府しか持っていない強制力だし、**財政支出**だって、要は公共事業や社会保障を通貨量の調整手段に使いますよって意味だもんね。政策効果は同じでも、そこに至る道筋が違うのが面白い。

> ビルト＝イン＝スタビライザーの「装置」って、何ですか？

これは世の中に、**あらかじめ累進課税と社会保障を制度化しておけば、好不況時にはそれらが自動的に「景気安定化のための装置」のように機能してくれる**ってことだよ。ノート部分からもわかるように、これらは制度さえつくっておけば、「今から景気対策やるぞ！」なんて意識しなくても、勝手にうまく機能してくれるんだ。

ただし限界もある。例えば累進課税ではない消費税などには減税効果は出ないし、財政支出だって社会保障の対象者にしか拡大できない。結局、**軸にすべきはフィスカル＝ポリシーで、ビルト＝イン＝スタビライザーは補完的役割**しか担えないということだね。

⬤⬤⬤ 消費税減税はなぜ議論されない？

　少し古い話になるが、2014年は、消費税が５％から８％に増税されたため景気が後退し、安倍首相はその是非を問うためにと発表して解散総選挙を行った。これはまあ本音ではないだろう。なぜならモノが高くなれば売れなくなるのは当然で、そういう意味では消費税増税後の一時的な景気後退など"自然現象"みたいなものだからだ。こんなことでいちいち解散してたら、年中総選挙だ。

　しかし消費税って、増税の際にはメチャクチャ議論されるのに、減税が本格的に議論されることって全然ないな。これはやはり、他の税ではあり得ない「日本で生活する者全員から取れる＋低所得者からも均等に取れる」という点が貴重かつ必要だと思われてるからなのか!?

　完全に政府の都合だけから論じると、消費税は「不況に強い税金」だ。消費ある限り確実に入ってくる税収だもんな。だから議員は議論すらしたくない、マスコミは下手に世論を盛り上げて国家の根幹を揺るがせたくない、そんな気持ちが働いてるってことなのかもしれない。

2 歳入・歳出と国債

次は予算について見てみよう。

国家予算の内訳

- **一般会計**…国の基本的な支出のための予算。（→**普通の歳入・歳出**）
  =
  - **本　予　算**：当初成立予算。
  - **補正**予算：**本予算の変更**（当初予算成立後、必要に応じて変更）。
  - **暫定**予算：本予算成立までの「**つなぎ予算**」（成立が遅れたとき）。

- **特別会計**…**特定の事業や資金運用を行うための予算。**
  ▶政府の企業的事業用／保険業務用／政策金融用など

- **政府関係機関予算**…**政府関係機関**（全額政府出資の法人で、その予算
  には国会の議決が必要）に配分される予算。

  2006年までは「6公庫2銀行」あったが、2008年の**政策金融改革**で

  沖縄振興開発金融公庫／**日本政策金融公庫**／

  国際協力銀行／国際協力機構有償資金協力部門

  の4つのみとなった。

😮 **国家予算って3種類あるんですか？**

そうだね。中でも特に一般会計と特別会計の違いは大切だ。
まず僕らが俗に「予算」と呼んでいるのは、一般会計予算だ。これは普通の歳入・歳出のことで、教科書などに予算として載っているグラフは基本これだ。その金額は2020年度で102.7兆円。

😄 **すごい金額ですね。**

ところが、一般会計とは別枠でやり取りされる特別会計予算は、その歳入・歳出のグラフには現れない。でもその総額は、2020年度で196.8兆円にのぼる。これは、一般会計の約2倍だ。

16　財政　｜　267

えー、どういうことですか？

　特別会計はかつて官僚主導でつくられた予算枠で、「官僚の別財布」などと呼ばれることもある。この予算は一般会計と同様に**国会の議決を必要とする**が、一般会計と違って余った予算の次年度持ち越しが可能だ。その中には省庁の余剰金としてプールされているもの（いわゆる**埋蔵金**）や、天下り用の特殊法人の運営費に使われているものもあるとされるが、仕組みが複雑すぎて、国会議員もなかなか手出しできないのが現状だ（旧民主党政権も「**事業仕分け**」で埋蔵金発掘と改革を試みたがダメだった）。でも何にせよ、これだけ不透明で見えにくい予算が一般会計の2倍分も隠れてる状態は、健全ではない。ここは抜本的な改革が求められるところだね。

　では次は、基本となる予算・一般会計の歳入のグラフを見てもらおうか。

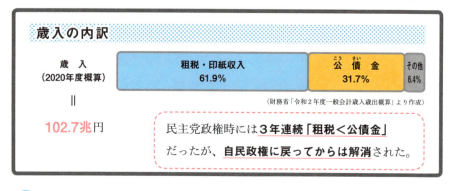

　租税・印紙収入、つまり税金収入が約6割ですか。

　61.9％だから、そうなるね。でもこれはよくないな。財政の基本は「**均衡財政**」（**健全財政**）なんだから、「**歳入＝歳出**」をめざさないと。でもこの表を見る限り、約3分の1の31.7％が「公債金」、つまり借金だ。これでは均衡財政どころではない。

　ほんとだ。何でこんなことに…

　まだまだ景気回復が本格的でないせいだね。景気がよくないと「税金収入は減る＋不況対策で政府の支出は増える」になるから、借金まみれの財政になる。

なるほど。

税収は60兆円程度しかないのに不況対策が必要となれば、もう借金も仕方ない。そして、その**政府の借金証書が国債**だ。歳入の中では「**公債金**」という費目名で示されるけど、要は**歳入不足を赤字国債と建設国債の発行でまかなった借金幅**ということだね。この幅のことを別名「**国債依存度**」という。

民主党政権期（2009〜12年）にはこの国債依存度が高まり、**3年連続で「租税＜公債金」になったこともある**んだ。これって「税収＜借金」って意味だよ。こんな予算、考えられないよ。

 何でそんなことになったんですか？

民主党は当初、「埋蔵金」をあてにしたような大型予算を組んだんだ。いかに各省庁がうまく隠したつもりでも、事業仕分けで無駄な事業をチェックしていけば見つかるでしょぐらいに思ってたんじゃないかな。でも予想に反して、結局**10数兆円捻出する予定が、２兆円ちょっとしか取れなかった**んだ。

 じゃやっぱり借金するしかないのか…

 その借金だって、「均衡財政」が原則だから、本来やっちゃいけないんだよ。ちょっとその辺のルールも確認しとこうか。

国債発行の原則

- **赤字国債**：歳入不足の補完用。財政法上は原則的に**発行禁止**。
  - ➡ ただし**毎年、特例法を制定**して発行（＝**特例国債**）。
- **建設国債**：公共事業に用途を限定した国債。
  - ➡ 国の資産を作る**健全な借金**だから財政法でも**発行OK**。
- **日銀引受け**：「財務省➡日銀」間での直接引受け。
  - ➡ 「**紙幣増刷➡インフレ**」につながるから禁止。
     新規発行の国債は、**まず民間の市中銀行などが買い取る**のが原則。
     （＝**市中消化の原則**）

---

16 財政　｜　269

なるほど、本来赤字国債はダメで、建設国債はOKなんですね。

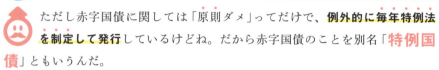　ただし赤字国債に関しては「原則ダメ」ってだけで、**例外的に毎年特例法を制定して発行**しているけどね。だから赤字国債のことを別名「**特例国債**」ともいうんだ。

　あと「日銀引受け」についても説明しておくよ。従来の日銀は「**国の政策に則して通貨の調節**」をしていたから、財務省には逆らえなかった。そんな相手から、例えば「40兆円分の国債を発行したから、これを全部買い取れ」と言われたら、もう紙幣を増刷してでも渡すしかない。

　でもそれをやると、いきなり40兆円分もの紙幣が増え、すさまじいインフレが発生する。だからこれはダメなんだ。

　財務省が新規発行した国債は、日銀ではなく民間の市中銀行などに買ってもらうのが原則だ。これを「**市中消化の原則**」という。

　じゃ、日銀が国債を買うことは、絶対ないんですか？

　いや、買いオペという金融政策がある以上、日銀も国債は買うよ。ただしそれは、あくまで**いったん民間に流通した国債を日銀と市中銀行の間で売買する**のであって、財務省から直接買うわけじゃない。

　次は租税・印紙収入について教えてください。

　印紙という言葉は気にしなくていい。ここは租税収入と考えよう。その内訳は、所得税を中心とする直接税と、消費税を中心とする間接税から成っている。この両者の比率（＝**直間比率**）は、だいたい**６：４**。つまり**日本は直接税中心型**だ。この直接税中心型の税制は、間接税中心だった戦前の税制を、戦後のGHQ要請の税制調査団による**シャウプ勧告**から改めたものだ。

　直接税と間接税について、もう少し詳しく教えてください。

　直接税とは、**僕たちがじかに税務署に納める税金**だ。その中心は給料にかかる所得税。これは**累進課税**で公平さが保たれている。累進課税は金持ちから多く取って金がない人からはあまり取らない課税方式だから、その公

平さは「**金持ちの頭を上からたてに押さえつけるような公平さ**」だ。こういう公平さを「**垂直的公平**」という。

　でも累進課税の公平さは、税務署が僕たちの給料を100%把握してこそ、初めて完全に機能する。ところが現実には、**職種により税務署の所得捕捉率にバラツキが出ている**ため、十分に機能しているとは言い難い。サラリーマンの給料は丸わかり。自営業者は経費経費でとらえにくい。ちなみに、税務署による「サラリーマン：自営業：農家」の所得捕捉率は、なんと「**９：６：４（＝クロヨン）**」だ。これではとても、公平な税制とはいえないね。

　間接税は税負担者（客）と納税者（店側）が別の税。つまり**商品の販売店が客から預かった税金を、あとでまとめて税務署に納める税金**だ。その代表が**消費税**。2019年に**10%に税率アップ**されたことを考えると、この消費税は要注意だ。

　消費税は累進課税とは違い、高所得者からも低所得者からも、わけへだてなく10%を徴収する。こういう横一列な公平さを「**水平的公平**」という。

　でも高い物を買えばわかるけど、**この税は低所得者にはキツイ**ね。3000万円のマイホームにかかる消費税は、10%なら300万円だ。こりゃ100円のものが110円になるのとは訳が違う。

　低所得者の負担感が大きくなる課税を「**逆進課税**」（or **大衆課税**）という。間接税はその**逆進性**が高いのが問題点だ。

消費税…間接税（税負担者（客）と納税者（店側）が別の税）の代表

長所　不況時でも税率downしないので、**税収確保しやすい。**
　　　▶※所得税は累進課税→不況時は所得が減るから税収down。

短所
　・**逆進性**が強い（低所得者ほど所得に占める税負担率が高い）。
　　　▶生活必需品への課税を低くして対処（＝軽減税率）

　・**益税**（納税されず事業者の利益になる幅）が生まれやすい。

諸外国の税率…
　独・仏・英：19～20%／米：７～９％（州ごとに違う）
　スウェーデン・デンマーク：25%

※日本…（1989年）３％→（1997年）５％→（2014年）８％→（2019年）**10%**に。

16　財政　｜　271

では、今度は歳出のグラフを見てみよう。

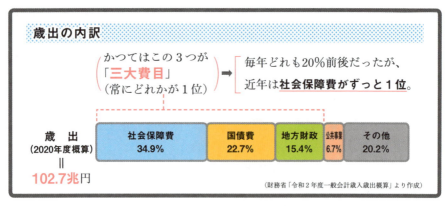

近年の歳出も、三大費目が中心だが、その順位は「社会保障費１位、国債費２位、地方財政３位」で固定化されてきた。

でもよく考えてみると、この中には三大費目であってはいけないものが入ってる。何だと思う？

> わかった。国債費ですね。

そう。社会保障と地方財政が建設的な予算なのに対し、**国債費は単なる借金の返済**、あまりにも非建設的だ。そんな**国債費が予算枠の４分の１近くを占めていると、他の予算枠にお金が回らなくなる**（＝**財政の硬直化**）。これは大問題だね。それにこれだけ返済が多いということは、借金そのものが多いということだ。**国債で借りた金は、将来的には僕たちの税金で返す**ことを考えると、国債の発行しすぎは**将来的な増税**要素にもなる。ムチャな借り方はしないでほしい。

> そうか、国債発行分は将来の増税につながるのか。

そして**将来的な増税は、後世への負担を大きくする**。だから政府は、安直に国債に頼らない予算を組むことが大切なんだよ。

国債依存度の推移

「**国債依存度**」とは、歳入に占める国債の割合、つまり**歳入グラフの「公債金」の幅**のことだ。本来あるべき健全財政なら、この幅は0％にならないといけないのに…。

国債残高とGDPに対する比率

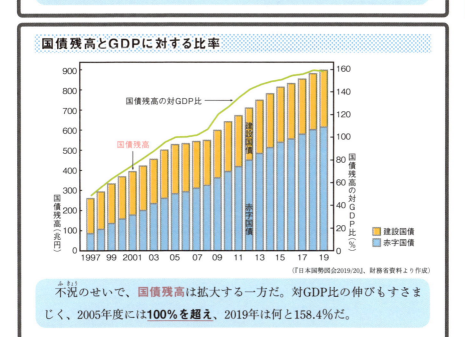

不況のせいで、**国債残高**は拡大する一方だ。対GDP比の伸びもすさまじく、2005年度には**100％を超え**、2019年は何と158.4％だ。

③ 財政投融資

財政投融資って何ですか？

財政投融資とは、公共性があって採算が見込まれる事業に対して、~~税金以外の資金を活用する~~「**第二の予算**」だよ。

え、税金以外に使えるお金があるんですか？

あるよ。少なくとも2001年までは、**郵便貯金**と**年金**の積立金がそれだった。これらは年間40〜50兆円もの資金を活用できる。これって一般会計予算のほぼ半分だよ。まさに「**第二の予算**」だ。

財政投融資（＝**財投**）…歳入・歳出とは無関係な「第二の予算」

▶年間40〜50兆円規模

従来までの財投

・旧大蔵省**資金運用部**資金
　　▶郵貯と年金の積立金を強制預託
・簡易生命保険資金

→　歳入・歳出の枠と無関係なので、
　　一般会計予算より柔軟に活用可。

問題　**財投活用の多い機関**による、**非効率的な運用**が多かった。
　　▶「財投機関」。主に公庫・公団などの特殊法人

対策　**財投改革**（2001年）で「資金運用部＋預託制度」を廃止。
　　▶郵貯・年金の活用廃止

◉今後、財投機関は自ら「**財投機関債**（≒社債）」を発行して資金調達。
　（→不足分は政府の「**財投債**（≒国債）」で穴埋め）

274　｜　第2講　経済分野

郵便貯金や年金の積立金には、将来的に利子をつけて国民に返す必要がある。だから財投を活用する機関（＝財投機関）は、**ある程度お金を稼ぐ必要がある**。

　だからその配分先は公庫や公団などの、いわゆる特殊法人がメインだ。住宅ローンの貸付や公団住宅の建設なら、利子や家賃を稼げるからね。ちなみに国債も利子が稼げる（＝収益性がある）ため、財投資金による国債購入もOKだ。

　でも、そのせいで特殊法人の多くは、あまり努力をしなくなった。**毎年あまりに多くの資金が回ってくるから、「国民に損させちゃいけない」って意識が薄れた**んだね。でもそれは、郵貯や年金の当事者である僕たちからすれば冗談じゃない。

　だから財投は2001年に改革され、**郵貯と年金の活用は廃止される**ことになった。そのかわり各財投機関は、自らの名前で「**財投機関債**」を発行することになったわけだ。

　こうなると、財投機関も甘えは許されない。だって国民から「特殊法人なんか信用できるか！」なんて思われたら、たちまち財投機関債は売れ残ってしまうからね。郵貯や年金に頼らない財投機関が求められることになる。果たして彼らは、ピシッとできるのかどうか…。

2　経済分野

16　財政 ｜ 275

チェック問題 │ 16

日本の予算に関する記述として正しいものを、次の①〜④のうちから1つ選べ。

① 特別会計の予算は、特定の事業を行う場合や特定の資金を管理・運用する場合に、一般会計の予算とは区別して作成される。

② 国の予算の一つである政府関係機関予算については、国会に提出して、その承認を受ける必要はないとされている。

③ 財政投融資の見直しが行われ、現在では郵便貯金や年金の積立金は一括して国に預託され、運用されるようになっている。

④ 補正予算とは、当初予算案の国会審議の最中に、その当初予算に追加や変更がなされた予算のことである。

(センター本試験)

解答 … ①

 特別会計は一般会計と比べて「見えにくい予算」なのに、金額的には一般会計より相当大きく、しばしば批判の対象となる。

②憲法第83条には「国の財政を処理する権限は、国会の議決に基いて、これを行使しなければならない」と規定しており、そこでは一般会計・特別会計・政府関係機関予算を区別していないため、**どの予算も国会で審議**している（俗によくいわれる**「特別会計は国会を通さず成立している」という批判は誤り**）。

③財政投融資改革で、郵貯と年金は財務省に委託せず**「自主運用」**することになった。

④「国会審議の最中」の変更ではなく、「国会で成立した後」の変更。

17 戦後の日本経済

1 戦後復興期

日本の戦後復興について教えてください。

戦後日本の経済復興は、**GHQ主導の三大改革**から始まったんだ。

これはGHQが示した経済民主化指令に基づいて実施されたもので、**財閥解体・農地改革・労働の民主化**の3つの改革だ。内容は以下のようなものになる。

●GHQ主導の三大改革

改革	主な内容
財閥解体	独占的大企業を解体し、**独占禁止法**の制定へ。
農地改革	**自作農創設特別措置法**に基づき、**寄生地主**（自らは農業せず）から農地を買収し、農家に売却。 ➡農家は小作農（他人の土地）から**自作農**（自分の土地）へ。
労働の民主化	**労働三法**の制定で、**労働組合の育成**へ。

とてもいい改革ばかりですね。

だね。確かにどの改革も、戦前の弊害を除去し、日本経済の民主化を実現する上で欠かせないものばかりだ。

　でもこれらは、当時の日本がただちに求めていた改革ではない。当時の日本は、戦費捻出で紙幣増刷、戦争のせいでモノ不足、戦地からの引揚者急増と、とにかく**インフレ要素であふれ返っており、物価も戦前の100倍を軽く超えていた**。いわゆるハイパーインフレだ。

それはすごい！

加えて、あたり一面焼け野原だ。そんな働く場所もないような状態で、労働組合だけ先に育成してどうするんだって話だよ。

　この頃の日本は、何よりもまず、**まともな経済活動が行える経済環境の回復を望んでいた**。でもGHQは、これをやってくれない。なら自分たちでやるしかない。

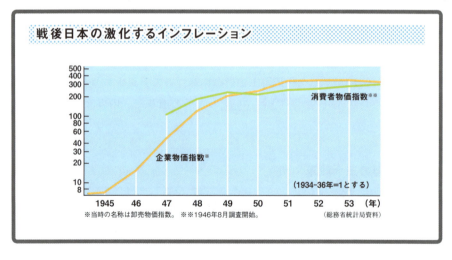

▶日本がとった具体的な経済復興策

　まず日本が行ったのが、**傾斜生産方式**だ。これは産業再建のため、まず**全産業の基礎となる石炭・電力・鉄鋼などの産業（＝基幹産業）に、重点的に投資するやり方**だ。

😀｜なるほど、効率のよさそうな再建策ですね。

　ところが当時は、そのための資金がない。国民が働ける場所もない状況では、税収なんか期待できないからね。そこで政府は、**復興金融金庫という特殊法人を設立し、そこに社債を大量発行させ、それを日銀に引受けさせた**んだ。これがいわゆる**復興金融金庫債**による資金調達だ。詳しい説明は省略するけど、事実上、**国債を日銀が引受けるのと、ほぼ同じやり方**だ。

😅｜え、そんなことしたら確か…

　そう、これは紙幣の増刷から悪性インフレにつながるため、やってはいけない禁じ手だ。でも仕方ない。だって金がなかったから。つまり**政府は、インフレがさらに加速することは覚悟の上で、まず産業の再建に乗り出した**わけだ。
　その結果、物価は戦前の200倍を超えた（＝**復金インフレ**）。でもそのおかげで、**まずは基幹産業が再建**されたんだ。

😮❓｜じゃ、後はインフレ対策ですか？

　その前にもう1つ。実は日本の復興には、アメリカからの**ガリオア**（＝占領地域**救済**政府資金）と**エロア**（＝占領地域経済**復興**資金）に基づく援助も、大いに役立ったんだ。
　これらはGHQではなく米政府が行ったものだけど、これらのおかげで日本には、**救済用のガリオアに基づいて食糧と医薬品が、復興用のエロアに基づいて工業用原材料や機械が、それぞれ供給**された。これも覚えておいてね。
　そしてついに、残る課題はインフレの収束と経済的自立になった。GHQは、これら2つに必要な方向性を「**経済安定九原則**」にまとめ、それを具体化するために、アメリカから経済顧問のドッジを招いた。そこで実施された政策が、**ドッジ＝ライン**だ。

17　戦後の日本経済 ｜ **279**

```
経済安定九原則…1948年、GHQが発表

・インフレ用：総予算の均衡、徴税強化、物価統制の強化など。
・自立用：貿易と為替統制の改善・強化、単一為替レートの設定など。
```

これらの具体化＝「**ドッジ＝ライン**」
　　　　　　　　　　　　∥

```
・**超均衡予算**…「超増税 ＋ 財政支出の削減」の**デフレ**政策。
・復興金融金庫や補助金の廃止（＝「**竹馬経済**」からの脱却）。
・単一の固定為替レート（1ドル＝**360**円）の設定など。
```
　　　　＋
・**シャウプ勧告**…「**間接**税➡**直接**税中心」へ転換する税制改革。

 ドッジ＝ラインのねらいは何ですか？

インフレ収束と経済的自立だ。

ドッジは日本経済を評して「**竹馬経済**」と呼んだ。これは当時の日本が、**一方の足を復興金融金庫がらみの補助金に、もう一方の足をアメリカからの援助に乗っけただけの、非常に不安定な体制**だということだ。

日本が本気で自立するには、竹馬の2本の足を切るしかない。そこでドッジは、補助金・援助金の類を廃止しつつ、インフレ収束用の荒療治を実施した。これが「**超均衡予算**」だ。これは、超増税と財政支出の削減を軸とした、想像を絶するほどの財政引締めであり、意図的にデフレ方向に引っ張るデフレ政策だ。このため日本は、インフレは収束したが、**反動で一時深刻なデフレ不況（＝安定恐慌）に陥った。**

 大変じゃないですか。

でも**この頃、朝鮮戦争による特需景気（＝朝鮮特需）が発生したおかげで、何とかこの危機を乗り切ることができた**んだ。民間企業は米軍から注文された軍需物資を生産して外貨を稼ぎ、1951年には安定恐慌を脱した。

280　｜　第2講　経済分野

さあこれで、インフレは収束した。産業基盤も整った。企業はドルもたっぷり持っている。あとは成長するだけだ。

コラム　単一為替レートと固定為替レート

かつての日本には、政府が決めた為替レートもあったが、同時に貿易する企業ごとに設定した為替レートも無数に存在した。これを複数為替レートという。

でもこれじゃ、諸外国が日本と安定的に貿易できないから、経済的自立の妨げになる。そこでドッジ＝ラインでは、為替レートを政府が決めた公定為替レート一本に絞らせた。これが「単一為替レート」だ。

そして、さらに日本の貿易相手からすれば、通貨価値を不動の「1ドル＝360円」に固定する方が、為替リスクがなくて断然いい。これが「固定為替レート」だ。

つまり当時の日本は、「単一為替レート＆固定為替レートの国」ってことだね。

---

2 高度経済成長期 ・・・・・・・・・・・・・・・・・・・・

高度経済成長期ってどんな時期ですか？

高度経済成長期は、日本が**年率10％前後**の経済成長を実現した18年間（1955〜73年）のことだ。18年間もこの水準をキープした例は他国にはない。まさに「奇跡の経済成長」だ。

日本の高度成長期（1955〜73年）

| 前半 | **神武景気**（じんむ）・**岩戸景気**（いわと）（1955〜61年）…**共通した特徴**あり。

　　　　　　　　　　　　　　↓

輸入中心の民間設備投資に支えられた好景気。
▶外国から新技術を導入し、重工業化をめざす。

➡※ただし輸入のしすぎで**外貨不足**が発生。
▶外貨がないと輸入もできない＝「国際収支の天井」（てんじょう）

17　戦後の日本経済　｜　281

※その他のキーワード

- **神武**：耐久消費財ブーム
  （冷蔵庫・洗濯機・白黒TV＝「三種の神器」）。
  1956年『経済白書』の「もはや戦後ではない」が合言葉。
- **岩戸**：池田勇人内閣が「国民所得倍増計画」を発表。
  （1960〜70年でGNPを2倍に）

※この頃日本は、**先進国の仲間入り**。

- **貿易の自由化**…「GATT12条国→11条国」へ（1963年）。
  ➡これで「輸入数量制限の撤廃」が実現。
- **資本の自由化**…「IMF14条国→8条国」へ（1964年）。
  ➡これで「資金移動の自由化＋企業進出の自由化」が実現。
- **OECD**（＝経済協力開発機構。別名「先進国クラブ」）加盟（1964年）。

【中盤】 **オリンピック景気**…（東京オリンピックに合わせての**公共事業**の急増（首都高・新幹線など）。
（1962〜64年）

（オリンピック後激減で、反動不況発生。）➡このとき、**戦後初の赤字国債**を発行。
▶昭和40年不況（1965年）

【後半】 **いざなぎ景気**（1965〜70年）…**輸出**中心の好景気、ついに実現。

⬇

- 神武・岩戸期の重工業化の開花（➡競争力up）。
- 外貨不足も解消し、**景気拡大局面が戦後3番目の長さ**（57ヵ月）に。
  ▶大型の好景気としては戦後最長

  戦後最長：アベノミクス景気（74ヵ月超）2012〜19年
  戦後2位：いざなみ景気（73ヵ月）2002〜08年

- 1968年には西独を抜き、**GNPが西側諸国で2位**に。

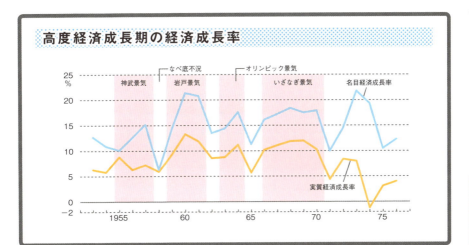

😃 前半の特徴「輸入中心」て本当ですか？　日本は輸出の国じゃ…

😣 輸出中心になるのは、もう少し後の話だよ。高度成長初期は、まだ外国と品質面で張り合えるほど質の高い商品はなかった。

だから**企業は最新式の機械や技術を輸入し、それらを自分の工場にガンガン設備投資**していったんだ。こうしてじっと力を蓄えていたのが、**神武景気**であり**岩戸景気**だ。

だからこれらの好景気は、商品が売れまくった結果というより、輸入機械導入のための工場の建て替えや道路の拡張で、世の中のお金の流れが活性化した、その結果としての好景気だ。

😐 でも輸入ばかりなんて無理があるのでは…

😣 そうなんだよ。**輸出で外貨を稼ぐことなく輸入ばかりだと、当然外貨は足りなくなり、輸入もできなくなる（＝国際収支の天井**）。だからこの２つの好景気は短命に終わったんだ。

しかし間に国内公共事業完結型の**オリンピック景気**をはさんで、**ついに日本にも輸出型の大型景気が到来**する。それが**いざなぎ景気**だ。

😊 いざなぎ景気では、何で輸出型になれたんですか？

神武・岩戸の頃の地道な設備投資がようやく実を結んだから、というのが、いちばんの理由かな。つまりやっと諸外国から「日本のモノは安いだけでなく品質もいい」って認められたわけだ。
　ちなみに当時の日本の得意産業は、重厚長大型と呼ばれる**重化学工業**。つまりこの頃から「**日本といえば造船・鉄鋼・石油化学**」という高度成長期的イメージが定着していったということだね。

● 高度成長の要因

　高度成長の要因としては、こんな理由が考えられる。

❶ 活発な民間設備投資＋技術革新➡**重工業化**に成功。
❷ 政府の**産業優先政策**…生活関連社会資本は後回しに。
❸ 積極的な銀行貸出（**間接金融**）…国民の高い貯蓄率が背景。
❹ **１ドル＝360円**の固定為替レート…**円安**で**輸出有利**。

　円安だとなぜ輸出有利なんですか？

　「１ドル＝360円」という為替レートは円安であり、それは「日本人が360円も払わなければ、アメリカ人から１ドル札をもらえない」という、**円の価値が低く扱われている状態**だ。
　しかしこれは、逆にみると、「**アメリカ人はたった１ドル払うだけで、日本で360円もする商品が買える**」状態ともいえる。彼らにとって１ドル札は100円玉ぐらいの感覚だから、これはすごいことだ。
　つまり「**円安＝日本のモノが安い**」ということなんだ。円高はその逆。
　安ければ売れるのも当たり前。だから品質の高い商品が作れるようになったいざなぎ景気あたりから、輸出も伸びてきたんだね。

3 石油危機〜バブル景気

　高度成長期はいつ終わったんですか？

284　｜　第２講　経済分野

1970年前後から徐々に陰りが見え始める。原因はいくつかあるが、主要なものを挙げてみよう。

▶ **インフレ**

この時期の好況は、物価の上昇も早めた。**そのスピードは、明らかに僕たちの昇給ペースよりも上だった。**

▶ **暮らしにくさ**

政府の産業優先政策のせいで、産業道路や港湾整備は充実していたが、**学校・病院・公園**などの**生活関連社会資本は決定的に不足しており、一般道の舗装率や下水の普及率に至っては、先進国中最低レベル**に甘んじていた。

▶ **公害**

いくらGNPが伸びても、公害がひどい国では台なしだ。だからこの時期「**くたばれGNP**」なんて**言葉も流行した。**

このようにさまざまな原因があったんだけど、これらはどれも決定的なマイナス要因ではない。

> じゃ、決定的な要因って何ですか？

円高の進行と、**石油危機**だ。
円高は「21 国際経済」でも説明するけど、1971〜73年で固定相場制が崩れたことで、必然的に進行した。「**円高＝日本のモノは高い**」だから、日本の商品は売れなくなる。これはまずい。
そして決定打となったのが、1973年の**第一次石油危機**だ。**第四次中東戦争**のせいで石油価格が**4倍に上がり、重化学工業の壊滅**と石油関連商品の**値上げが、同時発生した。**
「**不況＋インフレ**」の同時進行は、**スタグフレーション**だ。これが起これば完全にアウト。1973年に日本の高度成長は終わり、翌1974年には、**戦後初のマイナス成長**を記録した。

17 戦後の日本経済　　285

▶ 高度成長後～1970年代の不況克服期

　1975年から、日本は**本格的に赤字国債を発行**し始めた。ついに不況時代の到来だ。**そこでやるべきことは、具体的な不況への対処と、今後への備え**だ。今後同じような事態に直面したときにも同じドタバタ劇では、芸がなさすぎる。だから今のうちにいろいろやっておく必要がある。

石油危機後の取り組み（1970年代半ば～）

❶ インフレ抑制…**総需要抑制政策**（公定歩合９％に up）
　　　　　　　　　　▶公定歩合＝日銀が市中銀行に資金を貸し出すときの金利

❷ 経営の合理化…
- **ME革命**（マイクロ＝エレクトロニクス革命）に伴う**FA化・OA化**。
  - ▶FA＝ファクトリー＝オートメーション
  - 　OA＝オフィス＝オートメーション
- **減量経営**（当時は解雇よりも新規採用見合わせが中心）

❸ 産業構造の転換…石油不足にも耐えうる産業中心にシフト。

⬇

- **重厚長大**型：**重化学工業**などの素材産業（資源多消費）。
  - ▶鉄鋼・造船・石油化学
- **軽薄短小**型：**加工組立・知識集約型**産業（省エネ・省資源）。
  - ▶家電・自動車・コンピューター部品など

---

❶ スタグフレーションは一度の対策では解決できない。なぜなら、インフレ部分を抑えると通貨が減ってますます不況になり、不況対策をすると通貨が増えてますますインフレになるからだ。

　だから政府は、**まず総需要抑制政策でスタグフレーションのインフレ部分を抑えて普通の不況と同じ形にし、それから不況対策をする**ことになった。その政策の中で、史上最高の公定歩合９％が出現したんだ。

❷ 不況時に行う企業努力を、今は**リストラクチャリング**（＝再構築）と呼ぶが、この当時は「**減量経営**」と呼んだ。この頃の大学生も就職は厳しかったんだよ。そして人件費削減のために、コンピューター技術を駆使して工場の自動機

械化（＝**FA**化）、オフィスの自動機械化（＝**OA**化）を進めていった。これらを総合して**ME（マイクロ＝エレクトロニクス）革命**という。

❸ 第一次石油危機のときと同じヘマをしないために、**日本の企業は徐々に得意産業を変えていった。**

重化学工業のままでは、またいずれ石油供給に振り回されてしまう。だからこの時期、「**日本といえば造船・鉄鋼・石油化学**」から「**日本といえば家電・自動車・コンピューター部品**」へと、**産業構造の転換**を実行した。この転換は大正解だった。その辺はこの後、見ていこう。

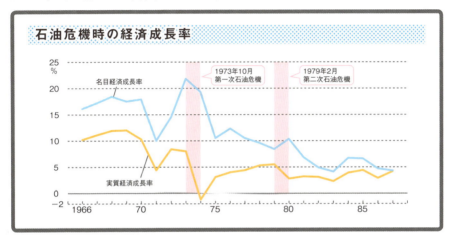

石油危機時の経済成長率

▶ 1980～90年代

1980年代の幕開けは、日本の努力が正しかったかどうかが試される事態から始まった。

第二次石油危機だ。**イラン革命をきっかけに再び石油の価格が高騰し、ほ**とんどの国は「**世界同時不況**」に苦しんだ。

 えー！ じゃあ、また日本はどん底になっちゃうんですか？

ところが日本は、産業構造を変えていたおかげで大丈夫だった。だから諸外国が苦しむ中、日本は**新しい得意産業の商品を欧米諸国に売りまくる**ことで乗り切ることができたんだ。

ただその売り方が、諸外国から「**集中豪雨型輸出**」と呼ばれるほどすさま

じかったせいで、**貿易摩擦が激化**した。確かに世界中が苦しい中、日本ばかりが外需頼みで車や半導体を節操なく輸出したら諸外国も気分がよくないよ。

　そこで先進諸国は1985年、ニューヨークのプラザホテルで、先進5ヵ国蔵相・中央銀行総裁会議（**G5**）を開催した。いわゆる**プラザ合意**だ。そしてそこで、**日本の商品が売れなくなる経済環境**がつくられた。何をされたと思う？

 う〜ん、何だろう？

　円高誘導だ。「円高＝日本の商品は高い」だからね。
　正確にいうと、**プラザ合意は「アメリカ救済（＝ドル安誘導）」が主目的**で、日本をたたくのはついでだ。つまり**不況にあえぐアメリカをドル安で助けつつ、ついでに調子に乗ってた日本を円高でこらしめる**という合意だね。

 でもドル安誘導って、何をどうするんですか？

　「**ドル売り・円買いの協調介入**」だよ。各国中央銀行は、一斉に手持ちのドルを売りまくり、かわりに円を買いまくるわけだ。これでドルは売れ残り（＝ドル安）、円は品不足（＝円高）になる。

　円高の進行後も、売買契約期間の関係で日本の貿易黒字は一時的に拡大した（＝**Jカーブ効果**）が、その後は当然輸出が停滞し、日本はいわゆる「**円高不況**（輸出の停滞からくる不況）」に備えなければいけない局面に突入した。

プラザ合意と円高不況

プラザ合意（1985年）…G5の合意に基づき、**ドル安・円高へ誘導**。
→ **円高不況**（輸出停滞）が懸念され、**公定歩合2.5％にdown**。
↓
but 円高＝「日本のモノは高い／外国のモノは安い」だから…。

↓
- 輸入原材料安で、生産コストdown。
- **人件費の安いアジアへの工場移転**。
  ▶ただしその分、国内産業の**空洞化**が進む

（円高メリットで、深刻な不況には至らず。）
↓

288 ｜ 第2講 経済分野

- 不況対策は不要。
- 公定歩合は2.5%のまま。

→ 「カネ余り」の銀行資金が土地・株取引に過剰融資され「財テク」ブームが過熱。

 不況対策として、何か手は打ったんですか？

 1987年、**日銀が公定歩合を2.5%まで下げた**。標準的な水準が5％前後だから、これは驚くべき低さだ。

 何でそんなに極端に金利を下げたんですか？

 それはこの頃ちょうど、1970年代からバンバン発行されている国債の償還（＝返済）が始まっていたからだ。

つまり**本来なら日銀とポリシー＝ミックスして財政政策を行うべき政府の方は、それよりも財政再建（＝借金返済）を優先**させた。だから政府は手を打たず日銀だけに不況対策を任せ、そのせいでこんな極端な低金利になったんだ。

 そうだったのか。

この低金利のおかげで、市中銀行は日銀から金を借りまくり、「カネ余り」ともいえる状態が発生した。不自然な状態だけど、とりあえずこれで不況への備えは万全…のはずだった。

ところが実は、その不況がなかなか深刻化しなかったんだ。

 なぜですか？　円高は輸出不利のはずなのに。

 それは**円高にはメリットもある**からだ。つまり「円高＝日本の商品は高い」ということは、逆にいえば「**外国の商品は安い**」ということだ。ならば**輸入原材料や外国人労働者の人件費が安くなるわけだから、それらをうまく活かせばコストを下げ、商品を安くして売れる**ということになる。

結局この円高は、深刻な不況には直結しなかった。なのに公定歩合2.5％のせいで、銀行はカネ余りだ。こうなると金は、不況対策以外の方向へ貸し出される。その結果どうなったと思う？

17　戦後の日本経済　　289

どうなったんですか？

土地と株式への投資に、お金が集中し始めたんだ。その結果、地価・株価が上昇し（＝**資産インフレ**）それに牽引されて生まれた好景気が、いわゆる**バブル経済**（＝**平成景気**）だ。

> **バブル経済（平成景気）**
> ↓
> （いざなぎ景気（57ヵ月）に次ぐ、**戦後4番目**（51ヵ月）の景気拡大局面（1986～91年）。
>
> ● 土地・株式への**値上がり期待感**が主要因（➡ 実体経済とは無関係）。
> ● **円高**で輸入品が安く、**好況なのにインフレが少なかった**。
> ● 「**公定歩合up＋不動産への融資規制**」で、バブルは崩壊。

 この時期はすごかったみたいですね。

ほんとにすごい時期だったな。不動産や株式へ投資する「**財テク**」ブーム、カネ余りからくる銀行の**過剰融資**、世界的な美術品の買い漁り、私大ブームや就職戦線の「**売り手市場**（＝労働力の売り手である大学生有利の市場）」、ブランド物のスーツを着て車を乗り回す大学生、「結婚相手は三高（＝高学歴・高収入・高身長）じゃないとイヤ」と言ってた女子大生…あの頃の日本人は、誰一人として「ジャパンマネーが世界最強」だと信じて疑わなかった。

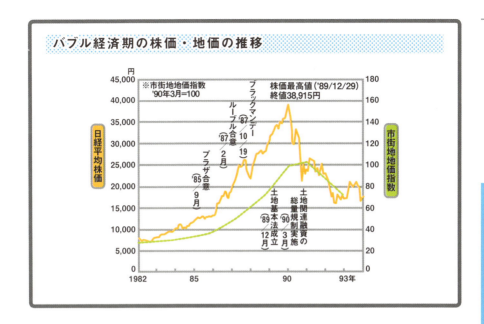

> 今となってはまったく想像できない時代ですね。

でも、バブル経済は本当の意味での好況ではない。本当の好況が、モノを作って売るという実体経済の伴ったものだとするなら、**バブルは人々の期待感が生み出した幻想**にすぎない。

だから期待感がしぼんだとき、あっけなく崩壊した。1980年代の終わり頃から、政府は上がりすぎた地価を沈静化するため、**公定歩合の引き上げ（6％へup）**や、**不動産融資への総量規制**を始めた。そして、こんな些細なことが人々の期待感をしぼませ、バブルは弾けてしまったんだ（バブル経済の崩壊）。

> そうだったのか…

期待感がしぼんだ後、地価と株価は底が抜けたように下落した。特に株価の下落は早く、**日経平均株価**（1989年に最高値38,915円を記録）は、わずか1年ほどで約半分の2万円前後まで下がった。

株価・地価の下落（＝**資産デフレ**）は実体経済も冷え込ませ、投資・消費は大幅に縮小した（＝**逆資産効果**）。バブル経済崩壊の後、日本は平成不況（1991

〜93年）に陥った。倒産・リストラ・貸し渋り…。特に銀行の**貸し渋り**（貸さない）と**貸しはがし**（早期回収）は問題だ。

何で銀行はそんなことをしたんですか？

彼らはバブル期の**過剰融資**がたたり、貸付先企業の倒産などで**回収できなくなった貸付金（＝不良債権）の問題**に頭を悩ませてたんだ。

国際社会には、**国際決済銀行**（BIS）が設定した**「自己資本比率8％未満の銀行は、国際業務禁止」**という規制（＝BIS規制）があるからね。つまり、ただでさえ地価・株価の下落で自己資本比率が目減りしている中、これ以上不安要素を抱えたくないというのが、当時の銀行の本音だったということだ。

だから彼らは公定歩合が0.5％（1995〜2000年）になり、**0.1％**（2001〜06年）になっても貸し渋りを続けた。

銀行が貸さない限り、景気回復はあり得ない。この銀行の態度は、バブル後の不況をいたずらに長引かせた原因の1つになったといえるだろうね。

ちなみに、その後景気は徐々によくなり、不良債権問題も解決したが、**リーマン＝ショック**（米バブル崩壊）や**東日本大震災**のあおりを受け、再び撃沈。2020年には新型コロナ騒動により、先行きが見えない状況となり、バブル後の不況は「**失われた10年**」どころではなくなってしまった。

4 バブル後の経済政策

バブル後は不況対策のやりすぎで、財政構造もおかしくなった。だから橋本内閣のとき、将来的な赤字国債ゼロをめざす改革を行ったが、さまざまな悪条件が重なってうまくいかなかった。

その後、小渕内閣時から国債濫発に歯止めがかからなくなり、財政状況は一気にボロボロになった。その後、小泉内閣時に引き締めたため、一時的に持ち直したが、その後の政権ではまた国債濫発。結局、赤字国債発行額は年々増え続けているのが現状だ。

財政構造改革法…財政赤字の削減をめざす試み

（1997年 橋本内閣）　▶目標＝赤字国債ゼロ

　・消費税「3％➡5％」へup
　・所得税の特別減税の中止　　　➡　**国民の負担額、急増**。
　・医療費up（サラリーマン1割➡2割負担）
　　　　　　　　　　　　　　　　　　▶デフレ要因の集中
　　　　　＋
政府の収入は増えたが

アジア通貨危機…タイ通貨**バーツ**の暴落により、東南アジア全域が深刻
（1997年）　　　　　な不況に（＝日本からの**対アジア融資も不良債権化**）。

◉ **回復しかけた景気が悪化**。➡ 1998年、**目標の先送り**決定。

次は金融機能の健全化をめざす政策だ。

金融面でのさまざまな政策

● **金融再生法**（1998年）…目的：❶銀行の**破綻処理**／❷混乱期の預金者保護

❶
　・中小銀行：**3年以内に受け皿銀行を探す**が、なければ**清算**される。
　・大　銀　行：**一時国有化**（＝**特別公的管理**）し、**絶対に受け皿銀行を探す**。

❷
（銀行破綻時には、**預金保険機構**が預金払い戻しを保証。）
　▶ただし上限1000万円＝ペイオフ

　・2001年まで：**ペイオフは凍結**。
　　　　　　　▶預金全額保護
　・2002年以降：**ペイオフは解禁**。
　　　　　　　▶上限1000万円に戻った

●（金融機能早期健全化法）…**破綻防止**のため、**銀行の規模**に応じて**公的資金**を注入。
　　　　　　　　　　　　　▶自己資本比率→低いほど条件が厳しい

- **ゼロ金利**政策…銀行間の短期資金の貸し借りのみ、実質的に金利ゼロに。
  - ▶ 無担保コール翌日物金利 →「公定歩合ゼロ」ではない

  ＋

- **量的緩和**政策…**大規模な買いオペの一種。**
  - ▶ 無担保コール翌日物金利 →「公定歩合ゼロ」ではない

  ＋

- **マイナス金利**政策…「**銀行→日銀**」へ資金を預ける際、**預ける側が金利を取られる。** ▶ 日銀当座預金へ
  - ➡ つまり銀行は、日銀に預けるよりも、**企業や国民に貸し出す方が得**に。▶ 世の中の資金を増やし、デフレ解消へ

銀行保有の（**不良債権**処理）…
- 再生不可の企業分：**整理回収機構**が買い取り、資金を回収。
- 再生可の企業分：**産業再生機構**が買い取り、**企業再建を支援**。

　体力のない銀行を中途半端に救済すると、貸し渋りは減らない上、国民の預金が必要以上に分散する。

　だから弱った銀行に引導を渡すため、**金融再生法**が作られた。これで弱体化した銀行をつぶしていけば、いずれ金融機能は健全化する。これは正しい判断だ。

　しかし**大銀行だと、つぶすにつぶせない。金融恐慌の引き金になりかねないか**らだ。だから**大銀行には公的資金を注入して、絶対につぶさない。**全然納得はいかないけど、やむを得ない処置だ。

　そしてこれだけ銀行がつぶれる時代になると、当然預金者の保護が必要になる。だからしばらくの間、ペイオフは凍結されていた。

　ペイオフとは「**銀行倒産時、預金保護は1000万円を上限とする**」制度だ。そして**その凍結は「預金全額保護」**を意味する。

　でもそれも終わり、定期預金では2002年より、普通預金では2005年より**ペイオフは解禁**された。つまりこれからは、**また「上限1000万円の保護」**に戻ったわけだ。預金も「自己責任」の時代になったんだ。

チェック問題 17

高度経済成長期以降の産業構造の変化に関連する記述として最も適当なものを、次の①～④のうちから1つ選べ。

① 高度経済成長期における活発な設備投資を背景に、国内製造業の中心は、重化学工業から軽工業へと変化した。

② 二度の石油危機をきっかけに、エレクトロニクス技術を利用した省資源・省エネルギー型の加工組立産業が発展した。

③ プラザ合意後の円高不況と貿易摩擦の中で、国内製造業においては、労働力をより多く用いる労働集約的な生産方法への転換が進んだ。

④ バブル経済期の低金利と株価上昇を受けて、第二次産業就業者数が第三次産業就業者数を上回った。

（センター本試験）

解答 … ②

 高度成長期に日本が得意とした重化学工業（鉄鋼・造船・石油化学）は、石油がないと成り立たない。そこで日本は、二度の石油危機を契機に、得意産業を「家電・自動車・半導体」などへと切り替えた。これを「**産業構造の転換**」という。

①重化学工業と軽工業が逆。

③「円高＝日本のモノは高い」になる反面「外国のモノは安い」になるから、**労働力を人件費の安い外国（特にアジア諸国）に求め、製造業の工場を移転**させた企業が増えた。その結果「**国内産業の空洞化**」（＝国内から工場が消える）が発生した。

④バブル期は低金利からくる銀行の「**カネ余り**」が発生して、**土地・株式などへの投機、いわゆる「財テクブーム」が到来した**。これは実体経済を伴わない好景気だから、製造業でコツコツ利益を積み重ねる**第二次産業中心型とは別種の好景気**だった。

17　戦後の日本経済

18 日本経済の諸問題

 ここでは何を勉強するんですか？

 ここではいわゆる「高度成長の歪み」について見ていくよ。
日本は高度成長期、ペティ・クラークの法則で知られる**産業構造の高度化**があり、その流れの中で中心的な産業が第一次から第二次、そして**第三次産業へと向かい始めた**。そしてその間、GNPを伸ばすことだけに、がむしゃらに邁進した。でもそのせいで、**さまざまな分野で歪みが生じて**しまったんだ。

1 中小企業問題

中小企業の定義

旧・中小企業基本法（1963年）	資本金	従業員数
製造業その他の業種	1億円	300人
卸売業	3千万円	100人
小売業 サービス業	1千万円	50人

→

新・中小企業基本法（1999年）	資本金	従業員数
製造業その他の業種	3億円	300人
卸売業	1億円	100人
小売業	5千万円	50人
サービス業	5千万円	100人

❶ 中小企業の形態

系列企業：**旧財閥系の企業集団などの中の子会社的な企業**。大集団の歯車の1

つとして**切り捨てられることはないが、経営に自主性はなく**、社長その他役員の多くは、親企業からの出向組だ。

下請け企業：系列企業のようにグループの歯車ではなく、仕事を回してもらっているだけの企業。人員・資金不足から自主性を発揮する余裕がなく、大企業の下請け仕事に追われ、**不況時には真っ先に切り捨てられる**（＝**景気変動の調節弁**）。

独立企業：上記以外。ハイテク関連の**ベンチャー企業**や**ニッチ**（すき間産業）、地域密着型の**独立企業**などがある。ベンチャー企業は「**小資本だが高い技術**」を武器に、将来性あふれる事業展開をめざす。ベンチャーを支える投資会社を**ベンチャー＝キャピタル**、個人投資家を**エンジェル**と呼ぶが、銀行からは融資を断られることも多い（不動産担保等を持っていないことが多いから）。

❷ 中小企業の割合・大企業との格差

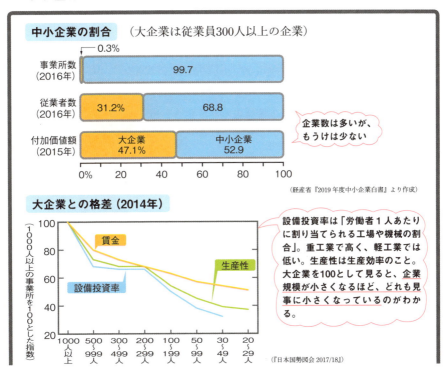

中小企業は
- **労働集約型**（投下資本量＜労働量）が多い（⇔ **資本集約型**）。
- **資本装備率**（労働者1人あたりの工場や機械）が低い。
- **労働生産性**（労働者1人あたりの生産量）が低い。
- 地方銀行や信用金庫がメイン（**大銀行は大企業にしか貸さない**）。
  ▶ 金融の二重構造

◉ **企業数は多い（全企業の90％以上）がもうけは少ない（同50％弱）**。
　▶ 大企業との「**経済の二重構造**」（先進国と途上国並みの格差）発生

 何かすごい差がありますね。

 そうなんだ。**日本の大企業と中小企業には、まるで先進国と途上国の間のような経済格差があった**んだよ。これを1957年の経済白書は「**経済の二重構造**」と呼んだ。

しかしこうした不平等を是正するのが政府の仕事だ。だからこれらに対しては、以下のようにさまざまな対策が講じられてきた。ただどれも、抜本的な中小企業救済にはつながっていないのが現状だ。

主な対策立法

中小企業基本法 （1963年）	中小企業構造の高度化と、事業活動の不利の是正をめざす（➡ 具体性なし）。
大規模小売店舗法 （1973年）	デパートやスーパーなどの大型小売店の出店を規制し、中小商店の活動を確保。 ➡ 同法は2000年廃止。**大規模小売店舗立地法**となり、ほぼ自由化（※大型小売店への規制は、2006年の改正都市計画法で若干規制強化）。

2 農業問題

 農業問題って、どんな問題なんですか？

戦後GHQが実施した**農地改革**により、地主から農地を借りていた小作農たちがついに念願の自作農（自分の農地で農業に従事）になったという話は、「17 戦後の日本経済」でも見た通りだ。

しかしこれは嬉しい反面、問題点もあった。自作農になれたまではよかったが、改革で農地があまりに細分化されたため、**かえって農家の零細化を促進**させ、**かえって農業所得は減少**してしまったんだ。

　それはまずいですね。

　このままでは選挙で票がもらえなくなる――農民団体の支持に依存する自民党にとって、これはピンチだ。ここから、非常に積極的な農民支持政策が始まっていくんだ。

農業所得の支持政策

❶ **農業基本法**…農業所得を向上させ「**自立経営農家**」の育成を。
　（1961年）　　　　　　　　　　　▶農業で他産業なみの所得

- 生産の**選択的拡大**　…　コメ中心 ➡ 収益性の高い作物へ転換。
- 農産物価格の安定
- 農業構造の改善　　　…　機械化・近代化の促進。

❷ **食糧管理制度**(1942年～)

従来　：　政府がコメを農民から強制的に買い上げ、国民に配給。▶戦時中の食糧不足対策

1960年～：　農民からの**コメの買い取り価格 up**。国民への販売価格は据え置き。▶露骨な選挙対策

---

❶ 農業基本法（1961年）

　農業基本法は農家に自立を促す、いい法律ですね。

　確かにその通り。でも、うまくいかなかったんだよ。
　なぜなら時代が悪かった。**高度成長期はちょっと都会に出れば、いくらで**

も工業の仕事があった時代だからね。結局、保守的な農民たちは、**先祖代々の手法を変えるより、都会での出稼ぎや、町工場での労働日数を増やす方を選んだ。**

 つまり、兼業農家の増加ですね。

農業メインの兼業農家を第一種兼業農家という。**高度成長期に増えたのは、農業以外がメインで「農業はついで」の**第二種兼業農家だ。ちなみに、1995年よりこれらの呼称が変わり、微妙に分類方法も変わったが、ほぼ従来の第一種兼業農家が「主業農家」、第二種兼業農家は「準主業農家」に含まれることとなった。

❷ 食糧管理制度（1942年～）

 食糧管理制度って、何ですか？

食糧管理制度は、元々は戦時中の食糧不足対策だった。つまり、コメを政府が強制的に買い上げ、それを国民に配給するというものだった。

これが農家の所得アップのためにアレンジされた結果、なんと1960年からは、こんな形になったんだ。

コメを政府が「農民から高く買い、国民に安く売る」。

え～!?　仕入れ値の方が売り値より高いってこと？

そうなんだよ。信じられないよね。ちなみに、農家から高く買う価格を「生産者米価（べいか）」、国民に安く売る価格を「消費者米価」というが、当然**このやり方は、食糧管理特別会計（＝食管会計（しょっかん））の赤字を拡大させる。**

でも農家の所得さえ増やせば、自民党は選挙で勝てる。結局食糧管理制度は続けられてこの赤字幅（＝逆ザヤ）がどんどん拡大した結果、ついに野党から厳しく批判され、その後の「総合農政」につながっていくんだ。

❸ 総合農政（1970年～）

1970年から始まった総合農政では、減反（げんたん）（田んぼを減らすこと）と自主流通米制度（一部良質米のみ自主販売可）を柱に、逆ザヤの縮小をめざすことになった。しかし基本的に❶と❷は継続された。

- 総合農政（1970年〜）
  - **減反**政策：「**田んぼを減らせば補助金**をあげる。」
  - **自主流通米**制度：（一部良質米のみ、**食糧庁を通さ**ずに自主的販売可へ。）

 → **政府買い取り米の削減**

❹ 1980年代以降の農政

日本にとっての1980年代といえば、**日米貿易摩擦**の時代だ。

 貿易摩擦って工業分野でしょ。農業は関係ないのでは…

一見無関係に見えるけど、つながってくるんだ。なぜなら日米貿易摩擦の基本的な形は「日本ばかりオレたちにモノを売るな。お前らもオレたちのモノを買え」だよね。ならば僕らが買う商品は、アメリカにたくさんあって日本に少ないもの、つまり農産品ということになる。

日本の食糧自給率は低い。下のグラフより明らかだけど、**供給熱量（カロリー）ベースで見た自給率**（※人間が1日にとるカロリーの何％分が自給食糧か）は、わずか**40％**前後しかない。

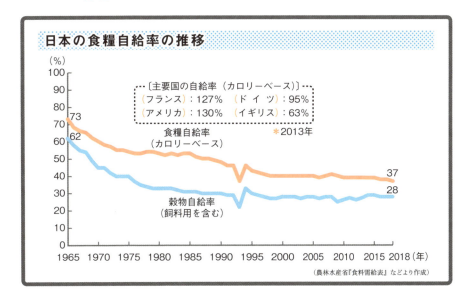

日本の食糧自給率の推移

〔主要国の自給率（カロリーベース）〕
（フランス）：127%　（ドイツ）：95%
（アメリカ）：130%　（イギリス）：63%
＊2013年

食糧自給率（カロリーベース）　37
穀物自給率（飼料用を含む）　28

（農林水産省『食料需給表』などより作成）

18　日本経済の諸問題　｜　301

そういう意味では、アメリカの主張は正しい。でも自民党にとっては、正しい正しくないなんて問題ではなかった。彼らが恐れていたのは「**農産物の自由化→外国の安い農産物の流入→日本の農家の不利益→自民党の選挙敗北**」という流れだ。このままではその流れにはまってしまう。何とかしないと。

> どんな手を打ったんですか？

牛肉・オレンジの自由化だ。日本で圧倒的に多いのはコメ農家だから、この辺なら風当たりもキツくない。しかもこれらはアメリカが輸出を拡大したがっている品目だから、アメリカへ顔向けもできる。これは1990年代初頭に実現した。

> じゃ、コメの市場開放はせずに済んだんですね。

しかしどうやら、その問題を避けてばかりもいられなくなってくるんだ。いわゆる**GATTウルグアイ＝ラウンド**の問題だ。

> GATTウルグアイ＝ラウンド？

1986年から**GATT**（関税及び貿易に関する一般協定）の**加盟国がウルグアイに集まって、貿易の自由化について話し合っていた**んだけど、ここでは**農産物の自由化についての話も進んだ**。そうなると、GATTの目標が世界中で自由貿易を実現することである以上、当然日本のコメも問題になる。

> それはまずいですね。

日本は必死になって抵抗したが、**1993年に冷夏などの影響を受けて「コメ不足→緊急輸入」**という事態になった。あれ一発で、自由化反対の根拠が弱くなってしまった。つまり諸外国から「完全自給もできもしないくせに自由化に反対するな」と言われ、主張を退けられたんだ。

こうしてコメは自由化される運びとなった。1995年からしばらくの間だけは「**自由化猶予のかわりに最低輸入義務（＝ミニマム＝アクセス）の設定**」という特例措置が許されたけど、**1999年からはそれもなくなった。これからは農家が競争力をつけて、安い外国米に対抗しなくてはいけない時代に入ってきた**んだ。

❺ コメ自由化後の農政

1995年以降の流れを受け、日本の農政は大きく転換された。

どんな具合に転換されたんですか？

基本的に「保護よりも競争力アップ」の方向性にだ。まず**食糧管理法が廃止されて新食糧法**（食糧需給価格安定法）となり、従来の保護一辺倒から競争力アップへの転換が図られた。次いで1999年には、農政のあり方を抜本的に改めるため、**農業基本法も改正された**。

コメ自由化後の農政

- **新食糧法**（1995年〜）…「農民保護 ➡ 競争力up」への転換。
  - ヤミ米＝「**計画外流通米**」として容認。▶コメの種類が増えるほど、競争激化
    （※計画外流通米と自主流通米は2004年より「**民間流通米**」に）
  - 販売の許可制 ➡「**登録制**」へ。▶販売店の数を増やし、販売店間でも競争激化
  - 一律減反の廃止（自主的判断で減反）。▶減反なしなら生産量増える＝競争激化
  - **市場原理**の導入（生産者米価・消費者米価の廃止）。▶価格設定でも競争激化

- **新農業基本法**（＝**食料・農業・農村基本法**（1999年〜））
  …農政の基本理念の変更。
  - 農村の**多面的機能**。…景観地／水源確保／**環境保全**
  - 食糧の安定供給。
  - 農村の振興…「**地産地消**（＝地元生産・地元消費）」を軸に。

なお、農村の振興案としては、近年農林漁業の「**六次産業化**」も注目されている。六次産業とは、例えば農家自らが生産（＝第一次産業）したものを食品加工（＝第二次産業）し、販売（＝第三次産業）までする産業モデルだ。「**1＋2＋3次＝6次**」というわけだね。

農政は今、大きな転換点を迎えている。今後に注目だ。

3 消費者問題

消費者問題って何なんですか？

消費者問題とは、**消費者が受けるさまざまな被害や不利益**のことだ。この問題は高度成長期にもあった。現在もある。ただ昔と今とでは問題の性質が違ってきているので、正確に把握しよう。

●**高度成長期の消費者問題**：薬害、有害商品、誇大広告など。

薬　　害	サリドマイド	妊婦が睡眠薬を摂取し、四肢の未発達な子どもを出産。
	スモン病	整腸剤の影響で、失明・歩行不能などの被害。
有害商品	森永ヒ素ミルク	ミルクにヒ素混入。乳児に多数の死者・中毒者が出る。
	カネミ油症	健康食品にPCB（ポリ塩化ビフェニール）混入。
誇大広告 不当表示	消費者は**広告や宣伝に左右**されやすく（＝**依存効果**。ガルブレイスの言葉）、**他の消費者にも左右**されやすい（＝**デモンストレーション効果**）ので、これらの影響大。		

※これらのうち、商品の誇大広告やラベルの不当表示などにだまされるのは、よく商品のことを調べもせず、すぐ宣伝や他者の動向に飛びついてしまう我々自身にも責任がある。

●**現代の消費者問題**：悪徳商法、食の安全など。

悪徳商法	キャッチセールス：路上や街頭で声をかけ、雑居ビルなどに連れていき契約。 **アポイントメント商法**：電話で会う約束をして商品を販売。 **ネガティブ＝オプション**（**送り付け商法**）：勝手に商品を送付し、代金を請求。 **マルチ商法**：訪問販売相手を、新たな販売員として次々に勧誘。
食の安全	輸入：BSE問題、輸入農産物の**ポストハーベスト**農薬。 　　　▶＝狂牛病　　　　　　　　▶収穫後の農産物用。日本は禁止 国内：**食品偽装**（消費期限や産地偽装）多発。

金融拡大・不況からくる**自己破産**（裁判所に認められれば債務免責）の増加など。
　▶※ただし「(2003年)：約24万件→(2018年)：約7万件」と、かなり改善

昔も今もいろいろあるんですね。

　企業と消費者の関係は「**消費あってこその生産**」が大原則だから、両者の力関係は**消費者の方が上**だ。ということは、**いいモノを適正な価格で買うのは消費者の権利**ということになる。こういう消費者のあり方を「消費者主権」という。

　消費者主権？　もうちょっとわかりやすく教えてください。

　つまり「**お客様は神様です**」って立場のことさ。今日的な意味でこの考えが出てきたのは、1960年代のアメリカからだ。ケネディ大統領の教書に出てきた「消費者の4つの権利」からだね。

● **消費者の4つの権利**：1962年、ケネディ大統領発表。
- ・安全を求める権利
- ・選ぶ権利
- ・知らされる権利
- ・意見を聞いてもらう権利

▲ケネディ

　これらの権利を確保するために、僕らがやるべきことは2つある。
　まず1つ目は、僕ら自身が立ち上がって、**消費者運動**を展開することだ。つまり不買運動や商品テスト運動はもちろんのこと、「**消費者自身が資金を出し合い、安全でいいものを安く仕入れて販売**」する「生活協同組合（＝生協）」を結成することなんかだね。

　生協も消費者運動だなんて考えたこともありませんでした。

　そしてもう1つは、政府に消費者保護を求めること。
　僕らによる自助努力も大切だけど、それだけでは限界がある。消費者主権の考えでいけば、政府による**消費者保護行政や立法作業**も求めていかないと。高度成長期みたいに、企業ばっかり保護しててはダメだってことだよ。

18　日本経済の諸問題　　305

●**消費者保護行政**：「消費者支援＋事業者規制」の両面から実施。

●**消費者保護基本法**（1968年）

中心的立法。国・地方・事業者・消費者の役割の明確化。

➡2004年より**消費者基本法**へ（消費者の権利を明記）。

●**製造物責任法**（＝**PL法**・1994年）

メーカーに過失がなくても、欠陥証明ができれば損害賠償。

▶メーカーの無過失責任を認める

●**特定商取引法**（2001年に訪問販売法を改正）

悪徳商法につながりやすい**無店舗販売（訪問販売やマルチ商法）から消費者を守る**ための法。

⬇

内容 ：・マルチ商法に対する規制

・**クーリング=オフ制度**

…**一定期間内なら契約の無条件解除可**（原則8日以内）。

●**国民生活センター**（国の機関）／消費生活センター（地方の機関）

消費者からの**苦情処理・商品テスト**の実施。

●**消費者契約法**（2001年）

強引な勧誘 or 不当な契約➡契約解除可へ。

☺ **製造物責任法の「無過失責任」って何ですか？**

企業が行政の基準を守り、**まったく違法行為がなくても、結果的にその商品で被害者が出た場合は損害賠償**するという原則だ。企業には厳しいけど、消費者主権なら仕方ないともいえるね。

☺ **クーリング＝オフって、期間内ならどんな契約でも解除できますか？**

いや、あくまで消費者保護が前提だから、対象は**悪質性・高額性を伴う受動的な契約**に限られる。つまり行政が守ってあげないと取り返しがつかないような契約限定ってことだね。

306 ｜ 第2講 経済分野

例えば、悪質な訪問販売をはじめとする悪徳商法、不動産・生保の契約や高額商品のローン契約（＝割賦販売）なんかだね。逆に、**自分からわざわざ店に出向いて買った商品や、わざわざネットで調べて通信販売で買った場合は、保護の対象にはならない**。気をつけてね。

消費者問題で、他に覚えておくことはありますか？

2009年に発足した**消費者庁**は、覚えておくべきだね。消費者問題がここまで多様化した昨今、**消費者行政を統轄する行政機関**誕生の意味は大きい。

あとは**自己破産**も正しく理解しておこうね。あれは「**裁判所が支払不能と認めた人の債務を免除**」してくれる、**国民の救済システム**だ。つまり権利なんだから、「自己破産する恥をかくぐらいなら…」なんて思い詰めるのは間違っているってことだよ。

●**その他**：食の安全対策、グレーゾーン金利の撤廃。

2000年 改正**JAS法**…　・農産・畜産物の品質や原産地表示の義務化。
　　　　　▶日本農林規格　・**遺伝子組み換え食品**の**表示義務**化。

2003年 ・**食品安全基本法**…安全性検証／安全確保義務（国・地方・事業者）
　　　　　・**牛肉トレーサビリティ法**…**生産・流通履歴を明らかに**。

●**グレーゾーン金利**の撤廃
　Ⓐ **利息制限法**（利息の上限に関する法）…上限15〜20%（➡超は民事的に無効）
　Ⓑ **出　資　法**（金の貸し方に関する法）…上限29.2%（➡超は刑事処罰の対象）

（両者の間（15〜29.2%）
　が**グレーゾーン金利**） ＝「**民事的に無効**だが**処罰できない**」金利の幅。
　　　　　　　　　　　　　▶貸金業者の強引な金利や取立に

↓

2010年 ・出資法改正で「**上限金利20%**」に。
　　　　　・(サラ金規制法（貸金業法）改正で
　　　　　　　Ⓐの**上限超だと行政処分**の対象に。) ➡
グレーゾーン金利の撤廃

4 都市問題

　高度成長期は、都市化の進行した時期でもある。産業構造の高度化により、都市は今まで以上に産業・娯楽の中心となった。人々はこぞって都市に移り住み、都市人口はこの時期急増した。

　ただし、オフィスビルだらけの暮らしにくさもあって**中心部の人口は次第に空洞化し、周辺部が過密化**した（＝**ドーナツ化現象**）。すると今度は周辺人口がパンパンになり、本来の都市計画にはなかった団地やニュータウンの造成など、**周辺部の無計画な市街地化**（＝**スプロール現象**）へとつながっていったんだ。

 それは何か問題があるの？

　もちろん。本来の都市計画にないってことは、**生活関連社会資本**（上下水道・学校・病院など）も整備されてないってことだ。特に**高度成長期は、産業優先政策がとられていたから、これらの整備は後回し**にされ、生活環境はどんどん悪くなっていった。

　しかも都市に人が集まりすぎて、農村部では過疎化が進行している。このアンバランス、早く何とかしないといけない。

　そこで政府は、対策として「**全国総合開発計画**（**全総**）」を策定し、**過疎と過密を同時に解決できる道を探る**ことになったんだ。

●**主な全国総合開発計画**…目的：国土計画で、過疎・過密を解消。

全国総合開発計画 （全総・1962年〜）	全国に「新産業都市（工業開発の拠点都市）」を指定し、重点開発を行う。
新全国総合開発計画 （**新全総**・1969年〜）	工業開発した**地方と都市を、高速交通網で結ぶ**「ネットワーク方式」。
第三次全国総合開発計画 （三全総・1977年〜）	高福祉社会も視野に入れた、人間居住の総合環境を創造する「定住圏構想」。
第四次全国総合開発計画 （**四全総**・1987年〜）	**東京一極集中を是正**する「多極分散型国土」をめざす。

この中で、**特に大事なのは「新全総」と「四全総」**だ。

まず**新全総**だけど、当時の首相、田中角栄は、著書『**日本列島改造論**』の中で、新全総の具体化とも思える構想を示し、それを推進するための新しい省庁として1974年**国土庁**を設置した。

「こりゃ田中角栄は、本気だぞ」——人々はそう思い、今後開発が進みそうな地方の土地を、値上がり目当てで買う人が増えた。地価はグングン上がり、まるでバブル期のような状況が生まれた。

そこに第一次石油危機が重なり、世の中は「**狂乱物価**」と呼ばれる、ものすごいインフレ状態になってしまったんだ。

四全総は、東京への一極集中を是正するため、いっそ**首都機能を地方へ移転し、東京は経済の中心地にしてはどうか**という、いわゆる「**遷都論**」が盛り上がったことで重要だ。

今は高度成長期でもバブル期でもない、経済の停滞した時期だけど、それでもまだ**三大都市圏**（東京・大阪・名古屋圏）**には総人口の約50%が集中**しており、都市問題が解決しているとはいえないのが現状だ。

> 😊 **都市問題は、このくらいですか？**

最後に、近年郊外や地方都市で増加している問題を一つ。近年は**郊外型大型商業施設が増えたことで、従来まで地元の中心地であった商店街がシャッター街に**、なんて話をよく聞く。そこで中心市街地の魅力を高めるため、「**まちづくり三法**」が整備された。頭に入れておいてね。

まちづくり三法（1998〜2000年）

- **都市計画法改正**…大型店の郊外立地の制限可に。
- （**大規模小売店舗立地法**）… 出店可な地域で出店する場合も、**地域の生活環境には配慮**。
- **中心市街地活性化法**…国の支援で市街地整備・商業活性化。

シャッター街

　先日、久しぶりに地元・愛媛県新居浜市に帰ってみてびっくりした。

　僕の高校時代までの思い出がつまった市の中心部「昭和通り」が、見事なまでのシャッター街になっていた。思い出の場所が皆無になった喪失感にパニクりながら、地元の友人に聞いてみた。そしたら彼は、こう答えた。「今は店も客も全部、モールに持っていかれたよ」

　僕が地元を離れて20年も経つ間に、市内の楽しいものは全部郊外のショッピングモールに持っていかれていた。どうりで家族も近所の人も、みんなモールに行け行けと言うはずだ。彼らにとってはショッピングモールこそが生活と娯楽の中心であり、外部者に誇れる市の自慢の施設なんだろう。

　実際に行ってみたら賑わっていた。ここに3日もいれば、マジで市内の知り合いすべてに会えるだろう。でもなんかイヤだ。市内の中高生みんながモールでデートなんてぞっとする。もはやよそ者の身勝手な感傷なのかもしれないけど、あえて言いたい。カムバック昭和通り！

チェック問題 18

消費者に関連する日本の法律についての記述として最も適当なものを、次の①～④のうちから1つ選べ。

① 訪問販売法は、通信販売や電話勧誘販売をめぐるトラブルを背景として、特定商取引法に改正された。
② 食糧管理法は、BSE（牛海綿状脳症）や残留農薬による食に対する不安を背景として、食品安全基本法に改正された。
③ 消費者契約法によって、不当な契約で被害を受けた消費者を保護するために国民生活センターが設立されている。
④ サラ金規制法（貸金業の規制等に関する法律）の改正によって、グレーゾーン金利が認められている。

（センター本試験）

解答 … ①

 訪問販売法は2000年の大々的な法改正により、2001年から**特定商取引法**に改名された。**クーリング＝オフ**の制度が盛り込まれていることで知られている。
②**食糧管理法はコメ自由化前に農家を保護してきた法律**で、コメの部分開放が始まった1995年より新食糧法に改正された。**食の安全に対処するため2003年に成立した食品安全基本法とは別法**。
③消費者契約法は、強引な勧誘や不当な契約を解除するために2001年に施行された法律で、1970年に設立された国民生活センターの根拠法ではない。
④**貸金業の上限金利は、従来二重基準が並存**しており（利息制限法では15～20％が上限、出資法では29.2％が上限）、その間の金利（15～29.2％）が「**グレーゾーン金利**」と呼ばれていたが、2006年の**サラ金規制法（貸金業法）の改正で撤廃**された。

18 日本経済の諸問題 | 311

19 労働問題

1 労働運動の歴史

世界

英：18C後半〜19Cの産業革命期

ラッダイト運動 ➡ **チャーチスト運動** ➡ （20C）：
- 労働党結成
- **普通選挙**実現

▶機械打ち壊し運動　▶労働者の参政権要求運動

米：（世界恐慌後のニューディール政策）　（冷戦期の社会主義弾圧）

ワグナー法（＝全国労働関係法・1935年）　➡　**タフト＝ハートレー法**（1947年）

▶団結権・団体交渉権get　▶労働組合の抑圧立法

日本

戦前：**労働組合期成会**結成。➡**鉄工組合**の誕生へ（1897年）。

▶組合育成のための組織　▶日本初の労働組合

➡ but [**治安警察法** / **治安維持法**] などで弾圧。➡ その後**大日本産業報国会**に全組合が統合される。

戦後：弾圧立法・組織は**すべて廃止**。➡**労働三法**の制定へ。

労働問題の歴史について教えてください。

労働問題は、資本家と労働者が存在する資本主義特有の問題だとされている。でも実際は、近年の中国のように、社会主義の国でも、失業問題や所得格差の問題を抱える国は出てきている。

基本的に労働問題は、生産活動の盛んな国で資本家と労働者が激しくぶつかり合うことから始まる。ならば発祥の地はやはり、産業革命の国イギリスということになる。確かに、機械打ち壊しの**ラッダイト運動**も参政権要求の**チャーチスト運動**も、どちらも19世紀のイギリスでの話だ。

日本の労働問題は、どんなふうに始まったんですか？

日本の場合は面白いことに、**資本主義も労働組合も、どちらも「上から」の導入**だ。

どういうことですか？

開国後、日本は欧米の発展ぶりに驚き、封建制で止まっていた自国の経済に焦りを覚えた。そこで政府は「**殖産興業政策**」を採り、**官営工場**の設立などを通して、**政府主導で資本主義を導入**した。つまり自然発生的に資本家と労働者が誕生したのではなく、政府が資本家の役割を果たす「**上からの近代化**」だ。また労働組合も自然発生的ではなく、**アメリカで学んだ片山潜、高野房太郎**らが「労働組合を育成する」ための組織である**労働組合期成会**をつくり、その下に日本初の労働組合・**鉄工組合**が設立されていったんだ。

なるほど。

ただし昭和以降、労働組合は**治安維持法**で徹底弾圧されたし、戦時中はすべての組合が解散させられ、**大日本産業報国会**という組織に統合された。つまり戦前は、まともに労働運動をやれる状況ではなかった。

しかし戦後の民主化のおかげで、今では労働者の権利は細かく保障されている。ではそれらが、一体どのように保障されているのか、見てみよう。

2 労働三法

❶ 労働基準法

 労働基準法って、どういう法律ですか？

労働基準法は、労働条件の**最低基準**を規定した法律だ。つまり、そこに書かれているよりも劣悪な労働条件があった場合、その違反部分が無効になるという内容だ。

それではその主な内容を見てみよう。

● **労働基準法**…労働条件の**最低基準**の設定。

労働時間	**1日8時間／週40時間**以内。週1日は休日設定。有給休暇の保障など。
労働時間の例外	・変形労働時間：（週40時間以内なら、1日あたりの労働時間の変形可。） 　　↓ 　（その一種） ・**フレックスタイム**制：1日の勤務時間帯の**自主選択可**。
賃　金	**男女同一賃金**の原則。
年少者	児童（＝15歳未満）の使用禁止。
女　子	生理＋出産休暇OK（「**深夜労働の禁止**」の**女子保護規定は撤廃**）。
その他	差別・強制労働の禁止。解雇の制限・予告義務。

● これらに違反する労働契約は、**違反部分が無効**になる。

・労働契約…使用者と個々の労働者。
・**労働協約**…使用者と**労働組合**。 　→　労働協約がいちばん強い
・就業規則…使用者が定める。

● **監督機関**：労働基準監督署など（都道府県内に数ヵ所）。

特に注意すべき点は何ですか？

労働時間に関する規定では、特に例外規定が大事だから、覚えておこう。**変形労働時間**とは1週間の法定労働時間（現在は週40時間以内）を超えない範囲なら、日々の勤務時間のあり方を変形できる制度で、例えば「私は1日12時間働くから、そのかわり週3日勤務にして」みたいな形も認めるものだ。**フレックスタイム制**はその一種で、「私は朝が弱いから、午後1時から9時までで」みたいな形を指す。

1980年代後半から、このような時代のニーズに合った労働時間の組み方も可能になってきたんだ。その他にも、デザイナーや弁護士みたいな9時〜17時で縛るのが難しい職種については、最初に労使間で話し合い、「**実働が何時間であっても、9時〜17時で働いたものとみなして給料を決めましょう**」という「**裁量労働制**」（＝**みなし労働制**）も認められている（※裁量労働制は2000年より、**一般のサラリーマンにも導入できる**ようになった）。

 労働時間に関しては例外だけでも覚えることが相当あるんですね。

 覚えるには面倒だけど、どれも僕らの雇用形態を少しでも快適にするための例外だから、ありがたいと思わなきゃ。

あと注目すべきものとして、近年の**女子労働者の保護規定の撤廃**は、絶対に覚えておこう。1999年から、**女子に対する深夜労働の禁止規定と、時間外労働の制限規定がなくなった**。これらの保護の根底には「女性は保護すべき対象」との差別的感覚がある上、近年の長引く不況下では、これらの保護規定があだとなって、女性の雇用が伸びないからだ。「女性は深夜働かせられなくて不便だから採用しない」——こんなの女子も望んでいない状況だ。ならばこれらは、なくなってよかった規定だね。

そして最後に、「差別労働の禁止」の意味にも注意しよう。

この規定がある以上、労働基準法上は、**不法就労者に対しても平等な労働環境を保障しないといけない**。彼らに対する取り締まりは、入管法（出入国管理及び難民認定法）に基づいてなされているが、少なくとも**労働立法上は、彼らはすべて、日本人と対等に扱われなければならない**。

❷ 労働組合法

 労働組合法は、どんな法律ですか？

 労働組合法は、労働三法の中で最も早い1945年に制定された。これは戦前（＝組合活動の弾圧）への反省から、労働の民主化を進める上で、同法制定が最優先であるとの認識に基づいている。

労働組合法の目的は、**憲法第28条で保障されている労働三権を活用できる環境を整え、労働者の経済的地位の向上を図る**ことだ。

労働三権とは、次の3つを指す。

労働三権（憲法第28条）

- **団　結　権**…労働組合への加入・結成権。
- **団体交渉権**…労働組合と使用者の話し合いの権利。
- **争　議　権**（**団体行動権**）…労働者の権利をめぐって闘う権利。

⬇

- **ストライキ**：労務の提供拒否。▶給料上げなきゃ、働かないぞ
- **サボタージュ**：作業能率を低下させる。▶給料上げなきゃ、サボるぞ
- **ピケッティング**：出入口に座り込み・腕組み。▶スト脱落防止のため

※これらに対する**使用者側の対抗手段はロックアウト**（作業所閉鎖）のみ。
▶使用者側に認められた唯一の争議行為

これら労働三権は、憲法第28条でしっかり保障されている。ということは、正当な争議行為であるならば、**その過程で多少法律に触れるようなことをしても、ある程度大目に見てもらえる**ことになる。

 え、そうなんですか？

そうなんだよ。仮に労働者が権利行使の過程で刑法や民法に触れるようなことをしても、それが正当な権利行使なら、多くの場合裁判上の責任は問われない。これを「**刑事上・民事上の免責**」というんだ。

何といっても憲法は国の最高法規。法律よりも上位だからね。

そして労働組合の権利がここまで認められている以上、使用者側は労働組合に対し、めったな悪さはできない。**使用者の労働組合に対する不当・違法行為のことを**「不当労働行為」というんだけど、労働組合法ではこれを厳重に禁止しているんだ。

```
不当労働行為：使用者の労働組合への不当・違法行為

団結権       ：「労働組合に加入するなら、お前はクビだ」
の侵害        「組合に加入しないなら雇ってやる」(＝黄犬契約)

団体交渉権
の侵害       ：「組合との話し合いには、一切応じない」

組合の自主性  ：「組合運営に参加させろ」
の侵害        「組合に活動資金を援助してやろう」
             ▶お金をめぐんでもらうと、激しく闘えなくなる

不当労働行為の救済
申し立てへの侵害 ：「労働委員会に告げ口したらクビだぞ」
```

わ〜、偉そうな社長さんが普通にやりそうなのばっかり。

でもやってはいけない行為だよ。組合への資金援助ですら組合懐柔策とみなされるから気をつけて。

そしてこれらの不当労働行為があったとき、僕たちを助けてくれるのが、前に学んだ行政委員会の1つ、**労働委員会**だ。その構成は、使用者側から選出される使用者委員と、労働者側から選出される労働者委員、そして労働法の専門家から選出される**公益委員**からなる。

次はその労働委員会が、どうやって労働者を助けてくれるかを見ていくけど、その前に組合加入と従業員資格の関係について見てみよう。

> **ショップ制：組合加入と従業員資格の関係**
>
> ❶ クローズドショップ　　使用者は必ず、労働組合加入者だけを雇用。
> ❷ ユニオンショップ　　　雇用された者は必ず、労働組合に加入義務。
> ❸ オープンショップ　　　雇用と労働組合への加入は、無関係。

日本では❶は見られず、❷か❸が一般的だが、日本で❷を採用している企業の多くではルールそのものが形骸化しており、途中で組合を抜けても解雇されないことが多い。これを「尻抜けユニオン」という。

❸ 労働関係調整法

労働関係調整法って、どんな法律ですか？

労働関係調整法は、労使対立を調整するために作られた法律だ。労働組合法をフォローするための法律と考えてくれていい。

調整のための手段は「斡旋・調停・仲裁」の3つだ。これらは、労働委員会（使用者委員、労働者委員、公益委員で構成）が中心になって、以下の手順で実施される。

> ❶ 斡　旋　　労使双方の意見を聞き、交渉を取り持つ。
> ↓
> ❷ 調　停　　労働委員会側から、解決案を提示。
> ↓
> ❸ 仲　裁　　公益委員のみで、解決方法を決定。

必ずしも全部やるわけじゃないからね。これらは「❶でダメなら❷。❷でダメなら❸」という具合に、必要に応じて段階的に実施していく。たいがいは❶か❷ぐらいで解決する。❸までいくのはまれだ。

ただし❸までいった場合には、強制的な解決が図られる。

強制的な解決って？

実は❸の**仲裁**は、ほとんど**裁判**と同じなんだ。
「行政委員会には、準司法的機能がある」というのを、政治分野で勉強したでしょ。仲裁とはその１つだよ。基本的に仲裁までもめるような案件は相当こじれた労使対立だから、もはや当事者間で解決するのは難しい。だから労働委員会の中でも法律の専門家である公益委員のみで構成する仲裁委員会が間に入って裁定を下す。もちろん**その決定には法的拘束力がある**。これが労使対立の、最後の最後の解決手段なんだ。

他に、労働関係調整法で大事なことは何ですか？

公益事業の「**緊急調整**」があるな。

緊急調整？　何ですか、それ。

民間企業でも公共性の高い仕事ってあるでしょ。病院・ガス・電力・電車・バスなどね。ああいう仕事を公益事業というんだけど、あれらが急にストを始めると、社会が大混乱してしまう。

だから公益事業ではまず、**抜き打ちストは禁止**され、**10日前までの予告義務**がある。しかもそれがなされた直後、総理から「待った」がかかることがある。そのとき発動されるのが「緊急調整」だ。

これが発動されれば、原則50日間ストは禁止。その間に問題解決を図っていこうというわけだね。

最後に、公務員の労働三権について覚えておいてもらおう。

基本的に公務員は、すべての職種で争議権はなし（＝**ストは全面禁止**）だけど、職種によって「ストだけダメ」な場合と「三権すべてダメ」とがあるから、間違えないように。次ページの表にあるけど、**治安維持系の公務員は労働三権すべてダメ**で、**あとはみんなストだけダメ**と覚えておくといいよ。

公務員の労働三権 …ストは全面的にダメ！

	団結権	団体交渉権	争議権
民 間 企 業	○	○	○
公務員の一般職 ▶国・地方とも	○	△ ▶労働協約はなし	×
警察・消防・自衛隊員 などの治安維持系	×	× ▶国・地方とも、労働三権すべてなし	×

コ ラ ム　大学生とストライキ

　我が母校・早稲田大学では、授業料値上げに反対するために、在学中２年に１回、学生たちがストライキを行った。ただ、そのやり方が間違っていた。

　大学側にダメージを与えたいんなら「値上げを撤回しろ、さもないと我々は授業料の支払いを拒否する」が正しい。でも僕らの闘い方は「値上げを撤回しろ、さもないと我々は後期試験を受けない！」だった。

　おい、それじゃ自分の将来にダメージ与えるだけだぞ——心ある学生たちは心配していたが、僕の周辺は僕を筆頭に「試験なくてラッキー」とはしゃいでいた。愚かな大学生というものは、どの時代にも存在する。

　しかし、その後僕らを待っていたのは、怒り心頭の大学側から試験がわりに示された、こんな感じの報復レポートの嵐だった。"（タイトル）フレックスタイム制について／（枚数）A4レポート用紙60枚（厳守）"——すみません！　ちゃんと授業料払うから許してください！（※でも２年後には忘れてまたはしゃぐ…）

3 日本の労働問題

ここでは日本の主な労働問題を、順を追って見ていこう。

三大雇用慣行

❶ 終身雇用制：新卒雇用者は、原則的に定年まで解雇しない。

> **長所** 雇用の安定、企業への帰属意識の強化。
>
> **短所** **労働意欲の低下につながる恐れあり。**
>> ▶ クビになりにくい→「仕事なんか適当でいいや」

❷ 年功序列型賃金：勤続年数・年齢などで賃金を決定。

> **長所** 生活の安定。
>
> **短所** **高齢になるほど人件費がかさむ。**
>> ▶ 不況時には、中高年はリストラの対象に。

❸ 企業別組合：各企業ごとに組織される労働組合。

> **長所** 企業状況に応じた労働条件の改善要求可。
>
> **短所** 同じ会社の「上司 vs 部下」だと闘いづらい。

特に大事なのは❶と❷だ。**労働者はいったん会社に入ると、基本的には定年までクビにならず、しかも毎年確実に給料が上がる**——これらは戦後の長きに渡って日本を支えてきた雇用システムだ。

😊 **ごく当たり前の雇用形態ですよね。**

😟 でもこれは恵まれたシステムだよ。この形なら生活は安定するし、40年も勤めてれば「会社は第二の我が家」みたいな帰属意識も強くなる。我が家のためならムチャな残業だってバリバリこなす。**こうして企業戦士を養成し、日本は高度成長を実現した。**

でもいったん国が不況になると、これらは短所が目立ち始める。終身雇用は無能な社員も排除しないし、年功序列型賃金は中高年の給料を高額にする。

だからバブル後の日本では、これらの見直しが急ピッチで進んだんだ。その結果、**中高年はリストラされ、かわりに人件費の安いパートや派遣社員が増え**、給

19　労働問題 321

料も成績で決定する**能力給**や仕事内容で決定する**職務給**主体の所が増えている。

❶ 女子雇用

労働基準法の女子保護規定が近年大幅に撤廃されたことは、p.314で見た通りだ。ここではそれ以外の法整備について見てみよう。ノート部分だけだけど、かなりあるので、しっかり見ておいて。

女子雇用をめぐる状況

●男女雇用機会均等法

	制定当初 (1986年)	その後の改正
雇用・昇進等	機会均等の「努力義務」	「**差別禁止**」規定に (1997年改正)
制　裁	な　し	違反企業名の公表 (1997年改正)
その他	な　し	**セクハラ防止義務** (1997年新設) ▶「**男性へ**」のセクハラ防止義務 (2007年改正) **マタハラ・パタハラ防止義務** (2016年新設)

　※マタハラ=**マタニティ = ハラスメント**（妊娠・出産を理由とした、女性に対する嫌がらせ。男性の育休取得などに対する嫌がらせはパタハラ（**パタニティ = ハラスメント**））。

●育児・介護休業法 (1995年) …1999年施行。育児・介護目的での休業可に。

- 男女労働者とも、休業申請可。 ▶育児・介護は男女の仕事
- 企業は申し出を断れない。 ▶ただし違反しても「罰則なし」が現状
- 休業中の所得保障が不十分。 ▶従来の「所得保障なし」よりは改善

　※2005年の改正で「派遣労働者も育児・介護休業が可」に。

●パートタイム労働法 (1993年) …通常の労働者 (正社員も含めた**フルタイム労働者**) との条件格差是正をめざす。

　※2007年の改正 (施行は2008年) で「差別的な取扱の禁止」などが追加。

◉派遣労働者…「**派遣元企業**」に雇用され、「**派遣先企業**」に派遣。
　　　　　　　▶人材派遣会社　　　　　　▶実際に働く場

322　│　第2講　経済分野

●**労働者派遣事業法**改正（制定は1985年）

1985年 ：**専門職種だけ**（通訳・秘書・プログラマーなど**13**業種）。

1999年 ：原則**自由化**（「港湾・運送・建設・警備・医療・製造」はダメ）。
▶主にブルーカラー（肉体労働）で禁止

2004年：
・派遣期間「1年 → **原則1年／上限3年**」に延長。
▶専門職種は「期間制限なし」

・**製造業でも派遣OK**に（＋医療も一部解禁）。

ただし製造業派遣は、労働条件の劣悪な**日雇い派遣**（雇用期間がその日限り〜30日未満）や**ワーキングプア**（働く貧困層）増加につながった。

2008年のリーマン＝ショック後：「**派遣切り**」「**雇い止め**」増が問題に。
▶打ち切り　　▶更新しない

2012年：**日雇い派遣の原則禁止**。

2015年：派遣期間「**すべて上限3年**」に（専門職種も含めて）。

3年超で本人が希望すれば、派遣元企業に以下が義務付け。
「派遣先への直接雇用依頼 or 新たな派遣先の提供」

2018年：非正規雇用の「**3年・5年ルール**」スタート。

（5年ルール）：**パート・バイト**で勤続年数5年超
▶労働契約法改正

（3年ルール）：**派遣労働者**で勤続年数3年超
▶労働者派遣事業法改正

➡ 「有期→**無期雇用**」
へ変更申し入れ可に

「**正社員への変更**」ではないが、企業の多くは**理解不足で勘違い**。
▶無期になる以外の労働条件は従来のまま　　▶正社員にするとコストがかかる

➡ 派遣労働者の「**3年雇い止め**」という社会問題に。

19 労働問題 | **323**

❷ 失業問題

　バブル後の長引く不況も、2013年から始まったアベノミクスのおかげか、まだ好況とまではいかないまでも、かなり持ち直してきた印象だ（※あくまで新型コロナ騒動（2020年）の直前までの話です）。それとともに**日本の完全失業率も、一時期とは比べものにならないくらい改善**されてきた。

完全失業率って何ですか？

　完全失業率とは、**生産年齢人口**（15〜64歳）から**非労働力人口**（子ども・学生・老人・専業主婦など）を引いた「**労働力人口**」のうち、**働きたくても仕事に就けなかった人の割合**を指す。その数値が、2019年平均で**2.4％**、完全失業者数は**162万人**だ。

それは多いんですか？　少ないんですか？

　かなり少ない。だって**過去最悪の2002年が5.4％（359万人）**でリーマン＝ショック直後の2009年が5.1％（336万人）だったんだよ。それらと比べたら、半分以下だ。

ほんとだ。

　ただしこの数字だけでは、まだまだ日本の完全復活とはいい切れない。な**ぜなら完全失業率には、フリーターやニートは含まれない**からね。何で含まれないかというと、完全失業率とは「**働く意思と能力はあるのに、所得のある仕事に就けない人**」の率だからだ。そうすると、フリーターは「所得あり」でニートは「働く意志なし」、つまり両方とも含まれないことになる。

なるほど。

　というわけで、たとえ完全失業率は下がっていても、非正規で働いているフリーターや失業者とほぼ変わらないニートが多いとしたら、まだ日本の完全復活とは呼べないんだ。とはいえ、ここまで数字が改善しているということは、少なくとも日本経済が回復基調にあったことは、間違いなさそうだ。

324　|　第2講　経済分野

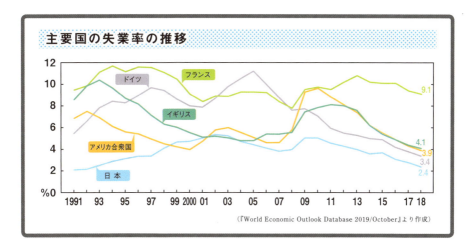

そして完全失業率が改善されてくると、もう1つ改善されてくるものがある。**有効求人倍率**だ。

> 有効求人倍率？　何ですかそれ。

有効求人倍率とは、**求職者1人あたりへの求人数**だ。これは、例えば100人が仕事を求めている世界に100件の求人があれば、その世界の有効求人倍率は1.00倍になる、というふうに考える。

> なるほど。

その数値が2019年平均で、何と**1.60倍**にまで上昇した。過去最悪の数値が2009年の**0.47倍**だったことを考えると、**わずか10年ほどで、劇的に改善**していることがわかるよね。

> ほんとだ、すごい！

でもまだ完全復活ではない。バブルの頃と比べて、好景気の実感はないし、実質賃金もあまり上がっていない。非正規雇用だって多い。でも、いい流れであったことは確かだ。このままうまく完全復活といってほしいところだが、新型コロナ騒動により、この流れにストップがかかってしまう懸念がある。

19　労働問題　｜　325

❸ その他

▶ 長時間労働

日本人は**残業代も出ない「サービス残業」で過労死**するような、ちょっと信じられない民族だ。だから近年、労働時間の短縮、いわゆる「**時短**」をめざす動きが本格化している。

この時短、**一定量の仕事を多くの人で分かち合うワークシェアリング**（オランダ・北欧・独で盛ん）と組み合わせれば、失業率の改善にもつながり効果的だが、バブル後のリストラでかえって労働者不足となった企業などでは、さっぱり時短は進まなかった。

結局、不況で仕事量が減る形の時短が、近年ようやく進んだ。これでやっと日本でも**ワークライフバランス**（仕事と家庭生活の調和）が改善されそうだ。

▶ 高齢者雇用

日本は、年金給付額が少ないのに住居費は高く、高齢者の多くは生活不安を抱えている。

だから**日本では、高齢者の勤労意欲は高い**。でも高齢者への有効求人倍率は0.5倍前後だ。これも皮肉な話だ。

ただし、その高齢者の不安を、いくぶんか緩和させる法律がスタートした。

高齢者雇用安定法が改正され、2013年より「60歳の定年後も**希望者全員を65歳まで雇用する義務**」が始まったんだ。違反企業名は公表するという社会的制裁付きだけど、これは年金の支給開始年齢が65歳からになりつつある現在、ありがたい改正だ。

▶ 外国人労働者

外国人労働の扱いでは、近年ついに新たな動きが出た。

従来までは、1990年の入管法（出入国管理及び難民認定法）改正に基づき「**知識・技能のある外国人の受け入れは拡大／単純労働者は認めず**」が基本だった。つまり非肉体労働者である**ホワイトカラー**は歓迎するが、肉体労働系で主に「**3K**（＝バブル期の若者が嫌った「**きつい・汚い・危険**」な仕事）」を担当してくれる**ブルーカラー**は受け入れないという方針だ。例外的に**技能実習生**

326　│　第2講　経済分野

（途上国への国際貢献としての受け入れ）やEPAに基づく**フィリピン・インドネシア・ベトナムからの看護師・介護士の受け入れ**はあったが、基本的に単純労働者に対しては、なかなか門戸を開放しなかった。

しかしその方針が、大きく変わった。2018年に、**外国人労働者の受け入れ枠が拡大**された（2019年より施行）。今後は介護・建設・宿泊・農業など**「人手不足の14業種」**に関しては、**特定技能1号・2号**という名で、**単純労働者にも門戸が開放**されることになった。

確かに、少子高齢化が進む今後、**期待される労働力は「女性・高齢者・外国人」**になる。日本の労働環境は、かなり変わりそうだ。

▶ 労働組合組織率の低下

戦後すぐの頃には50％を超えていた**労働組合組織率**（＝加入率）も、2019年には**16.7％**と下がっている。このままでは、使用者と組合に守ってもらえない労働者の間で、労働契約がらみの紛争が多発してしまう。

そこで2008年より**労働契約法**が施行され、労働契約がらみのルールを体系的に規律することになった。

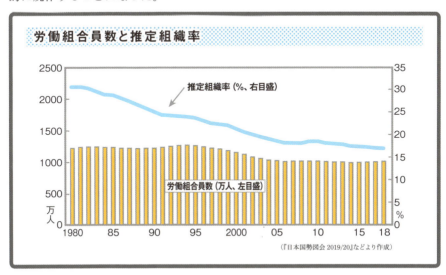

労働組合員数と推定組織率
（『日本国勢図会 2019/20』などより作成）

チェック問題 19

日本における賃金・就業形態やそのあり方についての記述として最も適当なものを、次の①〜④のうちから1つ選べ。

① 労働者派遣とは、公共職業安定所（ハローワーク）が労働者を派遣することである。
② 年俸制とは、労働者の勤続年数の長さに応じて賃金が決定される制度である。
③ ワークシェアリングとは、雇用の維持・創出を図るために、労働者1人あたりの労働時間を短縮することである。
④ 年功序列型賃金制とは、労働者の仕事の内容に応じた額の賃金が支払われることを重視する賃金制度である。

（センター本試験）

解答 …③

解説 **ワークシェアリング**とは、**総量の決まっている仕事を、より多くの人と分け合うことで失業率の改善や労働時間の短縮を図る**やり方で、**オランダ・ノルウェー・ドイツ**などで盛ん。これらの国々では、1人あたりの年間労働時間が、日本が1800時間弱であるのに対し、1400時間前後まで短縮できている。
①労働者派遣とは、人材派遣会社（派遣元企業）が、企業（派遣先企業）に労働者を派遣する事業。
②これは年功序列型賃金。年俸制は、前の年の実績に応じて今年の年間報酬を決定する制度。
④これは職務給制度や年俸制。

20 社会保障

社会保障の歴史・その他

- 初の社会保障：英の**エリザベス救貧法**（公的扶助・1601年）
- 初の社会保険：独・**ビスマルク**首相の「**アメとムチ**」より（19世紀）
  =

  ｛労働者の不満を骨抜きにすべく｝…**疾病保険法**など＋**社会主義者鎮圧法**
  ▶社会保険＝アメ　▶弾圧立法＝ムチ

- 初の社会保障の語：米の**社会保障法**（➡**ニューディール政策**の一環・1935年）
  ➡※ただし米には現在も**公的な健康保険なし**（➡「**生活自助**」が原則）。
- 生存権：憲法上初は独の**ワイマール憲法**。本格的な具体化は英の**ベバリッジ報告**（1942年）より（➡「**ゆりかごから墓場まで**」をめざす）。
- 日本：
  - 戦前：**恤救規則**（公的扶助）より始まる、**恩恵的な施策**。
  - 戦後：憲法第25条に**生存権が規定**され、**国民の権利**に。

※社会保障の財源の取り方
- ●英・**北欧**型＝**租税**中心。／●大陸型（独仏など）＝**保険料**中心。

😊 　**社会保障の歴史について教えてください。**

　世界の社会保障は、イギリスの**エリザベス救貧法**から始まった。これは囲い込み運動で犠牲になった農民を助けるために行われた、世界で初めての公的扶助（生活保護）だ。

　その後、社会保障は資本主義の発展に伴って充実し、ついに生存権の確立した20世紀、今日型の社会保障制度は完成した。

　その出発点となったのが、イギリスの社会保障制度改革委員会が作成した「**ベバリッジ報告**」だ。今後の社会保障の方向性を示したこの報告書のことを、==**戦後のイギリス政府はその内容を集約して「ゆりかごから墓場まで」という言葉で表現した**==。

　つまり「国民の生活不安を解消し、==**全生涯にわたり最低限度の生活を保障する**==」のが、今日型の社会保障だ。それを見てみよう。

1 社会保障の四本柱 ･･････････････････

　社会保障は「**社会保険・公的扶助・社会福祉・公衆衛生**」の４つの柱から成っている。これらのうち公衆衛生は、保健所の設置や感染症の予防、水質管理などを扱うため、これまでは内容的に「政経」とあまり関係がなかった。ただし、2020年の新型コロナ騒動により、今後は扱いが変わってくる可能性はある。とりあえずここでは、それ以外の３つを見ていくことにする。

❶ 社会保険：生活不安への備え

　まずは医療保険から見てみよう。

```
┌─────────────────────────────────────────────────────────┐
│ 医療保険…業務外の病気・ケガに適用                          │
│         ↓                                                │
│ ●健康保険：一般民間被用者（主にサラリーマン）用。          │
│   ┌─────────────────────────────────────────┐            │
│   │・組合管掌：大企業用。企業内に健康保険組合をつく│            │
│   │      り、保険運営を管理。              │   医療費は  │
│   │・協会管掌：中小企業用。余裕のない企業のかわり│   すべて   │
│   │      に全国健康保険協会が保険運営。   │ → 3割負担。 │
│   │（※社会保険庁解体（2008年）までは「政府管掌型健│            │
│   │ 康保険」だった。）                    │            │
│   └─────────────────────────────────────────┘            │
│ ●国民健康保険：自営業・自由業・農家用。                   │
│ ●共済組合：公務員用。                                     │
│        ＋                                                │
│ 後期高齢者医療制度：75歳以上用。老人が「医療費1割＋保険料も │
│ （2008年～）         一部」負担。                         │
│        ▶従来の老人保健では「医療費1割」のみだった。       │
└─────────────────────────────────────────────────────────┘
```

 医療保険といっても、いろいろありますね。

 ざっと大別した職種ごとのものと、高齢者用のものがあるからね。しかも保険料やら対象年齢やらで頻繁に制度変更があるので、注意が必要だ。あと、**社会保険庁（社保庁）の解体**と高齢者の扱いには、気をつけよう。社保庁は、2000年代後半になって、個人情報漏れや職員による横領（「**消えた年金**」の原因）、年金記録の不備（「**宙に浮いた年金**」の原因）の発覚などが相次ぎ、2008年に解体されたんだ。

 そんなことがあったんですか？

 そして特に高齢者に関しては、**昔は医療費無料**だったものが、**老人保健**制度（1983年～）からは**一部負担～1割負担**となり、さらには**後期高齢者医療制度**（2008年～）からは、**保険料まで一部取る**ことになった。

高齢者は年金以外に収入がない人が多いのに、ひどいですね。

　近年の少子高齢化に加え、不況からくる税収減・保険料滞納などもあるから、高齢者からも金を取るしかないんだよ。でも、自分が年取ったときのことを考えれば恐ろしいけどね。

老人医療費の推移

1973年：**老人福祉**法で**無料化**。➡**高齢者が加入する各保険**がかわりに負担。
　　　　　　　　　　　　　　　▶福祉元年　▶国民健康保険が圧倒的に多い➡財源ピンチに

1983年：**老人保健**制度で**一部〜1割負担**へ。➡残りは「全保険＋公費」で負担。

1983年〜：**後期高齢者医療制度**で「**医療費1割＋保険料一部**」負担へ。
※2008年〜の誤り、原文通り。

次は年金保険だ。

年金保険…高齢者・障害者の生活を保障。

(a) 国民年金：20歳以上の**全国民が加入**する「**老齢基礎年金**」。
(b) 厚生年金：一般民間被用者（主にサラリーマン）用。
(c) 共済年金：公務員用。

※　・(a)は65歳より支給。(b)、(c)は従来は60歳から満額支給されたが、
　　2001年より**段階的に65歳からの支給に変更**。
　・(b)と(c)は2015年、**厚生年金に一本化**された。

※年金財源の取り方

❶ **積立**方式…**自分で長年積み立てた分**を、老後もらう。
　　　　　▶年金の積立年数が長すぎるため、物価上昇で価値が目減り

❷ **賦課**方式…今の若者の保険料が、**そのまま今の高齢者に渡る**。
　　　　　　　　　　　　　　▶物価上昇に対応しやすい

日本は❷を採用しているが、内容的には「**修正積立**（or **修正賦課**）**方式**」と呼べるもの（かなり❷寄りだが❶部分も残っている）。

国民年金だけは全国民加入なんですね。

そう。国民年金は全国民に加入義務があり、全国民の老後の土台となっている**基礎年金**だ。

ただ、いろんな意味で問題がある。まず僕らは20歳を過ぎると、全員が国民年金に入り、現在の水準だと毎月１万5000円以上の保険料を納めなければならない。それもかなりの期間。

どのくらいの期間ですか？

なんと60歳までの40年間。これは相当な負担だよ。

ひゃ～それは長い！

でも65歳を過ぎてからもらえる年金は、わずか月４～６万円程度。これは少ない。国民年金で生活不安を解消するのは難しいね。

僕らの老後は不安でいっぱいなんですね…

でもまあ、サラリーマンや公務員になれば、国民年金に加えて厚生年金ももらえるからまだマシだ（※公務員用の**共済年金は2015年より厚生年金に一本化**された）。でもこれだって今後は**支給開始年齢が上がっていく**んだよ。僕たちの生活不安は、一体どこまで拡大することになるんだろうね。

ちなみに**日本の年金財源の取り方は賦課方式**だけど、上にも書いてある通り、内容的にはまだ積立方式の部分も残っている「**修正積立**（or **修正賦課**）**方式**」と呼べるものなんだ。

最後に、その他の社会保険もまとめて挙げておこう。これらはサッとわかるものばかりだから、目を通しておいてね。

> **その他の社会保険**
> - **雇用保険**（俗に「失業保険」と呼ぶ）…「**失業**時＋**育児介護休業**時」に一定期間給付。
> - **労働者災害補償保険**（＝労災保険）…**業務上の病気・ケガ**に適用。
>   ※労災保険のみ、保険料は「**事業主のみが負担**」する。
> - **介護保険**…2000年に生まれた新しい社会保険（→p.340）。

❷ 公的扶助：生活困窮者の救済

😊 公的扶助って、どんな社会保障ですか？

公的扶助は、俗にいう「**生活保護**」のことだよ。もちろん経済的に苦しい人を助けるための制度だから、保険料の類は取らない。

日本では1946年に制定された**生活保護法**で具体化されている。この法により、**生活保護の対象者は生活・教育・住宅・医療などの面で、国の保護を受けることができる**んだ。

公的扶助…生活保護のこと。生活困窮者の救済

[戦前] **恤救規則**…日本初の社会保障。極貧者のみを「**恩恵**」的に救済。
　　　　▶基本は血縁的な助け合い
↓
[戦後] **生活保護法**…　憲法第25条に基づき　・**最低限度の生活を保障**。
　　　　▶1950年〜　　国民の権利として　　・**自立**を助長。

戦後日本の生活保護
- 「**本人の資産・能力＋親族の扶助**」で足りない場合の補足。
- 厚労大臣の保護基準＋その不足を補う程度の扶助。

内容：生活／教育／住宅／医療／介護／出産／生業／葬祭の8つ。
事務執行：**ケースワーカー**（公務員）に**民生委員**（ボランティア）が協力。

> 給付の原則：**現金給付**…医療＋介護扶助のみ**現物給付**。
> 外国人：<u>人道的見地</u>で「**永住外国人＋日本人配偶者あり**」も救済。
> 受給者数：かつては204万人（1951年）が最高だったが、2011年に更新され、**2019年**には**209万人**に。
> 近年の問題：**不正受給**者の増加（2017年で39960件以上）。

ただし日本の生活保護は問題が多い。かつては保護水準の低さの問題（※これは朝日訴訟後、大幅に改善された）があったし、今日的には保護がすぐ打ち切られる問題がある。ひどい話だけれど、何か些細な理由（車があるなど）があれば、すぐに「それは最低限度の生活を超えてますね」などと言われて打ち切られてしまうことが多い。

💬 それはひどいですね。

また受け取る側も、近年は**不正受給**が問題視されている。受給者に申告していない収入が十分にある場合や、親族に扶養できる稼ぎがある場合は、生活保護費は支給されない。何といっても生活保護は、**本人の資産・能力に加えて「親族の扶助」で足りない場合の補足**が原則なんだから。

💬 そうですよね。

収入隠しや親族との口裏合わせをする不正な受給者が増えると、本当に必要としている人へ十分な金額をまわせなくなってしまう。そうでなくても**2011年の震災以降、生活保護の受給者数は過去最高だった1951年（204万人）を上回り続け、210万人前後**になっているというのに、それは絶対よくないよ。そんなことにならないように、受け取る側も、保護基準をしっかり認識する必要があるね。

❸ 社会福祉：社会的弱者の救済

💬 社会的弱者って、どんな人たちのことですか？

彼らを救済するための法律をまとめて「**福祉六法**」と呼ぶんだけど、それを見れば社会的弱者とされる人がわかるよ。

どんな法律なんですか？

児童福祉法・**母子**福祉法・**老人**福祉法・**身体障害者**福祉法・**知的障害者**福祉法の5つと、あとは公的扶助で扱った**生活保護**法だよ。これできちんと覚えられるでしょ。

ほんとだ、法律とセットで覚えられる。

ここまで見てきた社会保障は、国民みんなを救済するものが基本だった。でも、多数者の救済だけが社会保障じゃない。障害者や高齢者、母子家庭など、少数派の社会的弱者を助けることも、当然社会保障の重要な仕事だ。彼らはさまざまな意味でハンディキャップを背負っているから、もちろん保険料の類は取らない。**社会福祉は全額公費で実施する。**

社会福祉が注目され始めたのは、いつ頃ですか？

高度成長期かな。**あの頃って確かにGNPはグングン伸びていたんだけど、国民生活は放ったらかしだった**からね。公害はひどい、医療費は高い、病院は足りない、産業道路以外はロクに舗装もしていない…。

ひどい状態ですね。

身の周りには病気やケガの原因が山ほどあるのに、政府はほとんどフォローしてくれない。いくら国が金銭的に豊かになっても、これでは話にならない。だから国民は「真の豊かさ」を求め、ついに1973年、その一部を勝ち取った。

この年には国民の生活不安の解消に直結するさまざまな制度が、一気に充実した。だから1973年は「**福祉元年**」と呼ばれているんだ。

福祉元年（1973年）

・医療費引き下げ…**老人医療の無料化**など、医療負担 down へ。

（※今日は医療費1割＋保険料一部負担）

・年金の**物価スライド制**…物価上昇に合わせ、年金給付も up。

---

336 | 第2講 経済分野

ただしこの年は、運悪く石油危機と重なってしまった。国家的な経済危機と重なっては、もう福祉どころではない。だからこの年の後半には、早くも「福祉見直し論」が登場する。つまりもう政府には余裕がないから、これからは高い水準の福祉を受けたいなら、それなりの負担は覚悟しろということだ。

福祉についてはもう1つ、新しい考え方を知っておこう。1990年代以降に登場する、ノーマライゼーションとバリアフリー、それからユニバーサルデザインの考え方だ。ノーマライゼーションは「高齢者や障害者も、普通に暮らせる社会づくり」で、バリアフリーは「高齢者や障害者にとっての、物的障害物の除去」、そしてユニバーサルデザインは、「障害の有無にかかわらず、万人に使いやすくデザインされた製品」を指す。いずれも社会的弱者との共生をイメージした言葉で、出題頻度は高い。しっかり覚えておこう。

2 高齢化社会

高齢化率が7％以上の社会を高齢化社会という。高齢化率というのは65歳以上比を指すんだけど、日本の高齢化率はどのくらいだと思う？

う〜ん、10％ぐらいですか？

何と2019年8月時点で28.4％（約3588万人）に達している。高齢化が「年を取りつつある」という意味だとすると、これはもっと上の段階だ。実際、WHO（世界保健機関）の分類では、高齢化率が14％以上の社会を「高齢社会」、21％以上を「超高齢社会」と呼んでいる。日本はすでに2007年から、超高齢社会に突入し、2009年からは高齢化率も世界一になっているんだ。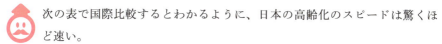

ひゃ〜、日本はそんなことになってたのか。

次の表で国際比較するとわかるように、日本の高齢化のスピードは驚くほど速い。

20　社会保障　｜　337

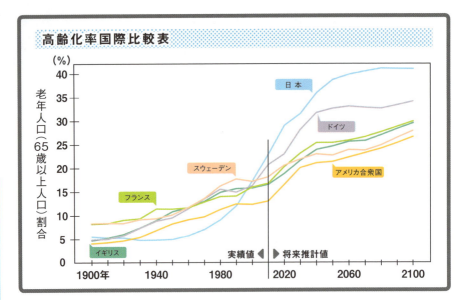

　確かに日本は、戦後の栄養・医学の改善で平均寿命が伸び、**現在は男女合わせる**
と、平均寿命世界一の国だ（※国と地域で見たら、香港に次いで2位）。でもこの高
齢化の速さは、ちょっとそれだけでは説明がつかない。実はもう1つ理由があるんだ。

> 何ですか？

　少子化の同時進行だよ。高度成長期以降、仕事を求めて地方から都市に
定住する若年層が増加した。でも彼らの多くは子育てする時間も余裕もな
く、手助けを頼める両親も田舎に残している。

　さらに加えて、今度はバブル後の不況だ。時間がない・お金もない・親も近く
にいないでは、ますます子どもの持ちようがない。

> そんなに深刻なんですか…

　だから今、**出生率はどんどん下がっている**。女性が一生のうちに産む子ど
もの数の平均（＝**合計特殊出生率**）は、今や**1.42**（2018年）だ。終戦
直後のベビーブームで生まれた、いわゆる「**団塊の世代**」の頃のピーク時が4.5
だったことを考えると、これからますます高齢者が増え、少ない若者でその高齢
者を養っていかなきゃならないことがわかるだろう。

そうなると、やはりお金が問題になる。次のグラフは「**国民負担率**」といって、**国民所得に占める租税と保険料の比率**を表しているんだけど、今は欧州よりも低いこの数値も、近い将来にはスウェーデン並みにまで上がっていくかもね。

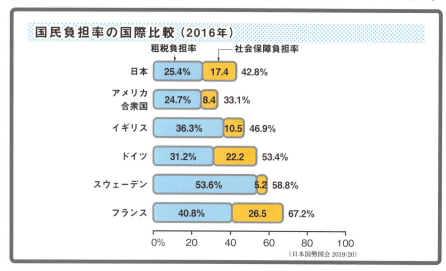

いずれにしても、ここまで高齢化が進んだ以上、**高齢者福祉の充実は急務**だ。そこで政府は対策として、1990年より「**ゴールドプラン**」を開始した。これは旧厚生省が中心となって、**高齢者福祉サービスの基盤整備の推進**を提唱したものだ。

このプランはその後さらに発展し、「新ゴールドプラン → ゴールドプラン21」へと引き継がれている。ここで生まれた主なサービスは、以下の通りだ。

ゴールドプラン21で利用できる主なサービス

- **介護訪問**………**ホームヘルパー**が身の周りの世話をしてくれる。

- **看護訪問**………看護師が来てくれ、医療面の世話をしてくれる。
  ▶地域ごとにつくる**訪問看護ステーション**や病院から派遣

- **通所介護**………**デイサービスセンター**（地域ごとに設置）で高齢者を
  ▶デイサービス　　昼間だけ預かり、食事・入浴・リハビリなどのサービス実施。

- **通所リハビリ**…病院や老人保健施設に通い、機能訓練など実施。
  ▶デイケア

20　社会保障

- **短期入所介護**…一時的な介護困難時、**特別養護老人ホーム**などで、高齢者を短期間だけ預かる。
  ▶ショートステイ

- **介護老人福祉施設**…常時介護が必要で、家庭での生活が困難な高齢者用。
  ▶特別養護老人ホーム

高齢化の進行に伴って、もう1つ解決すべき問題がある。何だと思う？

 やっぱりお金ですか？

そう、**財源確保の問題**だ。国の一般会計歳出のグラフ中、いちばん幅が広いのが社会保障関係費なのは前に勉強した通り（→p.272）だけど、実はその内訳は、<u>年金と医療にばかり予算配分し、福祉予算がほとんどない状態だった</u>。だから新しい社会保険制度をつくって、新たな保険料を国民から徴収しようという話になった。そうしてできたのが**介護保険**制度なんだ。

歳出に占める社会保障関係費の内訳

年金：医療：福祉＝**5：4：1** ➡ 福祉予算が足りない。

対策 **介護保険**を新設して**医療と介護を分離**し、**5：3：2**にしよう。

この保険ができたことで、事実上**高齢者の医療と介護は分離**された。つまり今後は、病気やケガの高齢者は医療保険、体の機能が衰えてきた高齢者は介護保険と、用途によって使い分けるようになったんだ。

 目的に合わせた細分化は、いいことですね。

でもこれはいい換えれば、今後は<u>介護目的で病院に入院することができなくなる</u>ことを意味する。だって病院は、病気やケガの人用の施設だからね。つまり**介護サービスは在宅サービス**と、病院以外の施設を使った**施設サービスを中心に**展開されることになる。

介護保険制度：2000年よりスタート

- 高齢者の自立支援のため、**在宅介護サービスの充実**をめざす。
- 保険料は**40歳以上の全国民**が負担。運営は**市町村**（国ではない）。

●適用手順

・要介護認定を受ける…（健康状況に関するアンケートに答え、介護サービスを受ける必要があるかをチェック。）
（ようかい ご にんてい）

⬇

・ケアプランの作成…（ケアマネージャーと呼ばれる専門職が、各人に必要な介護サービスを選択。）

⬇

・サービス利用 ➡ ※ただし
- **介護保険料は高齢者も支払う。**
  - ▶年金から天引き
  ＋
- **サービス料の1割は自己負担。**

😊 こういうふうにしっかり制度化されると、安心ですね。

😟 でもこの介護保険、けっこう問題点も多いんだ。

まず最初の問題は、特に**地方で、要介護認定が厳しすぎたり、保険料が高すぎたりする所が多い**点だ。地方の多くは人口が少ないのに高齢者比率が高いため、赤字を出さないためには、介護サービスをなるべくしないか、保険料を高くするかしかない。これは高齢者にとってはかなり辛い現実だ。

次はサービス不足の問題だ。介護サービスの中心は「在宅サービス」のはずなのに、在宅で日常の世話をしてくれる**ホームヘルパー数が足りない**。また同様に、在宅の医療的世話を行う看護師の詰め所・**訪問看護ステーション**も足りていない。

ただ、日本は**インドネシア・フィリピン・ベトナムと経済連携協定（EPA）を結んで2008〜09年から看護師・介護福祉士の外国人受け入れを始めたり、2018年には「特定技能」枠で介護の人材受け入れを始めている**から、将来的にはこ

20 社会保障 | 341

の問題も解消に向かうかもね。

　今はまだ資格試験や介護の現場での言葉の壁など問題は山積みだけど、少子高齢化の進む日本は、遅かれ早かれ外国人の看護師・介護福祉士に頼るしかなくなることは間違いない。

　そして最も厄介な問題が「**老老介護**」の増加だ。**介護保険の導入で介護目的の入院はできなくなり、強制的に退院させられた高齢者も多い**。例えば81歳の妻が83歳の夫の面倒を見たり、70歳の息子が95歳の母親の面倒を見るなんてことも起こってくる。これが老老介護だ。

　老老介護は今、社会問題にまでなっている。**社会保障を拡充させた結果、かえって社会不安が拡大している**。ということは、この介護保険、まだまだ不備が多いということだ。

チェック問題 | 20

セーフティネットの日本における事例についての説明として誤っているものを、次の①～④のうちから1つ選べ。

① 雇用保険に加入した被用者は、失業すると、一定の条件の下で失業給付を求めることができる。
② 破綻(はたん)した銀行の普通預金の預金者は、その預金元本については、いかなる場合でも全額払い戻しを受けることができる。
③ 介護保険に加入した者は、介護が必要だと認定されると、訪問介護やショートステイなどのサービスを受けることができる。
④ 経済的に困窮(こんきゅう)した国民は、一定の条件の下で、生活保護給付を求めることができる。

（センター本試験）

 …②

 ペイオフは、預金保険機構が銀行破綻時に「上限1000万円まで」だけ預金を保護してくれる制度である。
①かつて「失業保険」だった**雇用保険**は、**失業時と育児介護休業時に、一定期間だけ給付**を受けることができる。
③65歳以上で「**要介護認定**」(介護が必要との認定)を受けると、その人の必要に合った**ケアプラン**が作成され、介護サービスを受けることができる。ただし、**受けたサービス料の1割は自己負担**となり、これは月々の介護保険料とは別途必要になる。
④「**経済的な困窮＋親族の扶助(ふじょ)なし**」なら、国民の権利として生活保護を受けられる。

20　社会保障　| 343

21 国際経済

1 貿易と国際収支

まずは貿易に関する基本用語を覚えてもらおう。

国際貿易のあり方

- **保護**貿易：国家が**輸入を抑える**。／国家が輸出を奨励する。

  - **関税障壁**：輸入品に高関税をかける（＝**保護関税**）。
  - **非関税**障壁：数量制限、**為替制限** など。

- **自由**貿易：国家からの保護・統制などの干渉のない貿易。

（※自由貿易下で成立する国際分業の形）

- **垂直**的分業 ➡ 主に**途上国と先進国間**の分業。
  ▶一次産品と工業品など
- **水平**的分業 ➡ **途上国同士や先進国同士**の分業。
  ▶一次産品間や工業品間

●2014年までの国際収支表

経常収支	貿易・サービス収支	・貿易収支：モノの輸出入の差額。 ・サービス収支：モノ以外（**輸送費・旅費・保険料・特許使用料**など）。	
	所得収支	非居住者に支払われる賃金。 海外投資で得た収益全般（利子・配当収入も含む）。	
	経常移転収支	資本形成（建設事業など）以外の移転。 食糧・衣服等の援助。／国際機関への拠出金。／外国人労働者の本国への送金。	**※移転収支** ＝ 見返りなし。 **あげる・もらう。** ▶無償援助や賠償金など
資本収支	資本移転収支	資本形成（建設事業など）にかかわる移転。 ▶費目分類上は「その他資本収支」に入る	
	その他資本収支	資本移転収支 ＋ 特許権の取得にかかる費用。	
	投資収支	一方的な移転ではなく、**将来的な見返りを求めての支出**。 ・**直接投資**：**海外工場建設**などにかかる費用。 ・証券投資：外国の株や国債購入にかかる費用（＝**間接投資**）。 ・金融派生商品／・その他投資：その他の投資や貸付・借入。	
外貨準備増減		国際収支の不均衡の調整用。国内外貨の不足に備える準備金。	
誤差脱漏		ここまでの収支の誤差。	

新しい国際収支表（2014年改訂）の変更点

・経常収支
- 貿易・サービス収支…従来と変わらず。
- **第一次所得収支**…旧「**所得収支**」。
- **第二次所得収支**…旧「**経常移転収支**」。

・**資本移転収支**…以前は「**その他資本収支」の一部**だったが独立して「**資本移転等収支**」に。

・**金融収支**
▶旧「**投資収支**」
- 直接投資／証券投資／金融派生商品／その他投資
- 「**外貨準備増減」は、金融収支の一部**に。

・**誤差脱漏**

※「**経常収支＋資本移転等収支－金融収支＋誤差脱漏＝0**」になる。

国際収支って何ですか？

国際収支とは、**外国との間でのお金の受け払い**だ。「**日本からの支払い＝赤字／受け取り＝黒字**」と表現する。

ちょっと面倒なんだけど、この**国際収支表が2014年1月に大きく改訂**された。受験生にとっては負担だけど、泣きごとを言ってもしょうがない。新旧両方出る可能性があるから、両方覚えよう。

わ〜やだなー。で、どこが変わったんですか？

まず従来までの国際収支表を説明しておくと、**貿易・サービス収支**、**所得収支**、**経常移転収支**の3つを合わせて「**経常収支**」、**その他資本収支**、**投資収支**の2つを合わせて「**資本収支**」といった。あと、これらに加えて「外貨準備増減」と「誤差脱漏」。これらがいわゆる大きな費目名だった。

ふむふむ。

そして新しい国際収支表では、大きな費目が「**経常収支**」「**資本移転等収支**」「**金融収支**」「**誤差脱漏**」の4つになった。その中身は「新しい国際収支表」の所をしっかり見て覚えてね。

他に気をつける点はありますか？

そうだな。日本は**リーマン＝ショック後、貿易黒字が伸び悩み、2011年から貿易収支が赤字**になり、その後は小幅で**赤字と黒字を行き来**するようになったことは、ぜひ覚えといて。

それ、大事なんですか？

めちゃくちゃ大事だよ。だって**日本はバブル後ずっと「不況になるほど貿易黒字が増加する国」**だったんだから。

不況で黒字？　意味がわかんないんですけど。

346　｜　第2講　経済分野

つまり、不況になると、まず国民がモノを買わなくなる。となると企業は、利益を上げるためには、もう海外へモノを売るしかなくなる。そうすると貿易黒字が増え続けるというわけさ。

> なるほど。

でも実は、日本のモノを買ってくれていた最大のお得意様はアメリカだったんだ。だから、リーマン＝ショックでアメリカの消費が冷え込むと、たちまち日本の貿易黒字は減っていった。

さらに2011年の東日本大震災で産業が受けたダメージも加わり、貿易収支はついに赤字になったんだ。

> アメリカ以外の国に売れば？　近隣のアジア諸国とか…

アジア諸国に日本の工業製品は高すぎる。結局僕らの輸出は、本当にアメリカ頼みの部分が強かったということさ。

ただし、貿易赤字国になったとはいえ、プラザ合意以降の円高のおかげで「海外への工場移転→そこからの収益」は増えているから、プラザ合意の翌年の1986年から今日まで、所得収支（2014年からの呼び方だと第一次所得収支）はずっと黒字だ。これも覚えておいてね。

2 国際通貨・貿易体制 ・・・・・・・・・・・・・・・・・・・

> 外国為替って何ですか？

外国為替とは、外国為替手形を使った、海外への支払方法のことだ。外国と貿易などをする際、わざわざ現金を運ぶよりも、支払い時にその手形を渡し、お金は近くの銀行に入金する方が、安全で便利だからね。その仕組みは、次の図のようになる。

21　国際経済　｜　347

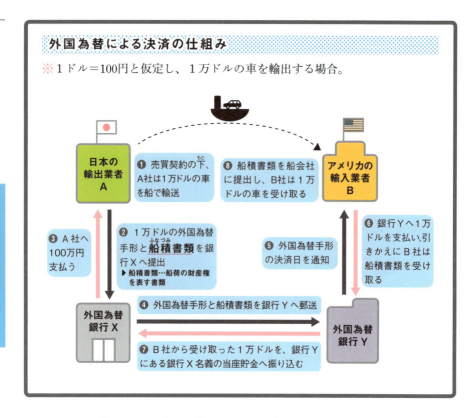

そしてその中で、当然自国通貨と相手国通貨の交換も入ってくるわけだけど、その**異なる通貨間の交換比率**のことを**外国為替相場**というんだ。

 異なる通貨の交換？

そう、貿易の際に必要でしょ。「15 通貨と金融」でもやったことだよ。ほら、お年玉袋で3000バーツもらったらとか金本位制がどうとかの、あれだよ。あの**金本位制**が、**そもそも最初の通貨の交換システム**なんだよ。

でもそのやり方はうまくいかなくなり、その後「1ドル＝360円」でおなじみの**固定相場制**になる。でもそれも崩れて、現在は市場での需給関係で通貨価値を決める**変動相場制**だ。一体なぜ変わったのか。それらの移り変わりについて、これから見ていくことにしよう。

348 ｜ 第2講 経済分野

戦前の国際通貨体制

- **金本位制**…通貨の価値を**金との交換**で保証。

> 金には世界共通の価値があるため、貿易を促進する反面、国の信用が低下すると金が流出し、制度が維持できない。

→ **世界恐慌**後、**崩壊**。

- （**金と交換可の通貨の消滅！**）→ 世界貿易の縮小 → **ブロック経済**化
  ▶共通通貨で植民地と結合

- 植民地を**「持てるブロック」と「持たざるブロック」の対立**が激化。
  ➡植民地の再分割をめざし、**第二次世界大戦**へ突入。

どうだろう、これが戦前の国際通貨体制を崩壊させた過程だ。

ここからわかることは、金本位制は通貨価値を安定させ貿易を促進させる、非常に優れたシステムだけど、**国の信用低下に伴い、金が流出してしまうという欠点**があるということだ。

どういうことですか？

つまり、自分の取引先の国家に信用不安が起こると、誰もが「**あの国の通貨、もうすぐ金と交換できなくなるんじゃないか**」と考える。そうするとみんな「今のうちに金と交換しちゃえ」と考え、金は際限なく流出する。これでは金の保有量が不足して、制度が維持できなくなる。

なるほど。

だから、世界の信用不安が一斉に起こったあの**世界恐慌後、世界中すべての国の金本位制は崩壊した**んだ。

こうなると、もうよその国の通貨なんか信用できない。貿易は縮み、同じ通貨を使える植民地とばかり結びつき（＝**ブロック経済**）、ついには戦争へと至る。これが**第二次世界大戦の経済的要因**なんだ。つまり経済面から見

た場合、**第二次世界大戦の原因は、通貨価値の混乱からくる世界貿易の縮小だった**と説明できるんだ。

　へぇ〜、勉強になりました。

　同じ過ちを繰り返さないためには、**通貨価値をガチガチに固定する必要がある**。だから戦後の通貨体制は、固定相場制から始まったんだ。

❶ 戦後の国際通貨体制：ブレトン＝ウッズ体制

戦後の経済体制は、ブレトン＝ウッズ協定に基づくIMF（国際通貨基金）とIBRD（国際復興開発銀行）の設立とGATT（関税及び貿易に関する一般協定）の発効から始まった。

IMFとGATTがめざすものは、それぞれ新しい通貨体制と自由貿易体制の確立だ。どちらも第二次世界大戦への反省から誕生した。

❷ IMF（国際通貨基金）

IMF（国際通貨基金）…1945年設立

目的
- ❶ 為替の安定………**固定相場制**。
- ❷ 為替の自由化……**為替制限**の撤廃。
- ❸ 国際収支の安定…赤字加盟国への**短期**融資。

※（日本は1952年加盟）→ 1964年、IMF**14条**国（為替制限可）から**8条**国（為替制限不可）へと移行。▶「**資本の自由化**」の実現

　IMFがめざすものは何ですか？

IMFは、**戦争の経済的要因を通貨の側面から除去**するために設立された。だからやるべきことは、まず何をおいても❶の「為替の安定」だ。そして通貨価値を安定させたければ、交換レートをガチガチに固定しちゃえばいい。そのような目的で、IMFは**固定相場制**を採用した。

固定相場制って、どんな制度なの？

 わかりやすくいうと、**変形の金本位制**だ。
　この当時、世界のほとんどの国は金不足だった。でもアメリカだけは莫大な金保有量を誇っていた。
　ならば世界の通貨の中で**米ドルだけが金と交換できる**ようにした上で、そのドルを貿易の中心通貨（=**基軸通貨**）にし、各国通貨をすべて「1ドル＝いくら」で表示していけば、**世界の通貨価値は間接的に金の価値と結びつく**ことになる。

 む、難しい！　でもゆっくり考えればわかった。

　ただしこのシステムでは、**アメリカだけが世界中からの金との交換要求に応えなければならない**ため、責任重大だ。アメリカがそれをやってくれるおかげで、**他の国は金を全然持ってなくても安心して貿易**できるんだ。
　❷の**為替制限**とは、例えば「円とドルの交換は禁止します」みたいな「**通貨交換の制限**」のことだ。これがなされれば、当然貿易は縮小する。だから**IMFでは原則的には認めない**。
　ただし例外的に、**途上国（＝IMF14条国）には認められる**。途上国の商品は競争力がなく、輸入ばかりが増えがちになるため、場合によっては為替制限を認めてもらえないと、際限なく貿易赤字がふくらむ恐れがあるからだ。
　日本も最初は途上国扱いだった。でも**オリンピック景気の頃からは先進国扱い（＝IMF8条国）に格上げ**されている。このIMF14条国から8条国への移行を「**資本の自由化**」というんだ。これで正確にはp.282にも書いたように、**資金移動が自由化されるとともに、企業進出の自由化**が実現した。
　❸も戦争要因の除去には不可欠だ。国際収支の赤字国、つまり**金のない国は、局面打開のために戦争を画策する可能性がある**。だからそういう国に融資することは、戦争防止につながるんだ。

❸ IBRD（国際復興開発銀行）

　IBRDは通称「**世界銀行**」とも呼ばれ、**戦後復興資金の貸付用（その後は途上国への援助用）に設立された**。

戦後復興と途上国、この2つは、どちらも気長に待たないといけない融資先だ。だからIBRDの融資は、IMFと違って**長期**融資だ。

❹ GATT（関税及び貿易に関する一般協定）

> **GATT（関税及び貿易に関する一般協定）**…正式機関なし。協定のみ
>
> ※現在は**WTO**（**世界貿易機関**）へ発展（＝初の**正式な国際機関**）。
>
> 基本原則
> ・**自由**・**無差別**主義…
> 　・自由貿易確保のため、**関税引き下げ**。
> 　・輸入数量制限（＝**非関税障壁**）の撤廃。
> 　・（1国に与えた貿易上の特権は、全加盟国に適用させる（＝**最恵国待遇**）。）
> 　・（自国民や自国企業と同様の権利を、相手国民や企業にも与える（＝**内国民待遇**）。）
>
> ・**多角**的交渉…**全加盟国**での貿易ルールの検討（＝**ラウンド交渉**）。
>
> ※（日本は1955年に加盟）→ 1963年、GATT**12**条国から**11**条国へと移行。
> ▶数量制限可　　▶数量制限不可

GATTって何でしたっけ？

　GATT（関税及び貿易に関する一般協定）は、戦後の自由貿易体制の守り神的な協定で、戦争の経済的要因を貿易の側面から除去するために結ばれたものだ。ただし**単なる協定であって、正式な国際機関ではなかった**んだ。正式な国際機関化したのは**1995年で、GATTはWTO（世界貿易機関）**として生まれ変わった。

GATTの仕事について教えてください。

　その前に、まずは貿易の障害物からだ。**自由貿易の障害物は2つ。それは高い関税と輸入数量制限だ。これらをそれぞれ「関税障壁」と「非関税**

障壁」と呼ぶ。

　関税とは輸入品に対して政府がかける税で、本来は国内外の価格差を適正なレベルに調節するために存在している。でもありがちなのが、**自国産業を保護するために、輸入品に不当に高い関税をかけるケース**だ。これは自由貿易を阻害する。

　だからGATTは、その不当に高い「関税障壁」をチェックし、適正なレベルに引き下げるまで監視するんだ。

　輸入数量制限（＝非関税障壁）の方は、存在そのものが貿易のジャマだから、原則的に許さない。すべて撤廃を求めていくのが基本だ。

　ただしIMF同様、**途上国には例外的にアリ**だ。こちらはさっきと同じ理由になるので、説明は省こう。

 GATTで他に気をつけるべき点はありますか？

 あるよ。**GATT最大の特徴ともいえる、「ラウンド交渉」**だ。
　GATTは国家間の力関係が如実に反映する**二国間交渉を歓迎しない**。弱者と強者の話し合いじゃ、自由貿易もへったくれもないもんね。だから**あらゆるテーマを多国間で話し合い、何年もかけて吟味する**。これがラウンド交渉だ。

　ちなみに日本のコメ問題を討議したのは、GATTウルグアイ＝ラウンドだ。これはGATTがウルグアイで開いた多国間交渉という意味だね。

GATT・WTOのラウンド交渉	
ケネディ （1964-67年）	工業製品関税の一律50％引き下げ。
東京 （1973-79年）	同じく工業製品で、さらに関税33％引き下げ。「非関税障壁＋農産物」でも一定の合意。
ウルグアイ （1986-94年）	「農産物の例外なき関税化／知的所有権／サービス貿易」で合意。＋WTOの設立交渉。
ドーハ （2002年-）	**WTOになって初のラウンド交渉**だが、先進国と途上国の対立などで長期化し、いまだ**最終合意に至らず**。

21　国際経済　　353

❺ ブレトン＝ウッズ体制の崩壊

```
┌─────────────────────────────────────────────────────────┐
│  固定相場制の崩壊                                          │
│                                                           │
│  背景  米の国際収支が徐々に悪化＝ ⎛対外的な⎞ → 金の国外流出  │
│        ▶日欧復興＋ベトナム戦争    ⎝支払い増 ⎠   ▶金準備高の減少 │
│                                                           │
│                   ↓                          固定相場制    │
│                                                            ピンチ  │
│        ※ドルへの不安増 ⇒「ドル売り・金買い」増 ⇒         │
│        ▶固定相場制は崩れる？  ▶ドルより金を持つ方が安心だ   │
│                                                           │
│  対策  SDR（IMF特別引出権）…金・ドルに次ぐ「第三の通貨」創設。│
│                ‖                                          │
│   ┌───────────────────────────────────────────────┐    │
│   │ IMFへの出資額に応じて各国に配分された権利（当初レートは「1ドル│
│   │ ＝1SDR」）。貿易用の通貨・ドルが不足した国は、ドル黒字国との間で│
│   │ 「ドルとSDRの権利の交換」をする（※ドル不足の根本解決ではない）。│
│   └───────────────────────────────────────────────┘    │
│                                                           │
│  1971年：ニクソン＝ショック…ドルと金の交換、ついに一時停止に。│
│    ↓    ▶ドル＝ショック      ▶固定相場制の一時放棄         │
│                                                           │
│  同年：スミソニアン協定…固定相場制の再構築をめざす試み。    │
│          ↓                                                │
│     ⎡・ドルの切り下げ（ドル安へ）⎤ ⇒ 米を貿易黒字にし     │
│     ⎣・円の切り上げ（円高へ）   ⎦   金保有量の回復を。    │
│         ▶1ドル＝360円→308円へ                            │
│                                                           │
│ but 米の国際収支悪化は止まらず、1973年に変動相場制へ移行。  │
│    ➡1976年に正式承認（＝キングストン合意）。               │
└─────────────────────────────────────────────────────────┘
```

　通貨の安定をめざして始まった固定相場制だけど、先ほどもいった通り、このやり方はアメリカに大きな負担がかかる。

 どういうことですか？

 固定相場制の正体は、**アメリカ一国で支える変形の金本位制**だ。その本質が金本位制である以上、いかに大量に金を保有しているとはいえ、**アメリ**

カー国の信用低下がそのまま「金流出→制度崩壊」につながる危険性は、常にある。そしてその危惧は、ノートで見る通り現実のものとなってしまった。

アメリカにいろいろあったようですね。

アメリカは冷戦期、西側のボスとして無駄な出費が多く、そのせいで次第に国際収支が悪化してきた。気前のいい援助に加えてベトナム戦争への出費、日本・ECの経済的台頭など、気づいてみるとドルの対外支払い額は、かなりのものになっていた。

アメリカにとってドルの対外支払いは、金の海外流出を意味する（貿易相手国にドルを支払うとき、交換用の金もセットで渡すイメージ）。ならばアメリカの国際収支の悪化はアメリカの金不足につながるため、世界の人々に「ドルは危ない」との危機感を抱かせた。世界では先行き不安なドルよりも金を持ちたがる人が増え、ドルと金の交換が進み、金の流出にますます拍車がかかった。

そして1971年、ニクソン大統領の発表により、ついにドルと金の交換は一時停止されてしまった（＝ニクソン＝ショック）。これは金準備高の不足したアメリカが、固定相場制を一時放棄したことを意味する。

それって、とてもマズいんじゃないですか？

うん、ものすごくマズい。かつてのように、世界から金と交換できる通貨が消えたわけだからね。

通貨の混乱は戦争の危機を招く恐れがある――固定相場制は早急に再構築される必要があった。さあ、そのためには何をすればいい？

何ですか？

為替をドル安誘導して、アメリカが貿易黒字国になればいいんだ。ドル安になれば、アメリカのモノは売れる。売れれば代金の形でドルが返ってくる。そしてドルが返ってくれば、セットで金も返ってくるから、これで固定相場は再構築できる。そこで同年末、スミソニアン協定が結ばれ、アメリカを貿易黒字国にするためのドル安（円高・マルク高）政策が実施され、1ドル＝308円になった。

21　国際経済　355

それでうまくいったんですか？

　ダメだった。その後もアメリカからのドル支出（ベトナム戦争への出費の継続）は止まらず、ついに**1973年、固定相場制を放棄して変動相場制へ移行**したんだ。つまりこれからは、通貨価値は金の価値に縛られず、市場での需給関係で決定する**変動相場制**になったということだ。

3 南北問題

　南北問題について教えてください。

　南北問題は、**発展途上国と先進国の間の経済格差の問題**だ。
この問題、そもそもの原因は**先進国**の方にある。かつて先進国は、途上国の多くを**植民地支配**した。そして途上国に対し、**先進国で需要のある商品（農産物や地下資源など）**ばかりを生産するよう強要した。そのせいで途上国の多くは、いまだにそれら**特定の一次産品に依存する経済構造（＝モノカルチャー経済）**から脱却できないでいる。

　一次産品の国際価格は、豊作・凶作や新鉱山の発見などに左右されるため、非常に不安定だ。当然国際収支は赤字になりやすい。そうすると先進国やIMF、IBRDからの借金もかさみ、ついには返済不能に陥ってしまう。これが**累積債務問題**だ。

累積債務問題への対策

- **モラトリアム**（支払い猶予令）…外国への債務返済の一方的停止。
- **リスケジューリング**（返済繰り延べ）…外国への債務返済の延期。
- **デフォルト**（債務不履行宣言）…外国への債務の返済不能を宣言。

◉1980年代の**メキシコのデフォルト**より、**中南米中心に増加**。
　　　　　　　　　　　▶第二次石油危機が主要因

ここまでくると、もはや自力解決は難しい。しかも途上国をここまで追い込んだ根本原因は、先進国にある。

だから**南北問題の解決には、先進国の協力が不可欠**なんだ。

❶ 南北問題解決への取り組み

問題解決への第一歩として、1964年の国連総会採決で設置されたのが、**UNCTAD（国連貿易開発会議）**だ。UNCTADは南北間の話し合いの場というより、今まで伝える機会のなかった**途上国からの要求を伝えるための場**だ。ちょっとその要求内容を見てみよう。

南北問題への対処

- **UNCTAD**（**国連貿易開発会議**）…**途上国の要求**結集の場（1964年〜）。
  =
  - 初期：「援助よりも貿易を」➡ その後：「援助も貿易も」
    - (a) **一般特恵関税**
    - (b) **一次産品の価格安定**　などを要求。
    - (c) GNP比1％の援助

- 1973年：**石油危機**…資源エネルギー不足で先進国は大混乱。
  ➡途上国は**自らの資源が武器になる**と気づく。

- **新国際経済秩序**（**NIEO**）**宣言**…先進国と**対等な貿易**を要求（＝強気）。
  ▶国連資源特別総会（1974年）にて

　途上国からはいろんな要求が出されてますね。

(a) **一般特恵関税**とは文字通り「特に恵まれた関税率」のこと。それを要求したってことは、つまり「先進国の皆さん、我々**途上国のモノを輸入する際の関税を、もっと引き下げて**ください」と言ったわけだ。

これは当然の要求だ。**途上国の商品は、品質よりも安さが大きな競争力となる。**

21　国際経済　｜　357

そこに高関税をかけられたのでは、せっかくの安さが台なしだ。このぐらいの配慮は必要だね。

(b)一次産品の価格安定も、モノカルチャーの国々にとっては必要だ。しかし「**値上げ**」ではなく「**価格安定要求**」というあたりが、何ともつつましいね。

(c)経済援助も必要だね。**GNP比１％の援助**要求ということは、「皆さんの稼ぎの100分の１でいいから、我々に回してください」ということだ。

本来ならその場限りの援助よりも継続的な貿易の方がありがたいけど、そうもいっていられない。今まで迷惑かけられた分と思えば、援助要求も当然だ。

これらからわかることは、途上国の要求は、全体的に控え目だったということだ。ところがある事件をきっかけに、がぜん強気になる。何だかわかる？

😊 石油危機ですね。

🥸 その通り。1973年の**第一次石油危機**だ。これ一発で先進国は大きく動揺した。この事実で、途上国は大事なことに気づいたんだ。

「そうか、**オレたちが豊富に持つ資源は、先進国と闘うための武器になる**んだ」

これで強気になった途上国は、翌1974年に開かれた**国連資源特別総会の場で、新国際経済秩序**（**NIEO**）**の樹立宣言**を発表した。これは今後途上国が、**先進国と「対等」に渡り合うための決意表明**と考えられる。つまり「イヤなら資源を売ってやんないよ」のスタンスだ。

😮 途上国は、強気に何を要求したんですか？

🥸 まず先進国に「**天然資源の恒久主権**」の承認を求めた。これは「ウチの資源はウチのもの」という、所有権の確認だ。こういう「ウチの資源はウチのもの」的な考えを「**資源ナショナリズム**」というんだけど、この際、誰のものかはっきりさせようという宣言だ。

そして**一次産品の値上げ**要求。ここからは「イヤなら売ってやんないよ」という姿勢が、さらに強く伝わってくる。

加えて**多国籍企業の規制**も求めた。これまで途上国の資源は、**先進国の多国籍企業によって食い物にされてきた**ことを考えると、これも当然の要求だ。

まさに「持てる者の強み」ですね。

このように、この時期以降、途上国は簡単には先進国の言いなりにならなくなってきた。でもまだ、途上国が豊かになったわけではない。
新たな関係をきちんと機能させていくには、まだまだ先進国の協力が必要だ。

❷ その他

▶ 南南問題
地球儀を見ると、**先進国は北半球に多く、途上国は赤道付近から南半球に非常に多い**ことがわかる。これが南北問題という呼び名の由来だ。

そして、南北問題が先進国と途上国の格差ならば、**南南問題は途上国間の格差**の問題だ。途上国の中には**最貧国**（LDC）もあれば、産油国や**NIES**（**新興工業経済地域**）、あるいは近年伸びてきた**BRICs**などの豊かな国々もある。**これらの国や地域がみんな同じ途上国サイドにいると、意見の統一が困難になる**。これが南南問題だ。

アジアNIESとBRICs

・**アジアNIES**…韓国・香港(ホンコン)・台湾(たいわん)・シンガポールの「**アジア四小龍**(よんしょうりゅう)」

・1980年代、**中南米NIESの衰退**と入れ替わるように台頭。
　（メキシコ・ブラジル・アルゼンチン） → （第二次石油危機より**累積債務**(るいせきさいむ)に苦しむ。）

　※**円高**による**日本からの直接投資の増加**も、成長を後押し。

・国土や地域面積が**小さい**ため、**農産物・資源に乏しい**。
　　　　　　　　　▶ 工業品の輸出や金融業で成長

but （急成長のアジアNIESも、1997年の**アジア通貨危機**で**韓国**が後退。
　　　▶ タイのバーツ暴落(ぼうらく)より不況波及） → （その後、IMFの支援を受け、**IT化に成功**し回復。）

21　国際経済　　359

- **BRICs**…経済成長著しい新興国群。
  ‖
  - ブラジル（**B**razil）：鉄鉱石生産世界2位
  - ロシア（**R**ussia）：天然ガス生産世界2位
  - インド（**I**ndia）：ITの急成長国
  - 中国（**C**hina）：人口世界1位＆経済急成長

  ⇒ 莫大な土地・資源・人口で急成長中。

- ◎2050年には**4カ国すべてが日本のGDPを抜く**見通し。
  ▶中国はすでに2010年に日本を抜いた

- ※なお近年は、この4カ国に南アフリカを加えて、**BRICS**とすることが多い。
  ▶**S**outh Africa

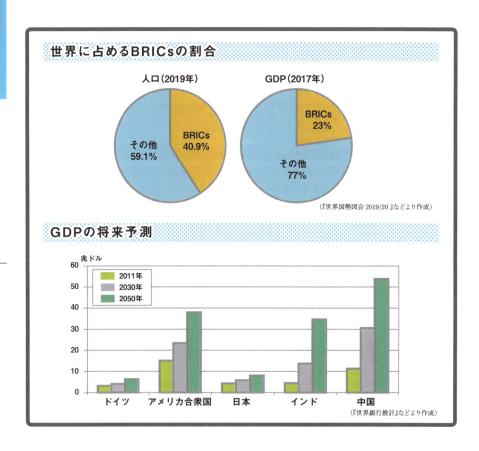

世界に占めるBRICsの割合

人口（2019年）: BRICs 40.9%、その他 59.1%
GDP（2017年）: BRICs 23%、その他 77%

（『世界国勢図会 2019/20』などより作成）

GDPの将来予測

兆ドル。2011年／2030年／2050年の比較：ドイツ、アメリカ合衆国、日本、インド、中国

（『世界銀行推計』などより作成）

4 ヨーロッパの統合

欧州統合の動きは、独仏を中心に進められてきた（英は消極的）。この統合は、EC（欧州共同体）からEU（欧州連合）に移り、さらに本格的になっていく。

欧州統合の目的って何ですか？

不戦共同体をつくることが当初の目的だったんだけど、その後は**経済的な意味合いが強まった**。つまり次第に戦後復興の協力体制づくりになり、今日的には「**加盟国全体で単一国家同様の巨大経済エリア**を形成」するための欧州統合というニュアンスが強まっている。

欧州統合の動き

- **EC発足**：**ECSC**（欧州石炭鉄鋼共同体）・**EEC**（欧州経済共同体）・**EURATOM**（欧州原子力共同体）が1967年に統合。
- **EC加盟国数**：原加盟国は6カ国
  ➡ 仏・西独・伊・**ベルギー・オランダ・ルクセンブルク**。最大時12カ国。
  ▶ ベネルクス3国

- **EC**（**欧州共同体**）…**独仏**中心で統合に向けた取り組みを実行。
  ▶ 英は常に消極的

⬇

- 域内関税の撤廃＋対外共通関税（＝**関税同盟**）
- **市場統合**…「**人・モノ・カネ・サービスの自由移動**」実現。
- （通貨統合への準備）：
  - EMS…**域内のみ固定相場制**を継続。
  - ECU…域内だけで通用する**実験的通貨**単位。
  ▶ EMSとECUは、将来的に単一通貨に束ねやすくするための、実験的努力

⬇

- **EU**（**欧州連合**・1993年〜）…ECで実現した内容を**さらに拡大強化**。
  ➡ 共通の議会や司法、通貨をめざす。

・EUの目的：「市場＋政治＋**通貨**」の**統合**をめざす。

・**通貨統合**：1999年、単一通貨**ユーロ**導入。
　　　▶**欧州中央銀行（ECB）が発行・金融政策**
　　　➡**2002年より一般流通**スタート（英・デンマーク・
　　　　スウェーデンなどは不参加）。

😊　僕らが知らない所で、ずいぶん頑張っていたんですね。

😟　そうなんだよ。彼らはまず仏の提案で1952年に**ECSC**（欧州石炭鉄鋼共同
体）をつくり、これがうまくいったため、1958年には**EEC**と**EURATOM**
も設立し、そしてついに1967年には、三者を統合させて**EC**（**欧州共同体**）を
設立し、さらには1993年、そのECをさらに発展的な組織である**EU**（**欧州連合**）
へと移行させてきたんだ。

😊　なるほど。

😟　彼らは欧州全体を単一国家同様に機能させるため、**加盟国間での関
税の撤廃**など（＝**関税同盟**）を皮切りに、人・モノ・カネ・サービス
の自由移動（＝**市場統合**）や通貨の統合（**ユーロ**）も実現させ、さらにはその
議長を俗に「**EU大統領**」と呼ぶ欧州理事会や欧州議会などに見られる**政治統合**
まで実現させてきた。
　そしてEUは、その後さらなる発展・拡大をめざした。

・**2004年**　┌・**旧東側の東欧10カ国**が**EU加盟**。現27カ国（2020年4月末
　　　　　　│　　現在）。（同年、旧東欧は**NATOにも加盟**）
　　　　　　│・**EU憲法**条約を採択。全加盟国が国民投票で可とすれば発効。
　　　　　　└　▶ただし2005年に仏・オランダが**国民投票で否決**。未発効に

◉2009年、**EU憲法にかわる最高法規的条約**として、**リスボン条約**発効。

362　│　**第2講　経済分野**

旧東側諸国まで取り込んだんですか、すごい！

しかもそれだけでなく、同じ2004年には**EU憲法**条約まで採択された。これは文字通り「**EUの最高法規的な条約**」であり、これが整うことでさらに単一国家同様の体制に近づくはずだった。しかし…

 どうしたんですか？

実はこの**EU憲法条約、採択はされたが発効していない**。**フランスとオランダが国民投票で否決**したためだ。

 えー、何で？

つまり**国家レベルで考えればメリットも大きい欧州統合も、個人レベルで考えたらいろいろ問題がある**ということだ。だって人・モノ・カネの移動が自由になれば、他の加盟国からの移民や出稼ぎも増えるでしょ。するとそれは、政府目線で考えれば国内生産が活性化されるから「GDPの増加につながるプラスの要素」になるけど、国民目線だと「自分の雇用が圧迫されるマイナスの要素」になってしまうから。

 あ、ほんとだ。

そういう意味では欧州の統合も、常に政府目線で考えず、国民投票で合意を得るためにも、まず各国内での合意形成、いい換えれば国民への十分な根回しが必要だったのかもしれないね。

 なるほど、難しいもんですね。

結局2009年に、EU憲法にかわる最高法規的条約として**リスボン条約**を発効させることはできた。しかしここで始まったEUの動揺は、この後さらに大きくなっていく。

 どういうことですか？

ギリシア危機と**イギリスのEU離脱問題**（いわゆる**ブレグジット**（Britain Exit））だ。

> ギリシア危機？　ブレグジット？

まずはギリシア危機から説明しよう。
ギリシア危機は、**EUの持つ潜在的な問題点を露呈**する形となった。つまりEUは、うまく機能すれば、同じ通貨でたがいの国を自由に行き来できるわけだから、エリア全体の経済発展に大きなプラスとなる。

> ふむふむ。

でもその反面、マイナス要素も多い。つまり他国と単一国家同様でやっていこうとすると、**雇用は取られる**、**自国と関係ない財政負担を強いられる**、**全体ルールに縛られて窮屈になる**なども発生するんだ。

> うわ、ストレス要因だらけじゃないですか。

ギリシア危機も、そのマイナス要素が露呈したトラブルだ。この危機、ギリシアが巨額の財政赤字を隠していたのが発覚して通貨危機に陥ったというものだけど、ここでEUの持つ負の側面が炸裂する。

> 何ですか？

ギリシアが使っている通貨はユーロでしょ。ならばこの通貨危機を見た世界中の人々は、こう思うわけだ。「**ギリシアがやばい。ということは、ユーロがやばい！**」

> そんなばかな!?　あ、でもそうなるのか…

そう、ギリシア危機はEUみんなが同じ通貨を使っているせいで起こった**「ユーロ全体の信用低下」**の問題、まさにEUの負の側面だ。ユーロの信用を回復させるためには、EU全体でギリシア救済のためにお金を負担してやるしかない。

みんな悪くないのにたった1国のせいで… ひどい話ですね。

そして**イギリスは、そんなEUに愛想を尽かして「いち抜けた」を宣言**した。これが**ブレグジット**だ。

今度はイギリスのEU離脱問題ですね。

そもそもイギリスは、**最初から欧州統合に批判的**だった。統合初期にはEEC（欧州経済共同体）に加入せずにデンマークやスウェーデンらと**EFTA**（**欧州自由貿易連合**。「自由貿易だけ」の結びつき）を結成し（1973年ECに加盟したため脱退）、EC時代から**シェンゲン協定**（パスポートなく域内自由移動できる協定）に入らず、EUでも**ユーロを導入せずポンドを使い続けていた**。

このように、元々EUから一歩引いていたイギリスだけど、そこに近年立て続けに、**シリア難民**の分担受入、ギリシア救済金の分担拠出、手厚い社会保障を求めての東欧移民の増加などが起こった。そのため、ストレスが頂点に達した2016年、イギリスでは**EU離脱の是非を問う国民投票**が実施され、その結果、僅差ではあるけど「**賛成多数**」になってしまったんだ。

なるほど。

この投票結果に**キャメロン**首相は辞任、かわってサッチャー以来の女性首相・**メイ**首相が誕生したが、事態をうまく収束できず、2019年に辞任。続いて誕生した**ジョンソン**首相が議会大混乱の末、ついに2020年「**EU離脱法**」を可決させ、**イギリスはEUを初めて離脱する国になった**んだ。

ブレグジットが吉と出るか凶と出るかはわからない。ただ今後、他のEU加盟国に与える動揺は大きいね。

さて、EUはこのように、最近でこそ負の側面が露呈して大騒ぎになっているけど、結成からしばらくは、非常にうまく機能しているように見えた。
これに焦ったのは、世界の他の地域だ。自分たちがボンヤリしている間に、ヨーロッパでは着々と各国の協力体制を深め、総合的な経済力を高めている。ひょっ

とすると、21世紀の経済リーダーは、日米ではなく"ヨーロッパ合衆国"なんてことにもなりかねない。

こんな焦りにかられ、遅ればせながら**世界のその他の地域でも、グローバリズムに逆行する地域的経済統合（リージョナリズム）の動きが進行**している。

どれも最終目的が自由貿易である以上、閉鎖的なブロック経済とは別だ。でも今は、その是非を論じている場合ではない。ヨーロッパに取り残されないことの方が、各国にとって大切なんだ。

地域的経済統合の動き

名　称	加盟国	内　容
アジア太平洋経済協力会議 （APEC）	日・米・豪・ASEAN などの環太平洋諸国	自由貿易拡大、投資の促進
ASEAN自由貿易地域 （AFTA）	ASEAN（東南アジア諸国連合）加盟国	関税の段階的引き下げ
北米自由貿易協定 （NAFTA）	アメリカ・カナダ・メキシコ	貿易・投資の促進
南米南部共同市場 （MERCOSUR）	ブラジル・アルゼンチンなどの南米諸国	域内関税撤廃、対外共通関税

＋

・**FTA**（自由貿易協定）…モノの輸出入の自由化。
・**EPA**（経済連携協定）…モノ＋「**投資ルール・規制緩和**」も含む。
・**TPP**（**環太平洋経済連携協定**）＝環太平洋パートナーシップ協定
　　　　‖

シンガポール・ブルネイ・NZ・チリのEPAに2009年**米**が参加表明。
　➡ **日・豪・加**なども加え、最終的に12ヵ国で**2015年**に**大筋合意**。

内容 原則「**全品目の完全自由化**」めざす。
　　　　▶例外は認めるが難しい

2015年：**大筋合意**…全品目中「**95.1%**」が自由化されることに。
　　　　➡ ※コメは例外品目として「**少しだけ自由化／ほぼ守った**」

366 ｜ 第2講 経済分野

┌─
│ 問題　米の**保護主義**…「現状での自由化は、単なる**市場の消失**だ」
│ 　　▶**トランプ**政権　➡ 2017年、**アメリカはTPPを離脱**。
│ 2018年：米以外の11ヵ国で「**包括的及び先進的なTPP**」が発効。
│ 　　　　　　　　　▶＝CPTPP。俗に「TPP11」
│ 　　➡ 従来協定を原則採用。**米が要求していた内容だけ凍結**。

・TPP以外の日本の最新動向
　┌ 2019年：**日本とEUとのEPA**（＝日欧EPA）発効。
　│ 　　➡「日本94％／EU99％」の関税が撤廃。
　│ 2019年：**日米貿易協定**が始まり、同年9月に**最終合意**。
　└ 　　➡「米の農産物＋日本の自動車」の関税を、TPP水準まで下げることで合意。

　　ASEAN（**東南アジア諸国連合**）…経済・政治・安保等での地域協力めざす。
➡　┌・東南アジア全域の国々が10ヵ国参加（＝**ASEAN10**）。
　　└・加盟国は同時にAFTA（**ASEAN自由貿易地域**）の一員として、域内関税＋非関税障壁の撤廃をめざす。
─┘

　さらに近年は、地域的経済統合だけでなく、二国間や少数国間での**自由貿易協定**（**FTA**）や**経済連携協定**（**EPA**）づくりも活性化している。そのいちばんの理由は、自由貿易の守護神であるべき**WTOが、もはや機能不全寸前**の状態だからだ。

😮 どういうことですか？

　WTOの多国間交渉は、確かにある時期までは有効だった。だが、加盟国が増えすぎた。**160ヵ国以上も抱えてしまっては、もはや迅速な意思決定などできない**。だから各国は、**なるべく小さな集団をつくり、国益と関係ある地域だけを選んで、それぞれで自由貿易の交渉**を行うことが増えたんだ。

😊 なるほど。これでひと安心ですね。

しかし、そうなると、またかつての弊害が出てくる。**TPP（環太平洋経済連携協定）**もEPAの一種だが、日本もこれに参加したところまではよかったけど、当初はアメリカのゴリ押しにやきもきした。結局TPPは、2017年に**アメリカが離脱**して「**TPP11**」になったことでひと段落したが、やはり国の数が減ると、交渉そのものはスピーディになるが、強国のゴリ押しが止められないという弊害が出てくる。難しいね。

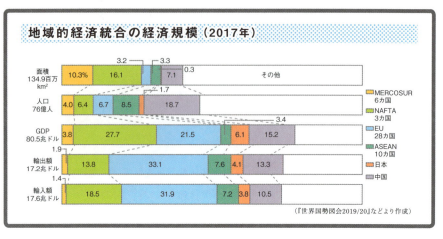

5 日米貿易摩擦

日米貿易摩擦って、昔からあるんですか？

うん。ただし対象品目は時代とともに変化している。「**軽工業→重工業→家電製品**」と時代ごとの日本の得意産業が、そのまま摩擦対象になってきたんだ。初期の摩擦理由は、円安からくる商品価格の安さ、そして**高度成長期より後は、技術力の高さ**だ。誰だって商品を買うなら、より優れたものが欲しい。そういう理由で日本商品は売れた。特に**70年代後半から80年代にかけて、家電・自動車・半導体**は売れに売れた。日本の技術力のなせる業だ。

しかし調子に乗りすぎた。この頃アメリカ経済はどん底だったんだ。第二次石油危機のダメージ、レーガン大統領の経済政策（＝**レーガノミクス**）の失敗からくる財政と貿易の「**双子の赤字**」…。当時のアメリカはまさに、息も絶え

絶えの状態だった。

　誰だって自分の体調が悪いときに、よそ者に我がもの顔で自宅の庭を荒らされたら面白くない。こういう流れで1980年代には**ジャパン＝バッシング**（＝**日本叩き**）が始まり、日米貿易摩擦は本格化していったんだ。

1980年代の貿易摩擦対策

- 企業による輸出の**自主規制**。
- 欧米（特に米）での、自動車などの**現地生産**。
  ▶コスト削減効果はないが、雇用を悪化させた埋め合わせになる
- **内需主導型**への転換。
        ＝
- 国産品はなるべく国民が買うようにする（＝輸出減）。
- 政府が公共事業などで**有効需要を創出**する（輸出減＋輸入増）。
  ▶国民がお金を持てば、国産品も輸入品も買うようになる。

---

❶ **本格的摩擦〈その1〉：スーパー301条**

　1988年、アメリカは貿易摩擦対策として、通商法第301条を改正した。これが**スーパー301条**だ。

　スーパー301条って何ですか？

　スーパー301条は、不公正貿易国からの輸入品に対し、一方的に法外な報復関税をかけるという恐ろしいアメリカの国内法だ。もちろん相手国の同意もなく、こんな一方的な課税が許されるはずがない。1989年、人工衛星やスーパーコンピューターなど数品目で適用を受けた日本は、当然GATTへ提訴した。

❷ **本格的摩擦〈その2〉：日米構造協議**

　スーパー301条の適用後、アメリカはたたみかけるように、同年中に**日本に市場開放を要求してきた**。それが**日米構造協議**だ。

21　国際経済　　369

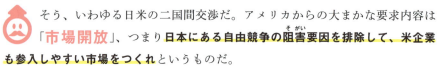

日米構造協議？

そう、いわゆる日米の二国間交渉だ。アメリカからの大まかな要求内容は「**市場開放**」、つまり**日本にある自由競争の阻害（そがい）要因を排除して、米企業も参入しやすい市場をつくれ**というものだ。

アメリカの要求は正しい。でも、それを求める状況がひどいね。だってスーパー301条でさんざん脅しをかけた直後の話し合いだ。こんなのビビって、まともに話し合いなんかできるわけがない。しかも多国間じゃなく二国間。これではアメリカがゴリ押ししてきても、誰も止めてくれない。

結局、日本政府は、大筋でその内容を受け入れるしかなかった。これを受けて1990年、**スーパー301条は解除**されたんだ。

❸ **本格的摩擦〈その３〉：日米包括（ほうかつ）経済協議**

一度そういう弱腰な交渉をすると、相手方にナメられる。だから1993年、今度は**日米包括経済協議**の場で、アメリカから**もっと露骨な要求**が出された。

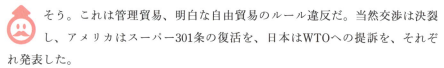

何ですか？

アメリカからの輸入をもっと増やせという要求だ。しかも何をどのぐらい買うか、具体的に**数値目標**を示せと言ってきたんだ。

えー、それって自由貿易ではないじゃないですか！

そう。これは管理貿易、明白な自由貿易のルール違反だ。当然交渉は決裂し、アメリカはスーパー301条の復活を、日本はWTOへの提訴を、それぞれ発表した。

でもその後は日本政府じゃなく、**日本の企業が譲歩して、輸出の自主規制と輸入の数値目標の方針を、自主的に発表した**んだ。企業からすれば、WTOでダラダラ話し合っている間に、自分たちの商品に報復関税をかけられてはたまらない。結局**ここではスーパー301条は発表だけで済み、実際の適用は回避する**ことができた。

スーパー301条は本来、２年間だけの時限立法のはずなのに、何かあると復活してくる。やっぱり二国間交渉は難しいってことだね。

6 ODA（政府開発援助）

　政府の行う途上国への贈与や貸付を**ODA**（**政府開発援助**）という。

　OECD（**経済協力開発機構**。俗に「**先進国クラブ**」）内にある**DAC**（**開発援助委員会**）が定める国際目標は、DAC加盟国がそれぞれ1年間に「**GNI比0.7％**」を拠出することだ。

　このODA、日本は金額面ではけっこう頑張っている。2000年代初頭までは毎年1兆円程度を出し、1990年代は**10年連続金額世界1位**になったんだ。ただしその後は減額傾向が続き、2018年は世界4位、その額は5538億円（一般会計当初予算）まで減っている。なお、日本はその**拠出額の多くをアジアに配分してきた**が、近年は**アフリカの資源獲得競争が激化**しており、**アフリカ向けODAを増額**している。

　さらに日本（というか日米）のODAは**対GNI比も低く**、2018年は日本が0.28％で、アメリカが0.17％だ。どちらもDAC加盟国の中ではかなり低い。これらは日米のGNIが巨大なせいもあるが（※実際アメリカは支出総額なら世界一）、GNIが多い国には多い国なりの貢献が期待されるので、このGNI比では失望される。そしてもう一つ、日本のODAは**グラント＝エレメント**（**援助のうちの贈与的要素**）**が低い**という指摘もある。低いとはいっても**88％**程度だから数字的には悪くないが、何せ**DAC加盟国の平均が95.2％で、17カ国が100％を達成**しているから、これらと比べると、確かに低いか。

　加えて日本のODAには、一部ひどいものがある。「**アンタイド**比率（＝使い道指定なしの比率）」は高いのに、「**タイド＝ローン**（＝使い道指定ありの「**ヒモ付き**援助」）」の評判があまりにも悪すぎる。例えばタイド＝ローンの一部は、**材料の発注先から工事の請負先まで、すべて日本の特定業者に指定**してあったりする。

　公共事業の輸出じゃないんだから、こんなとこでゼネコン・商社・政治家が利権を貪っちゃダメ。日本の評判がますます悪くなるよ。

　その日本のODA、2015年から方針が変わった。**国家安全保障戦略**で打ち出された「**積極的平和主義**」に基づき、**ODAをより戦略的に活用**することになったんだ。それと同時に従来までの政府の方針「ODA大綱」も「**開発**

協力大綱」に改められた。

　それによると、これからの日本のODAは、**もっと国益を重視**し、**貧困国だけにとらわれず、資源国との関係も強化し、さらには軍事目的使用を禁止してきた日本のODAが、今後は非軍事目的であれば、他国軍の支援まで可能**となったんだ。日本のODAも、今まさに大きく変わりつつあるね。

ODA（政府開発援助）

途上国への贈与・借款。「**GNI 比 0.7%**」が国際目標。

- **OECD**（**経済協力開発機構**）内の**DAC**（**開発援助委員会**）が測定・検討。
  ▶OECD加盟国は2020年現在30カ国。うちDAC加盟国は29カ国＋EU

- **技術協力・人材育成・人事派遣**などもODAに入る。

政府の方針　**ODA 大綱**（1992 年閣議決定）…「**ODA 実施 4 原則**」策定。

内容
❶ 環境・開発の両立／❷ 軍事目的使用ダメ
❸ 相手国の軍拡路線への注意／❹ 相手国の民主化・人権保障等に注意

↓

2003 年改定：国際貢献から次第に「**国益重視**」に。

協力目的：我が国の安全と繁栄確保に資する（＝役立てる）ため。

その他：「**人間の安全保障**」の視点（**UNDP**（**国連開発計画**）が提唱）。

↓

軍事的な安全保障ではなく、貧困・環境への対処など**人間一人一人の安全保障。➡** その支援なら **NGO への無償資金協力等**もする。

2015 年改定：**開発協力大綱**（国家安全保障戦略に基づく）という名へ。
➡ 積極的平和主義で **ODA の戦略的活用**を。

協力目的：国益の確保。
他国軍支援：**非軍事分野（災害救助等）**では**協力可**に。
支援対象国：**成長した国**も支援可に（資源国との関係強化）。

372　第 2 講　経済分野

● 日本のODA

- **総額世界4位**（米・独・英に次ぐ）。／・**アンタイド比率**が高い。
  - ▶1990sは10年連続世界一だった　　▶使い道指定なしの比率
- **対アジア**が多いが、近年**アフリカ向け増額**（資源競争を意識）。

- 対GNI比が低い。…**0.28%**（米とともに低水準）
- 援助のうちの贈与的要素（＝グラント＝エレメント）が他国より少なめ。

問題
> 日本は**88%**程度と一見多いが、<u>DAC加盟国中17カ国が100%</u>を達成している。

- 相手国の需要と合わないODAも多い。

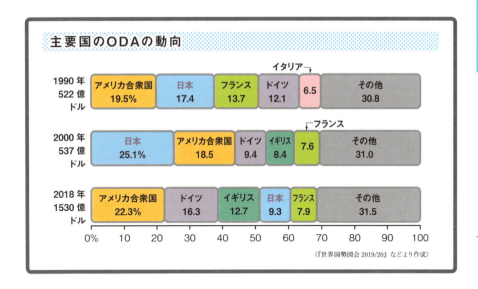

主要国のODAの動向

（『世界国勢図会2019/20』などより作成）

21　国際経済

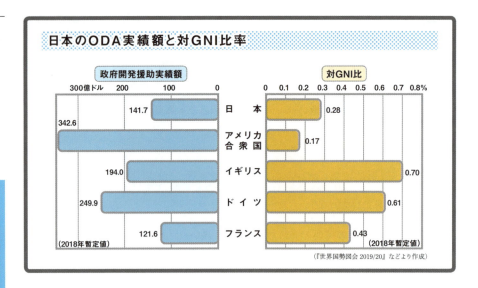

チェック問題 | 21

北京オリンピックが開催された2008年に起こった出来事として正しいものを、次の①〜④のうちから1つ選べ。

① TPP（環太平洋経済連携協定）の交渉に日本が参加した。
② サブプライム=ローン問題をきっかけに、世界的な金融危機が発生した。
③ EU（欧州連合）で、ユーロ紙幣・硬貨の流通が始まった。
④ 中国がWTO（世界貿易機関）に加盟した。

（センター本試験）

解答 … ②

解説 2008年は、北京オリンピックで中国の躍進を見せつけられると同時に、サブプライム=ローン問題をきっかけにリーマン=ショックが起こり、アメリカのバブルが崩壊するという、ある意味「経済の世代交代」を暗示するような年だった。
①TPP交渉に日本が参加したのは、2013年から。
③EUで単一通貨ユーロが導入されたのが1999年、一般流通が始まったのが2002年の話。
④中国のWTO加盟は2001年。

21 国際経済 | 375

22 環境・人口・資源エネルギー問題

1 地球環境問題

環境問題への取り組みが本格化し始めたのは、1970年代だ。

戦後復興と経済発展の時期は、だいたい世界中で共通している。1950〜70年あたりの20年間だ。この時期、世界は環境への配慮なく、経済成長に熱中した。そして気づいてみれば地球環境は至る所で深刻なダメージを受けていた。

経済的に貧しいときには環境をかえりみる余裕はなく、余裕ができて振り返ったときには手遅れ寸前。なかなか難しいもんだけど、まだ手遅れでない以上、やるしかないよね。

❶ 主な問題と対策

酸性雨：硫黄酸化物（SOx・工場の煙より）や窒素酸化物（NOx・排ガスより）が、**大気中の長距離移動**で酸性雨に。**森林・遺跡等を破壊**。

 対策 → **長距離越境大気汚染条約**（1979年） → これに基づき ・**ヘルシンキ議定書**（SOx削減用）
・**ソフィア議定書**（NOx削減用）

オゾン層の破壊 フロンガス（スプレーやエアコンで使用）の大量使用で成層圏のオゾン層が破壊され、地表に紫外線が直射。
▶1980年代、南極上空でのオゾンホール発見より顕在化

対策 → モントリオール議定書（1987年）…フロンガス製造・使用の全廃。
▶ただし先と途では期限が違う

- 特定フロン：先進国は1995年末までに（→途上国は2015年末までに）
- 代替フロン：先進国は2020年末までに（→途上国は2030年末までに）

地球温暖化問題

化石燃料の大量消費で**温室効果ガス**（CO_2・メタン・フロンなど）がたまり、平均気温が上昇して極地の氷が溶け、**海水面の上昇や異常気象が発生**。

対策
- 気候変動枠組条約（1992年）…温室効果ガス濃度の安定めざす（→具体性なし）。
  （※同条約の締約国会議＝**COP**）
- 京都議定書（1997年）…**各国の具体的なCO_2削減数値目標**を設定。
  ▶COP3にて　　　　　▶EU 8％／米7％／日本6％など

⇒ 先進国全体で**1990年総排出量比5.2％の削減**を（2008〜12年で）
 → さまざまな工夫（京都メカニズム）で達成めざす。　▶第一約束期間

- **排出権（量）取引**…各国間で％の売買可。（国家間＋企業間）
- クリーン開発メカニズム（CDM）…**先進国の援助で途上国のCO_2削減**を実現。
  ⇒ その一部を自国努力分にカウント可。
- 共同実施（JI）…**先進国同士で共同のCO_2削減プロジェクト**。

問題
- **米が議定書を離脱**…ブッシュ（子）大統領時に離脱。
- **途上国は目標設定せず**…まず工業化が先。
  ▶特に中国はCO_2排出量世界1位／インドは4位

ポスト京都：「**第二約束期間（2013〜20年）の目標＋米中参加**」必要だが…

- 意見まとまらず ➡ 結局「**現状の議定書を2020年まで延長**」で合意。
- （途上国との不公平感）➡ **日本・カナダ・ロシア・NZは議定書から事実上離脱**。
  ▶正しくは「参加し続けるが**削減義務は負わず**」に
- 米・中・印は、**COPには参加し始めた**が、**削減義務はない**まま。

2015年：**パリ協定**採択（COP21にて。2016年発効）

2020年からは
- **すべての国**が参加
- 各国が**自主的に削減目標**を設定

➡ 世界の平均気温上昇を**産業革命前比2℃未満**に抑え、21世紀後半には**温室効果ガス排出実質ゼロ**をめざす。

問題 **トランプ**米大統領の動向。➡ 2019年、**米が離脱**。

ダイオキシン：**農薬やプラスチックの燃焼**で発生。ガンや奇形児の原因に。

対策
- **バーゼル条約**（1989年）…有害廃棄物の越境移動の規制。
- **ダイオキシン類対策**特別措置法（1999年）…排出規制や改善命令。

環境ホルモン：ダイオキシン類が原因とされる。本来のホルモンの働き
▶内分泌かく乱化学物質　を混乱させ、**生殖異常**など発生。
　　　　　　　　　　　▶『**奪われし未来**』（コルボーン著）より注目集まる

対策
- （**特定化学物質管理促進法**（＝**PRTR法**））…環境ホルモンの疑いのある特定化学物質を使用した企業に、報告義務。
  ▶※まだ実態調査の段階。具体策まだ
- 民間で「**プラスチック→代替素材**」への転換始まる。

　ダイオキシンと環境ホルモン？

　この２つは、新しい環境問題のテーマなので要注意だ。対策そのものも手探り状態だから、「だいたいこんな問題」程度の覚え方でいい。

その他、これらの環境対策についても覚えておこう。

> **その他の環境対策**
>
> ・**砂漠化対処条約**…1994年制定。熱帯雨林の減少や砂漠化の進行に対処。
>
> ・**ワシントン条約**（1973年制定・「絶滅の恐れのある動植物の種の国際取引」を規制）
>
> ・**生物多様性条約**（1992年制定）
>   - ・生物の多様性の保全／・持続可能な利用
>   - ・**遺伝子資源**から得られる利益の**公平な分配**。
>
> ・**ラムサール条約**（1971年制定）…<u>水鳥の生息地・湿地保全</u>に関する条約。

❷ 世界的規模の取り組み

次は個別の取り組みではなく、<mark>国連中心の取り組み</mark>を見ていこう。

国連主催の環境会議は、その後の世界の環境対策の基本指針となる。その辺も踏まえた上で、しっかり内容を吟味(ぎんみ)しよう。

国連人間環境会議：1972年・ストックホルム（スウェーデン）で開催。

・スローガン：「**かけがえのない地球**」

成果
- ・**国連環境計画**の設置（国連が初めてつくった**環境対策の中心機関**）
  ▶（＝UNEP）　　　　　　　　　　　　　　▶本部ナイロビ
- ・人間環境宣言（「経済成長→環境保護」への転換の呼びかけなど）

※同会議をきっかけに、**世界の環境対策は本格化**していく。

国連環境開発会議：1992年・リオデジャネイロ（ブラジル）で開催。
▶「地球サミット」

・スローガン：「**持続可能な開発**」➡開発権の**世代間公平**（現在＋将来）

成果
- ・リオ宣言…「持続可能な開発」をめざす宣言。
- ・**アジェンダ21**…環境保護のための**具体的な行動計画**。
  ▶森林・野生生物保護・砂漠化防止・途上国の貧困解決など

環境開発サミット：2002年・ヨハネスブルク（南アフリカ）で開催（地球
サミット10周年）。

⬇

世界首脳会議の形で開催 ➡ 日本からは当時の小泉首相も参加。

目的　「アジェンダ21」の実施状況のチェック。

力点　途上国の貧困解決（➡「貧困が環境破壊を招く」との視点）。

リオ＋20　：2012年、リオデジャネイロで開催（地球サミット20周年）。

▶国連持続可能な開発会議

➡完全**ペーパーレス会議**で開催（PCやタブレット型端末が活躍）。

●**環境問題をめぐる代表的な出版物・用語**

『沈黙の春』 （カーソン）	環境問題に関する最初期の警告本。DDTなどの農薬が生物濃縮を引き起こす危険性を検証。
『成長の限界』 （ローマクラブ）	今のペースで環境破壊が続くと、近い将来人類は死滅すると警告。 ▶ローマクラブ…世界の科学者・経済学者の集まり
『複合汚染』 （有吉佐和子）	化学肥料や農薬などの複合が相互に影響し合い、より深刻な環境汚染を発生させると警告。
宇宙船地球号	地球は宇宙船同様、閉ざされた空間。▶みんなで守ろう
ナショナル＝トラスト	遺跡や景観地を買い取って保護する市民運動。
ゼロ＝エミッション	資源の連鎖で「**廃棄物ゼロ**」をめざす計画（法整備はまだ）。
エコマーク	環境保全に有用な商品のマーク（財団法人日本環境協会認定）。
エコシステム	「生態系」のこと。
バルディーズ の原則	「企業には、製品の環境への影響に責任あり」とする企業倫理原則。▶アラスカ沖原油流出事故後に確立

ISO14000シリーズ	製造業の品質管理で、**環境管理や環境監査**について定めた**国際規格**。▶ISOは「**国際標準化機構**」
グリーン購入法	できる限り環境負荷の小さいものを購入するようにという、**国や地方の機関への義務**付け。
デポジット制度	製品価格に一定金額を上乗せして販売し、空き缶などの容器の返却時に代金の一部を返金する制度。
エルニーニョ現象	ペルー沖で観測される、海水温が上昇する現象。
グリーンGDP	環境対策費用を差し引いて計算したGDP。
環境税	環境負荷の大きな行為や製品への課税。 ▶EU諸国の炭素税などが代表的

▶ ※炭素税… 化石燃料使用者に対し、炭素含有量に応じて課税
日本の「地球温暖化対策税」(2012年〜) は化石燃料の利用量に応じて課税

❸ 日本の公害・環境問題

日本の公害問題について教えてください。

日本の公害問題は、明治期から始まっている。イメージとしては高度成長期からだけど、明治期にも公害はあったんだ。

あの時期の日本は、早く西洋に追いつきたかった。だから**殖産興業**と称して、強引に**政府主導の資本主義（＝「上からの近代化」）**政策を展開していた。その過程で官営工場や政商が発展し、そこで公害は発生したんだ。「**足尾銅山鉱毒事件**」ってあったでしょ。国会議員**田中正造**が天皇に直訴したやつ。あれが明治の代表的な公害だ。

しかし、やっぱり公害といえば高度成長期だ。この時期の日本では、産業優先政策がとられていた。だから**企業の公害たれ流しを政府が黙認**し、行くとこまで行ってしまったわけだ。いわゆる**外部不経済**の顕在化だね。こうして**四大公害病**は発生した。

> **高度成長期の四大公害病**
> - 四日市ぜんそく（亜硫酸ガス・三重）
> - イタイイタイ病（カドミウム・富山）
> - 水俣病（有機水銀・熊本）
> - 第二水俣病（有機水銀・新潟）
>
> → 1967〜69年に提訴
> ↓
> ● すべて原告勝訴
> （住民側）

 すべて原告勝訴って、すごいじゃないですか。

でも複雑な気持ちだ。確かに住民の努力もあったし、弁護団も頑張ったと思う。でもそれ以上に、この手の裁判で企業が全面敗訴するなんて、あまりないことだ。となると、この結果の意味するところは…

 何ですか？

それは「誰が見ても原告が勝つしかないぐらい、深刻な状態」に住民が放置されていたということだ。ひどい話だけど、これが産業優先の高度成長期だよ。こりゃ「くたばれGNP」なんて言葉が流行るわけだよ。

しかしまあ、こういう判決が出てきたんだ。遅まきながら、そろそろ政府も何とかしなくちゃいかんでしょう。

> **公害防止行政**
>
> ● **公害対策基本法**（1967年）…「**7つの公害**」を規定。公害行政開始。
>   ▶ 大気汚染・水質汚濁・土壌汚染・騒音・振動・地盤沈下・悪臭
>
>   　「**経済との調和**条項」を含む（➡事実上の産業優先）。
>   ▶ 環境保全は経済発展を阻害しない程度に
>
> ↓
> ※「公害国会」（1970年）…公害関連の法整備。➡1971年、**環境庁**設置へ。
>   ▶「経済調和条項」も削除
>
> ↓
> ● **環境基本法**（1993年）…地球サミットを受け、**公害対策基本法を改正**。
> ↓

●**環境アセスメント法**…（大規模開発事業の環境への影響を**事前に調査**。）➡（事業計画の適否を判断。）
（1997年）

初期の公害防止行政には、まだ経済発展への未練があった。でなきゃ「**経済との調和条項**」なんて、考えるわけないよ。しかもこれ、公害対策基本法の第1条だったんだよ。当時の政府はこれがいちばんやりたかったのかね。

さすがにこれは1970年の「**公害国会**」で削除され、ようやくまともな公害防止行政になっていく。

あとは地球サミット後に大きく変わったね。**環境基本法**も**環境アセスメント法**も、どちらも根底にあるのは「**持続可能な開発**」だ。ようやく「環境後進国・日本」も、世界の環境保全の流れに歩調を合わせられる所まで来たってことだ。

最後に、行政判断の目安になるルールも覚えておいてもらおう。

公害の行政判断の目安となるルール

- **汚染者負担の原則**（PPP）…外部不経済の内部化。OECDで採択。
- **無過失責任**…企業に過失がなくても、被害が出れば損害賠償。
- 汚染物質排出の「**総量規制**」（➡ 従来の「濃度規制」を改正）。

---

❹ リサイクルの動向

地球サミットの前後から、リサイクルに対する関心も次第に高まり、日本でも各種のリサイクル法が制定されていた。

その流れを後押ししたのが、2000年制定の「**循環型社会形成推進基本法**」だ。この法律では、**まだまだ使える廃棄物を循環資源ととらえ、その有効利用をめざす**ことになった。

それと前後する形で、従来までの**リサイクル関連法も改正・強化され、また新しい法も制定された。**

リサイクル関連法

- **循環型社会形成推進基本法**（2000年）…リサイクル関連法の軸となる法。

  目的 有用な廃棄物＝「**循環資源**」ととらえ、環境への負荷を低減。

  - **3つのR**＝廃棄物の「**リデュース ➡ リユース ➡ リサイクル**」の優先順位。
    ▶発生抑制　　▶再使用　　▶再生利用

    ※近年はここに「**リフューズ**」（不要なものを買わない・断る）を加えて「**4R**」とも呼ばれるように。

  - **拡大生産者責任**…メーカーには「**生産→使用→廃棄**」まで一定の責任あり。

- **容器包装リサイクル法**（1997年）

  - 自 治 体：すべての容器包装ゴミの**回収義務**。
  - 企　　業：それらを自治体から引き取り、**再商品化（＝リサイクル）義務**。
    ▶再商品化義務は「**ペットボトル・ビン・紙・プラスチック**」容器の4つ

　アルミ缶・スチール缶の扱い

　これらは**すでにリサイクルが進んでいて**資源化率が高いので、あえて企業に**再商品化（＝リサイクル）**の義務付けはなし。ゴミとして出す市民のために、自治体（市町村）の**回収義務**のみあり。

- **家電リサイクル法**（2001年）…**家電四品目**のリサイクルを推進
  ▶冷蔵庫・洗濯機・エアコン・TV
  - 小 売 店：回収義務
  - メーカー：再商品化（＝リサイクル）義務
  - 消 費 者：**リサイクル費用の負担義務**
    ▶※パソコンは別法のパソコンリサイクル法で対処（ほぼ同内容・2003年～）

- **自動車リサイクル法**（2002年）…自動車「**購入時**」にリサイクル費用を「**前払い**」。
- **食品リサイクル法**（2000年）…事業者の義務（食品ごみの堆肥化など）
- **建設リサイクル法**（2000年）…事業者の義務（分別解体＆再資源化）

2 人口問題

地球人口は2011年、ついに**70億人**を突破した。しかも2019年には**77億人**に達している。これは大変な数字だ。なぜなら食糧と居住面積からいって、**地球が養える人口の限界は75億人**といわれてきたからだ。

人口が増えすぎると食糧が足りなくなるのは、**マルサス**も『**人口論**』で指摘する通りだ（人口は幾何級数的（≒かけ算）で増えるのに、食糧は算術級数的（≒たし算）でしか増えない）。

実際には75億人を超えても何とかなっているとはいえ、このペースなら、間違いなく、今世紀中に100億人を突破する。でも日本は少子化の進行で人口は減少中だ。では、どこが人口を増やしてるのかというと…。

 大体想像つきますよ。発展途上国ですね。

 その通り。**途上国の人口爆発は、近い将来、確実に地球に深刻な影響を与える**。ここではその問題を考えてみよう。

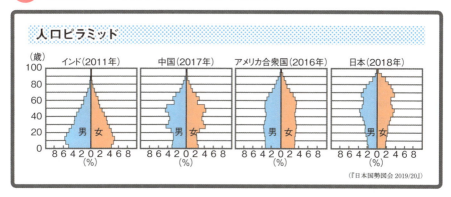

『日本国勢図会 2019/20』

人口ピラミッドは、その国の近代化に伴い「多産多死型」→「多産少死型」→「少産少死型」へとシフトする。

多産多死型は昔の途上国のパターンだ。今日では**昔ほど深刻な伝染病や食糧難がない**ため、長生きする人も増えてきたが、昔の途上国や最貧国では、40歳以上が急に少ないピラミッドになる。

多産少死型は今の途上国のパターンで、これが**人口爆発の最大の原**

22 環境・人口・資源エネルギー問題　385

因だ。ここではインドがその形になっているが、見てみると確かに生まれてくる子が多く、年を取ってもあまり死んでいない。これでは人口は爆発的に増える。

少産少死型は2パターンある。1つは**アメリカのパターン（＝つりがね型）**で、こちらは少子化があまり進んでいない。そしてもう1つが**日本のパターン（＝つぼ型）**で、こちらは**典型的な少子高齢社会**だ。この形になると、**若者に大変な負担**がのしかかる。本来なら、これら2つが先進国のピラミッドだけど、中国は1979年から始めた「一人っ子政策」のせいで、このつぼ型になっている。(※中国の「一人っ子政策」は**2015年終了**。今日は2人目もOKに)

次に地域別の将来人口を見てみよう。

アジアの人口が多いのは一目瞭然だが、アフリカにも注目しよう。右へ行くにつれてふくらんでいるけど、これは**アフリカの人口増加率がアジアよりも高い**ことを意味している。

いずれにしても、**世界人口の70％以上が途上国**で占められているのは事実で、この状況を打破しない限り、地球に明るい未来はない。

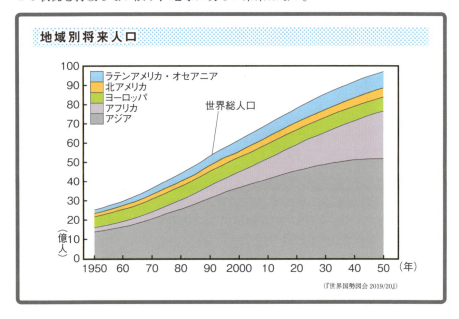

最後は、人口問題の対策を軽く押さえておこう。

人口問題対策

- 世界人口会議…「世界人口行動計画」採択。➡ **but** 途上国と対立。
  （1974年・ルーマニア）▶家族計画などの抑制策　▶合意に至らず

- 国際人口開発会議（1994年・エジプト）…人口抑制には**女性の地位の向上**が必要。
  ➡「**リプロダクティブ＝ヘルス／リプロダクティブ＝ライツ（性と生殖に関する健康と権利）**」提唱。
  ▶**子どもを生む・生まないは女性の決める権利**

- **一人っ子政策**…一人っ子家庭には育児費を支給。2人目以降を生んだ場合は罰金。ただし**2015年終了**。
  （1979年〜・中国）

③ 資源・エネルギー問題

石油利用のあり方
- **一次エネルギー**…自然界から採ったエネルギーをそのまま活用。
  ▶**水力や石油・天然ガスなどの直接的利用**
- **二次エネルギー**…**一次エネルギーを加工した**エネルギー。
  ▶**電力や都市ガス**

従来日本の中心的なエネルギーは石炭。➡ **but** 1960's に石油への転換（＝**エネルギー流体革命**）があり、**石油依存度**up（ただし**枯渇が心配**）。

対策

- 省エネルギーの促進…**コジェネレーション**（エンジンなどの**廃熱を利用**）など。

- **バイオマス**（広い意味での「**生物エネルギー**」）などの実用化。

- 価格が上がれば**海底油田や極地**などの開発進む。➡**確認埋蔵量**の増加へ。
  ▶**採掘して採算の合う埋蔵量**

- 燃費のいい車への乗り換え…**自動車税の グリーン化税制**を導入（2001年）。
  ▶**燃費のいい車は減税／悪い車は増税**

- **原子力への転換**…再利用可／枯渇しにくい／温暖化対策（CO_2が出ない）
  ➡ただし**臨界事故**など、**事故の被害は甚大**。

世界の主な原発事故

スリーマイル島（アメリカ・1979年）／**チェルノブイリ**（ロシア・1986年）／
福島（日本・2011年）

※福島第一原発事故前後の発電割合の変化

2010年 火力61.8％／原子力28.6％／水力その他9.6％

2014年 **火力90.7％**／原子力0.0％／水力その他9.3％

◎**2013年9月より原発稼働一時的にゼロ**に。全54基停止。

ゼロの理由：定期点検後、安全基準を満たさないと再稼働できないが
　　　　　　原子力規制委員会の新しい規制基準が、非常に厳しい。
　　　　　　▶独立性が高く、「政府＋電力会社」を厳しくチェックする組織（2012年〜）
➡ **but** 2014年の川内原発（鹿児島県）、2015年の高浜原発（福井県）の新基準
　　クリアーを皮切りに、今日は**少しずつ原発再稼働**が始まっている。

各国の動向：**国により方針違う**…
・独：**2022年までに全廃**を宣言。
・仏：全電力の**75％以上が原子力**（推進国）。

核燃料サイクル（再利用）のあり方

・**プルサーマル**…ウランと、**再処理使用済みウラン**（**プルトニウム**）
　　　　　　　を混ぜた**MOX燃料**を使う、再利用システム。
・**高速増殖炉**…「MOX燃料からウランを**消費量以上に増殖**」できるはず
　　　　　　　の画期的な原子炉。➡ **but** 福井の「**もんじゅ**」で事故。
　　　　　　　　　　　　　　　　▶2016年に廃炉が決定

今後のエネルギー

・**バイオエタノール燃料**…サトウキビやトウモロコシなどを原料とす
　　　　　　　　　　　る**バイオマスの一種**。➡ **but** 穀物価格up
　　　　　　　　　　　の懸念、温暖化対策にならず。

- **シェールガス**…頁岩（シェール）と呼ばれる堆積岩の層から採取される<u>天然ガス。米に莫大な埋蔵量</u>。
- **メタンハイドレート**…永久凍土や海底に封じ込められたシャーベット状の天然ガス。<u>日本近海で膨大な量が発見</u>。
- **再生可能エネルギー**…風力・地熱・太陽光等、自然界から<u>無尽蔵</u>に取出可。➡2011年「**再生可能エネルギー法**」成立。<u>電力会社が民間で作られたエネルギーを買い取ることを義務化</u>。
  - but 供給過多のため2015年より<u>買取り抑制</u>へ。

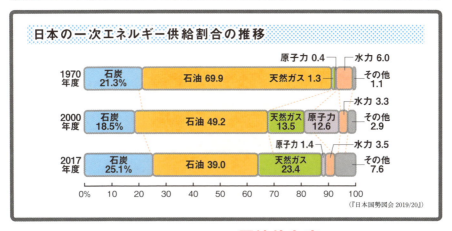

日本の一次エネルギー供給割合の推移（『日本国勢図会 2019/20』）

　エネルギー消費に占める石油の割合を、**石油依存度**という。上の図からわかる通り、<u>日本の石油依存度は約**40%**</u>だ。かなり高いけど、高度成長期と比べれば、ずいぶんと低くなった。それにしても1970年との違いはすごいね。こうやって<u>高度成長前と後で比べると、生活の便利さとエネルギーの効率化が、いかに密接に結びついているかがわかる</u>。

　今後石油が不足してきたら、みんな金に糸目をつけなくなるから、**確認埋蔵量**（＝採掘して採算の合う埋蔵量）は増加するだろう。でも有限であることに変わりはない。だから近年では、**省エネルギー**化への努力とともに、<u>原子力や新エネルギーなどの、いわゆる「**代替エネルギー**」への転換</u>も、少しずつ進んできたんだ。

だが、その**最も期待される原子力は、ひとつ使い方を間違えると実は最も危険**なエネルギー源になり得る。発電所の事故が、そのまま日常生活への深刻なダメージに直結する。

かつて、1979年アメリカの**スリーマイル島**では放射性物質が漏れる事故が、1986年旧ソ連の**チェルノブイリ**では**臨界事故**が、そして2011年には日本の**福島第一原発**で、炉心溶解・水素爆発による放射性物質が漏れる事故が発生した。

他にも日本では、**核燃料サイクル**（使用済み核燃料の再利用システム）で活用していた**高速増殖炉**「もんじゅ」の**ナトリウム漏れ事故**や、東海村の核燃料再処理施設**JCO**での**小規模な臨界事故**などが起こっている。どの事故も単に事故の被害だけにとどまらず、農産物の風評被害や外国人退去などにつながり、問題は非常に大きくなった。しかも加えて、**放射性廃棄物の処理**の問題がある。現状ではとりあえず地中深くに貯蔵庫をつくって保管しているけど、それが将来的にどういうトラブルにつながるのか、まったく予測できない。いろんな意味で怖いのが、原子力の利用なんだ。

 他の国はどういう状況なんですか？

 世界全体で見ても、統一した方針は打ち出されていない。例えば同じEU内で見ても、**ドイツでは原発全廃の方針**を打ち出しているのに、**フランスでは全発電の75%以上は原発からの供給**と、ほんとに国によりバラバラな現状だ。

 日本はこれからどうしていくんだろう？

 日本では2011年の東日本大震災後、原発そのものが不安視され、ついに**一時的に、日本の原発すべてが操業停止**する事態にまで及んだ。**再生可能エネルギー法**（電力会社が民間で作られたエネルギーを買い取る義務を規定）を見る限り、日本は原発依存から脱却しようとしているようにも見える。しかし政府は、できることなら原発を再稼働させたがっている。

日本みたいな先進工業国の電力需要を満たすには、確かに原発が最も効率的だ。でも僕らは、あの事故をもう二度と経験したくない。利便性と危険性、どちらの選択が正しいのかは難しいね。

チェック問題 | 22

地球環境に関連して、現代の国際社会の取り組みについての記述として正しいものを、次の①〜④のうちから1つ選べ。

① 国連人間環境会議では、先進国による温室効果ガスの削減目標値が採択された。
② 国連人間環境会議の決議を受けて、UNEP（国連環境計画）が設立された。
③ 国連環境開発会議では、京都議定書が採択された。
④ 国連環境開発会議の決議を受けて、UNCTAD（国連貿易開発会議）が設立された。

（センター本試験）

 …②

 1972年にストックホルムで開かれた国連人間環境会議は、初の地球規模での会合だった。このUNEP設立を除いて具体的成果は見られなかったが、その後の**国連環境開発会議**（＝**地球サミット**）につながる環境対策の大きな第一歩にはなった。
①先進国による温室効果ガスの削減目標値は、**国連環境開発会議の5年後に採択された「京都議定書**」。
③国連環境開発会議では、京都議定書の全段階にあたる「**気候変動枠組条約**」が採択された。
④**UNCTAD**設立は1964年であり、環境系の会議とは無関係。

📖23 時事問題

■アベノミクス

●**安倍総理の経済政策。**➡「**三本の矢**」を軸とした「**日本再興戦略**」

❶ 大胆な金融政策…金融緩和積極派の黒田日銀総裁と協力して…

> インフレ目標（＝**インフレ＝ターゲット**）を2％と宣言し
> そこに到達するまで「**ゼロ金利＋量的緩和**」を継続。

＝ 異次元の
金融緩和

- デフレ脱却をめざす**通貨増**→ 徹底すれば「**円安 → 輸出系企業の株価 up**」に。
- 今後は特に**量的緩和**をより重視。
  ➡「**無担保コール翌日物**」から「**マネタリーベース**」重視へ。

  ＝銀行間の短期金利。　　　　　　＝日銀が供給する通貨量。
  ゼロ金利の指標。　　　　　　　　**量的緩和の指標。**

❷ 機動的な財政政策…大規模な積極財政で、デフレ脱却をめざす。

❸ 新たな成長戦略（＝**日本再興戦略**）

- 産業再興
- 市場創造 　➡ **日本復活につながる、新たな成長戦略**を探れ。
- 国際展開

> この中で「**観光立国**化」にも力を入れ、**訪日外国人**
> **旅行者（インバウンド）**数は**2018年**に**3000万人**超に。

2015年：**新三本の矢**…「アベノミクス**第2ステージ**に移る」と宣言。

「希望を生み出す **強い経済**」	→	490兆円の名目GDPを 2020年までに**600兆円**に。	
「夢をつむぐ **子育て支援**」	→	合計特殊出生率1.4の現状を **希望出生率**の**1.8**まで上げる。	➡ **一億総活躍社会**をめざす
「安心につながる **社会保障**」	→	介護のために離職する人を ゼロに（＝**介護離職ゼロ**）。	▶一億総活躍担当相も設置

392　│　**第3講　時事問題**

●アベノミクスの意思決定機関

- **経済財政諮問会議**…政権奪取で復活した機関。毎年「**骨太の方針**」を発表。
- **規制改革推進会議**…規制緩和で経済活性化を。
- **産業競争力会議**…「競争力 **up** →産業再興」につながる成長戦略を。

骨太の方針2018 …**人づくり革命／生産性革命／働き方改革**
　　　　　　　　　▶これらは安倍内閣の成長戦略

●人づくり革命

- **幼児教育と保育の無償化**（2019年10月**完全実施**）。
- 高等教育の無償化…低所得世帯の国立大学授業料免除（私立は一部免除）めざす。
- **リカレント**教育の拡充（社会人の就活用**学び直し**）。
- **（外国人労働者 の受入拡大）** … 従来は「単純労働はダメ／高度な知識・技術ありはOK／ **技能実習生**（途上国への国際貢献）は5年在留OK」だったが

（出入国管理及び難民 認定法） 改正（2018年） … 今後は**不足する人材を確保すべき14業種**については、
　　　　　　　　　　　　　▶介護・建設・宿泊・農業など

（**特定技能**1号）：**一定技能**が必要な業務。→ 最長5年
（**特定技能**2号）：**熟練技能**が必要な業務。→ 期限更新も可。
　　　　　　　　　　　　　　　　　　　　　　➡ 単純労働に 門戸開放

　　　　　+

外国人技能実習制度…従来の技能実習生の新名称。在留資格は3年に短縮。

- ●生産性革命＝「**未来投資戦略2017**」の具体化めざす。

- ●**第四次産業革命**…「機械化→大量生産化→デジタル化」に続く**次世代型産業革命**。
　　▶現在進展中　　　▶一次　　▶二次　　　▶三次

- **IoT**（＝ Internet of Things。つまり「モノのインターネット」）
　　　　　　…従来ネットワーク接続されていなかったものが、つながり、情報交
　　　　　　換で相互に制御できる仕組み（会社からTV録画予約／帰宅前に
　　　　　　エアコンをオン等）。

23　時事問題 | 393

- **ビッグデータ**…従来のデータ管理では難しかった、リアルタイムに変化するような巨大で複雑な非定形データ（カーナビや GPS など）。
- **AI**（人工知能）…人間の知的ふるまいを人工的に再現。コンピューターが自ら学習。順応性・柔軟性あり。➡ これらで少子高齢化に対応。

◎これらで「狩猟→農耕→工業→情報」に次ぐ新たな社会（＝ **Society5.0**）をめざせ。

| 長所 | 生産性 up、少子高齢化への対応 | 短所 | 雇用の減少の懸念。

（対策の一案）：**ベーシックインカム**（BI）の導入案

> 全国民に無条件で支給される「**最低所得保障制度**」。AI 等の普及で雇用が減っても、生産性さえ上がれば国民所得は増えるから、この所得保障は可能。

●**働き方改革**…「1 億総活躍社会」をめざして。

> 少子高齢化の中、期待される労働力は「**女性／高齢者／外国人**」。特に「女性」は即戦力として期待されるので、安倍内閣は 2015 年「**女性活躍推進法**」を制定し「**2030**」（2020 年までに**指導的地位に占める女性比率を 30％**に）をめざす。

その実現のため、以下をめざす
- 働き方の**多様性（ダイバーシティ）**…育児・介護との両立など。
- **フレックスタイム制**の見直し。
- **同一労働・同一賃金**…正規・非正規の格差是正のため。

＋

●女性活躍以外の改革として
- ワークライフバランス（**WLB**）の改善（「**残業時間上限規制**」など）。
- 労働を「**働いた時間ではなく成果**」で評価。

> 「**高度プロフェッショナル制度**」（俗に「高プロ」）の導入（2019 年スタート）
> 年収 **1075 万円**以上で高度な職業能力ありの労働者に**成果型労働制**を導入。
> ▶つまり能力の高い人の労働生産性を「労働時間ではなく仕事の成果」で評価

3 時事問題

| 長所 | 今後高プロは、能力に見合った高い賃金をもらえることに。 |

| 短所 | $\left(\begin{array}{l}\text{労働時間以外}\\\text{での評価}\end{array}\right)$ ➡ 高プロだけ**労働時間規制から外れる**ことに。 |

▶**残業させ放題＋残業代タダ**

■オバマケア

●**アメリカ初の「国民皆保険」の試み。**

米の公的
医療保険 $=\left[\begin{array}{l}\text{・}\color{red}{\text{メディケア}}\text{（**高齢者用**）}\\\text{・}\color{red}{\text{メディケイド}}\text{（**低所得者用**）}\end{array}\right]$ ➡ 全国民対象の公的医療保険なし。
これら以外は**民間の保険に加入**。

▶**ただし、6人に1人は未加入**

| 対策 | 全国民を強制的に「**民間**医療保険のいずれかに加入」させる（2014年〜）。 |

▶**公的制度として「国民皆保険」をつくるのではない**

| 反発 | ・「保険加入の強制は、**自由権の侵害**だ」
・増税につながる。／・**フリーライダー発生**につながる。 |

➡トランプ大統領は廃止を求めたが、2020年4月末現在、**存続**。

■北朝鮮の核問題

南北対立の：**朝鮮戦争**…1953年、**板門店**（はんもんてん）で「**休戦**」協定（**終戦していない**）。

▶**以後38°線は「軍事境界線」に**

| きっかけ |

1993年：北朝鮮、**ノドン**ミサイル発射実験（**核を外交カード**にする**瀬戸際外交**）。

1993年：$\left(\begin{array}{l}\text{米主導のIAEA、}\\\text{**特別査察**を要求}\end{array}\right)$ ➡ **but** 北は**拒否後、NPT条約を脱退**。

▶**米朝間緊張**

1994年：**カーター・金日成会談**（キムイルソン）で**核開発凍結**の合意（＝**米朝枠組み合意**（わくぐ））。

➡ 1995年、米主導で**KEDO**（＝**朝鮮半島エネルギー開発機構**）設立。

▶**日米韓で北の原発平和利用を監視＆支援**

その後：
- 1998年〜：韓国・金大中（キムデジュン）の「**太陽政策**（＝北との融和（ゆうわ）政策）」あるも…
- 2000年：初の**南北首脳会談**（金大中―金正日（キムジョンイル））。

- 1998年：日本近海への**テポドン**発射疑惑。
- 2003年：再び**NPT条約を脱退**。 ➡ 2005年には「**核保有宣言**」へ。
  ▶ ここで KEDO 解散

※同2003年より「**六カ国協議**（日韓北＋米ロ＋中）」スタート（〜2007年）。
　▶ ここで米は「完全かつ検証可能で不可逆的な廃棄／非核化（**CVID**）」求める

➡ 2005年、保有宣言後の協議で「**核放棄**の共同宣言」出す。
　but 2006年「**地下核実験＋テポドン2号発射実験**」強行。

2011年：金正日死去。後継は**金正恩**（キムジョンウン）に。
2017年：北初の**大陸間弾道ミサイル**（ICBM。米も射程に）発射実験に成功。
2018年4月：板門店で**南北首脳会談**（**文在寅**（ムンジェイン）―金正恩）。
2018年6月：初の**米朝首脳会談**…シンガポールにて（トランプ―金正恩）。

トランプ（北の**体制を保証**してやる）　➡　正恩（半島の完全非核化に向けて努力する）

●その他の北朝鮮ワード
- **主体（チュチェ）思想**…優れた指導者による政治を説く思想（金日成）。
- **先軍政治**…軍事優先の政治。

■ EU の動揺…ギリシア危機 & 英の EU 離脱問題

● ギリシア危機

2009年：<u>ギリシアの財政赤字が、公表額より多い</u>ことが発覚。

- 「ギリシアがやばい ＝ ユーロがやばい」に ➡ ユーロ全体の価値 down へ

  ▶ 一国の信用 down は EU 全体の信用 down に

- EU には**第2、第3のギリシア**もいるぞ＝「GIIPS（or PIIGS）問題」

  ▶ ポルトガル・伊・アイルランド・ギリシア・スペイン

2010年：ギリシア、<u>EU</u>とIMFから**条件付きで緊急融資**を受ける。

▶ 条件：2012年までの財政再建

2011年：ギリシア、財政再建断念 ➡ 追加融資なくなり、**再び危機**に。

2015年：ギリシア、IMFの救済案を**国民投票で否決**。

➡ 財政破綻しかかるも、直後に救済案受入に転換。**破綻は回避**。

（ギリシアは破綻こそ免れたが、緊縮財政のせいで…）

- 経済は疲弊…失業率は**19.1%**（→ うち24歳未満は37.6％！）。
- **世代間の不公平**…平均賃金を100とすると年金は**106**（月24.4万円）。

  ▶ 年金の方が賃金より高い

◎ **若年層のギリシア離れ**深刻に ＋ **債務残高もなかなか減らず**。

▶ 不満 ＋ 職探し　　　　　　▶ 対GDP比は186.8%（2018年）

● ブレグジット＝英のEU離脱問題

背景

- イスラーム国のせいで **EU 諸国全体に シリア難民 急増**（→治安悪化へ）。
- EU 加盟の他国（特に東欧）からの移民流入（→雇用悪化・社会保障費増大）。
- ギリシア救済に EU 各国の税金を使うことへの不満。
- **英・スウェーデン・デンマーク**などは**ユーロ未導入**国（→抜けやすい）。

2016年：EU残留の是非を問う**国民投票** ➡ 僅差で残留派を抑え、**離脱派が勝利**。

▶ 首相もキャメロン首相から メイ 首相へ

2020年：大混乱の末、**ジョンソン**首相の下、英議会で**EU離脱法**可決。

英・EU双方とも**EU離脱協定**に署名した上で、**英は正式にEUを離脱**。

▶ 「合意なき離脱」は回避

23 時事問題 ｜ 397

■ G8（G7） & G20 サミット

- **G8 ＝主要国首脳会議**（米・英・仏・独・日・伊・加・ロシア）
  - ▶首脳宣言は各国事務レベル代表会議（＝**シェルパ会議**）で決定

  - ・ただし 2014 年より**ロシアの参加資格を停止**。現在は **G7 サミット**。
    - ▶ウクライナの「**クリミア併合問題**」を受けて
  - ・2016 年には**日本で6回目のサミット**（**伊勢志摩サミット**）
    - ▶東京（3回）／九州沖縄／北海道洞爺湖に続く
- **G20 ＝金融サミット**（G7 ＋ EU ＋ロシア＋ BRICS を中心とする新興国）

● **G20大阪サミット**（**2019年6月**）…初の日本開催。

主なテーマ … ❶自由貿易への努力／❷地球環境問題／❸デジタル経済

❶ **米中貿易戦争**の長期化が背景

- ・自由・公平・無差別な貿易＆投資環境の実現に努力する。
- ・**WTO 改革**が必要…貿易をめぐる**「紛争解決制度」の見直し**を。
  - ▶トランプ「**WTO は途上国優遇を見直すべき**」
- ・「**保護主義と闘う**」の文言は、**2年連続で見送り**（米の強い反対で）。

❷
- ・「**パリ協定に沿って行動**」の確認（EU の要求。米の離脱決定も再確認）。
- ・「**大阪ブルー・オーシャン・ビジョン**」（日本が提案）の共有。
  - ▶海に流出のプラごみを 2050 年までにゼロに

❸
- ・「**大阪トラック**」…**データ流通の国際ルール**を策定（WTO の枠組みで）の始動宣言。
- ・巨大 IT 企業（特に**米 IT 大手4社（＝ GAFA）**）への**新たな課税ルール**検討。
  - ▶Google ／ Apple ／ Facebook ／ Amazon

  ⬇

  ※仏の「**デジタル課税法**」（通称「**GAFA 課税法**」）…2019 年 7 月成立。
  国際的な IT 企業に課税。施行後は GAFA に、**仏での売上に3％課税**。

● **その他**
- ・G20大阪で**米中首脳会談** → **米中貿易戦争**（報復関税合戦）は**一時休戦**へ。
- ・その翌日（6月30日）、**板門店**の北朝鮮側で**米朝首脳会談**（顔合わせ程度）。

●G7ビアリッツ＝サミット（仏・2019年8月）

メインテーマ …「**不平等との闘い**」。**マクロン**仏大統領が主導。

（注目すべきポイント）

- ・EUの**多国間主義**…保護主義との闘い／温暖化対策／イランへの制裁
  - vs　▶国際協調を
- ・米の**自国第一主義**…**貿易摩擦**／パリ協定離脱／イラン核合意離脱
  - ▶米の国益を　　▶米中・米仏 ➡　※仏のデジタル課税法にトランプが猛反発。
    - → このせいで**首脳宣言の作成見送り**に。

※米は**EU**と疎遠（そえん）になるかわりに**英・ジョンソン新首相との親密さ**を強調。
　　　　　　　　　　　▶英も自国第一（ブレグジット）で共通

成果文書（首脳宣言がわりに作成）の主な内容

貿易　：**WTO改革**の必要性と、**国際課税制度**の現代化をめざす。
イラン：G7は**イラン核保有に反対**。
香港（ホンコン）：「**逃亡犯条例**改正」に反対する民主化デモを弾圧する**中国**に対し、G7
　　　　は1984年の英中共同声明（香港の「高度な自治」を返還後50年間保証し
　　　　た声明）の存在と重要性を再確認し、**暴力回避を求めた**。

┄┄┄┄┄┄┄┄┄┄┄┄┄┄┄┄┄┄┄┄┄┄┄┄┄┄┄┄┄┄
※香港の「**逃亡犯条例**」**改正案**

　改正が実現すると、中国は香港に対し、逃亡した犯罪容疑者の身柄引き渡し
を要求可に。→ **香港市民が中国当局の取締対象となる恐れ**があるため、高度な
自治を認めた「**一国二制度**」に反するとして、**2019年激しい反対デモ**が発生
（＝**香港民主化デモ**）。→ 2019年10月、逃亡犯条例改正案は**正式に撤回**。
┄┄┄┄┄┄┄┄┄┄┄┄┄┄┄┄┄┄┄┄┄┄┄┄┄┄┄┄┄┄

23　時事問題　│　399

■象徴天皇制と天皇の生前退位

● 皇室典範の注意点

・戦前：**憲法と同格**。**議会は関与不可** → 現在：通常の**法律と同格**に。

▶国会で自由に改廃可

・皇位は「**男系男子**」（＝「僕の父は天皇だ」と言える男子）のみが世襲。

▶憲法上は「世襲（第2条）」だけだが、皇室典範だと男系男子の世襲

● 天皇の生前退位…過去58回あり（1817年の光格天皇が最後）。

「象徴としてのお務めについての**天皇陛下のおことば**」（2016年）

前陛下は2016年、上記タイトルのビデオメッセージを国民向けに発し、現在自身が高齢と健康面から、**象徴としての公務に不安**があるため、生前退位を望むことを、あくまで「**私見**」として「**示唆**」された。

（なぜ私見としての示唆だったのか？）

天皇が**公に退位の意向を明言**することは、**国政機能行使の可能性**があるから。

▶法or典範改正の要求　　　　　　▶憲法第4条に違反!?

対策案は2つ：
国会が
自発的に
・**皇室典範**を改正（→ この場合は**今後ずっと制度化**）
・**特 例 法**を制定（→ この場合は前陛下**一代限り**に）

⬇

結果 2017年：「**天皇の退位等に関する皇室典範特例法**」制定。

➡「**一代限り**」で**退位**を承認（平成は31年4月30日で終了に）。

2019年5月1日：新元号「**令和**」スタート。➡「徳仁天皇／**明仁上皇**」誕生。

■ 消費税の増税

(1989年)：3％ →（**1997年**）：5％ →（**2014年**）：**8％** →（**2019年**）：**10%**に。

▶うち1%は　　　　　▶うち1.7%は　　　　　▶うち2.2%は
地方消費税　　　　　地方消費税　　　　　　地方消費税

◎これで税収は**5.6兆円**強増。この増税分は

・将来世代の負担軽減（＝赤字国債発行を抑制）

・**少子化対策**（＝**幼児・高等教育の無償化**）　に使われる。

・社会保障の充実（＝低所得の高齢者を支援）

　　　　＋

増税前の「**駆け込み需要**」（今のうちに家や車を買おう）に景気 up の期待。

消費税の長所　　**不況時でも税収確保**しやすい（モノが売れれば確実に10% get ）。

消費税の短所

・「**益税**」の発生…事業者に納税義務のない部分。
　　　‖

（売上1000万円以下の事業者）：消費税の**納税義務なし**（＝**免税事業者**）。

（売上5000万円以下の事業者）：「**簡易課税制度**」を適用。

　　　　　　　　　　　↓

消費税は売上金に対してかかるが、その売上の50〜90%　　　⎡これが実際の仕入額より⎤
を**仕入れ額**とみなして税率計算（＝**みなし仕入れ率**）。 ➡ ⎣高ければ納税額 ㊛ に。⎦

・**逆進性 up** …消費税は「**水平的公平**」ではあるが、**低所得者の負担感は大**に。
　　　　　　（対策）：**軽減税率**…**一部対象品目（飲食料品・新聞）**のみ消費税は**8％**
　　　　　　　　　　　　▶他は**標準税率**（つまり**10%**）

・駆け込み需要後の消費の冷え込み。

・⎛**免税取引**⎞…**輸出品**は、国内で資産の譲渡があっても、実際の消費地が
　⎝の不公平⎠　　海外になるので、**消費税が免除される場合あり**。

23　時事問題　｜　401

- ●各国の消費税（付加価値税）率

$\left[\begin{array}{l}（スウェーデン・デンマーク）：25\% \\ （ギリシア）：23\% \\ （英・仏・伊・独）：20\%くらい \\ （米）：7〜9\%（州ごとに異なる）\end{array}\right]$ → （ただし 欧は）
- **間接税中心**（直接税は低い）。
- **生活必需品**への課税は低い。
  ▶逆進性緩和措置

■財政健全化とデフレ対策

- ●**財政赤字**…2020年は一般会計予算102.7兆円（→うち公債金31.7%）。

プライマリー＝バランス（PB）…**国債分を除いた**、歳入と歳出のバランス。

➡**PBは赤字**

- ◉財政健全化には、**まずプライマリー＝バランスの黒字化**が不可欠。
  ▶つまり「国債費＞公債金」が続くこと。

- ●デフレ傾向：政府による**デフレ認定**が示されたのは「2001〜2006年＋2009年〜2020年4月現在」
  ▶ but 実際にはGDPは1994年から「**名実逆転**」（1997年除く）

ここに**2009年〜の超円高**が続けば、日本経済大ピンチ！ → 円高＆デフレ対策を実施。
  ▶2011年に1ドル＝75円の史上最高値

円高対策	・2010年、**6年ぶりの「円売り介入」**。→ but 欧米との協調なく効果⼩。 ・製造業の**現地生産**増…貿易摩擦対策ではなく、**為替リスク**(かわせ)をなくす。
不況・デフレ対策	2010年より**ゼロ金利＆量的緩和**を復活。

  ▶2006年終了以来

- ◉**アベノミクスでのリフレーションの成果**が出始め、これらは**かなり改善**。

  デフレ脱却のきざし（2019年10月、安倍首相が「デフレではない状況をつくりだすことはできたが、デフレ脱却という段階には至っていない」と発言）。

成果：

為替相場（対米ドル）	2012年：86円	→2019年：109円
日経平均株価	2012年：10395円	→2019年：23656円

※年末時点

● 景気判断

- **日銀短観**…景気の現状や先行きを、**企業経営者にアンケート**。そのうち、「業績よいと答えた企業の数－悪いと答えた企業の数＝**業況判断指数（DI）**」
- **景気動向指数**…**内閣府が発表**する総合的な指数。

■ 世界遺産

- **人類が共有すべき普遍的価値**を持つ遺跡や景観・自然。
- **世界遺産条約**（＝世界の文化遺産及び自然遺産の保護に関する条約）が根拠。
  - ▶ **UNESCO**（国連教育科学文化機関）総会で採択（1972年）
- **世界遺産委員会**（UNESCO内に設置）が審査・認定を行う。

正式分類 「自然遺産／**文化遺産**（**富士山はここに分類**）／複合遺産」の3つ。

その他の分類

- **危機遺産**…世界遺産のうち、世界遺産委員会が「**危機にさらされている世界遺産リスト**」に加えたもの。▶ **バーミヤン遺跡**など
- **負の世界遺産**…正式分類ではなく、明確な定義もない一般的な呼称。
  - ▶ **原爆ドーム／アウシュビッツ収容所**など

● 日本の主な世界遺産

法隆寺／屋久島／原爆ドーム／白神山地／厳島神社／石見銀山　など。

2013年以降連続して登録された日本の世界遺産

富士山（2013）／**富岡製糸場**（2014）／**明治日本の産業革命遺産**（長崎の**軍艦島**や静岡の**韮山反射炉**など・2015）／ル・コルビュジエの作品群（その1つが日本の**国立西洋美術館**・2016）／「**神宿る島」沖ノ島**（2017）／**潜伏キリシタン関連遺産**（2018）／**百舌鳥古市古墳群**（**仁徳天皇陵**など・2019）

■日韓トラブル…特に文在寅(ムンジェイン)政権誕生(2017年〜)より急激に悪化 ‥‥‥‥

日韓外交の根幹…**日韓基本条約** + **日韓請求権協定**（ともに1965年）

▶国交正常化

⬇

（第1条）：「日本→韓国」への**経済協力**。（無償3億＋有償2億→計5億ドル）

（第2条）：両国間の請求権問題が「**完全かつ最終的に解決**」されたことの確認。

▶「両国＋その国民・法人」の「すべて」の請求権（財産・権利等）

（第3条）：（この協定に関する／紛争が起これば）まず**外交**解決 → 無理なら「**仲裁委員会**」が裁定。

▶両国の対話　　　　　　▶日韓＋第三国で構成

背景 朴正煕(パクチョンヒ)大統領の「**開発独裁**」（＝経済開発を大義名分とする独裁政治）

➡ 国民の反発を軍事力で抑え、日韓関係で**体面よりも実利**を取った。

but ・**竹島**問題…韓国が不法占拠中(日本政府の見解。李承晩(イスンマン)大統領時代より)。
その後も ・歴史認識…安倍首相は「**村山談話**」を踏襲するも、韓国は認めず。

＋　　　　　▶※村山談話…植民地支配と侵略への、痛切な反省とお詫び (1995年)

・**従軍慰安婦**(じゅうぐんいあんふ) (1993年)…**河野談話** → (1995年)：**アジア女性基金** の後…

▶心からのお詫びと反省　　▶民間募金を償い金に

⬇

・**日韓合意** (2015年)…
┌─────────────────────────────────┐
│ ・日本政府は「**心からのお詫びと反省**」。
│ ・日本政府拠出で「**和解・癒やし財団**」設立。
│ 　10億円拠出。
│ ・この問題は「**最終的かつ不可逆的に解決**」と確認。
└─────────────────────────────────┘

but 韓国の市民団体、大使館や領事館前、海外などに「**慰安婦像**」を設置。

(2019年)：**文在寅**大統領、**和解・癒やし財団を一方的に解体**。

▶日韓合意は破棄せず

・**レーダー照射** (＝攻撃前の照準合わせ) 問題 (2018年)

…韓国の駆逐艦(くちくかん)が、日本の排他的経済水域内で**自衛隊機にレーダー照射**。

➡ 韓国は当初事実を認めるも、その後**否認**。逆に**日本を非難**してきた。

・**徴用工**(ちょうようこう)問題 (2018年)…元労働者が「徴用（強制労働）だった」として日本企業

▶戦時中日本企業の募集で　相手に裁判が起こり、2018年、韓国大法院（＝最高裁）
働いた労働者。
日本では「募集工」　　が**日本企業に賠償を求める判決**を確定。

▶日韓請求権協定に明確に違反（日本政府）

---

404 ｜ 第3講　時事問題

（2019年）：韓国を**ホワイト国**（**現「グループA」**）**から除外**。安全保障貿易管理（＝

キャッチオール規制）優遇国から外し、軍事転用可能な品の**輸出**

管理を厳格化。

➡ 韓国は「**GSOMIA（軍事情報包括保護協定）**」**破棄**で**対抗**を試みるが

断念。　▶同盟国等との秘密軍事情報の漏洩を防ぐ協定

司法取引…刑事訴訟法改正により、日本でも 2018 年より導入

❶ **自己負罪型**（＝「自分の犯罪」を認める→減刑や不起訴）　➡ 米独は❶❷

❷ **捜査公判協力型**（＝「**他人の犯罪**」を説明→減刑や不起訴）　**日本は❷のみ**

$$\begin{pmatrix}対象とな \\ る犯罪は \\ 特定犯罪\end{pmatrix} = \begin{bmatrix} ・企業犯罪（一定の財政経済犯罪）のみ \\ ＋ \quad ▶贈賄・横領・背任・談合など \\ ・組織犯罪（薬物・銃器など主に暴力団系）\end{bmatrix} ➡ \begin{pmatrix}殺人や \\ 性犯罪は \\ 対象外\end{pmatrix}$$

長所 証拠を集めやすくなる。

短所 **冤罪**の危険性 …（**対策**）：虚偽の申告 → 5 年以下の懲役に。

■ 核兵器禁止条約

コスタリカ・マレーシアの共同提案 ➡ 2017 年、国連本部で採択。
▶ コスタリカは「平和憲法・軍隊廃止」で有名な国

貢献した NGO「**核兵器廃絶国際キャンペーン（ICAN）**」に**ノーベル平和賞**。

背景　**核拡散防止条約条約（NPT）体制下**では核軍縮進まず→**非保有国が提案**。
▶ 大国（米・英・仏・中・ロ）の核保有は容認

「核兵器は存在そのものが脅威 ＋ **非人道的**。完全な廃絶を」

1996 年：　国際司法裁（ICJ）の勧告的意見　…「核使用は**国際法・人道法に一般的に反する**」

⬇

2009 年：オバマ米大統領の**「核なき世界」演説**（＝プラハ演説）➡ ノーベル平和賞

⬇

2013〜14 年：核兵器の**非人道性に関する国際会議** ➡ 数回開催。
▶ ＝非人道性会議

⬇

2015 年：（**NPT 再検討会議**が紛糾）…
- 安全保障か、**非人道性**か。
- アラブ（**中東非核化**を）vs 米英（**イスラエル**を擁護）
  ➡ 結局合意文書できず。　▶ 事実上の保有国

⬇

2016 年：「**核兵器禁止条約**の制定交渉、2017 年より開始」が決定。

⬇

2017 年：**採択**。➡ ※ただし同条約には「**国連五大国・印パ・NATO 諸国・日本**」
など多くが**不参加**。　▶ 核兵器を保有　▶ 米の「核の傘」で保護

● 条約内容

- **ヒバクシャ**の受け入れがたい苦痛に留意。
- 核兵器の「**開発・製造・保有・使用・実験・威嚇・移譲**」の禁止。
- 国際管理／**国内法**の整備＆罰則
- 本条約発効**前**に、**保有・管理・廃棄**の申告。
  ▶ 廃棄が進んでいない場合は ただちに廃棄
- 本条約は、**平和的核エネルギーの研究・使用には悪影響を及ぼさない**。

（※核保有状況）…ロ：8500発／米：7700発／仏中英：各200〜300発

印パイスラエル：各80〜120発／北朝鮮：不明

■IT革命…情報通信技術（Information Technology）全般の技術革新

●IT化をめぐっての法整備

- **電子署名・認証法**…ネット上の文書に、**紙の文書同様の法的効力**を認める。
  ▶2001年

- **不正アクセス禁止法**…他人のパスワードの不正利用／データの改ざんを禁止。
  ▶2000年
  ➡ 1年以下の懲役 or 50万円以下の罰金。

●IT・その他の用語

- **デジタル＝デバイド**…IT機器への習熟度から生じる経済格差など。
  ▶情報格差

- **eコマース**の促進 … ネット活用の「**電子商取引**」 ➡
  - ・B to B（企業対企業）
  - ・B to C（企業対個人）
  - ・C to C（個人対個人）

- **ユビキタス** … 「**いつでもどこでも**」ネットワークにアクセスできる技術や環境。元々は「神の普遍性」を表すラテン語。

- **ノマドワーキング**…ノートPCやスマホを使って、**場所を問わず仕事をする**働き方。
  ▶ノマド＝遊牧民

- **SNS**（ソーシャル・ネットワーキング・サービス）
  …Facebookやツイッターなど、**双方向性のあるwebサイト**。

- ※ 双方向性の逆＝情報の「**非対称性**」…情報伝達が一方通行で、**受け手の側から送信できない**状態（➡ 従来型のマスメディアはこれ）。

- **ネットバンキング** … ネット上で振込・残高照会サービスを行う無店舗銀行。ジャパンネット銀行（2000年）が初（セブン銀行やソニー銀行も）。

- **SOHO**（Small Office ／ Home Office）…ネットを使った**在宅小規模経営**。

■ WTO と自由貿易

●新ラウンド交渉…（ウルグアイ=ラウンドは長すぎたので、今度は「短期間での集中討議 + 合意」をめざす（＝ドーハ=ラウンド）。）
（2001年〜・06年に一時中断）

主なテーマ

- 反ダンピング措置（そち）…発動ルールを厳しくし、アメリカの横暴を許すな。
  - ▶ダンピング＝不当な安売り。反ダンピング措置＝「不当な安売り国への報復関税」（米が濫用（らんよう））

- 環境保全…自由貿易などでのグローバリズム（＝世界規模化）の進展は、環境破壊につながる懸念。
  - ▶環境保護系のNGOが、WTO会議を混乱させたことあり

- 農　業…日本のコメ問題などの、今後の扱いについて。

- WTOの問題点：加盟国が増えすぎ、ラウンド交渉がさらに長期化する恐れ。

  ⬇
  - ▶新しいテーマに対処できない

  対策 世界中で2国間や地域間でのFTAやEPAをめざす動きが加速。
  - ▶少なくとも自由貿易をめざす以上、WTOに逆行はしない

■ 新たに制定、改正された法律

●IR（統合型リゾート）整備推進法…別名「カジノ法」（2016年）

「統合型リゾート施設」を設置するための法。
- ▶ホテル・国際展示場・娯楽　→　◎ただし必ずカジノを含む
  施設等込みの大型観光施設　　（カジノ解禁は成長戦略の1つ）

場所 政府は全国3ヵ所でのIR開業で調整中→大阪・横浜などが有力候補地。
- ▶決定は2022年頃の予定

開業時期 2020年代半ば（なか）予定（できれば2025年の大阪万博に間に合わせたい）

目的 IRでインバウンド（訪日外国人旅行）増 → 財政難の改善を。
- ⇒ ただしIRは必ずカジノを含むため、適切な管理・運営が必要。

|長所| 観光客増／雇用の促進など

|短所| 治安の悪化／**ギャンブル依存症**／多重債務／**マネーロンダリング**

▶＝資金洗浄
カジノで大金を賭け、わざと負ける → その後別の賭けで、カジノがその客を同額分勝たせる、など。

（対策）：「**ギャンブル等依存症対策基本法**」成立（2018年）

（2018年7月）：**IR実施法**成立。**カジノの具体的な運営方法**などを規定。
▶事業者免許／入場制限／**カジノ管理委員会**の設置など

● **特定秘密保護法**（2013年）

特定秘密＝**日本の安全保障に支障を与える恐れ**のある情報。

▶防衛／外交／スパイ防止／テロ防止

「漏らした公務員／不正入手者」は、懲役10年以下の刑に。

|問題| ・秘密内容の判断・期間（一応上限5年）は**大臣裁量で変更可**。
・**表現の自由**（第21条）・**知る権利**を**侵害**する可能性あり。

● **ヘイトスピーチ対策法**（2016年）＝「**本邦外出身者**（主に特別永住者）に対する
　　　　　　　　　　　　　　　　不当な差別的言動の解消」のための法。

|内容| 「国民の努力義務／国の相談体制／地方との連携」程度。

|問題| 「**禁止＋罰則**」**規定なし**。➡ 実効性に疑問。
▶第19条や第21条違反の可能性

● **共謀罪**（＝テロ等準備罪）の新設（2017年）

内容　（ 2人以上が「**犯罪を行おう**」
　　　　　　と**合意**すること（＝共謀） ） ➡ **これだけで罪**に問われる。
　　　　　　　　　　　　　　　　　　　　　　　　▶つまり計画段階で罪に

対象　**組織的犯罪集団**に限定 ➡ 一般人は対象外。

目的
　（ 東京五輪で
　　 の**テロ防止** ） ➡ それには「**国際組織犯罪防止条約**」（TOC条約）加入が近道。
　　　　　　　　　　　　　▶ **187カ国**加入。G7で未参加は日本だけ。
　　　　　　　　　　　　　　ここに入れば**各国が協力して予防措置**可に

　but 同条約は「**共謀罪の成立**」が事実上の加入条件に。
　　　　　　　　　　▶2017年7月、日本もTOC条約加入。
　　　＋　　　　　　　2018年には加盟国は189カ国に

　その他の**組織犯罪予防**…資金洗浄／暴力団関係／振り込め詐欺　等。

問題　「**第19条 ＋ 第21条 ＋ プライバシー**」侵害？／「一般人」の選別は政府
　　　　　▶特に第19条で保障する「**内心の自由**」

■ 選挙権 ···

● **18歳選挙権**…2016年より「**満18歳以上の日本国民**」に選挙権。

・20歳未満の選挙権は、世界**176カ国**ですでに実現（92％）。

・被選挙権は「**25歳以上**」のまま（→「参院＋知事」のみ30歳）。

・2019年参院選における20歳未満の投票率。

　➡ 20歳未満の投票率は**32.28％**と、かなり低い。
　　　　　　　　　　▶速報値では18歳が34.68％、19歳が28.05％。
　　　　　　　　　　　20代も低く30.96％（全体平均は48.80％）

● **二重国籍**者の選挙権…旧民進党時代の蓮舫代表など。

二重国籍であることは、国籍法だと「**不適切だが違法にはならない**」。
　　　　　　　　　　　　　　　　　　▶**努力義務**を怠っただけ

・22歳までに「**どちらかの国籍を選択**」する必要あり。
　　　　　　　▶放っておけば自動的に日本国籍になる

・日本国籍取得後は、もう**片方を放棄**する「**努力義務**」。
　　　　　　　　　　　　　　　▶罰則なし

- 二重国籍の人に選挙権は認められるか？　…　あり
- 国会議員の場合、資格剥奪はあり得るか？…　なし

理由　　二重国籍者は「**日本国籍"も"ある人たち**」だから。

■ 2019年参議院議員選挙 ⋯⋯⋯⋯⋯⋯⋯⋯⋯⋯⋯⋯⋯⋯⋯⋯

（投票率）：48.8%⋯
- 1995年の44.52%に次ぐワースト2位。
- 24年ぶりに50%を割り込む。

（結果）：自民が順当に勝利するも、改憲に必要な**164議席**は**keep**できず。

▶改憲勢力（＝自民・公明・維新など）合わせて160

（その他）：れいわ新選組（山本太郎代表の作った新党）の活躍。

比例代表で今回から導入された「**特定枠**」で、**2人の重度障害者が当選**。

付録 日本国憲法条文一覧

共通テストでは日本国憲法の条文に関する問題がよく出題される。全文を掲載するので、しっかり読んでおこう。重要部分を太字、特に試験で狙われそうな箇所は赤字で示したので、付属の赤セルシートを使って、しっかり確認しておこう。

(1946年11月3日公布 1947年5月3日施行)

※現代かなづかいや、一部、漢字や送りがなを改めて掲載しています。各条文の見出しは、著者によるものです。

前文

　日本国民は、**正当に選挙された国会における代表者を通じて行動**し、われらとわれらの子孫のために、諸国民との協和による成果と、わが国全土にわたって自由のもたらす恵沢を確保し、政府の行為によって再び戦争の惨禍が起ることのないようにすることを決意し、ここに**主権が国民に存する**ことを宣言し、この憲法を確定する。そもそも国政は、国民の厳粛な信託によるものであって、その権威は国民に由来し、その権力は国民の代表者がこれを行使し、その福利は国民がこれを享受する。これは人類普遍の原理であり、この憲法は、かかる原理に基くものである。われらは、これに反する一切の憲法、法令及び詔勅を排除する。

　日本国民は、**恒久の平和**を念願し、人間相互の関係を支配する崇高な理想を深く自覚するのであって、**平和を愛する諸国民の公正と信義に信頼して、われらの安全と生存を保持しよう**と決意した。われらは、平和を維持し、専制と隷従、圧迫と偏狭を地上から永遠に除去しようと努めている国際社会において、名誉ある地位を占めたいと思う。われらは、**全世界の国民が、ひとしく恐怖と欠乏から免かれ、平和のうちに生存する権利を有する**ことを確認する。

　われらは、いずれの国家も、自国のことのみに専念して他国を無視してはならないのであって、政治道徳の法則は、普遍的なものであり、この法則に従うことは、**自国の主権を維持し、他国と対等関係に立とうとする各国の責務**であると信ずる。

　日本国民は、国家の名誉にかけ、全力をあげてこの崇高な理想と目的を達成することを誓う。

第1章　天皇

第1条 天皇の地位／国民主権

天皇は、日本国の**象徴**であり日本国民統合の**象徴**であって、この地位は、**主権**の存する日本国民の総意に基く。

第2条 皇位のあり方

皇位は、**世襲**のものであって、**国会の議決した皇室典範**の定めるところにより、これを継承する。

第3条 天皇と内閣

天皇の**国事**に関するすべての行為には、内閣の**助言と承認**を必要とし、内閣が、その責任を負う。

第4条 天皇の行えること

①天皇は、この憲法の定める**国事**に関する行為のみを行い、**国政**に関する権能を有しない。

②天皇は、法律の定めるところにより、その**国事**に関する行為を委任することができる。

第5条 摂政

皇室典範の定めるところにより**摂政**を置くときは、**摂政**は、天皇の名でその国事に関する行為を行う。この場合には、前条第1項の規定を準用する。

第6条 天皇が任命するもの

①天皇は、国会の指名に基いて、**内閣総理大臣**を任命する。

②天皇は、内閣の指名に基いて、**最高裁判所**の長たる裁判官を任命する。

第7条 天皇の国事行為の内容

天皇は、内閣の助言と承認により、国民のために、左の国事に関する行為を行う。

1　**憲法改正**、法律、政令および条約を**公布**すること。

2　**国会を召集**すること。

3　**衆議院を解散**すること。

4　国会議員の**総選挙**の施行を公示すること。

5　国務大臣および法律の定めるその他の官吏の任命ならびに全権委任状および大使及び公使の信任状を認証すること。

6　**大赦**、**特赦**、**減刑**、刑の執行の免除および復権を**認証**すること。

7 **栄典**を授与すること。

8 批准書および法律の定めるその他の外交文書を認証すること。

9 外国の大使および公使を接受すること。

10 儀式を行うこと。

第8条 皇室の財産授受

皇室に財産を譲り渡し、または皇室が、財産を譲り受け、もしくは賜与することは、国会の議決に基かなければならない。

第2章　戦争の放棄

第9条 戦争放棄／戦力不保持／交戦権の否認

①日本国民は、正義と秩序を基調とする国際平和を誠実に希求し、**国権の発動たる戦争**と、**武力による威嚇**または**武力の行使**は、国際紛争を解決する手段としては、永久にこれを放棄する。

②前項の目的を達するため、**陸海空軍その他の戦力は、これを保持しない**。国の**交戦権**は、これを認めない。

第3章　国民の権利および義務

第10条 国民の要件

日本国民たる要件は、法律でこれを定める。

第11条 人権の永久不可侵性①

国民は、すべての基本的人権の享有を妨げられない。この憲法が国民に保障する基本的人権は、**侵すことのできない永久の権利**として、現在および将来の国民に与えられる。

第12条 人権の濫用禁止／公共の福祉①

この憲法が国民に保障する自由および権利は、国民の**不断の努力**によって、これを保持しなければならない。また、**国民は、これを濫用してはならない**のであって、**常に公共の福祉**のためにこれを利用する責任を負う。

第13条 個人の尊重・幸福追求権／公共の福祉②

すべて国民は、**個人として尊重**される。生命、自由および**幸福追求**に対する国民の

権利については、**公共の福祉**に反しない限り、立法その他の国政の上で、**最大の尊重**を必要とする。

第14条 法の下の平等

①すべて国民は、**法の下に平等**であって、**人種**、**信条**、**性別**、社会的身分または**門地**により、政治的、経済的または社会的関係において、差別されない。

②華族その他の貴族の制度は、これを認めない。

③栄誉、勲章その他の栄典の授与は、いかなる特権も伴わない。栄典の授与は、現にこれを有し、または将来これを受ける者の一代に限り、その効力を有する。

第15条 公務員について／選挙に関する規定

①**公務員を選定し、およびこれを罷免**することは、国民固有の権利である。

②すべて公務員は、**全体の奉仕者**であって、一部の奉仕者でなはい。

③公務員の選挙については、**成年者による普通選挙**を保障する。

④すべて選挙における**投票の秘密**は、これを侵してはならない。選挙人は、その選択に関し公的にも私的にも責任を問われない。

第16条 請願権

何人も、損害の救済、公務員の罷免、法律、命令または規則の制定、廃止または改正その他の事項に関し、平穏に**請願**する権利を有し、何人も、かかる**請願**をしたためにいかなる差別待遇も受けない。

第17条 国家賠償請求権

何人も、**公務員の不法行為**により、損害を受けたときは、法律の定めるところにより、国または公共団体に、その賠償を求めることができる。

第18条 奴隷的拘束及び苦役からの自由

何人も、いかなる**奴隷的拘束**も受けない。また、**犯罪による処罰**の場合を除いては、その意に反する**苦役**に服させられない。

第19条 思想・良心の自由

思想および**良心**の自由は、これを侵してはならない。

第20条 信教の自由

①**信教の自由**は、何人に対してもこれを保障する。いかなる宗教団体も、**国から特権を受け、または政治上の権力を行使してはならない**。

②何人も、宗教上の行為、祝典、儀式または行事に参加することを強制されない。

③国およびその機関は、宗教教育その他いかなる宗教的活動もしてはならない。

第21条 表現の自由／通信秘密の保護

①集会、結社および言論、出版その他一切の表現の自由は、これを保障する。

②検閲は、これをしてはならない。通信の秘密は、これを侵してはならない。

第22条 居住・職業選択の自由／国籍離脱の自由／公共の福祉③

①何人も、公共の福祉に反しない限り、居住、移転および職業選択の自由を有する。

②何人も、外国に移住し、または国籍を離脱する自由を侵されない。

第23条 学問の自由

学問の自由は、これを保障する。

第24条 両性の本質的平等

①婚姻は、両性の合意のみに基いて成立し、夫婦が同等の権利を有することを基本として、相互の協力により、維持されなければならない。

②配偶者の選択、財産権、相続、住居の選定、離婚ならびに婚姻および家族に関するその他の事項に関しては、法律は、個人の尊厳と両性の本質的平等に立脚して、制定されなければならない。

第25条 生存権

①すべて国民は、健康で文化的な最低限度の生活を営む権利を有する。

②国は、すべての生活部面について、社会福祉、社会保障および公衆衛生の向上および増進に努めなければならない。

第26条 教育を受ける権利／義務教育

①すべて国民は、法律の定めるところにより、その能力に応じて、ひとしく教育を受ける権利を有する。

②すべて国民は、法律の定めるところにより、その保護する子女に普通教育を受けさせる義務を負う。義務教育はこれを無償とする。

第27条 勤労の権利と義務／児童酷使の禁止

①すべて国民は、勤労の権利を有し、義務を負う。

②賃金、就業時間、休息その他の勤労条件に関する基準は、法律でこれを定める。

③児童は、これを酷使してはならない。

第28条 労働三権

勤労者の団結する権利および団体交渉その他の団体行動をする権利は、これを保障する。

第29条 財産権／公共の福祉④

①財産権は、これを侵してはならない。

②財産権の内容は、公共の福祉に適合するように、法律でこれを定める。

③私有財産は、正当な補償の下に、これを公共のために用いることができる。

第30条 納税の義務

国民は、法律の定めるところにより、納税の義務を負う。

第31条 法定手続きの保障

何人も、法律の定める手続きによらなければ、その生命もしくは自由を奪われ、またはその他の刑罰を科せられない。

第32条 裁判を受ける権利

何人も、裁判所において裁判を受ける権利を奪われない。

第33条 逮捕の要件（令状主義①）

何人も、現行犯として逮捕される場合を除いては、権限を有する司法官憲が発し、かつ理由となっている犯罪を明示する令状によらなければ、逮捕されない。

第34条 不当な抑留・拘禁の禁止

何人も、理由をただちに告げられ、かつ、ただちに弁護人に依頼する権利を与えられなければ、抑留または拘禁されない。また、何人も、正当な理由がなければ、拘禁されず、要求があれば、その理由は、ただちに本人およびその弁護人の出席する公開の法廷で示されなければならない。

第35条 住居不可侵（令状主義②）

①何人も、その住居、書類および所持品について、侵入、捜索および押収を受けることのない権利は、第33条の場合を除いては、正当な理由に基いて発せられ、かつ捜索する場所および押収する物を明示する令状がなければ、侵されない。

②捜索または押収は、権限を有する司法官憲が発する各別の令状により、これを行う。

第36条 拷問・残虐な刑罰の禁止

公務員による拷問および残虐な刑罰は、絶対にこれを禁ずる。

第37条 刑事被告人の権利

①すべて刑事事件においては、被告人は、公平な裁判所の迅速な公開裁判を受ける権利を有する。

②刑事被告人は、すべての証人に対して審問する機会を充分に与えられ、また、公費で

自己のために強制的手続きにより**証人**を求める権利を有する。

③刑事被告人は、いかなる場合にも、資格を有する**弁護人**を依頼することができる。**被告人が自らこれを依頼することができないときは、国でこれを附する。**

第38条 不利益な供述・自白の強要の禁止

①何人も、**自己に不利益な供述**を強要されない。

②強制、拷問もしくは脅迫による自白または不当に長く抑留もしくは拘禁された後の自白は、これを証拠とすることができない。

③何人も、**自己に不利益な唯一の証拠**が**本人の自白**である場合には、有罪とされ、または刑罰を科せられない。

第39条 遡及処罰の禁止／一事不再理

何人も、**実行のときに適法であった行為またはすでに無罪とされた行為**については、刑事上の責任を問われない。また、**同一の犯罪について、重ねて刑事上の責任を問われない。**

第40条 刑事補償請求権（冤罪への償い）

何人も、**抑留または拘禁された後、無罪の裁判を受けたとき**は、法律の定めるところにより、国にその補償を求めることができる。

第4章　国会

第41条 国会の地位

国会は、国権の**最高機関**であって、国の**唯一の立法機関**である。

第42条 二院制

国会は、衆議院および参議院の両議院でこれを構成する。

第43条 両議院の組織

①両議院は、**全国民を代表する選挙された議員**でこれを組織する。

②両議院の議員の定数は、法律でこれを定める。

第44条 選挙権の平等

両議院の議員およびその選挙人の資格は、法律でこれを定める。ただし、**人種**、**信条**、**性別**、**社会的身分**、**門地**、**教育**、**財産**または**収入**によって差別してはならない。

第45条 衆議院議員の任期

衆議院議員の任期は、**4年**とする。ただし、**衆議院解散**の場合には、その期間満了前

付録　日本国憲法条文一覧

に終了する。

第46条　参議院議員の任期

参議院議員の任期は、**6年**とし、**3年**ごとに議員の半数を改選する。

第47条　議員の選挙に関する事項

選挙区、投票の方法その他両議院の議員の選挙に関する事項は、法律でこれを定める。

第48条　両院兼職の禁止

何人も、同時に両議院の議員たることはできない。

第49条　国会議員の歳費

両議院の議員は、法律の定めるところにより、国庫から**相当額の歳費**を受ける。

第50条　議員の不逮捕特権

両議院の議員は、法律の定める場合を除いては、国会の**会期中**逮捕されず、会期前に逮捕された議員は、その議院の要求があれば、**会期中**これを釈放しなければならない。

第51条　議員の発言・表決の院外無責任

両議院の議員は、議院で行った**演説**、**討論**または**表決**について、院外で責任を問われない。

第52条　常会（通常国会）

国会の常会は、毎年一回これを召集する。

第53条　臨時会（臨時国会）

内閣は、国会の臨時会の召集を決定することができる。いずれかの議院の**総議員の4分の1以上**の要求があれば、内閣は、その召集を決定しなければならない。

第54条　特別会（特別国会）／参議院の緊急集会

①衆議院が解散されたときは、解散の日から**40日**以内に、衆議院議員の総選挙を行い、その選挙の日から**30日**以内に、国会を召集しなければならない。

②衆議院が解散されたときは、参議院は、**同時に閉会**となる。ただし、内閣は、国に緊急の必要があるときは、参議院の**緊急集会**を求めることができる。

③前項但書の緊急集会において採られた措置は、臨時のものであって、次の国会開会の後**10日以内に、衆議院の同意**がない場合には、その効力を失う。

第55条　議員の資格争訟

両議院は、各々その議員の資格に関する争訟を裁判する。ただし、**議員の議席を失わせる**には、出席議員の**3分の2以上**の多数による議決を必要とする。

付録　日本国憲法条文一覧　　419

第56条 定足数／議決の要件

①両議院は、各々その総議員の**3分の1以上**の出席がなければ、議事を開き議決することができない。

②両議院の議事は、この憲法に特別の定めのある場合を除いては、出席議員の**過半数**でこれを決し、**可否同数のときは、議長**の決するところによる。

第57条 会議の公開と秘密会

①両議院の会議は、**公開**とする。ただし、出席議員の3分の2以上の多数で議決したときは、**秘密会**を開くことができる。

②両議院は、各々その会議の記録を保存し、秘密会の記録の中で特に秘密を要すると認められるもの以外は、これを公表し、かつ一般に頒布しなければならない。

③出席議員の5分の1以上の要求があれば、各議員の表決は、これを会議録に記載しなければならない。

第58条 役員の選任／規則制定・議員懲罰

①両議院は、各々その議長その他の役員を選任する。

②両議院は、各々その会議その他の手続きおよび内部の規律に関する**規則**を定め、また、**院内の秩序をみだした議員を懲罰**することができる。ただし、**議員を除名する**には、**出席議員の3分の2以上**の多数による議決を必要とする。

第59条 法律案の議決（衆議院の優越①）

①法律案は、この憲法に特別の定めのある場合を除いては、両議院で可決したとき法律となる。

②衆議院で可決し、参議院でこれと異なった議決をした法律案は、**衆議院で出席議員の3分の2以上**の多数で再び可決したときは、法律となる。

③前項の規定は、法律の定めるところにより、衆議院が、**両議院の協議会**を開くことを求めることを妨げない。

④参議院が、衆議院の可決した法律案を受け取った後、国会休会中の期間を除いて**60日**以内に、議決しないときは、衆議院は、**参議院がその法律案を否決したものとみなす**ことができる。

第60条 予算案の議決（衆議院の優越②）

①予算は、**さきに衆議院**に提出しなければならない。

②予算について、参議院で衆議院と異なった議決をした場合に、法律の定めるところに

付録 日本国憲法条文一覧

より、両議院の協議会を開いても意見が一致しないとき、または参議院が衆議院の可決した予算を受け取った後、国会休会中の期間を除いて**30日**以内に、議決しないときは、**衆議院の議決を国会の議決**とする。

第61条 議院の条約の承認（衆議院の優越③）

条約の締結に必要な国会の承認については、**前条第2項の規定を準用**する。

第62条 議院の国政調査権

両議院は、**各々**国政に関する調査を行い、これに関して、**証人**の出頭および証言ならびに**記録**の提出を要求することができる。

第63条 閣僚の議院への出席

内閣総理大臣その他の国務大臣は、両議院の一つに議席を有すると有しないとにかかわらず、**何時でも議案について発言するため議院に出席することができる。また、答弁または説明のため出席を求められたときは、出席しなければならない。**

第64条 弾劾裁判所

①国会は、罷免の訴追を受けた裁判官を裁判するため、両議院の議員で組織する**弾劾裁判所**を設ける。

②弾劾に関する事項は、法律でこれを定める。

第5章　内閣

第65条 行政権

行政権は、内閣に属する。

第66条 文民規定／議院内閣制

①内閣は、法律の定めるところにより、その**首長**たる内閣総理大臣およびその他の国務大臣でこれを組織する。

②内閣総理大臣その他の国務大臣は、**文民**でなければならない。

③内閣は、行政権の行使について、国会に対し**連帯して責任**を負う。

第67条 総理大臣の指名（衆議院の優越④）

①内閣総理大臣は、**国会議員の中**から国会の議決で、これを**指名**する。この指名は、**他のすべての案件に先だって**、これを行う。

②衆議院と参議院とが異なった指名の議決をした場合に、法律の定めるところにより、

両議院の協議会を開いても意見が一致しないとき、または衆議院が指名の議決をした後、国会休会中の期間を除いて**10日**以内に、参議院が、指名の議決をしないときは、**衆議院の議決を国会の議決**とする。

第68条 国務大臣の任免

①内閣総理大臣は、国務大臣を**任命**する。ただし、**その過半数は、国会議員の中から選**ればなければならない。

②内閣総理大臣は、任意に国務大臣を**罷免**することができる。

第69条 内閣不信任決議（総辞職の要件①）

内閣は、衆議院で不信任の決議案を可決し、または信任の決議案を否決したときは、**10日以内に衆議院が解散**されない限り、**総辞職**をしなければならない。

第70条 内閣総辞職の要件②

内閣総理大臣が**欠けたとき**、または**衆議院議員総選挙の後に初めて国会の召集があったとき**は、内閣は、**総辞職**をしなければならない。

第71条 総辞職後の内閣

前2条の場合には、内閣は、**あらたに内閣総理大臣が任命されるまで引き続きその職務**を行う。

第72条 内閣総理大臣の職務

内閣総理大臣は、**内閣を代表して議案を国会に提出**し、一般国務および外交関係について国会に報告し、ならびに行政各部を指揮監督する。

第73条 内閣の職務

内閣は、他の一般行政事務のほか、左の事務を行う。

1 **法律**を誠実に執行し、国務を**総理**すること。

2 **外交関係**を処理すること。

3 **条約を締結**すること。ただし、事前に、時宜によっては事後に、国会の承認を経ることを必要とする。

4 法律の定める基準に従い、官吏に関する事務を掌理すること。

5 **予算を作成**して国会に提出すること。

6 この憲法および法律の規定を実施するために、**政令**を制定すること。ただし、政令には、特にその法律の委任がある場合を除いては、罰則を設けることができない。

7 **大赦、特赦、減刑、刑の執行の免除および復権を決定**すること。

付録 日本国憲法条文一覧

第74条 法律・政令への署名

法律および政令には、すべて主任の国務大臣が署名し、内閣総理大臣が連署することを必要とする。

第75条 国務大臣の訴追

国務大臣は、その**在任中**、内閣総理大臣の同意がなければ、**訴追**されない。ただし、これがため、**訴追**の権利は害されない。

第6章　司法

第76条 特別裁判所の禁止／司法権の独立　他

①すべて司法権は、最高裁判所および法律の定めるところにより設置する下級裁判所に属する。

②**特別裁判所**は、これを設置することができない。**行政機関は、終審として裁判を行うことができない。**

③すべて裁判官は、その**良心**に従い**独立**してその職権を行い、この**憲法**および**法律**にのみ拘束される。

第77条 最高裁判所の規則制定権

①最高裁判所は、訴訟に関する手続き、弁護士、裁判所の内部規律および司法事務処理に関する事項について、**規則**を定める権限を有する。

②検察官は、最高裁判所の定める規則に従わなければならない。

③最高裁判所は、下級裁判所に関する規則を定める権限を、下級裁判所に委任することができる。

第78条 裁判官の身分保障

裁判官は、裁判により、**心身の故障**のために職務を執ることができないと決定された場合を除いては、**公の弾劾**によらなければ罷免されない。**裁判官の懲戒処分は、行政機関がこれを行うことはできない。**

第79条 最高裁判所裁判官について（国民審査／定年／報酬）

①最高裁判所は、その長たる裁判官および法律の定める員数のその他の裁判官でこれを構成し、その**長たる裁判官以外の裁判官は、内閣**でこれを任命する。

②最高裁判所の裁判官の任命は、その**任命後初めて行われる衆議院議員総選挙の際国民**

付録　日本国憲法条文一覧　｜　**423**

の審査に付し、その後 10 年を経過した後初めて行われる衆議院議員総選挙の際さらに審査に付し、その後も同様とする。

③前項の場合において、投票者の多数が裁判官の罷免を可とするときは、その裁判官は、罷免される。

④審査に関する事項は、法律でこれを定める。

⑤最高裁判所の裁判官は、法律の定める年齢に達したときに退官する。

⑥最高裁判所の裁判官は、すべて定期に相当額の報酬を受ける。この報酬は、在任中、これを減額することができない。

第80条 下級裁判所裁判官について（任期／定年／報酬）

①下級裁判所の裁判官は、最高裁判所の指名した者の名簿によって、内閣でこれを任命する。その裁判官は、任期を 10 年とし、再任されることができる。ただし、法律の定める年齢に達したときには退官する。

②下級裁判所の裁判官は、すべて定期に相当額の報酬を受ける。この報酬は、在任中、これを減額することができない。

第81条 違憲立法審査権（法令審査権）

最高裁判所は、一切の法律、命令、規則または処分が憲法に適合するかしないかを決定する権限を有する終審裁判所である。

第82条 裁判の公開について

①裁判の対審および判決は、公開法廷でこれを行う。

②裁判所が、裁判官の全員一致で、公の秩序または善良の風俗を害するおそれがあると決した場合には、対審は、公開しないでこれを行うことができる。ただし、政治犯罪、出版に関する犯罪またはこの憲法第 3 章で保障する国民の権利が問題となっている事件の対審は、常にこれを公開しなければならない。

第7章　財政

第83条 財政処理の権限

国の財政を処理する権限は、国会の議決に基いて、これを行使しなければならない。

第84条 課税

あらたに租税を課し、または現行の租税を変更するには、法律または法律の定める条件

付録 日本国憲法条文一覧

によることを必要とする。

第85条 国費の支出と国の債務負担

国費を支出し、または国が債務を負担するには、国会の議決に基くことを必要とする。

第86条 予算

内閣は、**毎会計年度**の予算を作成し、**国会**に提出して、その審議を受け議決を経なければならない。

第87条 予備費

予見し難い予算の不足に充てるため、国会の議決に基いて**予備費**を設け、内閣の責任でこれを支出することができる。

第88条 皇室財産と皇室の費用

すべて皇室財産は、国に属する。すべて皇室の費用は、予算に計上して国会の議決を経なければならない。

第89条 公金の支出・利用の制限

公金その他の公の財産は、宗教上の組織もしくは団体の使用、便益もしくは維持のため、または公の支配に属しない慈善、教育もしくは博愛の事業に対し、これを支出し、またはその利用に供してはならない。

第90条 決算と会計検査院

①国の収入支出の決算は、すべて毎年**会計検査院**がこれを検査し、内閣は、次の年度に、その検査報告とともに、これを国会に提出しなければならない。

②**会計検査院**の組織および権限は、法律でこれを定める。

第91条 財政状況の報告

内閣は、国会および国民に対し、定期に、少なくとも毎年一回、国の財政状況について報告しなければならない。

第8章 地方自治

第92条 地方自治の本旨

地方公共団体の組織および運営に関する事項は、**地方自治の本旨**に基いて、法律でこれを定める。

第93条 　地方議会／地方選挙

①地方公共団体には、法律の定めるところにより、その**議事機関**として**議会を設置**する。

②地方公共団体の長、その議会の議員および法律の定めるその他の吏員(りいん)は、その地方公共団体の住民が、直接これを選挙する。

第94条 　地方の持つ権能

地方公共団体は、その財産を管理し、事務を処理し、および行政を執行する権能を有し、**法律の範囲内で条例を制定**することができる。

第95条 　特別法制定の際の住民投票

一つの地方公共団体のみに適用される特別法は、法律の定めるところにより、その地方公共団体の**住民の投票**においてその過半数の同意を得なければ、国会は、これを制定することができない。

第9章　改正

第96条 　憲法改正の手続き

①この憲法の改正は、各議院の**総議員の３分の２以上**の賛成で、国会が、これを**発議**し、国民に提案してその承認を経なければならない。この承認には、特別の**国民投票**または国会の定める選挙の際行われる投票において、その**過半数**の賛成を必要とする。

②憲法改正について前項の承認を経たときは、**天皇**は、国民の名で、この憲法と一体を成すものとして、ただちにこれを公布する。

第10章　最高法規

第97条 　人権の永久不可侵性②

この憲法が日本国民に保障する基本的人権は、人類の多年にわたる**自由獲得**の努力の成果であって、これらの権利は、過去幾多の試練に堪え、現在および将来の国民に対し、**侵すことのできない永久の権利**として信託されたものである。

第98条 　憲法の最高法規制／条約の遵守

①この憲法は、国の**最高法規**であって、その条規に反する法律、命令、詔勅および国

付録 日本国憲法条文一覧

務に関するその他の行為の全部または一部は、その効力を有しない。

②日本国が締結した**条約**および確立された国際法規は、これを誠実に**遵守**することを必要
とする。

第99条 憲法尊重擁護義務

天皇または摂政および**国務大臣**、**国会議員**、**裁判官**その他の**公務員**は、この**憲法を
尊重し擁護する義務**を負う。

第11章　補則

第100条 この憲法施行に向けての準備

①この憲法は、**公布の日から起算して6箇月**を経過した日から、これを施行する。

②この憲法を施行するために必要な法律の制定、参議院議員の選挙および国会召集の手
続きならびにこの憲法を施行するために必要な準備手続きは、前項の期日よりも前に、
これを行うことができる。

第101条 憲法施行後、参議院成立前の国会

この憲法施行の際、参議院がまだ成立していないときは、その成立するまでの間、衆議
院は、国会としての権限を行う。

第102条 第一期の参議院議員の任期

この憲法による第一期の参議院議員のうち、その半数の者の任期は、これを3年とする。
その議員は、法律の定めるところにより、これを定める。

第103条 憲法施行後の現職公務員の地位

この憲法施行の際現に在職する国務大臣、衆議院議員および裁判官ならびにその他の公
務員で、その地位に相応する地位がこの憲法で認められている者は、法律で特別の定め
をした場合を除いては、この憲法施行のため、当然にはその地位を失うことはない。た
だし、この憲法によって、後任者が選挙または任命されたときは、当然その地位を失う。

付録　日本国憲法条文一覧　｜　427

さくいん

あ

愛国心教育	74
アイヌ新法	37, 71
アイヌの先住権	71
アイヌ文化振興法	37
アイルランド共和軍	186
アウン＝サン＝スーチー	190
アカウンタビリティー	137, 220
赤字国債	269
赤字国債発行	282, 286
アクセス権	70
悪徳商法	304
アクトン	20
朝日訴訟	65, 66
アジア・アフリカ会議	173
アジアインフラ投資銀行	206
アジア太平洋経済協力会議	366
アジア太平洋の平和と安全	87, 88
アジア通貨危機	293, 359
アジア NIES	359
アジア四小龍	359
アジェンダ 21	379
足尾銅山鉱毒事件	381
ASEAN 自由貿易地域	367
ASEAN10	367
アダム＝スミス	207, 210
新しい人権	66
斡旋・調停・仲裁	318
圧力団体	151, 152
アパルトヘイト	35
アフガニスタン侵攻	174
アフガン情勢	187
AFTA	366
アフマディネジャド	188
アフリカの年	173

アベノミクス	392
アポイントメント商法	304
天下り	136, 142
アムネスティ＝インターナショナル	35, 39
「アメとムチ」	329
アメリカ独立宣言	28
アメリカの政治制度	51
現人神	41
アラブの春	189
アルカイダ	187
UNCTAD	165, 357, 391
安全保障	74
安全保障政策	87
安全保障理事会	165, 166
アンタイド比率	371
安定株主工作	221
安定恐慌	280
安定成長	248
安保闘争	84
安保理	165, 166
安保理改革	166

い

委員会	103
委員会中心主義	102
家永教科書訴訟	59
イェリネック	9
硫黄酸化物	376
イギリスの政治制度	50
育児・介護休業法	322
意見表明権	38
違憲立法審査権	42, 51, 53, 115
いざなぎ景気	282, 283
『石に泳ぐ魚』事件	68

イスラーム国	189
イスラエル建国	185
李承晩ライン	193
伊勢志摩サミット	398
依存効果	304
依存財源	131
イタイイタイ病	382
痛みを伴う改革	208
一億総活躍社会	392
一次エネルギー	387
一次産品	344, 356
一次産品の値上げ	358
一事不再議の原則	97
一事不再理	62, 63, 64
1 と 2 分の 1 政党制	155
一国二制度	186
一帯一路	188, 206
一般意志	16, 17
一般会計	267
一般会計予算	267
一般財源	127
一般物価指数	248
一票の重み	55
1 府 12 省庁	106, 139
遺伝子組み換え食品	307
遺伝子資源	379
移転収支	345
イニシアチブ	19, 122
委任事務	125
委任立法	136
違反企業名の公表	322
李明博	193
イラク復興支援特別措置法	88
イラン核合意	188
医療と介護の分離	340
医療費負担	331
医療保険	331

岩戸景気 281, 283	エンジェル 221	海外からの純所得 242
インサイダー取引 221	円高 285	海外派兵の禁止 93
インターネット選挙運動 150	円高不況 288	改革・開放政策 205, 209
院内秩序 98	円高誘導 288	外貨準備増減 345
インバウンド 392, 408	円安 284	外貨不足 281
印パ紛争 185		会期不継続の原則 97, 101
インフレ 285		階級政党 152
インフレーション 252, 253	**お**	外交三原則 181
インフレ = ターゲット 392		外国為替 347

	黄犬契約 317	外国為替相場 348
う	王権神授説 26	外国人技能実習制度 393
	欧州共同体 361, 362	外国人登録法 70
ウイグル人の弾圧 206	欧州経済共同体 361	外国人の住民投票権 133
ウイグル騒乱 191	欧州原子力共同体 361	外国人の生活保護受給 335
ウィルソン 162	欧州石炭鉄鋼共同体 361	外国人労働者 326
植木枝盛 45	欧州中央銀行 362	介護保険 334, 340
ウェストファリア条約 160	欧州連合 361, 362	介護保険制度 341
ウォルポール 108	大きな政府 33, 208	介護老人福祉施設 340
ウクライナ騒乱 184	大阪空港騒音公害訴訟 68	解散 109, 124
失われた10年 292	大阪トラック 398	会社企業の分類 216
『宴のあと』事件 67	大阪ブルー・オーシャン・ビジョン	解釈改憲 48
宇宙空間の領有権 9, 23	398	会社法 216
宇宙船地球号 380	大津事件 114	解職請求権 122
『奪われし未来』 370	オープンショップ 318	改正教育基本法 74
売りオペレーション 258	公の弾劾 114	改正JAS法 307
売り手市場 290	侵すことのできない永久の権利 47	改正住民基本台帳法 73
ウルグアイ = ラウンド 353	押しつけ憲法 48	外為法改正 261
	汚染者負担の原則 383	ガイドライン 87, 89
	オゾン層の破壊 377	ガイドライン関連法 87, 88
え	オゾンホール 377	開発協力大綱 371, 372
	オタワ = プロセス 179	開発独裁 404
『永遠平和のために』 162	オバマケア 395	外部経済 231
A規約に関する選択議定書 35	オフィス = オートメーション 286	外部不経済 231, 381
APEC 366	オブザーバー 164	外部不経済の内部化 231
益税 271, 401	オリンピック景気 282, 283	外務省公電漏洩事件 69
エコシステム 380	恩恵 43	下院 50, 51
エコマーク 380	温室効果ガス 377	下院優越 50
恵庭事件 80	オンブズマン制度 137	価格先導者 238
エネルギー流体革命 387		価格弾力性 228
愛媛玉ぐし料訴訟 58		価格の下方硬直性 230
エリザベス救貧法 329, 330	**か**	価格の自動調節作用 226
エルニーニョ現象 381		化学兵器禁止機関 189
エロア 279	カーソン 380	化学兵器禁止条約 189
冤罪 64	カーター・金日成会議 395	
	買いオペレーション 258	

さくいん | 429

下級裁判所 …… 110	株式公開買付 …… 221	カント …… 162
核拡散防止条約 …… 178	株式持ち合い …… 221, 234	岩盤規制 …… 131
閣議 …… 106	株主 …… 217, 218	カンボジア PKO …… 169
核軍縮 …… 178	株主総会 …… 218, 219	官民人材交流センター …… 137
格差社会 …… 32	株主代表訴訟 …… 221	管理価格 …… 230, 234
拡大再生産 …… 212	貨幣資本 …… 212	管理通貨制度 …… 252
拡大生産者責任 …… 384	貨幣の機能 …… 250	官僚主義 …… 136
格付け会社 …… 221	樺太・千島交換条約 …… 192	官僚制 …… 135
核なき世界 …… 180, 406	ガリオア …… 279	
確認埋蔵量 …… 387, 389	カルテル …… 234	
核燃料サイクル …… 388, 390	過労死 …… 326	**き**
核保有宣言 …… 396	為替制限 …… 344, 350, 351	議員政党 …… 154
革命権 …… 14, 15	為替リスク …… 402	議員特権 …… 96
学問の自由 …… 56	簡易課税制度 …… 401	議院内閣制 …… 50, 108
家計 …… 211	簡易裁判所 …… 110	議員の解職 …… 122
かけがえのない地球 …… 379	環境アセスメント法 …… 383	議員の資格争訟 …… 98
駆け込み需要 …… 401	環境開発サミット …… 380	議員の除名 …… 98
駆け付け警護 …… 170	環境基本法 …… 382	「消えた年金」問題 …… 331
影の内閣 …… 50	環境権 …… 68	議会 …… 124
加憲 …… 49	環境省 …… 140	議会解散権 …… 51, 124
囲い込み運動 …… 199, 201	環境税 …… 381	議会の解散 …… 122
貸金業法 …… 311	環境庁 …… 382	機関委任事務 …… 125
貸し渋り …… 292	環境保全 …… 408	基幹産業 …… 279
貸しはがし …… 292	環境ホルモン …… 378	企業 …… 211
過剰融資 …… 290, 292	環境問題 …… 381	企業所得 …… 244, 249
可処分所得 …… 227	看護訪問 …… 339	企業進出の自由化 …… 351
家事労働 …… 245	監査役 …… 219	企業統治 …… 220
課税権 …… 25	関税及び貿易に関する一般協定	企業物価指数 …… 278
寡占 …… 230	…… 350, 352	企業別組合 …… 321
寡占市場 …… 254	関税障壁 …… 344, 352	企業倫理 …… 220
カダフィ政権 …… 189	官製談合 …… 142	気候変動枠組条約 …… 377, 391
価値尺度 …… 250	関税同盟 …… 361	基軸通貨 …… 351
価値貯蔵手段 …… 250	間接金融 …… 255, 284	期日前投票 …… 150
合併 …… 234	間接税 …… 240, 243, 271	技術革新 …… 213
家庭裁判所 …… 74, 110	間接選挙 …… 51	基準割引率及び基準貸付利率
家電四品目 …… 384	間接投資 …… 345	…… 257
家電リサイクル法 …… 384	間接民主制 …… 14, 15, 18	規制 …… 136
カネ余り …… 289, 295	官選知事 …… 121	規制改革 …… 142
カネミ油症 …… 304	完全雇用 …… 208	規制緩和 …… 208, 261
株価差益 …… 218	完全失業率 …… 324	寄生地主 …… 277
株券電子化 …… 217	完全普通選挙 …… 143	基線 …… 9
株式会社 …… 216, 217	環太平洋経済連携協定	規則 …… 108, 115
株式会社の中心機関 …… 219	…… 366, 368	貴族院 …… 98

430 | さくいん

北アイルランド紛争 …… 186	行政改革会議 …… 139	金融政策 …… 256
北大西洋条約機構 …… 171, 175	行政改革推進法 …… 142	金融庁 …… 261
北朝鮮の核開発疑惑 …… 88	行政監察官 …… 137	金融の自由化 …… 258, 260
基地の供与 …… 83	強制起訴 …… 117	金融の二重構造 …… 298
キチンの波 …… 213	行政機能の拡大 …… 134	金融引締 …… 256
技能実習生 …… 326	行政権 …… 21, 106	金融持株会社 …… 261
基本的人権 …… 47, 54	行政権の肥大化 …… 135, 136	金利規制 …… 260
基本的人権の尊重 …… 54	行政国家 …… 135	金利の自由化 …… 261
金正恩 …… 396	行政裁判 …… 111	
逆ザヤ …… 300	行政事務 …… 125	
逆資産効果 …… 291	行政手続法 …… 137	**く**
逆進性 …… 271	行政の民主化 …… 137	
逆送 …… 74	共同実施 …… 377	クーリング＝オフ制度 …… 306, 311
キャピタルゲイン …… 218	共同防衛義務 …… 83	草の根民主主義 …… 130
キャピタルロス …… 218	京都議定書 …… 377, 391	クズネッツの波 …… 213
ギャンブル等依存症対策基本法	京都メカニズム …… 377	具体的行動計画 …… 379
…… 408	共謀罪 …… 410	「くたばれ GNP」 …… 285
旧敵国条項 …… 166	業務規制 …… 260	国地方係争処理委員会 …… 126
牛肉・オレンジの自由化 …… 302	狂乱物価 …… 309	組合管掌 …… 331
牛肉トレーサビリティ法 …… 307	極東の平和と安全の維持 …… 82	クラスター爆弾禁止条約 …… 179
キューバ危機 …… 172	居住・移転の自由 …… 60	グラスノスチ …… 174
牛歩戦術 …… 101	許認可 …… 136	クラスノヤルスク合意 …… 192
旧ユーゴスラビア問題 …… 182	拒否権 …… 51, 124, 165, 166, 176	グラント＝エレメント …… 371
旧ユーゴ戦争犯罪法廷 …… 182	ギリシア危機 …… 397	クリーン開発メカニズム …… 377
教育委員会 …… 125	緊急集会 …… 97	グリーン購入法 …… 381
教育機会の均等 …… 54	緊急調整 …… 319	クリミア自治共和国 …… 184
教育基本法 …… 74	緊急勅令 …… 42	グリーン GDP …… 381
教育を受ける権利 …… 65	緊急特別総会 …… 167	グレーゾーン金利 …… 307, 311
協会管掌 …… 331	キングストン合意 …… 354	クローズドショップ …… 318
教科書検定 …… 59	金権政治 …… 153	グローバリズム …… 408
狭義の国民所得 …… 240, 243	均衡財政 …… 268	グローバル＝スタンダード …… 261
供給 …… 224	銀行の銀行 …… 255	グロティウス …… 11, 160, 162
供給曲線 …… 223	金準備高 …… 354	クロヨン …… 271
供給曲線のシフト …… 227	近代経済学 …… 208	軍事境界線 …… 395
供給重視の経済学 …… 208	緊張緩和 …… 174	軍法会議 …… 111
強行採決 …… 102	欽定憲法 …… 41, 42	君臨すれども統治せず …… 50
共済年金 …… 332	金本位制 …… 251, 348, 349	
協賛 …… 41	金融監督庁 …… 261	**け**
共産党一党支配 …… 204	金融緩和 …… 256	
教書 …… 51	金融再生委員会 …… 261	ケアプラン …… 341, 343
行政委員会 …… 108, 125	金融再生法 …… 293, 294	経営者 …… 218
行政改革 …… 138, 142	金融サミット …… 398	経営の合理化 …… 286
行政改革委員会 …… 139	金融収支 …… 345, 346	計画外流通米 …… 303
		計画経済 …… 204

さくいん ｜ 431

計画審理 …… 117	健康で文化的な最低限度の生活を営む権利 …… 65	後期高齢者医療制度 …… 331
景気循環 …… 213		好況 …… 253
景気動向指数 …… 403	健康保険 …… 331	公共財 …… 231, 264
景気判断 …… 403	検察官 …… 111	公共事業 …… 125, 208, 272, 282
景気変動 …… 213	検察審査会 …… 117	公共の福祉 …… 33, 47, 59, 60, 62
景気変動の調節弁 …… 297	原子力規制委員会 …… 388	合計特殊出生率 …… 338
軽減税率 …… 271	原子力発電 …… 387	抗告 …… 113
経済安定九原則 …… 279, 280	減税 …… 208	公債金 …… 269
経済学説 …… 207	建設国債 …… 269	合資会社 …… 216
『経済学の国民的体系』 …… 210	建設リサイクル法 …… 384	皇室裁判所 …… 111
経済協力金 …… 181	健全財政 …… 268	皇室典範 …… 42, 400
経済財政諮問会議 …… 140, 393	減反政策 …… 300, 301	公衆衛生 …… 330
経済産業省 …… 140	現地生産 …… 369	工場制手工業 …… 199, 201
経済社会理事会 …… 165	原発事故 …… 388	公職選挙法 …… 55, 147, 148, 153
経済主体 …… 211	原発全廃 …… 390	硬性憲法 …… 46
経済循環 …… 211	憲法改正 …… 48	公正取引委員会 …… 108, 233, 235
経済制裁 …… 188	憲法改正の発議 …… 98, 105	厚生年金 …… 332
経済成長率 …… 246	憲法研究会 …… 44, 46	厚生労働省 …… 140
経済との調和条項 …… 382, 383	憲法裁判所 …… 115	交戦権の否認 …… 76, 77
経済特区 …… 205	憲法審査会 …… 48	控訴 …… 113
経済難民 …… 37	憲法第9条 …… 76, 78, 80	高速増殖炉「もんじゅ」 …… 390
経済の安定化 …… 264	憲法第13条 …… 67	公訴時効の廃止 …… 117
経済の二重構造 …… 298	憲法調査会 …… 48	公聴会 …… 102
経済連携協定 …… 341, 367	憲法判断の回避 …… 81	公定歩合 …… 286
警察予備隊 …… 77, 78	憲法問題調査委員会 …… 44, 45	公定歩合操作 …… 257
刑事裁判 …… 111	権利行使の主体 …… 38	公定歩合の引き上げ …… 291
刑事上・民事上の免責 …… 316	権利章典 …… 27	公的資金 …… 221, 293, 294
刑事被告人の権利 …… 62	権利請願 …… 26	公的扶助 …… 330, 334
刑事補償請求権 …… 64	減量経営 …… 286	合同会社 …… 222
傾斜生産方式 …… 279	権力分立 …… 20, 28, 29	高等教育の無償化 …… 36
経常移転収支 …… 345		高等裁判所 …… 110
経常海外余剰 …… 244, 246		高度経済成長期 …… 281
経常収支 …… 345, 346	**こ**	高度経済成長期の経済成長率 …… 283
軽薄短小型 …… 286	コアビタシオン …… 52	
刑罰権濫用 …… 62	公益委員 …… 317	高度成長 …… 248
系列企業 …… 296	公海 …… 9	高度成長の要因 …… 284
ケインズ …… 208, 210	公害 …… 285	高度プロフェッショナル制度 …… 394
ケインズ経済学 …… 202	公害国会 …… 382, 383	公判前整理手続き …… 117
ケースワーカー …… 334	公開市場操作 …… 257	幸福追求権 …… 67
ケネディ …… 172	公海自由の原則 …… 9	公平・公開裁判 …… 62
ゲリマンダー …… 145	公害対策基本法 …… 382	公法 …… 56
検閲 …… 59	公害問題 …… 381	公僕 …… 141
検閲の禁止 …… 60	交換手段 …… 250	公務員の争議権 …… 36

公務員制度	141	国際分業	207	国連軍	168
公務員の選定罷免権	75	国際平和支援法	91	国連憲章	164
公務員の労働三権		国際法	160, 162	国連資源特別総会	357
	159, 319, 320	国際連合	164, 166	国連持続可能な開発会議	380
合名会社	216	国際連合の組織	165	国連事務局	165
拷問・残虐刑の禁止	62	国際連盟	160, 163	国連専門機関	165
高齢化社会	337	国際労働機関	165	国連総会	165
高齢化率	337	国事行為	46, 110	国連多国籍軍	183
高齢社会	337	国政調査権	105	国連難民高等弁務官事務所	37
高齢者雇用	326	国籍条項	71	国連人間環境会議	379
高齢者雇用安定法	326	国籍法婚外子差別訴訟	72	国連分担金	166
コーク	26	国体の護持	45	国連平和維持活動	167, 168
コーポレート = ガバナンス	220	国鉄	139	国連貿易開発会議	357
ゴールドプラン	339	国土交通省	140	誤差脱漏	345, 346
国王といえども神と法の下にある		国土庁	309	コジェネレーション	387
	19, 26	国内金融資産	240	児島惟謙	114
国王は君臨すれども統治せず	27	国内産業の空洞化	288, 295	55 年体制	155, 157
国債	202, 267, 269	国内総資本形成	244	個人演説会	148
国債依存度	273	国内総生産	242	個人の尊重	67
国際課税制度	399	国富	239	護送船団方式	260
国際慣習法	161	『国富論』	210	コソボ独立宣言	182
国際協調主義	76, 89	国民 ID 制度	73	コソボ紛争	182
国際刑事裁判所	165	国民主権	9, 29, 33, 47	五大国	165
国際決済銀行	263, 292	国民純生産	240, 243	五大国一致の原則	165
国際原子力機関	178, 195	国民純福祉	245	国家	9
国際貢献	169	国民所得	239	国家安全保障会議	74
国債残高	273	国民所得の計算	240, 245	国家安全保障戦略	89, 371
国際司法裁判所	165	国民所得倍増計画	282	国会	95
国際社会	160	国民審査	114	国会議員	95
国際収支	344, 346	国民生活センター	306	国会審議活性化法	105
国際収支の天井	281, 283	国民政党	152	国会単独立法の原則	95
国際収支表	345	国民総支出	246	国会中心立法の原則	95
国際人権規約	35	国民総生産	240, 242	国会中心主義	95
国際人権規約A規約	35	国民総背番号制	73	国会同意人事	119
国際人権規約B規約	35	国民投票	46, 105	国会の仕事	105
国際通貨基金	165, 350	国民投票法	48	国会の種類	97
国際通貨体制	349, 350	国民年金	332	国会の組織	99
国債発行の原則	269	国民負担率	339	国会本会議運営の原則	97
国債費	272	国民保護法	87	国家からの自由	24
国際標準	261	国立大学の法人化	139, 141	国家公安委員会	108
国際標準化機構	381	国連開発計画	372	国家神道	58
国際復興開発銀行		国連環境開発会議	379, 391	国家による自由	31, 33
	165, 350, 351	国連環境計画	379	国家の三要素	9

さくいん | 433

国家賠償請求（権）	64, 71	罪刑法定主義	28, 62, 63	裁判員制度	116
国家への自由	29, 33	最高意思決定権	9	裁判員選任手続き	118
国家予算の内訳	267	最高裁判所	110	裁判官の独立	114
国旗・国歌法	73	最高裁判所（英）	50	裁判官の身分保障	114
国権の最高機関	95	最高諮問機関	42	裁判所	110
国権の発動たる戦争	76	最高法規	48	裁判の種類	111
国庫支出金	126, 127, 128	在庫投資	213	再販売価格維持制度	235
COP	377	財産権	60, 61, 62	裁判を受ける権利	62, 64
固定為替レート		財産所得	244, 249	歳費給付特権	96
	280, 281, 284	最終消費支出	244	最貧国	359
固定資産税	128	歳出	267	債務	250
固定資本減耗分	240, 243	歳出の内訳	272	財務省	140
固定相場制	348, 350	歳出の三大費目	272	裁量労働制	315
固定相場制の崩壊	354	再審請求	64	刷新	205
古典派経済学	207	再審制度	113	砂漠化対処条約	379
子どもの権利条約	38	財政	264	サブプライム＝ローン	375
個別的自衛権	91	財政赤字	203	サボタージュ	316
戸別訪問	148	再生可能エネルギー	389	サラ金規制法	311
コミンフォルム	171	再生可能エネルギー法	389, 390	サリドマイド	304
コメコン	171	財政構造改革法	293	参議院	98
コメ自由化	303	財政再建	289	参議院議員選挙	147, 411
コモン＝ロー	19	財政再生団体	130	参議院の政党化	99
固有事務	125	財政支出	266	残虐刑	39
雇用者所得	244, 249	財政政策	264, 265	産業革命	30, 33, 201
雇用保険	334, 343	財政投融資	274	産業構造の高度化	296
『雇用・利子及び貨幣の一般理論』		財政の機能	264	産業構造の転換	286, 287, 295
	210	財政の硬直化	272	産業再生機構	294
孤立外交	163	在宅サービス	340	残業時間上限規制	394
ゴルバチョフ	174	最低資本金制度	222	産業優先政策	284
コングロマリット	234, 238	最低資本金制度の廃止	216	サンケイ新聞意見広告事件	70
混合経済	202	最低輸入義務	302	三権分立	21, 51, 81
コンセンサス方式	178	財テク	290	三公社の民営化	138, 139
コンツェルン	234	財テクブーム	289, 295	三十年戦争	160
コンドラチェフの波	213	財投	274	「三種の神器」	282
コンプライアンス	220	財投改革	274	三審制	113
		財投機関	274	酸性雨	376
		財投機関債	274, 275	参政権	30, 33, 54, 71
さ		財投債	274	三大雇用慣行	321
サービス残業	326	在日米軍の違憲性	80	三大都市圏	309
在外選挙権訴訟	71	歳入	267	暫定予算	267
在外邦人の参政権（選挙権）		歳入の内訳	268	サンフランシスコ会議	164
	71, 149	財閥解体	233, 235, 277	サンフランシスコ平和条約	82
最恵国待遇	352	裁判員	116	三本の矢	392

三位一体改革 …… 127, 128, 131	市場開放 …… 370	司法権の独立 …… 81, 113
三面等価の原則 …… 243, 244, 249	市場化テスト（法） …… 142	司法制度改革 …… 116
三割自治 …… 128	市場統合 …… 361, 362	資本移転収支 …… 345, 346
	市場の限界 …… 229	資本家 …… 199, 201
	市場の失敗 …… 229	資本収支 …… 345, 346

し

GHQ主導の三大改革 …… 277	事情判決 …… 56	資本集約型 …… 298
G8 …… 398	辞職勧告決議 …… 98	資本主義経済 …… 198
G20 …… 398	私人間 …… 56, 111	資本主義の矛盾 …… 32, 33, 202
Jカーブ効果 …… 288	市制・町村制・府県制 …… 121	資本循環 …… 212
自衛隊 …… 76, 78, 80	施設サービス …… 340	資本装備率 …… 298
シェールガス …… 389	自然遺産 …… 403	資本の自由化 …… 282, 350
ジェノサイド …… 190	事前運動 …… 148	『資本論』 …… 210
ジェノサイド条約 …… 40	慈善活動 …… 220	市民革命 …… 25, 33
ジェファーソン …… 28	事前協議制度 …… 83, 84, 94	『市民政府二論』 …… 14
資格任用制 …… 141	自然権 …… 11	自民党（自由民主党） …… 155, 157
私擬憲法 …… 45	自然権思想 …… 28	事務の監査 …… 122
事業仕分け …… 140, 268	自然状態 …… 12, 14, 16	指紋押捺 …… 70
事業税 …… 128	自然法 …… 10, 160	社員 …… 215
資金移動の自由化 …… 282	思想・良心の自由 …… 56, 73, 74	シャウプ勧告 …… 270, 280
資金運用部 …… 274	持続可能な開発 …… 379	社外監査役 …… 221
資金管理団体 …… 153	下請け企業 …… 297	社会契約 …… 13, 14, 16
死刑廃止条約 …… 39	時短 …… 326	社会契約説 …… 12
資源・エネルギー問題 …… 307	自治事務 …… 126	『社会契約論』 …… 16
資源の最適配分 …… 224, 225, 226	市中銀行 …… 255	社会権 …… 31, 33, 54, 65, 75
資源配分調整 …… 264	市中消化の原則 …… 269, 270	社会権規約 …… 35
自己金融 …… 255	市町村合併 …… 129	社会権規約人権委員会 …… 35
自己資本 …… 212, 255	市町村合併特例法 …… 129	社会主義経済 …… 204
自己資本比率 …… 263, 292	失業問題 …… 324	社会主義市場経済 …… 205
自己破産 …… 304, 307	湿原保全 …… 379	社会主義者鎮圧法 …… 329
自作農 …… 277	実質事項 …… 165, 176	社会的弱者の救済 …… 335
自作農創設特別措置法 …… 277	実質成長率 …… 247	社会党（日本社会党） …… 155, 157
資産インフレ …… 290	実質経済成長率 …… 248	社外取締役 …… 221
資産デフレ …… 291	実物資産 …… 239	社会福祉 …… 330, 335
私事・私生活をみだりに公開されない権利 …… 67	疾病保険法 …… 329	社会保険 …… 330
自己の個人情報をコントロールする権利 …… 67	自動安定化装置 …… 265	社会保険庁解体 …… 331
	自動車税のグリーン化税制 …… 387	社会保障 …… 208, 264, 266
事実認定 …… 116	自動車リサイクル法 …… 384	社会保障の財源 …… 329
自主財源 …… 128	児童福祉法 …… 336	社会保障の四本柱 …… 330
支出国民所得 …… 244	支払手段 …… 250	社会保障の歴史 …… 329
自主流通米制度 …… 300, 301	支払準備率操作 …… 257	社会保障費 …… 272
市場 …… 224	死票 …… 144	社会保障法 …… 329
	シビリアン゠コントロール …… 92	ジャスミン革命 …… 189
	司法権 …… 21	ジャパン゠バッシング …… 369

さくいん ｜ 435

周恩来	173	住民発案	122	常任委員会	102
集会の自由	59	重要影響事態	90	証人喚問	105
重化学工業	284	主業農家	300	少年法の改正	74
衆議院	98	祝祭日の給与	36	少年法の厳罰化	74
衆議院・参議院の違い	99	ジュグラーの波	213	消費者運動	305
衆議院議員選挙	146	主権	9	消費者基本法	306
衆議院議員定数不均衡	55	主権国家	160	消費者契約法	306
衆議院の解散	110	主循環	213	消費者主権	305
衆議院の優越	104	終審裁判所	110	消費者庁	307
住基ネット	73	首長	124, 125	消費者の4つの権利	305
19世紀的権利	29, 33	首長の解職	122	消費者物価指数	278
住居の不可侵	62	恤救規則	329, 334	消費者米価	300
習近平	206	出資者	214	消費者保護基本法	306
自由権		出資法	307	消費者保護行政	305
	24, 28, 33, 54, 56, 60, 62	出入力管理及び難民認定法	393	消費者問題	304
自由権規約	35	出版の自由	59	消費税	271, 401
自由権規約人権委員会	35	ジュネーブ軍縮会議	177	商品資本	212
重工業化	284	需要	224	情報開示	261
重厚長大型	286	需要・供給曲線	225	情報格差	407
私有財産	16	需要曲線	223	情報公開	69
私有財産制の否定	204	需要曲線のシフト	226	情報公開法	69, 137
重商主義	199, 200	主要国首脳会議	398	条約	161
終身雇用制	321	主要国の失業率の推移	325	条約の承認	104
修正資本主義	199, 202	循環型社会形成推進基本法		条例の制定・改廃	122
修正積立方式	333		383, 384	ショートステイ	340
修正賦課方式	333	準司法的機能	108	職業選択の自由	60
集団安全保障方式	161, 162	準主業農家	300	殖産興業	381
集団的自衛権	89, 90, 91	準通貨	256	殖産興業政策	313
集中豪雨型輸出	287	準立法的機能	108	食品偽装	304
18歳選挙権	410	上院	50, 51	食品リサイクル法	384
18世紀的権利	24	省エネルギー	389	植民地支配	356
周辺事態	87, 88	常会	97, 100	職務給	322
周辺事態法	87	証券取引所	221	食糧管理制度	299, 300
自由貿易	344, 408	上告	113	食糧管理法	303, 311
自由貿易協定	367	少産少死型	386	食糧自給率	301
自由放任	33, 201	少子化	338	食糧需給価格安定法	303
自由放任主義	207	勝者独占方式	51	食料・農業・農村基本法	303
住民基本台帳ネットワーク	73	少数民族の人権	71	助言と承認	46, 106, 110
住民自治	122, 133	小選挙区制	144	女子雇用	322
住民税	128	小選挙区比例代表並立制	146	女子差別撤廃条約	38
住民投票	18, 122, 129	上訴	113	女子労働者の保護規定	315
住民投票権	71	象徴天皇	46	女性活躍推進法	394
住民投票条例の制定	129	譲渡性預金	256	食管会計	300

ショップ制	318	信託	14	生活困窮者の救済	334
所得収支	345, 346, 347	信託統治理事会	165	生活自助	329
所得の再配分	264	新テロ特措法	87	生活保護	66
所得捕捉率	271	新農業基本法	303	生活保護給付の原則	335
処分	115	真の豊かさ	245	生活保護受給者数	335
庶民院	98	審判	74, 108	生活保護法	334, 336
署名活動	18	臣民	42	請願権	64
所有権	14	人民の、人民による、人民のための		政官財の癒着	154
所有者	218	政治	10	請求権	54, 64
所有と経営の分離	219	神武景気	281, 283	生協	305
地雷禁止国際キャンペーン	179	深夜労働の禁止	314	清教徒革命	27
シリア内戦	189	信用創造	259	政教分離の原則	57, 58, 72
シリア難民	397	新ラウンド交渉	408	政権公約	150
自立経営農家	299	森林法・共有林分割制限訴訟		制限選挙	29, 143, 144
尻抜けユニオン	318		61	政策委員会	255
知る権利	69, 138, 409	新冷戦	174	政策金融改革	142, 267
新 START	180			政策金利	257
新安保条約	83			生産国民所得	244
新ガイドライン	88	**す**		生産資本	212
審議委員	255	垂直的公平	271	生産者米価	300
信教の自由	56	垂直的分業	344	生産手段の公有	204
人権条約	37	水平的公平	271	生産責任制	205
人権の国際化	34	水平的分業	344	生産年齢人口	324
人権の調整原理	47	枢軸国	164	生産の選択的拡大	299
人権の包括的規定	67	数値目標	370	政治改革関連四法	153
新興工業経済地域	359	スーパー 301 条	369	政治資金	154
人口爆発	385	枢密院	42, 44	政治資金規正法	153
人口ピラミッド	385	START	180	政治不信	156, 157
人口問題	385	スタグフレーション	254, 285	精神的自由	56, 75
人口問題対策	387	ストック	240	税制改革	280
『人口論』	385	ストライキ	316	生前退位	400
新国際経済秩序宣言	357, 358	砂川事件	80	製造業派遣	323
新三本の矢	392	砂川市有地神社違憲訴訟	72	製造物責任法	306
人事院	108	スプロール現象	308	生存権	33, 65, 66, 75, 329
新思考外交	174	スポイルズ＝システム	141	『成長の限界』	380
新自由主義	203, 208	スミソニアン協定	354, 355	政党	151
人種隔離政策	35	スリーマイル島原発事故	390	政党助成法	153
新食糧法	303			性と生殖に関する健康と権利	387
人身の自由	62			政府	211
神聖不可侵	41	**せ**		政府委員の廃止	105, 106
新全国総合開発計画	308	成果型労働性	394	政府開発援助	371, 372
新全総	308, 309	生活関連社会資本	285, 308	政府関係機関予算	267
身体障害者福祉法	336	生活協同組合	305	政府関係機関	267

政府管掌	331	
生物エネルギー	387	
生物多様性条約	379	
政府の銀行	255	
政務活動費	130, 132	
政務次官の廃止	106	
政務調査費	130	
整理回収機構	294	
勢力均衡方式	161, 162	
政令指定都市	129	
世界遺産委員会	403	
世界遺産条約	403	
世界遺産リスト	403	
世界恐慌	202	
世界銀行	351	
世界人権宣言	34, 35	
世界同時不況	287	
世界貿易機関	352	
世界保健機関	165	
惜敗率	147	
石油依存度	387, 389	
石油危機		
284, 285, 287, 356, 357, 358		
セクハラ防止義務	322	
世襲貴族議員	50	
世代間公平	379	
積極的平和主義	89, 90, 371	
絶対王政	13, 25, 199, 200	
設備投資	213, 283	
説明責任	137, 220	
瀬戸際外交	395	
セルビア人	182	
ゼロ＝エミッション	380	
ゼロ金利政策	294	
全会一致	106	
尖閣諸島国有化宣言	193	
尖閣諸島問題	193	
選挙運動	148	
選挙監視団	168	
選挙管理委員会	125	
選挙区	147	
選挙区の種類	144	
選挙権の拡大	143	

選挙権の平等	54, 71, 75	
選挙公営化	148	
選挙制度	143	
選挙の原則	143	
全国健康保険協会	331	
全国人民代表大会	52	
全国総合開発計画	308	
全国民の代表	96	
全国区	147	
戦後の経済成長率の推移	248	
戦後の日本政党史	155	
専守防衛	91	
先進五カ国蔵相・中央銀行総裁		
会議	288	
先進国クラブ	282	
全人代	52	
全総	308	
『戦争と平和の法』	160, 162	
戦争放棄	76	
全体意志	16, 17	
全体の奉仕者	69, 141, 159	
遷都論	309	
専売公社	139	
戦略兵器削減条約	180	
戦略兵器制限交渉	180	
戦略防衛構想	174	
占領地域救済政府資金	279	
占領地域経済復興資金	279	
戦力不保持	76, 77, 78	

そ

総額明示方式	93	
総議員	98	
争議権	316	
総合農政	300, 301	
捜索令状	62	
総需要抑制政策	286	
総人件費改革	142	
総生産額	240, 241	
双方向対話	150	
総務省	140	
総量規制	383	

遡及処罰の禁止	62, 63	
族議員	154	
組織犯罪予防	409	
租税・印紙収入	268, 270	
租税法定主義	28	
粗投資	246	
その他資本収支	345, 346	
SALT	180	
尊属殺人重罰規定違憲判決	54	
存立危機事態	90	

た

第一次産業	244	
第一次所得収支	345, 347	
ダイオキシン	378	
対外純資産	239	
対外独立性	9	
大企業との格差	297	
大規模小売店舗法	298	
大規模小売店舗立地法	298, 309	
耐久消費財ブーム	282	
大憲章	25, 28	
第三次産業	244	
第三セクター	129	
第三の通貨	354	
大衆政党	152	
大衆課税	271	
大正デモクラシー	43	
対人地雷全面禁止条約	179	
大臣政務官	105	
大臣任免権	104, 106	
大選挙区制	145	
代替エネルギー	389	
代替財	227	
タイド＝ローン	371	
大統領制	51	
大統領選挙人	51	
第二次産業	244	
第二次所得収支	345	
第二次世界大戦	349	
第二種兼業農家	300	
第二次臨時行政調査会	138	

大日本帝国憲法	41, 42	
第二の予算	274	
大日本産業報国会	312, 313	
第二水俣病	382	
第二臨調	138	
ダイバーシティ	394	
タイバーツの暴落	293, 359	
逮捕許諾請求	96	
逮捕拘禁権	25	
太陽政策	396	
第四次産業革命	393	
第四次全国総合開発計画	308	
第四次中東戦争	285	
大陸棚	23	
代理署名	85	
代理戦争	171	
タウン＝ミーティング	18	
多角的な交渉	352	
兌換紙幣	252	
多極化	173	
竹馬経済	280	
竹島問題	193	
多国籍企業	358	
多産少死型	385	
多産多死型	385	
立会演説会	148	
タテ割り行政	136	
多党化	151, 156	
多党制	145	
田中正造	381	
他人資本	212, 255	
タフト＝ハートレー法	312	
ダライ＝ラマ14世	191	
タリバン	187	
単一為替レート	281	
弾劾決議権	51	
弾劾裁判所の設置	105	
団塊の世代	338	
短期入所介護	340	
短期融資	350	
団結権	316	
男女共同参画会議	140	
男女共同参画社会基本法	140	

男女雇用機会均等法	38, 322	
男女同一賃金	314	
炭素税	381	
団体委任事務	125	
団体交渉権	316	
団体行動権	316	
団体自治	121	
ダンバートン＝オークス会議	164	

ち

治安維持法	312	
治安警察法	312	
地域的経済統合	366, 367	
地域的人権条約	39	
地域別将来人口	386	
小さな政府	32, 207, 208	
チェチェン紛争	183	
チェルノブイリ原発事故	388, 390	
治外法権	85	
地球温暖化対策税	381	
地球環境問題	376	
地球サミット	379, 391	
地産地消	303	
窒素酸化物	376	
知的財産高等裁判所	117	
知的障害者福祉法	336	
チトー	173	
チベット問題	191	
地方区	147	
地方公共団体の仕事	125	
地方交付税	127	
地方交付税交付金	126	
地方債	127	
地方財政	127, 272	
地方財政の歳入	127	
地方裁判所	110	
地方自治	42, 53, 120	
地方自治の組織	124	
地方自治の本旨	121	
地方自治法	122, 129	
地方税	127	
地方特別法の制定	129	

地方分権	121	
地方分権一括法	126	
地方分権改革	129	
地方分権推進法	126	
チャーチスト運動	31, 33, 312, 313	
チャタレー事件	59	
『チャタレー夫人の恋人』	59	
中央銀行	255	
中央集権	121	
中央省庁の再編	139	
中央労働委員会	108	
中核市	129	
中間生産物	240, 241	
中期防衛力整備計画	93	
中距離核戦力全廃条約	180	
中等教育の無償化	36	
中国漁船衝突事件	193	
中国経済	209	
中国の政治制度	52	
中国のWTO加盟	375	
仲裁委員会	181	
中小企業基本法	298	
中小企業の形態	296	
中小企業の定義	296	
中小企業の割合	297	
中小企業問題	296	
抽象的違憲審査制	116	
中心市街地活性化法	309	
中選挙区制	145, 146	
中ソ対立	173	
中台問題	186	
中東戦争	185	
宙に浮いた年金	331	
チュチェ思想	396	
超過供給	225, 226, 253	
超過需要	225, 226, 253	
長期融資	352	
長距離越境大気汚染条約	376	
超均衡予算	280	
超高齢社会	337	
長時間労働	326	
朝鮮戦争	77	

さくいん | 439

朝鮮特需	280
超然内閣	43
朝鮮半島エネルギー開発機構	395
懲罰	98
重複立候補	146, 147
跳躍上告	80
徴用工	404
直接金融	255
直接税	270
直接請求権	121, 122
直接選挙	143
直接投資	345
直接民主制	16, 17, 18
直間比率	270
『沈黙の春』	380

つ

通貨	256
通貨残高	256
通貨制度	250
通貨統合	362
通貨の流れ	255
通貨の番人	254
通信の秘密の保障	60, 73
通信傍受法	73
津地鎮祭訴訟	57
つなぎ予算	267
つぼ型	386
積立方式	332
つりがね型	386

て

デイケア	339
抵抗権	14, 15, 28
帝国議会	42, 45
帝国主義	202
デイサービス	339
定住外国人の参政権	149
ディスクロージャー	261
低成長	248

停戦監視団	168
定足数	97, 98
デイ＝トレーダー	221
テクノクラート	135
デジタル＝デバイド	407
デジタル課税法	398
日韓合意	404
デタント	174
鉄工組合	312, 313
「鉄のカーテン」演説	171
デフォルト	356
デフレーション	253
デフレスパイラル	253
デフレ政策	280
デフレ対策	402
デポジット制度	381
テポドン	396
デモの許可制	59
デモンストレーション効果	304
デュー＝プロセス	62
テロ	175
テロ対策特別措置法	87
テロ防止	410
電子商取引	407
電子署名・認証法	407
電子投票法	150
電電公社	139
天然資源の恒久主権	358
天皇主権	43
天皇大権	41, 43
天皇の国事行為	106
天賦人権説	28

と

ドイツの政治制度	52
ドイモイ	205
東欧革命	174
東京一極集中の是正	308
東京都公安条例事件	59
東西対立	171
投資収支	345, 346
同時多発テロ	89

道州制	129
道州制特区特例法	129
党首討論	105
東証株価指数	221
統治権	9
統治権の総覧	41, 43
統治行為論	80, 81
『統治二論』	14
東南アジア諸国連合	367
同輩中の主席	106
投票依頼	150
逃亡犯条例	399
道路公団の民営化	142
ドーナツ化現象	308
ドーハ＝ラウンド	408
特殊意志	16, 17
特殊法人	139, 275
独占	230
独占禁止法	233, 235, 277
特定商取引法	306, 311
特定秘密保護法	74, 409
特別委員会	102
特別永住者	70
特別会	97, 110
特別会計	267
特別会計予算	267
特別抗告	113
特別公的管理	293
特別裁判所	119
特別裁判所の禁止	111, 116
特別多数決	98
特別養護老人ホーム	340
独立革命	28
独立企業	297
独立行政法人	139, 141
独立行政法人整理合理化計画	142
独立国家共同体	175
独立戦争	28
独立命令	42
特例国債	269
特例市	129
都市計画法	309

440 ｜ さくいん

都市問題	308
独禁法の緩和	235
ドッジ＝ライン	279, 280
トラスト	234, 238
取締役	219
トルーマン＝ドクトリン	171
ドル＝ショック	354
ドル安誘導	355
奴隷的拘束及び苦役からの自由	62
ドント式	145

な

内閣	106
内閣人事局	137, 159
内閣総辞職	109
内閣総理大臣	92
内閣総理大臣の指名	104
内閣提出法案	136
内閣の仕事	106
内閣の首長	106
内閣府	140
内閣不信任決議権	104, 109
内需主導型	369
内部留保	212
内務省	121
長沼ナイキ基地訴訟	80, 81, 114
ナショナル＝トラスト	380
NATO	171, 175
7条解散	110
7つの公害	382
NAFTA	366
なりすまし	150
なわばり主義	135
南極大陸の領有権	9
南沙諸島	191
南南問題	359
南米南部共同市場	366
南北首脳会談	396
南北問題	356, 357
難民	71

難民の地位に関する条約（難民条約）	37

に

NIES	359
ニート	324
ニクソン＝ショック	354, 355
二次エネルギー	387
20世紀的権利	31, 33
二重国籍者の選挙権	410
二大政党制	50, 51, 144
日銀短観	403
日銀引受け	269
日米安全保障条約	82
日米安保共同宣言	87, 88, 94
日米構造協議	236, 369
日米地位協定	85
日米貿易摩擦	368
日米包括経済協議	370
日露和親条約	192
日韓基本条約	181, 193
日韓請求権協定	181, 404
日韓トラブル	404
日経平均株価	221, 291
日ソ共同宣言	181, 192
日中共同声明	181
日中平和友好条約	181
『日本列島改造論』	309
日本銀行	254, 255
日本銀行の三大機能	255
日本銀行法	255
日本経団連	152
日本国憲法	44
日本国憲法の制定過程	46
日本再興戦略	392
日本司法支援センター	117
日本政策金融公庫	142
日本農林規格	307
日本のODA	373
日本の再軍備	78
日本の政治機構	95
日本の政党政治の特色	154
日本版NSC	74

日本版ビッグバン	261
日本版ビッグバンの三原則	261
日本郵政株式会社	142
入管法	71
ニューディール政策	202, 208, 329
人間宣言	45
人間たるに値する生活の保障	32
人間の安全保障	372

ね

ネウィン	190
ネガティブ＝オプション	304
ネガティブキャンペーン	150
ネット投票	150
ネルー	173
年金財源の取り方	333
年金の物価スライド制	336
年金保険	332
年功序列型賃金	321

の

農協	152
農業基本法	299
農業問題	298
農地改革	277, 299
能力給	322
ノーベル平和賞	191
ノーマライゼーション	337
ノマドワーキング	407

は

バージニア権利章典	28
パートタイム労働法	322
バイオエタノール燃料	388
バイオマス	387, 388
廃棄物ゼロ	380
排出権（量）取引	377
陪審制	117
排他的経済水域	9, 22

さくいん | 441

配当金	218
パグウォッシュ会議	177
朴槿恵	193
朴正熙	404
パソコンリサイクル法	384
パタハラ防止義務	322
働き方改革	394
発券銀行	255
パブリック＝コメント	142
バブル景気	284
バブル経済	290
バブル後の経済政策	292
バリアフリー	337
パリ協定	378
バルディーズの原則	380
バルト三国	175
パレスチナ解放機構	185
パレスチナ国	164
パレスチナ暫定自治協定	185
パレスチナ紛争	185
反ケインズ	203, 208
判決	113, 116
バンジュール憲章	39
半大統領制	52
バンドン会議	173
万人の万人に対する闘争	13, 14
板門店	395

ひ

B規約に関する第一選択議定書	35
ヒエラルキー	135
被害者参加制度	117
非価格競争	231, 238
非核三原則	92
比較生産費説	207
非核地帯条約	179
比較優位	207
東アジア情勢	79
東インド会社	200
東ティモール問題	183
東日本大震災	292

非関税障壁	344, 352
ピケッティング	316
非拘束名簿式	146
ビスマルク	329
被選挙権	143
非対称性	407
非嫡出子法定差別訴訟	72
ビッグデータ	394
必要最小限度の実力	78, 79
非同盟諸国首脳会議	173
「一つの中国」論	164, 181, 186
人の支配	19
一人っ子政策	387
一人別枠方式	149
日の丸・君が代の強制	73
秘密会	98
秘密選挙	143
100条調査権	124, 130
日雇い派遣	323
ビューロクラシー	135
表決	97
評決	116
表現の自由	56, 60, 69, 74, 409
平等権	54
平等選挙	143
平賀書簡問題	81, 114
ビルト＝イン＝スタビライザー	265, 266
比例代表制	145
非労働力人口	324
ビンラディン	187

ふ

ファクトリー＝オートメーション	286
フィスカル＝ポリシー	265
フィランソロピー	220
フィルマー	26
プーチン	192
夫婦別姓・再婚禁止期間訴訟	72
付加価値	239
賦課方式	332
不換紙幣	252

不起訴処分	117
武器輸出三原則	92
不況	253
『複合汚染』	380
複合企業	234
福祉元年	336
福祉国家	32, 33, 135
福島第一原発事故	388, 390
福祉見直し論	337
福祉六法	335
副大臣	105
不在者投票	150
不信任決議	109, 124
不信任決議権	51
付随的違憲審査制	116
不正アクセス禁止法	405
不正受給者	335
不逮捕特権	96
双子の赤字	368
普通選挙	143
物価上昇率	247
復金インフレ	279
復興金融金庫	279
復興金融金庫債	279
復興庁	140
普天間基地移設問題	85
不動産融資への総量規制	291
不当な抑留・拘禁の禁止	62
不当労働行為	317
不文憲法	27
部分的核実験禁止条約	178
不法就労者	315
不磨の大典	44
プライス＝リーダー	234, 238
プライバシー侵害	73
プライバシーの権利	67
プライマリー＝バランス	402
プラクトン	26
プラザ合意	288
プラハの春	173
フランクリン（F.）＝ローズベルト	34, 202
フランス革命	28

フランス人権宣言	29	米中貿易戦争	398	貿易の自由化	282
フランスの NATO 脱退	173	米朝枠組み合意	395	貿易摩擦	288, 369
フランスの政治制度	52	米同時多発テロ	168, 180, 187	法科大学院	117
フリーター	324	ヘイトスピーチ解消法	38	包括的核実験禁止条約	178
フリードマン	208	ヘイトスピーチ禁止条例	38	封建制	199, 200
フリー・フェア・グローバル	261	ヘイトスピーチ対策法	409	放射性廃棄物処理	390
フリーライダー	231	平和安全制	90, 91	法治主義	19
不利益な供述・自白の強要の禁止		平和安全法制整備法	91	法定受託事務	126
	62, 75	平和維持軍	168, 169	法定手続きの保障	62
BRICs	359, 360	平和共存路線	172	法テラス	117
不良債権	292	平和原則 14 カ条	162	法の支配	19
不良債権処理	294	平和五原則	173	『法の精神』	21
武力攻撃事態	87	平和主義	76, 77	法の下の平等	54, 72
武力攻撃予測事態	87	平和的生存権	76	訪問看護ステーション	339, 341
武力行使の新三要件	90	平和のための結集決議	167	法律	115
武力による威嚇	76	ベーシックインカム	394	法律案の議決	104
武力の行使	76	ペーパーレス会議	380	法律の留保	20, 42, 43
ブルーカラー	326	ベネルクス	361	法律万能主義	20
プルサーマル	388	ベバリッジ報告	329, 330	法令遵守	220
ふるさと納税	130	ペルシャ湾の機雷除去	169	ボーダン	9
フルシチョフ	172	ベルリンの壁	171, 175	ポーツマス条約	192
ブルジョアジー	29	ペレストロイカ	174	ホームヘルパー	339, 341
プルトニウム	388	変形労働時間	315	保革共存政権	52
ブレグジット	397	弁護人	112	補完財	227
フレックスタイム制	314, 315	弁護人の依頼	62	北米自由貿易協定	366
ブレトン = ウッズ協定	350	ベンチャー企業	221, 297	保護関税	344
ブレトン = ウッズ体制	350	変動相場制	348, 354, 356	保護処分	74
ブレトン = ウッズ体制の崩壊	354			保護貿易	344
プログラム規定説	66	**ほ**		保護貿易理論	207
ブロック経済	349			母子福祉法	336
フロンガス	377	保安隊	78	保守合同	157
文化遺産	403	法案提出権	51	補助金	127, 240, 243
文化・芸術支援活動	220	防衛省	140	ポスト京都	378
分配国民所得	244, 249	防衛政策の諸原則	91	ポストハーベスト農薬	304
文民統制	92	防衛装備移転三原則	89	ボスニア = ヘルツェゴビナ紛争	
		防衛二法	78		182
へ		防衛能力増強義務	83	補正予算	267
		防衛費の推移	93	細川連立政権	157
ペイオフ	293, 294	貿易	344	北海道旧土人保護法	37
ペイオフ解禁	293, 294	貿易赤字	346	ポツダム宣言	44
ペイオフ凍結	293, 294	貿易黒字	346	ホットライン	172
米朝首脳会議	396, 398	貿易・サービス収支	345, 346	ホッブズ	13
平成景気	290	貿易体制	347	北方領土問題	192

さくいん　｜　443

骨太の方針	140, 393
輔弼	41, 43
輔弼機関	106
ボランティア活動	245
ポリ塩化ビフェニール	304
堀木訴訟	65, 66
ポリシー＝ミックス	265
ホルムズ海峡	188
ホロコースト	34
ホワイトカラー	326
本会議	103
本会議中心主義	102
香港民主化デモ	398
本予算	267

ま

マーシャル＝プラン	171
埋蔵金	268
マイナス成長	248, 285
マイナンバー法	73
マグナ＝カルタ	25, 28
マスメディア	70
マタハラ防止義務	322
まちづくり三法	309
マッカーサー三原則	44, 45
マッカーサー草案	44, 45
マックス＝ウェーバー	135
松本案	44, 45
窓口規制	258
マニフェスト	150
マニュファクチュア	199, 201
マネーサプライ	256
マネーストック	255, 256
マネーロンダリング	409
マネタリーベース	392
マネタリズム	208
マルクス	210
マルクス主義経済	204
マルサス	385
マルタ会談	175
万元戸	205

み

見えざる手	207
三島由紀夫	67
3つのR	384
三菱樹脂事件	56
みなし労働制	315
水俣病	382
南シナ海紛争	191
ミニマム＝アクセス	302
ミャンマー情勢	190
未来投資戦略2017	393
未臨界核実験	178
民業圧迫	142
民事裁判	111
民主集中制	52
民主主義の学校	120
民主政治	8
民生委員	334
民族自決権	36
民族紛争	175
民定憲法	46
民本主義	43

む

無過失責任	306, 383
無限責任社員	215
無担保コール翌日物金利	294
ムバラク政権	189
村山談話	404
文在寅	404

め

明治憲法	42, 53
名望家政党	151
名目成長率	247
名誉革命	27
命令	115
メセナ	220
メタンハイドレート	389
メディケア	395

メディケイド	395
メドベージェフ	192
メリット＝システム	141
MERCOSUR	366
免責特権	96

も

目的効果基準	57
モスクワ条約	180
持株会社	234
持株会社の解禁	236, 261
MOX燃料	388
モノカルチャー経済	356
モラトリアム	356
モラルハザード	220
もんじゅ	388
モンテスキュー	21
モンテスキュー型	51
モントリオール議定書	377
文部科学省	140
モンロー主義	163

や

役員の解職	122
薬害	304
薬事法・薬局開設距離制限訴訟	60
夜警国家	32, 33, 135
靖国神社公式参拝問題	58
ヤルタ会談	171

ゆ

唯一の立法機関	95
有形資産	239
有限会社	216
有限責任社員	215
有効求人倍率	325
有効需要	208
有事法制	87, 89
有志連合	188

郵政民営化	142	ラッダイト運動	30, 312, 313	領土	9
優先株	221	ラファイエット	29	リンカーン	10
郵便法訴訟	71	ラムサール条約	379	臨界事故	387, 390
EURATOM	361, 362			臨時会	97, 98
ユーロ	362				

り

リージョナリズム	366		

ユーロ未導入	397
雪解け	172
輸出自主規制	369
ユニオンショップ	318
UNICEF	165
ユニバーサルサービス	142
ユニバーサルデザイン	337
UNEP	379, 391
ユビキタス	407
「ゆりかごから墓場まで」	329, 330

よ

要介護認定	341, 343
容器包装リサイクル法	384
幼児教育と保育の無償化	393
ヨーロッパの統合	361
預金準備率操作	258
預金保険機構	293
抑制と均衡	21, 81
予算案の議決	104
予算委員会	100
予算審議	97, 100
予算先議権	104
吉野作造	43
四日市ぜんそく	382
4つの現代化	205
4つの自由	34
4R	384
40年不況	282
四全総	308, 309
四大公害病	381, 382

ら

ラウンド交渉	352, 353
ラッセル・アインシュタイン宣言	
	177

り

リージョナリズム	366
リーマン＝ショック	292, 375
『リヴァイアサン』	13, 14
利益誘導政治	154
リオ宣言	379
リオ＋20	380
リカード	207
リカレント	393
リクルート事件	157
リコール	19, 122, 159
リサイクル	383, 384
リサイクル関連法	384
利潤	212
リスケジューリング	356
リスト	207, 210
リストラクチャリング	286
リスボン条約	363
利息制限法	307
立法権	21
立法国家	135
立法の過程	103
リデュース	384
リフューズ	384
リプロダクティブ＝ヘルス／リプロダ	
クティブ＝ライツ	387
リユース	384
領域	9
領域支配権	9
両院協議会	103
領海	9
猟官制	141
領空	9
量刑決定	116
良識の府	98
良心の囚人	35
両性の本質的平等	54
量的緩和政策	294

る

累進課税	264, 266, 270
累積債務問題	356
ルソー	13, 16

れ

令状主義	62
冷戦	77, 171
レーガノミクス	368
レーダー照射	404
レッセ＝フェール	201
レファレンダム	19, 122
連合国	164
連座制	148
連帯責任	109

ろ

老人医療費	332
老人福祉法	332, 336
老人保健制度	331, 332
労働委員会	317, 318
労働関係調整法	318
労働基準法	314
労働基本権	65
労働協約	314
労働組合員数	327
労働組合期成会	312, 313
労働組合組織率	327
労働組合法	316
労働契約法	327
労働三権	316
労働三法	277, 312, 314
労働者	30, 33, 199, 201
労働者災害補償保険	334
労働者派遣事業法	323

さくいん | 445

労働集約型	298	
労働生産性	298	
労働の民主化	277	
労働力人口	324	
老齢基礎年金	332	
老老介護	342	
ロースクール	117	
ローマクラブ	380	
六次産業化	303	
69条解散	110	
6章半活動	169	
ロシア制裁	184	
ロシアの政治制度	52	
六カ国協議	396	
ロッキード事件	157	
ロック	13, 14, 28	
ロックアウト	316	
ロヒンギャ	190	

わ

ワーキングプア 323
ワークシェアリング 326, 328
ワークライフバランス 394
ワイマール憲法 31, 32, 329
ワグナー法 312
ワシントン条約 379
ワルシャワ条約機構 171, 175

アルファベット略語

AFTA 367
AI 394
ASEAN 367
ASEAN10 367
ASEAN自由貿易地域 367
BIS規制 263, 292
BRICs 360
BSE問題 304
CD 177
CIS 175
CIS脱退 184
COP 378

CTBT 178
EC 362
ECSC 362
EEC 362
EPA 341, 367
EU 361, 362
EU憲法 363
EU離脱 397
eコマース 407
FA化 286
FTA 367
G20大阪サミット 398
G5 288
GATT 302, 350, 352, 353
GATT11条国 352
GATT12条国 352
GDP 242
GDPデフレーター 247, 248
GHQ 44, 77
GIIPS 397
GNE 246
GNI 240, 242
GNP 240, 242, 246, 282
IAEA 165, 178, 194
IBRD 165, 350, 351
ILO 165
IMF 165, 350
IMF14条国 350, 351
IMF8条国 350, 351
IMF特別引出権 354
INF全廃条約 180
Iot 393
IRA 186
IR実施法 409
ISIL 189
ISO 381
ISO14000シリーズ 381
IT革命 407
JAS 307
JASDAQ 221
JCO 390
KEDO 395
LDC 359

M&A 221
M3 256
ME革命 287
MSA協定 78
NATO 175
NGO 179
NI 240, 243
NIEO 357, 358
NIES 359
NNP 240, 243
NNW 245
NPT 178, 195
OA化 286
ODA 371, 372
ODA実施4原則 372
ODA大綱 372
ODAのGNI比率 374
OECD 282
PCB 304
PKF 169
PKO 167, 169
PKO協力法 169
PKO参加五原則 169, 170
PLO 185
PL法 306
PPP 383
PTBT 178
SDI構想 174
SDR 354
SNS 407
SOHO 407
TOB 221
TOPIX 221
TPP 368
TPP11 368
UNCTAD 165, 357
UNDP 372
UNESCO 403
UNHCR 37, 165
UNICEF 165
WHO 165
WTO 171, 352, 353, 399, 408

memo

著者紹介

蔭山 克秀
（かげやま　かつひで）

　代々木ゼミナール公民科講師。愛媛県出身。早稲田大学卒。

　学生時代はバブル期だったが、時代に逆行するかのように激安の学生寮に住み、むさ苦しくも早大生らしい青春を謳歌する。大学は授業以外のすべてが楽しく、3年留年。その間にバブルが崩壊し、就職活動で凍死。さすがにこの時期、大いに人生に悩む。しかし、それらがすべて今日代ゼミで教壇に立つ上での糧になっていると信じている。

　授業では政治分野・経済分野の区別なく、受験に必要なすべての範囲を偏りなく、しかもわかりやすく教えることをモットーとしている。生徒からは「先生の政経のわかりやすさとおもしろさは別次元！」と、熱烈に支持されている。

　著書は『蔭山の共通テスト倫理』『蔭山の共通テスト政治・経済』『蔭山の共通テスト現代社会』『人物で読み解く倫理』『人物で読み解く政治・経済』（以上、学研プラス）、『大学入試 蔭山克秀の政治・経済が面白いほどわかる本』（KADOKAWA）など多数。

スタッフ

ブックデザイン	groovisions
イラストレーション	濱口博文（Hama-House Illustrations）
編集協力	秋下幸恵、渡辺泰葉、森山岳美
スタイリング（オビ写真）	ササキユキ
DTP	株式会社 ジャパンアート
印刷	株式会社 リーブルテック

蔭山の共通テスト政治・経済

別冊
「キーワードスピードチェック」

この別冊では政治・経済を理解する上で基礎となるキーワードを
一問一答形式で紹介しています。

用語の選択は主に共通テストの前身である
センター試験の過去問をベースにし、
本冊の解説講義で扱った用語に加えて、
扱いきれなかった重要用語を掲載しています。
どの用語も共通テストの問題に挑む際に
役立つものばかりです。
本冊の解説講義とあわせて、活用してください。

もくじ

第1講　政治分野 ……………… 2
第2講　経済分野 ……………… 33

第1講　政治分野

問　題

1. 民主政治の思想と原理

1. 　①　の定義する「　②　」とは、**領域・人民・主権**の3つである。領域は領土・領空・領海に分けられるが、沿岸**200カイリ**は「　③　」と呼ばれ、沿岸国はそこが**領域外**であっても、**一切の資源を手にできる。**

2. 　(a)**主権**には「　①　権・　②　権（統治権）・　③　」の3つの意味がある。
　　　(b) フランス人の　④　は「**主権論の祖**」と呼ばれる。

3. 　憲法・法律・判例など、強制力と結びついた社会規範を総称して　①　という。また、社会の多数派が形成してきた行動様式を　②　、良心に働きかけて行動を規制する社会規範を　③　という。

4. 　(a) 時や場所に制約されない普遍的な社会常識を　①　といい、　②　はこれを「**正しい理性の命令**」と呼んだ。
　　　(b) 自然法により守られた権利という考え方を　③　という。

5. 　人間の行為により制定された法のことを広く　①　という。　①　には「市民と国家の関係を規律する　②　」、「私人間を規律する　③　」、「その不備を社会的に補完する　④　」などの**成文法**だけでなく、**判例法や慣習法**など、イギリスで　⑤　と呼ばれる**不文法**も含まれる。

6. 　(a) 権力者であっても法に従うべきであるという考え方を「　①　」という。

解　答

❶**イェリネック**
❷**国家の三要素**
❸**排他的経済水域**

❶**最高意思決定**
❷**領域支配**
❸**対外独立性**
❹**ボーダン**

❶**法**
❷**慣習**
❸**道徳**

❶**自然法**
❷**グロティウス**
❸**自然権**

❶**実定法**（じっていほう）
❷**公法**（こうほう）
❸**私法**
❹**社会法**
❺**コモン＝ロー**

❶**法の支配**

2

問題

（b）　②　主義とは、法内容の正当性は問わないという悪しき意味での**法律万能主義**になりやすい考え方である。戦前の日本にあった「**法律の範囲内のみの人権保障**」（＝　③　）の考え方がこれにあたる。

7.　国家権力を立法・行政・司法の３つに分け、互いに**抑制と均衡**を保たせる考え方を、　①　という。イギリス人の　②　もこれを説いたが、代表的な思想家は『**法の精神**』を著した　③　である。

8.　古代ギリシアの哲学者　①　は「人間は　②　動物である」という言葉で、国家の必要性を説いた。

9.　（a）「他人の生命・財産・自由を侵害しない」など、**人間として守るべき当然のルールを自然法**といい、それによって守られた「自分の生命・財産・自由などを守る権利」を**自然権**という。また**世の中に自然法しかない状態を**　①　という。

（b）　①　では、強制力を持つものがなく、自然権の侵害者が現れても取り締まることはできない。そこで、**自然権をよりよく守るには、強制力のある社会集団である国家が必要**だという考え方が生まれてくる。この考え方を　②　という。

10.　①　は著書の『　②　』で、「自然状態の人間は自由で平等だが**欲望に支配**されており、**万人の万人に対する闘争**に陥りやすい。その中で　③　を実現するには、**強い主権者に守ってもらう国家を作る必要がある**」と主張した。

解答

❷**法治**

❸**法律の留保**

❶**三権分立**

❷**ロック**

❸**モンテスキュー**

❶**アリストテレス**

❷**社会的（ポリス的）**

❶**自然状態**

❷**社会契約説**

❶**ホッブズ**

❷**リヴァイアサン**

❸**自己保存**

問　題	解　答

11. (a) ❶ は著書の『 ❷ 』で、「自然状態の人間は自由・平等・平和だが、**自然状態のそれらは不安定である**ため、**自己の** ❸ 生命・自由・財産などの自然権を所有する権利に不安が生じる」と主張した。

　　(b) また、「自然権を確保するには、議会が統治する ❹ 国家を作った上で、議会による権力の不法な行使に備えて人民に ❺ を与える必要がある」と説いた。

❶ ロック
❷ 市民政府二論
　（統治二論）
❸ 所有権
❹ 間接民主制
❺ 抵抗権

12. (a) ❶ は著書の『 ❷ 』で、「人間の自然状態は自由・平等・平和の実現する理想状態であったが、 ❸ の発生により、**不自由・不平等という自然状態からの離反**が発生した」と主張した。

　　(b) また、「自由・平等の回復をめざすには、**公共の利益をめざす全人民的意志**である ❹ に基づく共同体を形成し、その中で全人民の声を反映させるべく ❺ 制の政体をとるべきだ」と訴えた。

❶ ルソー
❷ 社会契約論
❸ 私有財産
❹ 一般意志
❺ 直接民主

13. 国家に関するその他の学説には、国王の権力は神から授かったとする**フィルマー**の ❶ 説、国家は企業などと同じく法人組織であり、国王はその法人の下部機関であるとする**イェリネック**の ❷ 説、国家は生物であり、個人はそれを構成する細胞ととらえる**スペンサー**の ❸ 説などがある。

❶ 王権神授
❷ 国家法人
❸ 国家有機体

2. 人権保障の発展

1. **自由権**とは**国家権力の介入・干渉から自由になる権利**のことで、「 ❶ 」ともいう。また、獲得時期から「 ❷ 的権利」とも呼ばれる。

❶ 国家からの自由
❷ 18世紀

2. イギリスにおいて自由権の確立は、**国王が自らの課税権と逮捕拘禁権の制限を認めた**13世紀の ❶ に始まり、17世紀に作られたその再確認的文書である ❷ 、名誉革命後の ❸ と続くことで成し遂げられた。

❶ マグナ＝カルタ
❷ 権利請願
❸ 権利章典

| 問 題 |

3. アメリカでは、18世紀の**独立革命**時に発表された ⓵ 宣言（ロックの社会契約説の影響が大きい）、フランスでは18世紀の**フランス革命**後に発表された ⓶ 宣言（権力分立の規定あり）などを契機に、自由権が確立した。

4. **参政権**とは国政に参加する権利のことで、「 ⓵ 」ともいう。また、獲得時期から「 ⓶ 的権利」とも呼ばれる。

5. 産業革命で機械に仕事を奪われた労働者たちは、当初、**機械打ち壊し運動**（＝ ⓵ 運動）を展開した。しかし、それでは根本的な解決にならず、今度は**労働者による参政権要求運動**（＝ ⓶ 運動）を展開するに至った。その流れの中で参政権は拡大した。

6. 世界で初めて**男子普通選挙**が実現した国は ⓵ （1848年）である。**婦人参政権**が初めて認められたのは ⓶ （1893年）で、**憲法が規定する初の男女普通選挙権**が認められたのは ⓷ （1919年）である。

7. **社会権**とは、人間らしい生活のために**国家に積極的な介入を求める権利**のことで、「 ⓵ 」ともいう。また、獲得時期から「 ⓶ 的権利」とも呼ばれる。

8. (a)20世紀初頭、経済体制は**自由放任**、政治は**国防・治安**を維持するのみという「 ⓵ 」と呼ばれる**安価な政府・小さな政府**が主流となり、資本主義は急速に発達した。
　　(b) しかし、そのせいで社会の不平等が拡大したため、ドイツは1919年制定の ⓶ 憲法において、 ⓷ 権という形で**初めて社会権の考え方を示した**。

| 解 答 |

❶独立
❷人権

❶国家への自由
❷19世紀

❶ラッダイト
❷チャーチスト

❶フランス
❷ニュージーランド
❸ドイツ

❶国家による自由
❷20世紀

❶夜警国家
❷ワイマール
❸生存

1 政治分野

5

問題	解答

9. ナチスによるユダヤ人の大虐殺（＝アウシュビッツ収容所での ❶ ）より、人権意識の拡大が急務であると考えたアメリカ大統領の ❷ は、1941年に「**4つの自由**」（ ❸ の自由／ ❹ の自由／ ❺ からの自由／ ❻ からの自由）を発表し、人権尊重こそが世界平和の基礎であると主張した。

❶ホロコースト
❷F. ローズベルト
❸言論と表明
❹信教
❺恐怖
❻欠乏

10. (a)1948年、人権初の世界基準である ❶ が国連総会で採択された。ただし拘束力がなかったため、1966年には ❶ を条約化した ❷ が採択された。
　　(b) ❷ は、**社会権**規約である「 ❸ 権利に関する規約（**A規約**）」、**自由権**規約である「 ❹ 権利に関する規約（**B規約**）」、それぞれの違反行為に対する**個人通報制度**が規定された ❺ から成っている。

❶世界人権宣言
❷国際人権規約
❸経済的・社会的・文化的
❹市民的・政治的
❺選択議定書

11. 日本は1979年に、 ❶ ・ ❷ ・ ❸ の3点を留保、またB規約の第一選択議定書を未批准のまま、国際人権規約を批准した。なお、2012年に ❸ の留保については撤回している。

❶祝祭日の給与
❷公務員の争議権
❸中等・高等教育の無償化

12. **難民の地位に関する条約**では、難民の本国への ❶ を禁止している。また、 ❷ は救済対象に含んでいない。なお、国連における難民問題の窓口機関は ❸ である。

❶追放・送還
❷経済難民
❸国連難民高等弁務官事務所（UNHCR）

13. **人種差別撤廃条約**は、南アフリカで1991年まで続いた人種隔離政策・ ❶ をきっかけとして、1965年に採択された。日本の批准は1995年と遅いが、これは国内に差別的な ❷ 法があったためである（現在は ❸ へ）。

❶アパルトヘイト
❷北海道旧土人保護
❸アイヌ新法

問　題

14. **子どもの権利条約**は、主に親から搾取の対象として扱われる**発展途上国の子どもを守るため**、1989年に採択された。同条約では、子どもは ❶ として扱われ、子どもの ❷ 権なども保障されている。

15. **死刑廃止条約**として知られる ❶ は1989年に採択され、今日では**死刑廃止国が140カ国前後にまで増大**した。しかし日本は死刑容認の世論が強く、**同条約を批准する予定はない。**最高裁も**死刑は** ❷ **にあたらず**」との見解を示している。

3. 日本国憲法／各国の政治制度

1. **大日本帝国憲法**は、形式上は天皇が制定した ❶ であり、改正に特別の手続きを要する ❷ である。

2. 大日本帝国憲法では、天皇は唯一の主権者にして ❶ の存在であった。また ❷ 者として三権すべてを掌握していた。そのため、帝国議会は天皇の立法権行使の ❸ 機関、各国務大臣は天皇の行政権行使の ❹ 機関、また裁判所は「**天皇の名において**」裁判する機関にすぎなかった。

3. 天皇には議会や大臣から独立して軍の指揮・命令を行える ❶ や、緊急時に帝国議会の協賛なく行使できる ❷ などの ❸ が与えられていた。

4. かつての国民は**天皇の従者**を意味する ❶ にすぎず、その権利も天皇から**恩恵**で与えられた不十分なもので、しばしば「 ❷ 」（＝法律の範囲内のみの人権保障）の制限を受けた。また旧憲法には、 ❸ と ❹ 権は規定されていなかった。

解　答

❶ 権利行使の主体
❷ 意見表明

❶ B規約の第二選択議定書
❷ 残虐刑

❶ 欽定憲法
❷ 硬性憲法

❶ 神聖不可侵
❷ 統治権の総攬
❸ 協賛
❹ 輔弼

❶ 統帥権
❷ 緊急勅令
❸ 天皇大権

❶ 臣民
❷ 法律の留保
❸ 地方自治
❹ 違憲立法審査

1　政治分野

問 題	解 答

5. **日本国憲法**は、国民が制定した ① であり、改正に特別な手続きを要する ② である。主権者は**国民**で、天皇は ③ となり、内閣の**助言と承認**に基づいて儀礼的な ④ のみを行うこととなった。

❶民定憲法
❷硬性憲法
❸象徴
❹国事行為

6. 終戦直後、連合国軍最高司令官総司令部（GHQ）から憲法改正の示唆を受け、日本政府は ① を設置した。しかしそこで示された ② は「 ③ 」（天皇の統治維持）を基本としていたため、GHQにより却下された。

❶憲法問題調査委員会
❷松本案
❸国体の護持

7. GHQ民政局は、マッカーサー自身が示した ① と、日本の民間団体「 ② 」が示した案を軸として ③ を作成し、日本政府に渡した。その後、草案は政府・議会・ ④ の審議を経て若干の修正が加えられ、日本国憲法として公布された。

❶マッカーサー三原則
❷憲法研究会
❸マッカーサー草案
❹枢密院

8. 2000年、**衆参両院に、憲法内容の調査・検討を行う** ① **が設置され**、このころから改憲論議が活性化してきた。2007年には ② 法と発議原案作成を行うための ③ も作られた。

❶憲法調査会
❷国民投票
❸憲法審査会

9. ① 制を採るイギリスでは、首相と閣僚は**全員が国会議員を兼任**する。ただし ② 権がない、 ③ の判事を上院から選出するなど、議会と他の国家機関の関係が近すぎることの弊害が指摘される。

❶議院内閣
❷違憲立法審査
❸最高法院

10. イギリスでは1999年より ① が実施され、**世襲貴族議員を中心として上院の議席数が大幅に削減**された。また最高法院に代わり、2009年より ② が設置され、議会から独立した司法がめざされている。

❶上院改革
❷イギリス最高裁判所

問　題	解　答

11. イギリス議会では ❶ の原則に基づき、下院に**予算先議権**と**内閣不信任決議権**が与えられている。また ❷ と ❸ の**二大政党制**で、野党は 次期政権 に備えて「 ❹ 」を組織することが公的に認められている。

❶下院優越
❷労働党
❸保守党
❹影の内閣

12. **大統領**に強大な権限が集中するアメリカでは、❶ （**大統領選挙人**による投票で最終決定、その人数枠は各州 ❷ で決定）で大統領を選出する。

❶間接選挙
❷勝者独占方式

13. アメリカ議会には、上院は州の代表、下院は国民の代表という性格がある。**各院固有の権限**があるが、❶ の批准や ❷ の任命などの権限がある点、やや上院優越とされる。なお政党は、❸ と ❹ の二大政党制である。

❶条約
❷高級官僚
❸民主党
❹共和党

14. アメリカは ❶ **型の厳格な三権分立制**をとっており、三権の独立性が強い。大統領は ❷ 権と ❸ 権を持たず（ただし例外的に議会への**教書**送付権と**法案拒否権**はあり）、また議会も大統領の**不信任決議権**を持たないが、大統領の重犯罪や軽犯罪があれば ❹ 決議権はあり。

❶モンテスキュー
❷議会解散
❸法案提出
❹弾劾

15. 社会主義国である中国では ❶ 制が採られており、権力は ❷ の指導の下、人民の代表機関である ❸ に集中している。

❶民主集中
❷共産党
❸全国人民代表大会

16. フランスは**大統領制**と**議院内閣制**を採るが、強大すぎる大統領権限を抑制するため、「 ❶ （保革共存政権）」になることがある。**これは大統領と首相の所属政党が別である状態をいう。**

❶コアビタシオン

9

| 問 題 | 解 答 |

4. 基本的人権の尊重

1. **衆議院議員定数不均衡**裁判では、都市部と地方の
「**一票の格差**」が問題となったが、最高裁は従来、格差
❶倍超で違憲と判断することが多かった。ところが近
年は「格差 ❷倍超で**違憲状態**と判断されることが多く
なった。

❶3
❷2

2. （a）信教の自由ではしばしば ❶違反（宗教行事や
団体への公費支出）が問題となる。
（b） ❷訴訟では公費支出が合憲だったが、❸
訴訟では**靖国神社への公費支出がからみ、違憲**となった。
また、2010年には、北海道砂川市が神社に土地を無償貸
与していたという ❹訴訟に違憲判決が下った。

❶政教分離の原則
❷津地鎮祭
❸愛媛玉ぐし料
❹砂川市有地神社

3. ❶**への公式参拝**問題では、戦没者を祀る ❶
に**A級戦犯が合祀**されていることが問題とされる。公式参拝
を行なったのは、歴代首相の中で ❷元首相だけである。
※違憲の確定判決はなし。

❶靖国神社
❷中曽根

4. 経済的自由の違憲性を争った ❶規定と ❷規
定に関する裁判では、**どちらも違憲**の判決が下された。た
だし経済的自由は、**他の自由権と比べて** ❸ の制約を受
けやすい。

❶薬事法
❷森林法
❸公共の福祉

5. （a）**人身の自由**は、**国家権力による不当な身体拘束か
らの自由権**であり、軸となるのはマグナ＝カルタ以来の
❶ 主義である。
（b）憲法第31条では ❷ が、第39条では法制定前
の行為を遡って処罰しないという ❸ と、無罪確定者の
再審理を禁ずる ❹ などが保障されている。

❶罪刑法定
❷法定手続きの保障
❸遡及処罰の禁止
❹一事不再理

問 題

6. (a) その他人身の自由に関する規定には、逮捕（第33条）と家宅捜索（第35条）の際には ❶ が発行する令状が必要であるとする ❷ 、不当な ❸ の禁止（第34条）などがある。

(b) また、最高裁が「死刑はこれにあたらず」と判示した ❹ の禁止（第36条）、証人や弁護人を依頼するといった ❺ の諸権利（第37条）、黙秘権や自己に不利益な ❻ の強要の禁止（第38条）などがある。

7. 生活保護費をめぐる ❶ 訴訟と障害者年金をめぐる ❷ 訴訟では生存権が争点となった。しかし両訴訟とも、**憲法第25条は法や行政の指針にはなるが司法により効力が担保されるわけではないとする** ❸ が採用され、原告の主張が退けられた。

8. (a) 郵便法は、かつて公務員だった郵便局員のミスに対する賠償規定に不備があった。 ❶ 訴訟ではこれに対し、第17条の ❷ 違反とする違憲判決が下された。

(b) また1970年代より ❸ 請求の受理が増加したことで、**冤罪への償いを規定した** ❹ **（第40条）の行使**が増えている。

9. 『 ❶ 』事件では作家の三島由紀夫が敗訴したことで、プライバシーの権利が**判例として確立**した。なお近年は、個人情報の流出阻止の観点から、新たに「 ❷ 権利」という考え方も加味されてきた。

10. 知る権利とは「 ❶ の保有する情報を知る権利」のことである。関連立法として ❷ が制定されているが、同法は**国の行政機関の情報のみを対象**としている。また、政府の ❸ （アカウンタビリティ）が明記されているが、国民の「**知る権利**」については**明記されていない**。

解 答

❶裁判官
❷令状主義
❸抑留・拘禁
❹拷問・残虐刑
❺刑事被告人
❻供述・自白

❶朝日
❷堀木
❸プログラム規定説

❶郵便法
❷国家賠償請求権
❸再審
❹刑事補償請求権

❶宴のあと
❷自己の個人情報を
　コントロールする

❶行政機関
❷情報公開法
❸説明責任

1　政治分野

| 問　題 | 解　答 |

11. 裁判において、**環境権**は ❶ （第13条）と ❷ （第25条）を組み合わせた権利とされる。しかし、❸ 訴訟では**夜間飛行の差し止め請求が認められず**、まだ判例としては確立していない権利である。

❶幸福追求権
❷生存権
❸大阪空港騒音公害

12. 外国人登録法に基づく ❶ 制度は**全廃**されているが、テロ対策のため2007年より**出入国管理法**に基づく**指紋採取**は始まっている。

❶指紋押捺

13. 選挙権・被選挙権を問わず、❶ 権は現状では**国においても地方においても一切認められていない**。また、公務員採用に関する ❷ は、法律ではなく採用募集要項に書かれている。

※外国人の公務員採用は、**地方で一部認められ、実際に採用している自治体もあるが、国ではまだほとんど採用がない。**

❶外国人参政
❷国籍条項

5. 平和主義

1. 憲法第9条1項：「 ❶ たる戦争と**武力による威嚇**又は ❷ は、国際紛争を解決する手段としては、永久にこれを放棄する」2項：「前項の目的を達するため、陸海空軍その他の ❸ は、これを保持しない。国の ❹ 権は、これを認めない」

❶国権の発動
❷武力の行使
❸戦力
❹交戦

2. 1950年の**朝鮮戦争**を機に、日本はGHQの指令に従い ❶ を設置し、1952年には ❷ として改組した。その後、1954年に ❸ （日米相互防衛援助協定）を機に ❹ として改組した。

❶警察予備隊
❷保安隊
❸MSA協定
❹自衛隊

3. 日本政府は、自衛隊を戦力ではなく**自衛のための必要最小限**の ❶ ととらえた上で ❷ 計画を実行し、**改憲なしに自衛隊を増強**するという ❸ を繰り返してきた。

❶実力
❷中期防衛力整備
❸解釈改憲

問題

4. 在日米軍の違憲性をめぐる `❶` では、**一審で米軍を戦力とする違憲判決**が出たが、最高裁では「米軍は合憲／安保条約の是非は**高度に政治的な問題で司法審査になじまない**（= `❷` 論）」との判決が下された。

5. 自衛隊の違憲性をめぐる裁判は数多くあるが、統治行為論などによる判断回避が目立つ。ただし、`❶` **基地訴訟の一審でのみ、違憲判決が出されている。**

6. **日米安全保障条約**は1960年に改定されたが、その内容は `❶` 義務・ `❷` 義務・ `❸` 制度などを含むものであった。また基地運営の詳細を規定した `❹` は、法運用のあり方や犯罪者の取り扱いなどについて批判が多い。

7. (a)「自国が武力攻撃を受けていなくても、自国と密接な関係にある国が攻撃された場合はその国を守る」という権利を `❶` という。
(b) 従来、**その行使は第9条違反として扱われ**、日本に認められているのは、**専守防衛**を原則とする `❷` の行使のみとされてきた。しかし2014年より**その行使は条件付きで合憲と憲法解釈が変更**された。

8. 日本は**海外派兵**を禁止しているが、武力行使を伴わないものは「 `❶` 」とみなし、容認している。

9. 冷戦の終結・ソ連の崩壊など、国際情勢の変化を受け、**安保の意義の再定義**が必要となった日米両国は、1996年 `❶` を発表し、重視すべき地域を「 `❷` 」から「 `❸` 」へと変更した。

解答

❶ 砂川事件
❷ 統治行為

❶ 長沼ナイキ

❶ 防衛能力増強
❷ 共同防衛
❸ 事前協議
❹ 日米地位協定

❶ 集団的自衛権
❷ 個別的自衛権

❶ 派遣

❶ 日米安保共同宣言
❷ 極東
❸ アジア太平洋

問題

10. (a) 日米安保体制の再定義に伴い、「**日米防衛協力のための指針（ガイドライン）**」は ❶ へと改められた。また、備えるべき事態も「日本有事」から「❷」となった。ガイドラインを具体化するための法整備も進み、1999年には ❸ が成立した。

(b) ただし、❶ はあくまでも「**放置すれば日本に波及するおそれのある事態**」に対するものであり、日本への直接攻撃（＝ ❹ ）までは想定していなかった。そこで2003年、日本への攻撃に備えた ❺ が整備された。

11. アフガニスタンの ❶ 政権が、アメリカ同時多発テロの首謀者である、国際テロ組織 ❷ の**オサマ＝ビン＝ラディン**をかくまっているとして、2001年より米英軍によるアフガニスタン攻撃が始まった。その**米英軍に日本の海上自衛隊が、インド洋上で燃料補給をするなど後方支援**を行うため、2001年に ❸ 法が制定された。

12. **イラク戦争**後も**戦闘行為が続くイラクに、自衛隊を上陸**させて後方支援にあたらせるため、2003年に ❶ が制定された。

13. ソマリア沖に出没する海賊から民間船舶を護衛するため、2009年に海上自衛隊の派遣を可能にする ❶ が制定された。

14. 沖縄県宜野湾市にある米軍 ❶ は、市街地という地理的危険性、1995年に起きた少女暴行事件、米軍への基地供与をめぐる知事の ❷ 拒否などを受けて、❸ 市の辺野古に移設することになった。ただし、事故の多い垂直離着陸機・ ❹ の辺野古配備については反対も多く、いまだ不透明な情勢である。

解答

❶新ガイドライン
❷周辺事態
❸ガイドライン関連法
❹武力攻撃事態
❺有事法制

❶タリバン
❷アルカイダ
❸テロ対策特別措置

❶イラク復興支援特別措置法

❶海賊対処法

❶普天間飛行場
❷代理署名
❸名護
❹オスプレイ

問題	解答

15. 2013年、安倍内閣は新たな外交・防衛政策の司令塔として、❶ を組織し、今後約10年の基本方針として、**国際協調主義**に基づく ❷ の立場に立った ❸ を発表した。

❶ **国家安全保障会議**
❷ **積極的平和主義**
❸ **国家安全保障戦略**

16. この流れで2014年、**集団的自衛権**に基づく武力行使も「武力行使の**新三要件**」（ ❶ が発生／他の適当な手段なし／ ❷ の実力行使）を満たせば可能となった。

❶ **存立危機事態**
❷ **必要最小限**

17. また同じく2014年には、従来までの**武器輸出三原則**は ❶ になり、2015年には18年ぶりに**ガイドライン**も改定され、日米の防衛協力による守備範囲は、従来までの ❷ から地理的制約のない ❸ へと拡大された。

❶ **防衛装備移転三原則**
❷ **周辺事態**
❸ **重要影響事態**

18. さらには2015年、そのガイドライン改定を受けて、1本の新法（ ❶ ）10本の法改正を総合した ❷ も整備された。

❶ **国際平和支援法**
❷ **平和安全法制**

6. 日本の政治機構

1. 憲法第 ❶ 条は、国会の地位について、「国会は国権の ❷ であって、国の唯一の ❸ である」と規定している。また、第 ❹ 条では、国会議員を「 ❺ 」としている。

❶ **41**
❷ **最高機関**
❸ **立法機関**
❹ **43**
❺ **全国民の代表**

2. 国会にはいくつかの種類がある。
❶ ：毎年**1月**に召集されて**予算**審議が行なわれる。
❷ ：臨時で必要となった場合や衆議院任期満了選挙後に開かれる。
❸ ：**衆議院解散総選挙後**に開かれる。
❹ ：**衆議院解散中の緊急時**に開かれる。

❶ **常会**
❷ **臨時会**
❸ **特別会**
❹ **緊急集会**

1　政治分野

15

問 題	解 答

3. 国会議員には、会期中の **①** 特権、院内発言への **②** 特権、所得を保障する **③** 特権などの議員特権が認められている。

❶不逮捕
❷免責
❸歳費給付

4. (a) 国会では「 **①** の指名／ **②** の承認／ **③** の議決／**法律案の議決**」の4項目で、**衆議院の優越**が認められている。前者3つにおいては、衆参の議決が食い違った場合、最終的に「**衆議院の議決＝国会の議決**」となる。法律案だけは「衆議院で **④** 以上の再可決」があれば成立する。

(b) 衆議院だけに認められている権限として、 **⑤** 権と **⑥** 権がある。しかし前者は**党の分裂等がない限り成立することはあり得ず**、過去4例しか成立していない。

❶内閣総理大臣
❷条約
❸予算案
❹3分の2
❺内閣不信任決議
❻予算先議

5. **①** 中心のイギリスと違い、**日本はアメリカ同様、**
② **中心主義**を採用している。そのため議案の審議は、いきなり本会議にかけるのではなく、まず **③** （予算や省庁関連）や **④** （法案などの案件ごと）で細部を詰める。また、必要に応じて利害関係者や学識経験者を招いた **⑤** も開く。

❶本会議
❷委員会
❸常任委員会
❹特別委員会
❺公聴会

6. 国会のその他の仕事には、 **①** の発議、 **②** の設置、 **③** を駆使した**証人喚問**などがある。

❶憲法改正
❷弾劾裁判所
❸国政調査権

7. 1999年、官僚主導の国会から政治主導の国会に戻すため、 **①** 法が成立した。同法成立により、大臣補佐官僚であった **②** 制度は廃止され、副大臣的なポストであった **③** も廃止（代わりに**副大臣・大臣政務官**を設置）された。また週1回の **④** が実施されることになった。

❶国会審議活性化
❷政府委員
❸政務次官
❹党首討論

16

| 問　題 | 解　答 |

8. 憲法第67条では、内閣総理大臣は**国会議員の中から**国会の議決で指名し、天皇が任命するとしている。戦前の総理は「　❶　の首席」に過ぎなかったが、今日では「　❷　」として、**他大臣の任免権**を持つ（第68条）。

※同じく第68条によると、総理が任命する国務大臣は、**過半数が国会議員を兼任**していなければならない。

❶ 同輩中
❷ 内閣の首長

9. 内閣が衆議院を解散する形には２つのパターンがある。まず**内閣不信任決議への対抗**としての解散で、これを　❶　という。この場合は10日以内に解散するか総辞職するかしかない。もう１つの解散が、**天皇の　❷　としての解散**で、これを　❸　という。こちらは内閣の**助言と承認**が前提となる。

❶ 69条解散
❷ 国事行為
❸ ７条解散

10. 　❶　とは、**内閣の存立を国会の信任に依存する制度**である。内閣と国会は、協力関係維持のために、**首相と過半数の大臣を国会議員兼任**とする。もし協力維持が困難になれば、　❷　と　❸　により選挙に持ち込み、両者の関係をリセットする。

❶ 議院内閣制
❷ 内閣不信任決議
❸ （衆議院の）解散

11. **公正取引委員会**や**中央労働委員会**などの　❶　は、中立・公平を要する任務を担当する。そのため他機関から独立していることが必要であり、独立性を担保するため、　❷　機能や　❸　機能が認められる。

❶ 行政委員会
❷ 準司法的
❸ 準立法的

12. 憲法第76条に「**司法権は最高裁判所及び下級裁判所に属する**」とあり、これ以外の　❶　の設置は禁止されている。また行政機関による　❷　も禁止されている。

❶ 特別裁判所
❷ 終審裁判

13. 裁判には**民事・刑事・行政**裁判があるが、いずれも　❶　を原則としている。また近年の刑事裁判は、かつてのような裁判官主導の　❷　ではなく、被告人弁護人と・検察官らが主導する　❸　が主流である。

❶ 三審制
❷ 職権主義
❸ 当事者主義

１　政治分野

問題

14. **司法権の独立**には対外的独立と、対内的独立とがあるが、独立性を担保するため、裁判官は**十分な所得保障**がなされており、**在任中に減額されることはない。**また罷免の要件も明確化されており、 ❶ ・ ❷ ・ ❸ 以外で罷免されることはない。

15. 一切の**法律・命令・規則・処分**が憲法に適合するか否かを審査する裁判所の権限を、 ❶ という。ただし日本では、何らかの ❷ の裁判に付随する形でないと行使できず、また違憲判決が出た法律は、**その事件に限り無効**となる。

16. 2009年より、**重大な** ❶ の一審に限り、市民から選出した**裁判員**の参加を義務づける**裁判員制度**がスタートした。裁判員は**裁判官と共に、事実認定（** ❷ **）と量刑決定（** ❸ **）の両方を行なう。**

※アメリカなどの陪審制では、**陪審員**が ❷ のみを下し、裁判官が ❸ のみを下す。

17. 裁判への市民参加が実現したことにより、市民にわかりやすい裁判がめざされるようになった。そのため、**裁判前に弁護士と検事が各々の証拠を示し合う** ❶ が始まった。

18. もう1つの市民参加として注目されるのが、 ❶ 制度である。これは、選挙権を有する国民の中から選出された審査員が、**検察官の下す「不起訴処分」の妥当性を審査する**というものである。2009年より「 ❷ 」**の決定が2回出たら、裁判所が指定する** ❸ **を起訴人として強制起訴**されることになった。

19. 2010年に刑法と刑事訴訟法が改正され、殺人や強盗殺人など一定の刑事事件において、 ❶ の廃止が実施された。なお、これは2010年時点で時効を迎えていないすべての事件に適用される。

解答

❶心身の故障
❷公の弾劾
❸国民審査

❶違憲立法審査権
❷具体的事件

❶刑事事件
❷評決
❸判決

❶公判前整理手続き

❶検察審査会
❷起訴相当
❸指定弁護士

❶公訴時効

問 題	解 答

20. 近年では、迅速な問題解決をめざすための司法制度改革が目立つ。例えば労働紛争を迅速に解決するため、裁判前にまず ❶ を行なう、民事裁判を計画的に進めるために ❷ を導入する、第一審を2年以内の早い時期に終わらせるために ❸ 法が制定される、などの改革がなされている。

❶労働審判
❷計画審理
❸裁判迅速化

21. 法律相談しやすい社会をめざして、❶ （法テラス）が2006年に設置された。

❶日本司法支援センター

22. 犯罪被害者等の支援のための新たなしくみとして、**被害者本人や遺族が法廷に立ち、意見などを述べられる** ❶ 制度が始まった。

❶被害者参加

7. 地方自治

1. イギリスの**ブライス**は地方自治を「 ❶ の学校」と表現し、フランスの **トクヴィル** は自治と自由の関係を「 ❷ 」の関係と同じであると表現した。

❶民主主義
❷小学校と学問

2. 憲法第92条の「**地方自治の本旨**」とは、❶ と ❷ のこととされる。❷ は直接民主制的な手段である ❸ 権により具体化されている。

❶団体自治
❷住民自治
❸直接請求

3. 地方公共団体の統治は、❶ である**議会**と、❷ である**首長**により行われる。議会は条例・予算の議決だけでなく、国政調査権の地方版にあたる ❸ の行使や、首長の ❹ などを行う権限を持つ。対する首長は、❹ への対抗として議会の ❺ 権や、条例・予算の ❻ 権を行使することができる。

❶議事機関
❷執行機関
❸100条調査権
❹不信任決議
❺解散
❻拒否権

4. 学生運動が盛んだった1970年前後には、社会・共産党系首長のいる ❶ が増加した。今日では政党色の薄い無所属の首長である ❷ 知事が人気を得ている。

❶革新自治体
❷無党派

19

| 問 題 | 解 答 |

5. (a)地方の仕事には、本来業務である **❶** 事務と法令により国などから委任された **❷** 事務があったが、後者のうち特に **❸** 事務の増加が問題となった。

(b)2000年に施行された **❹** 法により、地方の事務は自主的に担う **❺** 事務と、法に基づき国から委任される **❻** 事務に再編された。

❶固有
❷委任
❸機関委任
❹地方分権一括法
❺自治
❻法定受託

6. 地方財政は、自主財源である**地方税**、地方間の格差是正のための **❶** 金、国が使途を指定する **❷** 金からなる。地方税は **❸**・**❹**・**❺** などからなる。**地方税が少なすぎて地方が自主性を発揮できない現状**を「 **❻** 」という。

❶地方交付税交付
❷国庫支出
❸住民税
❹固定資産税
❺事業税
❻三割自治

7. 近年の地方分権改革として、国と地方の税財政改革である **❶ の改革**や、世界一ビジネスしやすい環境作りのため、特定分野のみで地域限定の規制緩和を行う **❷** 、**平成の大合併**などが展開された。

❶三位一体
❷国家戦略特区

8. **❶** 特区推進法：都道府県の枠組みを見直し、その再編をめざす制度のこと。

❷ ：財政の健全化が困難な自治体のこと。

❸ ：本来は議会が決めることを首長が決めること。

❶道州制
❷財政再生団体
❸専決処分

8. 政治の諸問題

1. **官僚制**とは**巨大化した組織の管理・運営システム**である。 **❶** によると官僚制は**合理的支配形態の典型**であり、ピラミッド型の階層制（ **❷** ）・文書主義・高級技術官僚（ **❸** ）による支配などの特徴がある。また、しばしばなわばり主義（ **❹** ）・**官僚主義**・お役所仕事と言われるような弊害も指摘される。

❶マックス＝ウェーバー
❷ヒエラルキー
❸テクノクラート
❹セクショナリズム

| 問　題 | 解　答 |

2. 　行政機能の拡大により、法律の細目決定を官僚に委任する ❶ や、立法過程すべてを委任する ❷ が増え、それに伴い省庁独自の規制である ❸ や、省庁からの法的根拠のない指導である ❹ も増加してきた。

❶委任立法
❷内閣提出法案
❸許認可
❹行政指導

3. 　行政権の肥大は民間企業を圧迫して官民の癒着を増やし、官僚の民間再就職である ❶ を増加させた。2009年設立の「 ❷ 」で、公務員の再就職支援などは、公的にはここだけが行う形に一元化された。

❶天下り
❷官民人材交流センター

4. 　行政機関を監視し改善勧告等を行う公職を ❶ （行政監察官）という。これは ❷ で生まれた制度で、日本では現在、**一部の地方でのみ採用**されている。

❶オンブズマン
❷スウェーデン

5. 　不透明な行政を透明化するため ❶ が制定された（※第8章参照）が、個人情報保護の必要性も唱えられた。1988年制定の旧 ❷ は「**行政機関が保有する端末入力された個人情報**」しか保護しないものだったが、2003年には**民間事業者**の個人情報や紙文書の個人情報の保護も含む包括的な ❷ が制定された。

❶情報公開法
❷個人情報保護法

6. 　1980年代、 ❶ の設置により、「**増税なき財政再建**」をめざす行政改革がスタートした。その結果、1980年代半ばには ❷ が実現した。

❶第二次臨時行政調査会
❷三公社の民営化

7. 　 ❶ の提言を受け、2001年より**中央省庁の再編**が実現した。これにより省庁数は「**1府22省庁**」から「 ❷ 」へと削減された。また、コスト削減とサービス向上をめざして、**公的部門の一部に市場原理を導入する** ❸ がスタートした。

❶行政改革会議
❷1府12省庁
❸独立行政法人

| 問 題 | 解 答 |

8. (a) 1区から1名のみが当選する**小選挙区制**は ❶ 制を誘発しやすい。また**死票**が多く、細かい区割りから ❷ が発生する危険も生じる。

(b) 1区から2名以上が当選する**大選挙区制**は、死票が少ない一方、 ❸ 制になりやすく、不安定な連立政権を誘発する。

❶二大政党
❷ゲリマンダー
❸多党

9. **比例代表制**は、 ❶ という計算方法で政党あての投票数を割り、その商を根拠として議席を各党に比例配分していく。衆議院の比例は名簿順位ありの ❷ 式、参議院は名簿順位なしで候補者の個人名投票も可能な ❸ 式だが、参議院では2019年より ❹ という優先当選者枠も設けられるようになった。

❶ドント式
❷拘束名簿
❸非拘束名簿
❹特定枠

10. (a) 参議院選挙は、全国区と地方区というかつての単位から、 ❶ と ❷ へと変更された。

(b) 衆議院はかつての ❸ 制から、 ❹ 制へと変更された。衆議院選挙のみ ❺ が可能である。

❶比例代表制
❷選挙区
❸中選挙区
❹小選挙区比例代表
　並立
❺重複立候補

11. **公職選挙法**では、選挙公示日前から運動する ❶ や、候補者が各家庭を回って運動する ❷ を禁止している。また、地域の全候補者が一堂に会して行う ❸ も禁止されている。選挙違反に対しては「関係者の違反→候補者の当選無効」という ❹ が採用されている。

❶事前運動
❷戸別訪問
❸立会演説会
❹連座制

12. (a) テレビでの**政見放送**など、国や地方が候補者に平等な運動機会を提供することを、 ❶ という。

(b) 当選の見込みのない ❷ により、選挙が妨害されることなどを防ぐため、候補者は ❸ を預けることになっている。

❶選挙公営
❷泡沫候補
❸供託金

22

問 題

13. ⬛❶⬛ には**参政権は一切ない**。また**在外邦人**の参政権は、従来は衆参の ⬛❷⬛ のみ投票可能だったが、最高裁違憲判決を受け、**衆参の** ⬛❸⬛ **の投票も可能**となった。

14. 投票者が所定の投票所で事前投票をする場合は、⬛❶⬛ が認められている。また所定の投票所で事前投票ができない場合は ⬛❷⬛ も認められている。

15. ⬛❶⬛ とは選挙時に各党が発表する政権公約のことである。これが重視されると、選挙は個人選択ではなく、⬛❷⬛ の色が濃くなる。

16. 2013年の参院選から ⬛❶⬛ が解禁されたが、本人確認の困難さなどを理由に、⬛❷⬛ は実現しなかった。しかし、ホームページやメールを使った**選挙運動**は行われた。

17. 政党とは**共通の主義・主張**を持つ人々が集まり、⬛❶⬛ の支持を背景に、⬛❷⬛ をめざす社会集団である。

18. 市民革命前後に結成された初期の政党は、ブルジョアジーのための ⬛❶⬛ 政党である。その起源は、イギリスで現在**保守党**となっている ⬛❷⬛ 党と、**自由民主党**※となっている ⬛❸⬛ 党である。

※今日は弱小政党だが、しばしば二大政党の間で、**議決を左右する少数派の票**（＝**キャスティングボート**）を握る政党として注目される。

19. その後政党は、社会的必要に応じて多様化し、市民だけでなく労働者の利益実現をもめざす ⬛❶⬛ 政党、広く全国民の利益を調整する ⬛❷⬛ 政党、特定階級のみの利益実現をめざす ⬛❸⬛ 政党などが誕生した。

※19世紀ころの「市民」とは、主に財産・教養のあるブルジョワジーのこと。

解 答

❶**定住外国人**
❷**比例代表**
❸**選挙区**

❶**期日前投票**
❷**不在者投票**

❶**マニフェスト**
❷**政権選択**

❶**インターネット選挙運動**
❷**インターネット投票**

❶**有権者**
❷**政権獲得**

❶**名望家**
❷**トーリー**
❸**ホイッグ**

❶**大衆**
❷**国民**
❸**階級**

1 政治分野

23

問　題	解　答

20. (a)20世紀以降になると、自団体の利益実現のため議会や政府に圧力をかける 　❶ 　が注目されるようになった。彼らは政権獲得をめざさず、 　❷ 　や 　❸ 　などの手段を通じて議会や政府に圧力を加え、自団体の利益を実現させる。

　　　(b) 日本における代表的圧力団体は、農民団体である 　❹ 　・労働組合団体である 　❺ 　・財界団体である 　❻ 　などである。なおその専属代理人を 　❼ 　という。日本にはいないとされるが、欧米には多く見られる。

❶圧力団体
❷集票
❸献金
❹農協
❺連合
❻日本経団連
❼ロビイスト

21. 金権政治の打破をめざす政治改革が、非自民の 　❶ 　連立内閣の時に実現した。まず 　❷ 　が改正され、政治家は政治献金の受け皿として 　❸ 　を作ること、献金は個人あてではなく 　❸ 　あてにすること、 　❹ 　・**団体**からの献金はすべて禁止、などが定められた。

❶細川
❷政治資金規正法
❸資金管理団体
❹企業

22. 政治資金規正法で**献金を得にくくなった政治家の費用を税金で補完**する 　❶ 　が、1994年に成立した。これで各党には 　❷ 　という名目で、議席・得票数に応じて税金が配分されることとなった。

❶政党助成法
❷政党交付金

23. 日本の政党は、一般国民よりも国会議員中心で形成される 　❶ 　が中心で、どの党にも議決に関する厳しい 　❷ 　がある。また、自民党には特定省庁とつながりの深い 　❸ 　が多く存在する。

❶議員政党
❷党議拘束
❸族議員

24. 第二次世界大戦直後、日本では 　❶ 　の解散により政党が活性化し、 　❷ 　が進んだ。その後、朝鮮戦争などの社会情勢の変化を受けてGHQの占領政策が転換され 　❸ 　も解除されると、軍閥系とされていた政治家たちが政界に復帰し始めた。
※**自主憲法制定を唱える**彼らに革新系政党は反発し、**改憲阻止**のための**合流**が始まった。

❶大政翼賛会
❷多党化
❸公職追放

問 題

解 答

25. (a)1955年、分裂状態だった**社会党の左派と右派**が合流し、**❶** が誕生した。対して**自由党・日本民主党**の保守系政党も歴史的な**保守合同**の末、**❷** を誕生させた。

(b)両党による二大政党的体制を **❸** と呼ぶが、実際には**政権交代のない自民党の一党独裁的**体制だったため、両党の人数比率から「**❹**」とも呼ばれた。

❶日本社会党

❷自由民主党

❸55年体制

❹1と2分の1政党制

26. 55年体制下では、公明党・民社党・新自由クラブの誕生など **❶** は進行したが、政権交代はなかったので、**政局は安定**した。ただし「**自民党党首＝日本の首相**」という構図が鮮明になり、自民党内の **❷** が激化した。その結果、1970年代の **❸** 事件や1980年代の **❹** 事件など、最大派閥にからむ数々の汚職事件が起こった。

❶多党化

❷派閥争い

❸ロッキード

❹リクルート

27. 1980年代末には、政治不信から**投票率の低下**が深刻となったが、その後**自民党の分裂**により、**政界再編の動きが一気に加速**した。**小沢一郎**が自民党を離党して **❶** を作り、他の新党や野党と組んで **❷** への不信任案を可決させた。そして非自民・非共産の **❸** の誕生にこぎつけた。

❶新生党

❷宮沢内閣

❸細川連立内閣

28. その後連立を離脱した **❶** と **❷** が、**自民党と連立し、村山連立内閣が誕生**した。しかし社会党は支持者を減らして参院選に惨敗。村山首相は辞任し、党名を日本社会党から **❸** に変更した。

※この後、社会党・さきがけの一部など議員が合流して**民主党**を結党。

❶社会党

❷さきがけ

❸社会民主党

29. 自民党はその後、**❶** との連立を軸に政権を維持してきたが、小泉内閣後は支持率が低下した。**2009年の衆院選で ❷ に敗北**し、野党に転じた。

❶公明党

❷民主党

30. 民主党政権は、マニフェスト違反の多さなどにより支持率が低下し、**2012年末の衆院選で惨敗**。自民党が政権に返り咲き、第2次 **❶** 内閣が発足した。

❶安倍

25

| 問題 | 解答 |

9. 国際政治⑴

1. 17世紀、⓵ が終結し ⓶ 条約が締結されたのを機に、**欧州で約300の主権国家が誕生**したのが、今日型の国際社会の始まりである。

❶三十年戦争
❷ウェストファリア

2. ⓵ は『**戦争と平和の法**』で、**国際法**の必要性を訴えた。なお成文の国際法は ⓶ 、不文なら ⓷ と呼ばれる。

❶グロティウス
❷条約
❸国際慣習法

3. 平和維持方法の１つに、**軍事同盟**同士がにらみ合う ⓵ 方式があるが、これは軍備増強合戦から第一次世界大戦を誘発し、破綻した。その後生まれたのが**平和の敵への集団制裁**である ⓶ 方式である。

❶勢力均衡
❷集団安全保障

4. **国際連盟**の設立は、アメリカ大統領 ⓵ の「**平和原則14か条**」をきっかけに提唱された。そして第一次世界大戦の講和条約である ⓶ の一部が**国際連盟規約**となった。しかし国際連盟には、⓷・⓸・⓹ という３つの問題点があり、破綻した。

❶ウィルソン
❷ヴェルサイユ条約
❸大国不参加
❹全会一致制
❺経済制裁のみ

5. 国際連合の最高機関は、全加盟国参加の ⓵ だが、中心機関は ⓶ である。**常任理事国は米・英・仏・中・ロ**の５か国で、重要な議決に際しては ⓷ を行使できる。現在、**常任理事国の増加案**があるが、これは ⓸ の削除と合わせ、日本にとっては重要なテーマである。

❶総会
❷安全保障理事会
❸拒否権
❹旧敵国条項

6. ⓵ は国家間の紛争を裁判で解決する国際機関だが、**当事国の同意がないと裁判できない**など、制約が多い。しかも**対象は国家のみ**であったので、2002年には対象を個人とする ⓶ が設立された。

❶国際司法裁判所
❷国際刑事裁判所

問題

7. ❶ は、**中立・非軍事を原則とする警察的活動**を行う。その内容は国連憲章第 ❷ 章（紛争の ❸ ）と第 ❹ 章（ ❺ ）の中間的なもので、国連憲章に規定はない（＝**6章半活動**）。

※なお、軽武装組織であるPKF（平和維持軍）への参加は当初凍結していたが、2001年より参加凍結を解除している。

8. 日本では1992年、 ❶ が成立した。 ❷ （**UNTAC**）を皮切りに、**同法に基づく自衛隊の海外派遣**が可能となった。

9. 冷戦は、 ❶ での米ソ対立に端を発し、チャーチルの「 ❷ 」演説で表面化し、ソ連による ❸ で決定的なものとなった。

10. アメリカの対ソ封じ込め政策である ❶ に対しては**コミンフォルム**、西欧への経済援助 ❷ に対しては**コメコン**、西側の軍事同盟 ❸ （**北大西洋条約機構**）に対しては ❹ （**ワルシャワ条約機構**）と、米ソはあらゆる面で対立した。

11. 1950年代に始まった ❶ の時期に、東西両陣営は ❷ 会議と ❸ 会談で初めて顔を合わせた。またソ連の**フルシチョフ**の示した ❹ 路線に、アメリカの**ケネディ**も呼応した。しかし1962年の ❺ では、米ソ両国は核戦争手前の危機にまで陥った。

12. このころから ❶ と呼ばれる、**米ソ二極優位の体制の崩壊**が始まった。西側では**フランス**が独自路線で ❷ を脱退し、東側では ❸ 対立の深まりから国境紛争が勃発した。

解答

❶国連平和維持活動（PKO）
❷6
❸平和的解決
❹7
❺強制的措置

❶PKO協力法
❷カンボジアPKO

❶ヤルタ会談
❷鉄のカーテン
❸ベルリン封鎖

❶トルーマン＝ドクトリン
❷マーシャル＝プラン
❸NATO
❹WTO

❶雪解け
❷ジュネーブ
❸ジュネーブ四巨頭
❹平和共存
❺キューバ危機

❶多極化
❷NATO軍
❸中ソ

1 政治分野

27

問 題	解 答

13. 途上国は**東西どちらにもつかない** ❶ を提唱した。アジアではインドの ❷ と中国の ❸ が「**平和五原則**」を発表し、バンドンでの ❹ 会議では「**平和十原則**」にまで拡大させた。また欧州では、ユーゴスラビアの ❺ 大統領が ❻ を主導した。

❶非同盟主義
❷ネルー
❸周恩来
❹アジア・アフリカ
❺チトー
❻非同盟諸国首脳会議

14. 1980年代初頭には、アメリカ大統領レーガンの ❶ やソ連の ❷ 侵攻など新たな緊張局面が生まれた。しかしソ連に ❸ が登場したことで、緊張状態は急速に終息を迎えた。彼は ❹ (改革)と ❺ (情報公開)などを実施し、ソ連で大胆な民主化改革を実行した。

❶戦略防衛構想
　(SDI構想)
❷アフガニスタン
❸ゴルバチョフ
❹ペレストロイカ
❺グラスノスチ

15. この流れの中、1989年には ❶ と呼ばれる連鎖的な改革が進行し、ついに同年 ❷ が破壊され、❸ で**冷戦終結**が宣言された。

❶東欧革命
❷ベルリンの壁
❸マルタ会談

16. 1991年には**ソ連の解体**が宣言され、❶ (CIS)へと移行した。ただし旧ソ連の共和国のうち、❷ は ❶ には入らず、旧ソ連の枠組みを離脱した。

❶独立国家共同体
❷バルト三国

10. 国際政治(2)

1. (a) 世界的核軍縮のきっかけは、アメリカの水爆実験で日本漁船が被爆した ❶ 、❷ 会議(核廃絶をめざす科学者会議)、米ソ核戦争寸前の危機となった ❸ などである。

(b) ❷ 会議は、戦争絶滅を訴えた ❹ 宣言を機に始まった。

❶第五福竜丸事件
❷パグウォッシュ
❸キューバ危機
❹ラッセル・アインシュタイン

問題

2. **部分的核実験禁止条約（PTBT）**は、**大気圏内・宇宙空間・水中**での実験を禁止する条約であり、 **❶** での実験のみ**対象外**である。また **❷** と **❸** は参加していない。

3. **核拡散防止条約（NPT）**は、核保有国を増やさないための条約であり、 **❶** がその査察にあたる。**フランス**と**中国**は当初不参加だったが、1992年に参加している。また1995年の **❷** 会議では、条約の **❸** ・ **❹** 延長が決定した。

4. **❶** は、あらゆる核爆発実験の禁止条約だが、爆発をともなわない **❷** は禁止していない。1996年に国連総会で採択されたが、核保有国の一部が未批准のため、**同条約はいまだ発効**していない。

5. **対人地雷全面禁止条約**は「まず**賛成国だけで速やかに条約を成立させ、不参加国に圧力をかける**」手法（ **❶** ）をとったことが評価され、NGOの「 **❷** 」とその初代コーディネーターである **❸** にノーベル平和賞が与えられた。
※2020年5月現在、まだ**米中ロなどが不参加**である。

6. **❶** は、**親爆弾から無数の子爆弾が炸裂する非人道的兵器**であり、その製造と使用のすべてを禁止する条約（ **❶** 禁止条約）が2010年に発効した。これは**NGO**（ **❶** 連合）の働きかけ（ **❷** ）により実現した。
※ただし、2020年5月現在、まだ米中ロなどが不参加である。

7. 1978年から3回開かれた軍縮を討議するための国連総会を **❶** といい、その補助を目的として設置された機関を **❷** という。**国連以外で軍縮を討議する場**としては **❸** があり、過去には**NPTやCTBTなど様々な条約の作成**にあたっている。

解答

❶ 地下
❷ フランス
❸ 中国

❶ IAEA（国際原子力機関）
❷ NPT再検討
❸ 無条件
❹ 無期限

❶ 包括的核実験禁止条約（CTBT）
❷ 未臨界核実験

❶ オタワ＝プロセス
❷ 地雷禁止国際キャンペーン
❸ ジョディ＝ウィリアムズ

❶ クラスター爆弾
❷ オスロ＝プロセス

❶ 国連軍縮特別総会
❷ 国連軍縮委員会
❸ ジュネーブ軍縮会議（CD）

1 政治分野

29

| 問　題 | 解　答 |

8. (a) 米ソ二国間の核軍縮交渉が本格的に始まったのは、1970年代だった。この時期米ソ間では、2度にわたって ❶ が実施され、❷ や ❸ などの**核弾頭運搬手段** (つまりミサイル本体部分)の保有量に上限を設定した。

　　(b) この交渉の1回目は両国とも批准にこぎつけたが、2回目は**アメリカがソ連の** ❹ **を非難し、批准を拒否**した。

※その非難の延長上に、西側諸国のモスクワ五輪ボイコットがある。

❶戦略兵器制限交渉
　(SALT)
❷ICBM(大陸間弾道
　ミサイル)
❸SLBM(潜水艦発
　射弾道ミサイル)
❹アフガニスタン侵攻

9. 米ソ両国間で結ばれた、射程500〜5500kmの核ミサイルを全廃するという条約を ❶ という。これは**米ソ軍縮史上初の全廃条約**とされる。(2019年、失効)

❶中距離核戦力
　(INF)全廃条約

10. (a)1990年代には、2度にわたって ❶ が締結された。これは核弾頭運搬手段数だけでなく**核弾頭そのものの削減もめざす**ものである。

※1回目(START I)は1991年、2回目(START II)は1993年に、米ソ両国に批准された。

　　(b) ただしSTART IIは、アメリカ同時多発テロなど国際情勢の変化を受けて未発効となったため、結局 ❷ という別条約で代用することになった。

❶戦略兵器削減条約
　(START)
❷モスクワ条約

11. 2009年のアメリカ・オバマ大統領の「 ❶ 」演説(プラハ演説)とSTART Iの失効を受け、2010年に ❷ が締結された。

❶核なき世界
❷新START

12. **日本外交の三原則**は「 ❶ 主義・ ❷ 諸国との協調、 ❸ としての立場の堅持」である。

❶国連中心
❷自由主義
❸アジアの一員

13. ❶ が発表されたことでソ連との戦争状態が終結し、**日本は国連加盟の支持**を受けることができた。また ❷ 締結時には ❸ の二島を返還することが合意されたが、まだ条約は締結されていない。

❶日ソ共同宣言
❷平和条約
❸歯舞群島・色丹島

問題	解答

14. (a) ①   条約と ②   声明はどちらも国交正常化の宣言である。

（b） ①   条約では ③   を朝鮮半島における唯一の合法政府と認めた。なお、同条約に付随する ④   では、両国間の請求権問題は ⑤   に解決されているとなっている。

②   声明では ⑥   を唯一の合法政府として認めた。一方、**中華民国**は日本との外交関係断絶を宣言した。

❶日韓基本
❷日中共同
❸大韓民国（韓国）
❹日韓請求権協定
❺完全かつ最終的
❻中華人民共和国
　（中国）

15. **旧ユーゴスラビア問題**とは、 ①   大統領の死後に求心力を失った旧ユーゴスラビア連邦で起きた民族の独立をめぐる問題である。問題の中心にいるのは最大派の**セルビア**で、彼らから ②   や ③   が独立を試みるが、セルビア人による ④   （他民族の迫害や殺害）があり、問題を複雑にしている。

❶チトー
❷ボスニア＝ヘルツェ
　ゴビナ
❸コソボ
❹民族浄化

16. (a) 歴史上迫害を受け続け祖国を失ったユダヤ人は、2000年ぶりに祖国に帰ってくるが、そこには周辺のアラブ人（現 ①   ）が居住していた。ユダヤ人は彼らを追い出して**イスラエル建国**を宣言するが、その翌日から ②   が起きた。

（b）1993年、アメリカ・**クリントン**大統領の仲介のもと、PLOの ③   ・イスラエルのラビンにより ④   **協定**（オスロ合意）が結ばれ、**イスラエル内の** ⑤   **地区と** ⑥   **川西岸に、パレスチナ人居住区**が設けられた。

❶パレスチナ難民
❷中東戦争
❸アラファト
❹パレスチナ暫定自治
❺ガザ
❻ヨルダン

17. ①   紛争は、**ロシア**連邦内の ①   共和国の独立をめぐる争い、 ②   問題は、旧ポルトガル領 ②   の**インドネシア**からの独立をめぐる争いである。現在 ②   は独立し、国連に加盟している。

❶チェチェン
❷東ティモール

18. 北朝鮮では、金正日時代からの軍事優先の政治（＝ ①   ）を継承し、金正恩も核を外交カードとする ②   を続け、**核実験やミサイル発射実験を強行**している。

❶先軍政治
❷瀬戸際外交

1 政治分野

31

問題

19. (a) 　❶　問題は、平和条約締結も含めて進展しておらず、ロシアの**メドベージェフ**が、大統領と首相時に数回**国後島を訪問**するなど、解決の糸口が見えない状況である。

　(b) 　❷　問題では、2010年の　❸　事件以降、中国・台湾との緊張状態が続いている。2012年野田内閣は　❹　を宣言したが、それ以降中国の反発はより先鋭化してきている。

　(c) 　❺　問題では、2012年に**韓国の李明博^{イ ミョンバク}大統領が　❺　に上陸**し、日韓関係が大きく悪化した。

解答

❶北方領土

❷尖閣諸島

❸中国漁船衝突

❹尖閣諸島国有化

❺竹島

第2講　経済分野

問　題

11. 資本主義と社会主義／経済学説

1. (a) イギリスで**封建制**が崩れ、**資本主義**が誕生したきっかけは、絶対王政期に国王から貿易独占の特許状をもらった ① などの特権的な商人団を保護するような商業保護政策・ ② 政策を採ったことにある。

　(b) この時期に起こった ③ 運動（牧羊地確保のために農民から土地を収奪）により、**資本家と労働者が生まれた**（＝**資本の本源的蓄積**）。土地を追われた農民は労働者として、毛織物工場で ④ に従事し、それが産業革命期には ⑤ へと発展した。

2. (a) この後イギリスをはじめとする先進各国は ① 経済へと移行したが、**小さな政府**では失業・貧困等の資本主義の矛盾を調整できず、1929年の ② を回避できなかった。

　(b) アメリカの ③ 大統領は、経済回復のため ④ を打ち出した。 ⑤ を**設立し公共事業を起こしたり、社会保障政策などに力を入れ**、購買力を伴った需要である ⑥ を創出して不況を脱出した。

3. (a) 経済学説は、イギリスから発展が始まった。まず**古典学派**の祖である ① は「**見えざる手**」による調節機能で**自由放任**を説明した。 ② は**比較生産費説**で**国際分業**の利益を理論化した。

　(b) 新古典派の ③ 価値説は、商品価値に**消費者の満足度**という新しい視点を導入し、 ④ は**有効需要の原理**で、**政府の役割を重視する新しい経済学**を構築した。

解　答

❶東インド会社
❷重商主義
❸囲い込み
❹工場制手工業（マニュファクチュア）
❺工場制機械工業

❶自由放任（レッセ＝フェール）
❷世界恐慌
❸フランクリン＝ローズヴェルト
❹ニューディール政策
❺テネシー川流域開発公社（TVA）
❻有効需要

❶アダム＝スミス
❷リカード
❸限界効用
❹ケインズ

2　経済分野

33

| 問　題 | 解　答 |

(c) しかし ❹ 型の経済学は**財政赤字が不可避**となるため、その批判として今日では**マネタリズム**や**サプライサイド経済学**などの ❺ が台頭している。

❺ **新自由主義**

4. (a)**社会主義**では**平等な社会作り**のために ❶ が否定され、❷ 経済や ❸ による一党独裁体制がとられている。

(b)**中国**では1970年代後半より、「 ❹ 」をめざす**改革・開放政策**が採られ、沿岸部への ❺ の設置や農業生産での利潤方式である ❻ などが実行された。1992年からは ❼ が憲法に規定され、経済は飛躍的に発展した。

(c)**ベトナム**では ❽ と呼ばれる市場原理の導入政策を実施し、1980年代後半より経済発展が始まった。

❶ **私有財産**

❷ **計画**

❸ **共産党**

❹ **4つの現代化（近代化）**

❺ **経済特区**

❻ **生産責任制**

❼ **社会主義市場経済**

❽ **ドイモイ（刷新）**

5. ❶ は『**ゆたかな社会**』で、宣伝が消費活動を喚起する**依存効果**という学説を示し、インドのノーベル賞学者 ❷ は**ケイパビリティ**（潜在能力）開花のための開発を説いた。また、❸ は『**経済発展の理論**』で、資本主義変革のための ❹ を説いた。

❶ **ガルブレイス**

❷ **セン**

❸ **シュンペーター**

❹ **イノベーション（技術革新）**

12. 経済主体と株式会社

1. 企業の調達する資金は、返済の必要のない ❶ と、返済の必要のある ❷ が柱となる。資金の調達方法には、**株式売買**などによる ❸ と、**銀行から金を借りる** ❹ などがある。
※ ❶ は株式の売却益や内部留保、❷ は銀行借入や社債借入。

❶ **自己資本**

❷ **他人資本**

❸ **直接金融**

❹ **間接金融**

2. 企業は、❶ の中で資金調達や生産流通を行う。そうして ❷ を得ることでさらに ❸ を増加させ、次回生産を拡大させる。これを ❹ という。

❶ **資本循環**

❷ **利潤**

❸ **自己資本**

❹ **拡大再生産**

問 題	解 答

3. 会社の債務に対して全財産をあげて責任を負う社員を ❶ といい、自己の出資額の範囲内でのみ責任を負う社員を ❷ という。

❶ 無限責任社員
❷ 有限責任社員

4. (a)2006年に施行された ❶ の規定により、❷ の新設ができなくなった。そのかわり、社員の自治・自由が大幅に認められる ❸ という形態が誕生した。

(b)また同法により、❹ が撤廃されたため、**株式会社を資本金 ❺ 円からでも起業することが可能**となった。

❶ 会社法
❷ 有限会社
❸ 合同会社
❹ 最低資本金規制制度
❺ 1

5. (a)**株式会社**は、**発行株式の売却により外部から資本金を調達できる会社企業**である。株式の購入者である ❶ が会社の**所有者**、社長などの ❷ が会社の**経営者**となる。近年は後者に経営を全面的に委ねる運営が主流である。これを ❸ という。

(b)法改正により、2009年より**上場企業の株券はすべて ❹ された。**

❶ 株主
❷ 取締役
❸ 所有(資本)と経営の分離
❹ 電子化(ペーパーレス化)

6. 株主は会社の利益の一部を ❶ として受け取ることができる。また、最高意思決定機関である ❷ に参加でき、株式売却の際に株価が上がっていれば値上がり益、すなわち ❸ を手にできる。

❶ 配当金
❷ 株主総会
❸ 株価差益(キャピタルゲイン)

7. 取締役の責任追及を会社が怠った場合、株主が会社にかわって会社に損害を与えた取締役を提訴できるしくみを ❶ という。また取締役会の監督機能強化のために選任される、会社とは直接利害関係のない取締役を ❷ 、企業の**利害関係者**を ❸ という。

❶ 株主代表訴訟
❷ 社外取締役
❸ ステイクホルダー

2 経済分野

問　題

8. 企業の**社会的責任**（**CSR**）を表す語には、企業の内部統制や不正防止のあり方（ **❶** ）、法令遵守（ **❷** ）、説明責任（ **❸** ）、情報開示（ **❹** ）、芸術・文化支援活動（ **❺** ）、慈善活動（ **❻** ）などがある。

13. 市場機構と独占禁止法

1. 売り手（**供給**）と買い手（**需要**）が出会い、商品（**財・サービス**）が取引される場を**市場**という。完全な自由競争の条件が備わった市場を **❶** といい、その成立には「売り手・買い手とも**多数存在**／市場への **❷** は自由／商品に関する完全な **❸** ／商品はすべて **❹** 」などの条件がある。

2. 縦軸を価格、横軸を数量とした時、右下がりの曲線を **❶** 、右上がりの曲線を **❷** 、両者が交わる点を **❸** という。市場においては、**価格が需給の不均衡を調整**する役割を担っており、これを **❹** という。

3. （a）市場に何らかの問題が発生したり、自由な市場に限界が存在することを、 **❶** という。
　　（b） **❶** の原因には、価格の **❷** につながる**独占・寡占**、市場外の第三者に利益・不利益をもたらす **❸** ・ **❹** 、需要はあっても私企業が供給しない **❺** 、売り手と買い手の保有する情報量の差からくる **❻** などがある。

解　答

❶コーポレート＝ガバナンス

❷コンプライアンス

❸アカウンタビリティー

❹ディスクロージャー

❺メセナ

❻フィランソロピー

❶完全競争市場

❷参入・離脱

❸情報

❹同質

❶需要曲線

❷供給曲線

❸均衡点

❹価格の自動調節作用

❶市場の失敗

❷下方硬直化

❸外部経済

❹外部不経済

❺公共財

❻情報の非対称性

| 問　題 | 解　答 |

4.　独占・寡占の形態には、他企業と価格や生産量について協定を結ぶ　❶　、同一産業・業種の複数企業が合併する　❷　（異業種企業の合併なら　❸　）、**持株会社**を親会社として、子会社株の過半数を所有しピラミッド状に支配する　❹　などがある。

❶ カルテル
❷ トラスト
❸ コングロマリット
❹ コンツェルン

5.　自由競争が進み、**規模の利益**を実現した企業は、さらに　❶　を高め、市場では**寡占化が進行**する。すると次第に**価格競争**は排除され、市場内の有力企業が　❷　となって**管理価格を形成**し、それに他企業も追従するようになる。その結果、寡占市場では　❸　競争が中心になる。

❶ 市場占有率
❷ プライス゠リーダー
❸ 非価格

6.　(a)　❶　は、戦後の**財閥解体**の過程で誕生した法律で、　❷　がその運用をチェックする。
　　(b) 1953年の緩和では　❸　などの例外カルテルと、商品の定価販売を認める　❹　が容認された。その後の1977年と1992年の強化では、違法カルテルへの　❺　制度と定価販売できる商品の大幅削減が実現し、1997年の緩和では、**日本版金融ビッグバン**の一環として、　❻　の解禁が実現した。これは、旧財閥系のグループ企業間などで互いの株式の大半を交換し合う　❼　とは別である。

❶ 独占禁止法
❷ 公正取引委員会
❸ 不況カルテル
❹ 再販売価格維持制度
❺ 課徴金
❻ 持株会社
❼ 株式持ち合い

14. 国民所得と経済成長

1.　**1国で1年間に新たに生み出す財・サービス（**　❶　**）の販売合計金額を国民所得**といい、ある一時点で1国が保有する　❷　と対外純資産の総計を　❸　という。前者はその年だけの所得の流れを示す　❹　の指標であり、後者はその年までの財産の蓄積を示す　❺　の指標である。

❶ 付加価値
❷ 有形資産
❸ 国富
❹ フロー
❺ ストック

2　経済分野

37

問　題	解　答

2. 　国民所得のうち、総生産額から原材料や燃料代など
の中間生産物を引いたものを ① といい、そこから工場
や機械の修理・買い替え用の積立金（ ② ）を引いたも
のを ③ という。またそこから ④ 税を引き補助金を
足したものを狭義の ⑤ という。

❶国民総生産（GNP）
　（2000年より国民
　総所得（GNI））
❷固定資本減耗分
❸国民純生産
　（NNP）
❹間接
❺国民所得（NI）

3. 　第一次～第三次産業が生んだ所得を ① という。
その後それが誰に分配されたかという見方、つまり労働者
の賃金（雇用者所得）、銀行などへの利子・地代・配当（財
産所得）、企業への利潤（企業所得）に分配されたという見
方を ② 、その後それらが投資や消費などに使われたと
いう見方を ③ という。これらの三者が原則的にはすべ
て同額になるという考え方を ④ という。

❶生産国民所得
❷分配国民所得
❸支出国民所得
❹三面等価の原則

4. 　国民所得計算に含まないものには、市場取引されない
 ① やボランティア分、新たに生み出した付加価値では
ない ② 、フローではなくストックの価値変動にすぎな
い ③ の上昇分、などがある。また正確に反映されない
ものとして ④ による損失分があるが、これは社会に与
えた損失分が国民所得から引かれず、逆に ④ 発生企業
の生んだ所得と ④ 被害者の支払う病院代が国民所得
をプラスにするためである。

❶家事労働
❷中古品
❸地価
❹公害

5. 　「 ① 」にとってのプラス要素・マイナス要素を金額
に換算して合計した試算を ② といい、国民の「 ① 」
を測る指標として注目されている。

❶真の豊かさ
❷国民純福祉
　（NNW）

6. 　 ① とは国民所得の1年間での増加率のことで物価
変動の影響分を考慮に入れない ② と、考慮に入れた
 ③ とがある。 ③ から ② を求めるには、基準年を
100とした時の物価上昇率である ④ を活用して計算する。

❶経済成長率
❷名目
❸実質
❹GDPデフレーター
　（一般物価指数）

38

| 問 題 | 解 答 |

15. 通貨と金融

1. 貨幣には4つの機能がある。それは、商品価値を価格という尺度で表す ❶ 、価値を蓄える ❷ 、債務（支払義務）を清算する ❸ 、財・サービス交換の仲立ちとなる ❹ である。

❶価値尺度
❷価値貯蔵手段
❸支払手段
❹交換手段

2. 物価の継続的な上昇を ❶ 、継続的な下落を ❷ という。また不況時の物価上昇を ❸ という。

❶インフレーション
❷デフレーション
❸スタグフレーション

3. 日本の中央銀行である**日本銀行**は、唯一の ❶ ・ ❷ ・ ❸ という3つの顔を持つ。最高意思決定機関は ❹ で、1998年施行の**日銀法改正**により政府からの**独立性が強化**された。また日銀が四半期ごとに企業に対して行なう景気動向のアンケート調査を ❺ という。

❶発券銀行
❷銀行の銀行
❸政府の銀行
❹政策委員会
❺日銀短観（たんかん）

4. 日銀が景気・物価を安定させるために行う、貨幣量を操作する政策を**金融政策**という。その内容は、かつてのやり方としては、「日銀→銀行」間の貸出利子率の上下である ❶ 操作、「日銀→銀行」間の有価証券売買である ❷ 操作（好況時は ❸ で資金吸収／不況時は ❹ で資金放出）、「銀行→日銀」への強制預金率の操作である ❺ 操作の3つがあった。なお、日銀が市中銀行に貸出枠を直接指導する ❻ は、**1991年に廃止**された。

❶公定歩合
❷公開市場
❸売りオペ
❹買いオペ
❺支払準備率
❻窓口規制

5. 公定歩合はかつて**政策金利**であったが、近年政策金利は「 ❶ 」になった。公定歩合は呼び方も「 ❷ 」に変更され、ほとんど重視されなくなった。

❶無担保コール翌日物金利
❷基準割引率及び基準貸付利率

6. かつて大蔵省がとった**護送船団方式**は、銀行の倒産防止のための ❶ 規制と ❷ 規制だったが、1990年代にどちらも自由化した。これを ❸ という。

❶金利
❷業務
❸金融の自由化

2 経済分野

39

| 問 題 | 解 答 |

7. (a)1990年代後半に行われた、日本の金融市場を**国際標準**（グローバル＝スタンダード）に近づけるための大胆な規制緩和を、**❶**という。

(b) その3原則は「**フリー・フェア・グローバル**」で、**❷**の解禁や**❸**改正による外貨預金の自由化、今日の**❹**につながる**金融監督庁**と**金融再生委員会**の設置、先物取引（将来的な値動きを予測して将来の売買契約をあらかじめ行う取引）の一種である**❺**の全面自由化などが実現した。

❶日本版金融ビッグバン

❷（金融）持株会社

❸外為法

❹金融庁

❺金融派生商品（デリバティブ）

16. 財政

1. (a)財政には3つの機能がある。それは、私企業が供給しない公共財を供給する**❶**、**累進課税**と**社会保障**で所得格差を縮小する**❷**、そして財政政策と呼ばれる経済の安定化である。

(b)財政政策には、政府が好不況時に実施する**意図的な景気調節**である**❸**と、累進課税と社会保障の制度化による**自動的な景気調節**である**❹**の2つがある。

❶資源配分調整

❷所得の再分配

❸フィスカル＝ポリシー

❹ビルト＝イン＝スタビライザー

2. 歳入に占める租税のうち、**所得税・相続税・法人税**などのように**納税義務者と税負担者が同一**であるものを**❶**という。そのうち所得税と相続税では、**所得が上がるほど税率も上がる**❷がとられているため、**❸**公平が実現しているともいえる。ただし職種により税務署の**❹**にばらつきがあり、完全に公平とは言いがたい。

❶直接税

❷累進課税

❸垂直的

❹所得捕捉率

3. 租税のうち、**消費税**のように、**税負担者が国民で、税務署への納税者が事業者**と分かれている税を、**❶**という。これは全員から一定税率をとるため**❷**公平が実現しているともいえるが、低所得者の収入に占める税負担の割合が大きくなるという**❸**があるとされる。

❶間接税

❷水平的

❸逆進性

問題

4. 直接税と間接税の比率を ❶ という。現状は**7：3**で直接税中心だが、消費税が2019年より ❷ ％に増税されたため、今後その比率は変わる見通しである。

5. 歳出のうち、**国債費が大きすぎて他の予算が圧迫**される問題を ❶ という。また、国債発行が多すぎて、最終的に金利の上昇と景気の停滞につながってしまう現象を ❷ という。

6. **赤字国債の発行は原則禁止**だが、毎年特例法を制定して発行する ❶ の形であれば認められている。発行した国債を日銀が直接買い取ることは禁止されており、まず民間が買い取る「 ❷ の原則」が採られている。

7. ❶ は、税金以外の資金（郵便貯金や年金などの ❷ 資金）を活用する「**第二の予算**」だったが、2001年よりその活用が廃止され、以後は ❸ と呼ばれる社債の一種で資金調達する。

17. 戦後の日本経済

1. 戦後日本の経済復興は**GHQによる三大改革**から始まった。それらは ❶ ・ ❷ ・ ❸ の制定である。

2. 日本は具体的な復興策として、石炭や鉄鋼などの**基幹産業**に重点投資する ❶ 方式を採用した。またアメリカの、占領地域**救済**用の ❷ と**復興**用の ❸ に基づく物資援助にも助けられた。

3. GHQが行った ❶ によりインフレは解消し、その後の反動デフレも ❷ により回復した。日本はそこから、**高度経済成長期**を迎えることとなる。

解答

❶直間比率

❷10

❶財政の硬直化

❷クラウディング＝アウト

❶特例国債

❷市中消化

❶財政投融資

❷旧大蔵省資金運用部

❸財投機関債

❶財閥解体

❷農地改革

❸労働三法

❶傾斜生産

❷ガリオア

❸エロア

❶ドッジ＝ライン

❷朝鮮特需

2　経済分野

| 問　題 | 解　答 |

4. 最初と2番目の好景気・ ❶ 景気と ❷ 景気は、**輸入中心の民間設備投資**に支えられた好景気だったが、輸入過多のため外貨不足に陥りやすく（＝**国際収支の天井**）、長続きはしなかった。ただしこの時期は、**耐久消費財ブーム**（冷蔵庫・洗濯機・白黒テレビの「 ❸ 」）が起こったり、また池田内閣による「 ❹ 」が発表されたりと、経済全体は前向きであった。

❶神武
❷岩戸
❸三種の神器
❹国民所得倍増計画

5. その後、公共事業中心の ❶ 景気をはさみ、日本は ❷ 景気を迎える。この好景気は**輸出型**のため ❸ は解消され、戦後最大の大型景気となる。そして新たな耐久消費財（カラーテレビ・クーラー・自動車の ❹ ）ブームを経て、ついに1968年、**GNP西側第2位**にまで躍進する。

❶オリンピック
❷いざなぎ
❸国際収支の天井
❹3C

6. しかしその後、固定相場制の崩壊による ❶ と、**第四次中東戦争**を契機に起こった ❷ のせいで、日本国内では**インフレと不況が同時進行**する ❸ が起こり、高度成長期は終了した。

❶円高
❷第一次石油危機
❸スタグフレーション

7. その後日本は、戦後初の ❶ を記録し、1970年代は本格的な不況克服期となった。

❶マイナス成長

8. スタグフレーションのインフレ部分抑制のため、政府は ❶ を行った。また企業は、得意産業を重化学工業中心の ❷ 型から家電・自動車・半導体などの ❸ 型へとシフトする「 ❹ 」を行ったり、リストラなどの ❺ を実施した。

❶総需要抑制政策
❷重厚長大
❸軽薄短小
❹産業構造の転換
❺減量経営

9. **イラン革命後の原油価格高騰**で ❶ が発生し、**世界同時不況**へとつながったが、日本は欧米への ❷ でこの危機を乗り切った。しかし**日本からの輸出増とアメリカ経済の低迷が重なった**ことで、今度は ❸ が本格化した。

❶第二次石油危機
❷集中豪雨型輸出
❸日米貿易摩擦

42

問　題	解　答

10. 1985年の ❶ では、**まずアメリカ経済の回復を図りつつ日本を叩くため**、為替市場に協調介入し、❷ **安・** ❸ **高へと誘導する**ことが決定した。その実施により日本では輸出が停滞する ❹ が懸念され始めた。それに対処するため、日銀は**公定歩合を** ❺ **％という超低金利**にまで下げた。

❶プラザ合意
❷ドル
❸円
❹円高不況
❺2.5

11. (a)輸入原材料の価格低下や、人件費の安くなったアジアに製造業が移転（ただし国内産業の空洞化が発生）して利益をあげるといった ❶ により、不況はほぼ回避できた。
　　(b)銀行では「 ❷ 」が発生し、その余剰資金が**土地**や**株式の投機に** ❸ **される**などいわゆる「**財テク**」ブームが起きた。

❶円高メリット
❷カネ余り
❸過剰融資

12. この時期より、**土地・株式などの資産価値の上昇からくる好況**（いわゆる ❶ ）で、景気上昇はどんどん加熱した。この大型景気が**バブル景気**（＝ ❷ ）である。しかもこの時期は全体的に**円高**基調のため輸入品が安く、**好況なのにインフレが少なかった**。

❶資産効果
❷平成景気

13. しかし地価高騰が次第に社会問題化し、引き締めのため日銀は公定歩合を ❶ ％まで上げ、政府は銀行への ❷ 規制を実施した。これらで地価・株価の値上がりに対する期待がしぼみ、土地と株式は売りが急増し、価値が下落した。そのせいで景気が後退し（ ❸ ）、バブルは崩壊した。

❶6
❷不動産融資への総量
❸逆資産効果

14. バブル崩壊後、政府は ❶ 法を制定し、破綻銀行を処理しつつ暫定的な ❷ で預金者を全面的に保護した。また銀行の破綻を防止するため、 ❸ も注入した。さらには銀行の**不良債権処理**のため ❹ を設立し、大胆な金融政策として**無担保コール翌日物金利**を実質ゼロにする ❺ 政策と、大規模な買いオペの一種である ❻ 政策を実施した。

❶金融再生
❷ペイオフ凍結
❸公的資金
❹整理回収機構
❺ゼロ金利
❻量的緩和

2 経済分野

43

| 問　題 | 解　答 |

18. 日本経済の諸問題

1. 中小企業には、大企業から仕事を請け負うだけの **❶** 企業、大企業と子会社のように結合した **❷** 企業、さらには地域密着の **❸** を担う企業、すきま分野の **❹** を担う企業がある。他にも新技術をもち独自の開発を行ったり大企業からの外注（**❺**）で、専門的な仕事を引き受ける**ベンチャー企業**などの **❻** 企業がある。

❶下請
❷系列
❸地場産業
❹ニッチ産業
❺アウトソーシング
❻独立

2. 中小企業は、労働者1人あたりへの工場機械等の設備額（= **❶** ）や、労働者1人あたりの生産量（= **❷** ）が低い。また下請関係の中で、**原料高の製品安**により大企業から苦しめられ、景気変動の **❸** として切り捨てられる。このような一国内での企業格差の並存を「 **❹** 」と呼ぶ。

❶資本装備率
❷労働生産性
❸調節弁
❹経済の二重構造

3. 中小企業対策立法としては、基本目標を掲げた1963年の **❶** 、デパート・スーパー等の大型小売店の出店を規制した1973年の **❷** などがある（2000年より **❸** へ）。

❶中小企業基本法
❷大規模小売店舗法
❸大規模小売店舗立地法

4. 1961年制定の **❶** では、農業所得向上による **❷** 育成のため、農家に対して**コメ以外の作物生産への転換**（= **❸** ）や、機械化・近代化が奨励された。しかし農外所得がメインの **❹** （今日は**準主業農家**と呼ばれる）や、働き手である男性が都会への出稼ぎに流出する **❺** が増加した。

❶農業基本法
❷自立経営農家
❸選択的拡大
❹第二種兼業農家
❺三ちゃん農業

5. 政府は農民保護のため **❶** 制度を強化し、**コメを農民から高く買い**（ **❷** ）、**国民に安く売った**（ **❸** ）。しかしこれで**逆ザヤ**が拡大し **❹** が赤字になったため、政府は **❺** 政策で田んぼを減らすよう指導し、 **❻** 制度で農家からすべてのコメを買い取る政策をやめた。

❶食糧管理
❷生産者米価
❸消費者米価
❹食糧管理特別会計（食管会計）
❺減反
❻自主流通米

44

問　題	解　答

6.　1980年代以降は、貿易摩擦対策として **①** の輸入を自由化した。また、**②** では**コメの輸入自由化**に対する圧力が増大した。政府は「主食＝完全自給」をめざす **③** で抵抗したが、1995年より **④** を受け入れ、**1999年からは高関税だがコメの輸入自由化が行われるように**なった。

❶牛肉・オレンジ

❷GATTウルグアイ＝ラウンド

❸食糧安全保障論

❹最低輸入義務（ミニマム＝アクセス）

7.　その後の農政は、**①** に基づく競争力向上への転換と、**②** に基づく基本理念の変更が軸となっている。

❶新食糧法

❷食料・農業・農村基本法

8.　高度経済成長期の**有害食品**被害としては、食用油に**PCB**が混入していた **①** 事件、粉ミルクにヒ素が混入していた **②** 事件があった。また**薬害**としては、睡眠薬の **③** で四肢に深刻な障害が出た問題、整腸剤に混入していた**キノホルム**で神経障害が起きた **④** 事件などがあった。

❶カネミ油症

❷森永ヒ素ミルク

❸サリドマイド

❹スモン

9.　現代の消費者問題である**悪徳商法**には、路上で声をかける勧誘商法の **①** 、電話で会う約束をして商品を売る **②** 、注文していないのに商品を送付して代金請求する **③** 、販売相手を新たな販売員として勧誘する **④** などがある。

❶キャッチセールス

❷アポイントメント商法

❸ネガティブ＝オプション（送り付け商法）

❹マルチ商法

10.　(a)**食の安全**の問題には消費期限や産地を偽る **①** 、収穫後の農産物に薬剤を散布する **②** 農薬の問題、米国産牛肉の輸入一時禁止につながった **③** 問題などがある。

　　(b)また、裁判所に債務の免責を申請する **④** の件数が近年増加している。

❶食品偽装

❷ポストハーベスト

❸BSE（狂牛病）

❹自己破産

| 問　題 | 解　答 |

11. その他の消費者問題としては、2010年に撤廃された貸金業の ❶ 問題がある。また、**裁判所に債務の免責を認定してもらう** ❷ の件数が増加したことなどがある。

❶グレーゾーン金利
❷自己破産

12. 1962年に、アメリカの**ケネディ大統領**が教書で発表した「**消費者の4つの権利**」とは ❶ 権利／ ❷ 権利／ ❸ 権利／ ❹ 権利のことである。

❶安全を求める
❷選ぶ
❸知らされる
❹意見を聞いてもらう

13. （a）1968年に制定された中心立法である**消費者保護基本法**は、 ❶ 法に改正された。また消費者を欠陥商品から守る ❷ 法では、メーカーの ❸ が認められた。
　　（b）**特定商取引法**内の ❹ 制度では**一定期間内における購入契約の無条件解除**が規定され、 ❺ 法では、強引な契約の解除が幅広く認められた。

❶消費者基本
❷製造物責任（PL法）
❸無過失責任
❹クーリング＝オフ
❺消費者契約

14. 都市問題では高度経済成長期に、過疎と過密の同時解決手段として、 ❶ が数次に渡り策定された。そのうち、1969年の**新全総**は田中首相の ❷ ブームと結びついて ❸ を招き、中曽根首相時代の1987年に**四全総**では ❹ が盛り上がった。

❶全国総合開発計画
❷列島改造
❸狂乱物価
❹遷都論

15. 今日、地方では、かつて中心市街地だった場所が ❶ 街と化しているケースが目立つ。その対処法として制定されたのが、 ❷ である。

❶シャッター
❷まちづくり三法

19. 労働問題

1. （a）本格的な労働運動は、イギリスの産業革命期に起こった、資本家の機械を壊す ❶ 運動と、**労働者による参政権要求運動**である ❷ 運動で始まった。

❶ラッダイト
❷チャーチスト

46

| 問　題 | 解　答 |

（b）その後、世界恐慌時のアメリカで**ニューディール政策**が実施され、そこで労働者保護の ③ が制定された。しかし冷戦期に入ると、労働組合抑圧立法である ④ が制定された。

❸ワグナー法（全国労働関係法）
❹タフト＝ハートレー法

2.　（a）戦前日本の労働運動は、まず**労働組合の育成**から始まった。1897年に組合育成のための組織である ① が作られ、その指導の下で日本初の労働組合である ② が誕生した。

（b）しかし ③ 法により弾圧されたため、今度は穏健な労使協調主義の ④ が生まれ、軌道に乗った。しかし組織が拡張しすぎたため ⑤ 法の弾圧を受け、その後すべての組合は ⑥ の下に統合された。

❶労働組合期成会
❷鉄工組合
❸治安警察
❹友愛会
❺治安維持
❻大日本産業報国会

3.　労働条件の ① を規定する**労働基準法**では、労働時間は1日8時間以内・週40時間以内が原則である。例外として、**勤務時間帯を自主選択**できる ② 制、時間管理の困難な職種で**みなし労働時間**制が取れる ③ 制などの ④ が認められている。

❶最低基準
❷フレックスタイム
❸裁量労働
❹変形労働時間

4.　労働時間以外にも、 ① 賃金の原則、国籍・信条・社会的身分などを理由とする ② の禁止、30日前までの ③ 予告義務、業務上の傷病者と出産休暇者に対する解雇禁止、**児童**の使用禁止、 ④ 歳未満の深夜労働禁止などの規定がある。なお**女性の雇用**に関しては、従来は ⑤ 禁止と ⑥ の制限規定があったが、**1997年の労働基準法の改正で撤廃**された。

❶男女同一
❷差別労働
❸解雇
❹18
❺深夜労働
❻時間外労働

5.　労働基準法に違反する ① は、違反部分が無効になる。なお（ア） ① は使用者と個々の労働者間のものであり、（イ） ② は使用者と労働組合間、（ウ） ③ は（イ）の範囲内で使用者が定める職場規則である。（ア）～（ウ）を強さの順に示すと「 ④ 」となる。

❶労働契約
❷労働協約
❸就業規則
❹（イ）＞（ウ）＞（ア）

問 題	解 答

6. **労働組合法**は、憲法第 **❶** 条で保障する**労働三権**（ **❷** 権／ **❸** 権／ **❹** 権）の行使を助成し、使用者の労働組合への不当行為である **❺** を禁止する法律である。労働三権は憲法上の権利のため、正当な争議行為には刑事上・民事上の処罰が科されない（＝**刑事上・民事上の免責**）。また不当労働行為の判定と労使対立の調整は、**労働委員会**が行う。

❶28
❷団結
❸団体交渉
❹争議（団体行動）
❺不当労働行為

7. **労働委員会**による労使対立の調整は、**労働関係調整法**に規定されている。その手段は、間に入って交渉をとりもつだけの **❶** 、委員会側から案を提示するが拘束力はない **❷** 、そして拘束力のある裁定を下す **❸** の3つである。

❶斡旋
❷調停
❸仲裁

8. 労働関係調整法によると、公務員の労働三権は、**一般職**の場合、 **❶** はないが団結権と団体交渉権は**あり**、**治安維持系公務員**は**労働三権すべてなし**となっている。また同法にはガス・交通・病院など **❷** の争議行為の制限についても規定されており、**10日前までの** **❸** と、その後の **❹** 発動による**50日間スト禁止**、などが定められている。

❶争議権（団体行動権）
❷公益事業
❸スト予告義務
❹緊急調整

9. 日本の**三大雇用慣行**は **❶** ・ **❷** ・ **❸** だが、バブル崩壊後は**中高年をリストラして派遣労働者**などを増やしたり、給与体系を **❹** や **❺** にしたりなど、多くの点で見直しが進んでいる。

❶終身雇用制
❷年功序列型賃金
❸企業別組合
❹能力給
❺職務給

10. (a)**労働者派遣事業**は、当初は専門職種に限られていたが、**1999年の** **❶** 改正により**原則自由化**した。そして2003年の法改正で**2004年から** **❷** **への日雇い派遣**が**解禁**となった。しかし過酷な低賃金労働が増え、 **❸** が増加したとされる（その後2012年の改正で**日雇い派遣は原則禁止**に）。
　　(b)2008年の **❹** 以後は「**派遣切り・雇い止め**」が増え、派遣人数は減少傾向にある。

❶労働者派遣事業法
❷製造業
❸ワーキングプア
❹リーマン＝ショック

問題

11. 日本人の労働時間は国際的に見て長く、残業代なしの ❶ が**過労死**などを招いている。そこで政府は ❷ 目標を設定し、**平均労働時間を年2000時間から** ❸ **時間へ削減**することをめざし、近年ようやく実現した。しかし ❹ (各人の労働時間を削り多くの労働者でシェアすること)の盛んなドイツなどは年 ❺ 時間台で、まだ隔たりがある。2007年、内閣府は仕事と生活の調和を目標とする「 ❻ 憲章」を発表し、その実現をめざしている。

12. ❶ は1997年に改正され、機会均等の**努力義務**が ❷ 規定に、罰則なしが ❸ の公表と変わり、新たに ❹ 義務も規定された。

13. ❶ 法には男女労働者の休業規定が記されており、企業は申し出を断れないが、違反企業への**罰則がない**ため実効力に乏しい。また、休業中の ❷ 保障**が不十分**な点も休業申請の妨げとなっている。

14. **外国人労働者**の扱いは、入管法(❶ 法)により「**知識・技能のある外国人は優遇／単純労働者は認めず**」だったが、**フィリピン・インドネシアとのEPA(経済連携協定)** を受け、2009年より ❷ の受け入れが始まった。
　さらに2018年には入管法が改正され、人材不足の14業種については ❸ 1号・2号という形で受け入れが始まり、**単純労働に門戸が開放**された。

15. 働く意思・能力はあるのに雇用されない人の率を ❶ といい、求職者1人あたりへの求人数を ❷ という。

解答

❶サービス残業
❷時短
❸1800
❹ワークシェアリング
❺1400
❻ワークライフバランス

❶男女雇用機会均等法
❷差別禁止
❸違反企業名
❹セクハラ防止

❶育児・介護休業
❷所得

❶出入国管理及び難民認定
❷看護師・介護士
❸特定技能

❶完全失業率
❷有効求人倍率

2　経済分野

| 問　題 | 解　答 |

20. 社会保障

1. 　(a) 世界初の社会保障は、**イギリスで囲い込み運動の被害者を救済**するために行われた**公的扶助**・ ❶ **法**だった。その後ドイツで実施された ❷ の「**アメとムチ**」において、**社会保険の三部作**（ ❸ ・ ❹ ・養老廃疾保険）が整備された。
　　(b) アメリカでは**ニューディール政策**の一環で ❺ が制定されたが、**生活自助**を原則とする国であり、**今日に至るまで公的な** ❻ **はない。**

❶ エリザベス救貧
❷ ビスマルク
❸ 疾病保険
❹ 労働者災害保険
❺ 社会保障法
❻ 医療保険

2. 　**生存権に基づく社会保障**に大きく貢献したのは、イギリスの ❶ 報告である。これに基づき、戦後のイギリスでは「 ❷ 」をスローガンにした社会保障が整備された。

❶ ベバリッジ
❷ ゆりかごから墓場まで

3. 　ILO（国際労働機関）関係で重要なものには、所得・医療保障を各国に勧告した ❶ と、社会保障の最低基準を示した ❷ がある。

❶ フィラデルフィア宣言
❷ ILO102号条約

4. 　世界の社会保障は財源の取り方で分類され、**租税中心の国は「** ❶ **型」、保険料中心のドイツやフランスなど**は「 ❷ 型」と呼ばれる。

❶ 英・北欧
❷ 大陸

5. 　日本の社会保障は、**戦前の恩恵的な公的扶助**である ❶ から始まり、1961年には全国民が何らかの医療保険と年金に加入する「 ❷ 」が実現した。

❶ 恤救規則
❷ 国民皆保険・皆年金

6. 　一般民間被用者が加入する**医療保険**である ❶ には、大企業用の ❷ 型と中小企業用の ❸ 型とがある。後者は ❹ 庁の解体を受けて、2008年より**全国健康保険協会**が運営している。

❶ 健康保険
❷ 組合管掌
❸ 協会管掌
❹ 社会保険

問　題	解　答

7. 会社員の他の職種の医療保険は、公務員は [❶]、自営・自由・農家は [❷] に加入する。75歳以上の高齢者は、以前は [❸] に加入していたが、2008年より [❹] に加入している。

❶共済組合
❷国民健康保険
❸老人保健
❹後期高齢者医療制度

8. [❶] 年金は20歳以上の全国民が加入する [❷] 年金で、65歳から支給される。それに加えて民間企業の**サラリーマンや公務員などの被用者は** [❸] **年金にも加入**する。なお、**公務員は2015年10月の一元化までは** [❹] **に加入**してきた。[❸] の年金支給開始年齢は、以前は60歳だったが、**年金制度改革により2001年より段階的に** [❺] **歳**に引き上げられつつある。

❶国民
❷基礎
❸厚生
❹共済
❺65

9. 年金財源の集め方には、自分で長年積み立てた保険料を老後に受け取る [❶] 方式と、今の現役世代が支払う保険料がそのまま今の高齢者に給付される [❷] 方式とがある。日本は [❷] 方式を採用しているが、実際には部分的に [❶] 方式のやり方も残っているため、[❸] 方式と呼ばれることもある。

❶積立
❷賦課
❸修正積立（修正賦課）

10. その他の**社会保険**には、失業時と育児・介護休業時に一定期間給付される [❶]、業務上の病気・ケガ・死亡の際に支給される [❷] などがある。

❶雇用保険
❷労働者災害補償保険（労災保険）

11. **公的扶助**は**生活困窮者を救済**する社会保障で、[❶] 法を根拠とする。近年は不況や高齢化にともなう受給者の増加に加えて、[❷] が社会問題化し、**政府は2013年より** [❸] **を減額**することになった。

❶生活保護
❷不正受給
❸生活保護費

2　経済分野

51

問題	解答

12. **社会福祉**は**社会的弱者を救済**する社会保障であり、法律面ではいわゆる ❶ が整備されている。施策面では1973年（この年は「 ❷ 」と呼ばれる）に、老人医療費の ❸ や年金の ❹ 制が実現している。ただし同年に第一次石油危機が発生し、のちに「 ❺ 論」が出された。

❶福祉六法
❷福祉元年
❸無料化
❹物価スライド
❺福祉見直し

13. 老人や障害者が若者や健常者と同様に普通に暮らせる社会をめざす理念を ❶ といい、そのために必要な物的・精神的障害の除去を ❷ という。また、万人に使いやすい製品デザインを ❸ という。

❶ノーマライゼーション
❷バリアフリー
❸ユニバーサルデザイン

14. **高齢化社会**とは、総人口において、 ❶ **歳以上が占める割合**（ ❷ ）**が7%以上の社会**を指す。 ❷ が、**14%以上だと** ❸ 、**21%以上だと** ❹ となる。

❶65
❷高齢化率
❸高齢社会
❹超高齢社会

15. 日本人の平均寿命は男性 ❶ 歳、女性 ❷ 歳で、2017年時点では国別で**世界第1位**である。

❶81
❷87

16. 日本の高齢化率は2019年時点で**28.4%**で、高齢者の人数は ❶ 万人を突破している。7%から14%に上昇するまでに要した年数は ❷ 年であり、これは ❸ の115年、 ❹ の85年と比べると非常に早い。

❶3588
❷24
❸フランス
❹スウェーデン

17. 高齢化の進行が早いことは、一方で急速な**少子化**が進行していることを意味する。**合計特殊出生率**（女性が一生で生む子どもの数の平均）が ❶ を下回ると人口は減少するとされるが、日本は1989年の「 ❷ 」あたりからこの数字を下回り続け、2018年時点で**1.42**。日本は ❸ 年をピークに、人口が減少局面に入っている。

❶2.07
❷1.57ショック
❸2008

52

問題	解答

18. 急速な少子高齢化の進行は、**高齢化率が50％超**の ❶ を増やす。そして、**現役世代の租税・保険料負担**を大きくし、そのGDP中の比率である ❷ 率を引き上げてしまう。

❶限界集落
❷国民負担

19. 現在の少子化対策は、男性の育児休業取得率を上げるための ❶ 法改正、企業に子育てと仕事を両立させる環境整備を求める ❷ 法の制定、幼稚園の教育と保育園の長時間保育を一体化（＝**幼保一体化**）させた ❸ の設置、民主党の**子ども手当**改め自民党の ❹ の支給などである。

❶育児・介護休業
❷次世代育成支援対策推進
❸認定こども園
❹児童手当

20. 高齢化対策としては、まず1990年の ❶ の策定より、老人福祉サービスの拡充が始まった。また、2000年に始まった ❷ により**高齢者介護のための新たな社会保険**が誕生した。

❶ゴールドプラン
❷介護保険制度

21. 介護保険は ❶ が運営し、保険料は ❷ **歳以上の全国民**が負担する。サービスを受けるにはまず ❸ 認定を受け、**ケアマネジャー**と相談して ❹ を作成することが必要である。サービスには ❺ サービスと ❻ サービスがある。サービスを受けた場合、**サービス料の1割は自己負担**となる。

❶市町村
❷40
❸要介護
❹ケアプラン
❺在宅
❻施設

21. 国際経済

1. **1国の1年間の対外的な支払い額と受け取り額**を示したものを、 ❶ という。そこで示される数字は、最終的な損益ではなく**収支の向かう方向**であり、支払いは ❷ 、受け取りは ❸ と表現する。

❶国際収支
❷赤字
❸黒字

2　経済分野

53

| 問題 | 解答 |

2. 国際収支表は、2014年に改訂された。従来の表では
モノの輸出入の差額を [**①**]、モノ以外を [**②**] といい、
それらは改訂後もそのまま残った。モノ以外とは [**③**] ・
[**④**] ・ [**⑤**] ・ [**⑥**] などである。

❶貿易収支

❷サービス収支

❸輸送費

❹旅費

❺特許使用料

❻保険料

3. (a)対外的な所得の受け払いは従来**所得収支**だったが、
[**①**] に変更された。また、**移転収支**のうち「資本形成
(建設事業等)以外であげる・もらう」は [**②**] だったが、
[**③**] に変更された。典型例は「食料や衣服の無償援助／
[**④**] への拠出金／ [**⑤**] の本国への送金」などである。
　　　(b)従来の国際収支表で「資本形成であげる・もらう」
は [**⑥**] で、**その他資本収支**の一部だったが、[**⑦**] に変
更され、独立した費目となった。

❶第一次所得収支

❷経常移転収支

❸第二次所得収支

❹国際機関

❺外国人労働者

❻資本移転収支

❼資本移転等収支

4. 投資項目を中心とした旧**投資収支**は、[**①**] となった。
そこには従来からあった [**②**] (**海外への工場建設**等の
費用)、[**③**] (外国の株・国債購入費用)、[**④**]
(ODAでの貸付や外国への預金)に加え、新設された
[**⑤**] と、独立した費目だった**外貨準備増減**も組み込まれ
た。

❶金融収支

❷直接投資

❸証券投資

❹その他投資

❺金融派生商品

5. (a)国内産業を保護するために輸入を抑える [**①**]
には、輸入品に**高関税**をかける [**②**] と、輸入**数量制限**を行
う [**③**] とがある。
　　　(b)輸出奨励策としては、商品価格を不当に安くして
輸出する [**④**] (不当廉売)や通貨価値を不当に下げる
[**⑤**] などがある。これらは近隣諸国に迷惑をかける(他
国の貿易収支を悪化させる)ので「 [**⑥**] 」ともいう。

❶保護貿易

❷関税障壁

❸非関税障壁

❹ダンピング

❺為替ダンピング

❻近隣窮乏化政策

6. 商品が「資本量(工場や機械)＞労働量(労働者)」の
形で生産される産業(つまり工業)を [**①**]、この逆の形
の産業(農業など)を [**②**] という。

❶資本集約型産業

❷労働集約型産業

54

問題

7. 途上国と先進国の間で見られる一次産品と工業製品の交換を ❶ 、**途上国間や先進国間で見られる農農間・工工間の交換**を ❷ という。

8. ❶ と金の交換を保証する**金本位制**は、**国の信用低下**が「**金流出→制度崩壊**」につながるため、 ❷ 後に崩壊し、世界貿易は縮小した。その後各国は、自国と植民地との間の ❸ に傾斜し、それが結果的に第二次世界大戦につながった。

9. 戦後世界では**通貨価値の混乱を防ぐ**ため、 ❶ **協定**に基づいて ❷ （中心的な国際通貨）と ❸ （国際復興開発銀行）を設立し、さらには**貿易の縮小を防止**するため ❹ （関税と貿易に関する一般協定）を結んだ。

10. IMFは為替の安定を図って、 ❶ を導入した。これはアメリカドルを ❷ （貿易用の決済通貨）としており、アメリカドルのみを金と交換可能とする ❸ である。またIMFは ❹ （通貨交換の制限）を原則禁止とし、赤字加盟国への**短期融資**も行った。

11. IBRDは別名「 ❶ 」とも呼ばれ、**戦後復興費用と途上国への援助用資金**を貸し出した。この融資は ❷ である。

12. （a）**GATTは単なる協定名**であり、1995年に ❶ となった時、**初めて正式な国際機関**に昇格した。

（b）GATTは**自由貿易**を守るため、 ❷ の引き下げと ❸ の撤廃を監視した。ただし例外的な ❹ （緊急輸入制限）は認めている。

（c）また**無差別平等主義**に基づき、1国に与えた条件は全加盟国に適用する ❺ と、自国民に与えた条件は全加盟国に適用する ❻ を採用した。さらに二国間交渉ではなく**多国間**での ❼ を奨励した。

解答

❶垂直的分業
❷水平的分業

❶兌換紙幣
❷世界恐慌
❸ブロック経済

❶ブレトン＝ウッズ
❷IMF
❸IBRD
❹GATT

❶固定相場制
❷基軸通貨
❸金ドル本位制
❹為替制限

❶世界銀行
❷長期融資

❶WTO（世界貿易機関）
❷関税
❸非関税障壁
❹セーフガード
❺最恵国待遇
❻内国民待遇
❼ラウンド交渉

2 経済分野

55

問題	解答

13. 日本は1964年、**為替制限**可のIMF 〔❶〕条国から不可能なIMF 〔❷〕条国に移行した。また、日本は1963年に**輸入数量制限**可能なGATT 〔❸〕条国から、不可能なGATT 〔❹〕条国へ移行した。

❶14
❷8
❸12
❹11

14. (a) アメリカは1960年代より国際収支が悪化し、金の海外流出が進行した。ドル不足対策としてIMFは、第三の通貨とも呼ばれる 〔❶〕 を創設したが効果は薄く、1971年ついに**ドルと金の交換停止**が宣言された（〔❷〕）。

(b) 各国は固定相場制再構築のため 〔❸〕 を結んだが、アメリカの赤字はその後も止まらず、1973年に 〔❹〕 へと移行した。

❶SDR
❷ニクソン＝ショック（ドル＝ショック）
❸スミソニアン協定
❹変動相場制

15. (a) 途上国は、先進国に植民地として支配されていた当時、〔❶〕 経済（特定の一次産品への依存）を強要された。そのせいで経済が不安定になり、〔❷〕 などの問題が発生した。

(b) 〔❷〕 問題に関する重要用語には、〔❸〕（**支払猶予令**。返済の一方的停止）、〔❹〕（**返済繰り延べ**。返済の延期）、〔❺〕（**債務不履行宣言**）などがある。

❶モノカルチャー
❷累積債務
❸モラトリアム
❹リスケジューリング
❺デフォルト

16. 途上国の意見を先進国に伝える場として設立された 〔❶〕 では、当初、途上国からの輸入品を低関税に抑える 〔❷〕 の導入や 〔❸〕 の価格安定化、GNP比 〔❹〕％の援助（後に**0.7%**に）などの要求が出された。しかし全体的には 〔❺〕 に見られるような「**援助よりも貿易を**」求める方向性だった（その後「**援助も貿易も**」へ）。

❶UNCTAD（国連貿易開発会議）
❷一般特恵関税
❸一次産品
❹1
❺プレビッシュ報告

17. 第一次石油危機後の 〔❶〕 で、途上国は 〔❷〕 宣言を発表し、先進国に対して**天然資源の** 〔❸〕 の承認、一次産品の値上げ、〔❹〕（**国際石油資本**）をはじめとする**多国籍企業**の監視など、**対等な貿易**を**要求**した。

❶国連資源特別総会
❷新国際経済秩序（NIEO）
❸恒久主権
❹メジャー

| 問　題 | 解　答 |

18. 途上国間の経済格差を ❶ というが、近年は韓国・香港などの ❷ だけでなく ❸ （ブラジル・ロシア・インド・中国・南アフリカ）の台頭もあり、最貧国である ❹ （後発途上国）は苦しい立場に立たされている。

❶南南問題
❷アジアNIES
❸BRICS
❹LDC

19. ECSC（欧州 ❶ 共同体）に始まった欧州統合の動きは、EC（欧州共同体）末期の1993年に ❷ を実現した後、EU（欧州連合）へと移行した。EUでは市場統合だけでなく、❸ 統合と ❹ 統合がめざされ、1999年に単一通貨である ❺ が導入された。

❶石炭鉄鋼
❷市場統合
❸政治
❹通貨
❺ユーロ

20. 2004年には ❶ がEUと ❷ に加盟した。同年 ❸ 条約が採択されたが、**フランス・オランダなどが国民投票で否決したため、発効していない。**また、2020年には ❹ がEUを離脱した。

❶旧東欧諸国
❷NATO
❸EU憲法
❹イギリス

21. 二国間や地域間での財・サービスの貿易自由化の協定を ❶ 、そこに投資ルールや知的財産権まで加えたより包括的な協定を ❷ という。近年はアメリカ・カナダ・ASEANなど12カ国でより自由度の高い ❸ が締結されたが、2017年に ❹ が離脱し、現在は ❺ となっている。

❶FTA（自由貿易協定）
❷EPA（経済連携協定）
❸TPP（環太平洋経済連携協定）
❹アメリカ
❺TPP11

22. (a) **日米貿易摩擦**は、1960年代には**繊維・食品**などの分野で起こり、1970年代前半は ❶ 、後半は ❷ と続き、1980年代の ❸ と ❹ から本格化した。
　　(b) 日本は貿易摩擦への対策として、輸出の ❺ ・ ❻ の拡大・ ❼ へ転換などを講じたが解消せず、激しい ❽ （日本叩き）に遭った。

❶鉄鋼
❷カラーテレビ
❸自動車
❹半導体
❺自主規制
❻現地生産
❼内需主導型
❽ジャパン＝バッシング

2　経済分野

57

| 問題 | 解答 |

23. (a)1988年、アメリカは通商法301条を改正して □❶ とし、1989年に日本の □❷ ・ □❸ ・ □❹ の3品目に対して □❺ をかけた。

(b)1989年に開かれた □❻ **協議**において、アメリカは □❼ **法**の緩和・ □❽ **法**の強化・ □❾ の拡大など、一連の**市場開放**を要求した。

❶スーパー301条
❷人工衛星
❸木材
❹スーパーコンピューター
❺報復関税
❻日米構造
❼大規模小売店舗
❽独占禁止
❾公共投資

24. 1993年の □❶ **協議**では、アメリカは**規制緩和と輸入増**を要求したが、その際日本に輸入の □❷ を示すよう求めたことで交渉は決裂した。その後アメリカは、**対日本車**での**スーパー301条適用を発表**したが、日本企業が自主的に □❷ を発表したことで、その**適用は回避**された。

❶日米包括経済
❷数値目標

25. 先進国の政府から途上国への経済援助を □❶ （政府開発援助）という。その援助目標は □❷ （経済協力開発機構）内の □❸ （開発援助委員会）が設定し、目標数値はGNI比 □❹ ％である。

❶ODA
❷OECD
❸DAC
❹0.7

26. ODAは相手国への資金援助だけでなく、 □❶ や □❷ 協力・ □❸ への資金協力も含まれる。また日本政府のODAに対する方針として、1992年からいわゆる □❹ が発表された。

❶技術協力
❷人材育成
❸NGO
❹ODA大綱

27. 日本のODAには、供与総額が多い（2018年は世界第 □❶ 位。1990年代は**10年連続世界一**）・ □❷ 向けが多い・ □❸ （使い道指定なしの**ヒモなし援助比率**）が高いなどの特徴がある。また、近年は対 □❹ ODA増額を発表している。

❶5
❷アジア
❸アンタイド
❹アフリカ

問 題

28. 日本のODAには、 **①** 比 が 低い（0.2％前後）・ **②** （贈与相当部分の比率）が低い・ **③** （使い道指定ありの**ヒモつき援助**）の一部が相手国の需要とかみ合っていない、などの問題点がある。

29. 2015年に発表された**新ODA大綱**（= **①** ）は、日本からのODAの目的に「 **②** の確保に貢献する」との文言が加わり、内容に「非軍事分野での **③** 」なども加わった。

22. 環境・人口・資源エネルギー問題

1. **①** の使用で起こる**オゾン層の破壊**対策として **②** が採択されたことで、先進国は**1995年末までに特定フロンガスの製造・使用を全廃**した。

2. **酸性雨** は、工場の煙や排気ガスに含まれる **①** （SOx）や **②** （NOx）が**大気中**を**長距離移動**することで**発生**する。対策として **③** 条約などがある。

3. **ダイオキシン** は、**農薬やプラスチックの燃焼で発生**する。国際的な対策としては **①** **条約**、国内的な対策としては **②** 法など、規制法がある。また **③** （**内分泌かく乱化学物質**）による汚染もダイオキシン類が原因とされるが、原因物質はまだ完全には特定されてはいない。

4. **地球温暖化** は、化石燃料の消費で発生するCO_2などの **①** が原因となる。対策としてまず1992年に **②** が採択された。第3回締約国会議（ **③** ）では **④** が採択され、**具体的なCO_2削減数値目標**が設定された。

解 答

❶GNI
❷グラント＝エレメント
❸タイド＝ローン

❶開発協力大綱
❷国益
❸他国軍の支援

❶フロンガス
❷モントリオール議定書

❶硫黄酸化物
❷窒素酸化物
❸長距離越境大気汚染

❶バーゼル
❷ダイオキシン類対策特別措置
❸環境ホルモン

❶温室効果ガス
❷気候変動枠組条約
❸COP3
❹京都議定書

2 経済分野

| 問 題 | 解 答 |

5. (a)京都議定書では各国間での ❶ （削減目標%の売買）や、あるいは ❷ や植林で%を相殺することも認められた（削減期間は2008〜2012年）。

(b)2007年には、❸ （気候変動に関する政府間パネル）と温暖化対策に熱心なアメリカ元副大統領 ❹ がノーベル平和賞を受賞した。

❶排出権（量）取引
❷森林吸収分
❸IPCC
❹ゴア

6. 京都議定書は ❶ には温暖化ガスの削減目標の設定がなく、❷ が離脱するなど、様々な問題があった。これに対し、2016年発効の ❸ では、2020年以降の目標として、途上国を含む ❹ が参加し、各国が ❺ にCO$_2$削減目標を設定した上で、世界の平均気温上昇を産業革命前比 ❻ 未満に抑えることをめざすことになった。（ただし ❼ が離脱）

❶途上国
❷アメリカ
❸パリ協定
❹すべての国
❺自主的
❻2℃
❼アメリカ

7. (a)環境問題への地球規模での取り組みは、「 ❶ 」をスローガンとする1972年の ❷ 会議より始まった。この時、環境対策の中心機関である ❸ が設置された。

(b)1992年には「 ❹ 」をスローガンとする ❺ 会議（＝地球サミット）が開かれ、❻ 条約と ❼ 条約が採択された。さらに環境問題に関する基本理念を示した ❽ と行動原則である ❾ も採択された。

❶かけがえのない地球
❷国連人間環境
❸国連環境計画（UNEP）
❹持続可能な開発
❺国連環境開発
❻気候変動枠組み
❼生物多様性
❽リオ宣言
❾アジェンダ21

8. 高度経済成長期の四大公害病は、熊本県の ❶ （有機水銀）・富山県の ❷ （カドミウム）・三重県の ❸ （亜硫酸ガス）・新潟県の ❹ （有機水銀）である。これらは1960年代後半に裁判が行われ、**すべて原告（住民側）が全面勝訴**した。

❶水俣病
❷イタイイタイ病
❸四日市ぜんそく
❹第二水俣病

問題	解答

9. 1967年に 〔 ❶ 〕法が施行されたことで、〔 ❷ 〕（**大気汚染・水質汚濁・土壌汚染・騒音・振動・地盤沈下・悪臭**）が指定されたが、同法第1条には「〔 ❸ 〕」条項があるなど、対策に取組む姿勢は甘かった。

❶公害対策基本
❷7つの公害
❸経済との調和

10. 1970年にはいわゆる「〔 ❶ 〕」が開かれ、公害関連の法整備が進んだ。その時**経済との調和条項の削除**とともに 〔 ❷ 〕設置法ができ、〔 ❷ 〕が設置された。

❶公害国会
❷環境庁

11. （a）1993年、前年に開催された 〔 ❶ 〕会議を受けて、日本でも 〔 ❷ 〕法が制定され、従来の 〔 ❸ 〕法は廃止された。
　　（b）また1997年には 〔 ❹ 〕法が制定（OECD加盟国中最後）され、大規模事業への事前調査と環境への影響評価が行われることとなった。

❶国連環境開発
❷環境基本
❸公害対策基本
❹環境アセスメント

12. 公害行政の基本原則には、汚染した者がお金を負担（＝**外部不経済の内部化**）する 〔 ❶ 〕（PPP）と、企業側に法的過失がなくても、被害との因果関係が立証されれば損害賠償する 〔 ❷ 〕がある。

❶汚染者負担の原則
❷無過失責任

13. 2000年に**リサイクル関連法**の軸となる法として 〔 ❶ 〕が制定された（施行は2001年）。同法には廃棄物処理の優先順位である「**3つのR**」（〔 ❷ 〕・〔 ❸ 〕・〔 ❹ 〕。〔 ❺ 〕も含めると「**4R**」）や、生産者の責任を使用・廃棄段階にまで求めた 〔 ❻ 〕の規定がある。

❶循環型社会形成推進基本法
❷リデュース
❸リユース
❹リサイクル
❺リフューズ
❻拡大生産者責任

14. （a）〔 ❶ 〕は、容器包装ごみの自治体の回収義務と**企業への再商品化を義務づける**法だが、〔 ❷ 〕は再商品化義務の対象になっていない。

❶容器包装リサイクル法
❷缶

2　経済分野

問題	解答

(b) **❸** は、**❹**（**冷蔵庫・洗濯機・エアコン・テレビ**）に関して、**小売店**に **❺** 義務、**メーカー**に **❻** 義務、**消費者**に **❼** 義務をそれぞれ課している。

❸**家電リサイクル法**
❹**家電四品目**
❺**回収**
❻**再商品化**
❼**リサイクル費用の**
　負担

15. (a) **❶** **法**では、国や地方公共団体などに対して環境物品調達などに努力義務を要請している。**❷**（廃棄物ゼロ計画）と空き容器回収時に代金の一部を返却する **❸** **制**についての**法律は未制定**である。
　(b) **❹** は、廃熱を冷暖房や給湯などに利用するしくみである。

❶**グリーン購入**
❷**ゼロ＝エミッション**
❸**デポジット**
❹**コジェネレーション**

16. 自然界から採ったエネルギーで、加工せずにそのまま使われるエネルギーを **❶** 、それを加工して作り出したエネルギーを **❷** という。

❶**一次エネルギー**
❷**二次エネルギー**

17. 1960年代に日本では **❶** 革命があり、**❷** から**石油中心へと代わった**。しかし、**石油危機**を契機に **❸** は下がった。

❶**エネルギー**
❷**石炭**
❸**石油依存度**

18. 石油の取引価格が上がれば、極地や海底を開発しても採算が合い、**❶** は増加する。しかし、それにも限りがあるため、省エネルギーや **❷**（生物エネルギー）の実用化などに加えて、**原子力への転換**が不可避であると考えられていた。

❶**確認埋蔵量**
❷**バイオマス**

19. (a) **原子力発電**には、枯渇しにくい、CO_2を出さないため **❶** 対策になる、再利用が可能である、などの長所がある。核燃料の再利用（**核燃料サイクル**）のあり方には、ウランと **❷** を混ぜた**MOX燃料**を使う **❸** と、MOX燃料から消費量以上のウランを増殖させる **❹** を使った方法とがある。

❶**温暖化**
❷**プルトニウム**
❸**プルサーマル**
❹**高速増殖炉**

62

| 問 題 | 解 答 |

(b) 一方、原子力発電の短所は、事故の被害が甚大な点で、**放射性物質の拡散**や水素爆発、⑤ **事故**などが懸念される。実際、アメリカの ⑥ 、旧ソ連の ⑦ 、日本の**福島**では、原発事故が発生している。

※原子力発電に関する**各国の方針はまちまち**で、ドイツは2022年までに**全廃**を宣言している。一方のフランスは、全電力の75％以上を原発でまかなっている。

20. (a) 日本の原子力行政は ❶ 省内の資源エネルギー庁が推進している。

(b) 原子力利用の安全を図る ❷ は経産省内にあったため、2012年に環境省下に新設した ❸ に移管された。

21. (a) 今後注目されるエネルギーとしては、トウモロコシなどを原料とする ❶ 、アメリカに多く埋蔵され、近年注目されている天然ガスの ❷ 、日本近海に莫大な埋蔵量が発見された ❸ 、自然界から無尽蔵に取り出せる**再生可能エネルギー**などがある。

(b) 日本では2011年に ❹ が成立し、**電力会社に電気の買取義務**が生まれた。

22. 携帯電話やPCで使用される ❶ や、希少な元素である ❷ は、中国が輸出を制限しているため、日本は使用済み携帯電話などのいわゆる ❸ の開発に力を注いでいる。

⑤**臨界**
⑥**スリーマイル島**
⑦**チェルノブイリ**

❶**経済産業**
❷**原子力安全・保安院**
❸**原子力規制委員会**

❶**バイオエタノール燃料**
❷**シェールガス**
❸**メタンハイドレート**
❹**再生可能エネルギー法**

❶**レアメタル**
❷**レアアース**
❸**都市鉱山**

2 経済分野

63

memo

蔭山の共通テスト政治・経済　別冊⑤